全国高职高专计算机教育"十三五"规划教材

Visio 2010 铁路绘图应用教程

赵旭辉　谭　昕　主　编

都淑明　谢迎春　胡利民　副主编

高　岩　张丽伟　参　编

中国铁道出版社

CHINA RAILWAY PUBLISHING HOUSE

内 容 简 介

  本书详细介绍了 Visio 2010 绘图软件的使用方法及其在铁路各专业中的具体应用。本书内容丰富，由 5 个独立篇章组成，既有 Visio 绘图的基础操作方法，也有面向日常工作生活的简单绘图应用，还有针对铁路现场运输、信号、供电等的铁路绘图应用。

  本书适合作为高职高专院校铁路运输、铁道信号、铁道供电、通信工程等相关专业教材，也可作为铁路现场职工培训教材，或是作为 Visio 绘图爱好者的参考资料和培训用书。

图书在版编目（CIP）数据

Visio 2010 铁路绘图应用教程/赵旭辉，谭昕主编.—北京：中国
铁道出版社，2017.8
  全国高职高专计算机教育"十三五"规划教材
  ISBN 978-7-113-23401-0

  Ⅰ.①V… Ⅱ.①赵… ②谭… Ⅲ.①铁路工程-图形软件-高等职业
教育-教材 Ⅳ.①U2-39

  中国版本图书馆 CIP 数据核字（2017）第 168509 号

书 名：Visio 2010铁路绘图应用教程
作 者：赵旭辉 谭 昕 主编

策 划：祁 云	读者热线：（010）63550836
责任编辑：祁 云 徐盼欣	
封面设计：白 雪	
封面制作：刘 颖	
责任校对：张玉华	
责任印制：郭向伟	

出版发行：中国铁道出版社（100054，北京市西城区右安门西街 8 号）
网 址：http://www.tdpress.com/51eds/
印 刷：北京尚品荣华印刷有限公司
版 次：2017 年 8 月第 1 版 2017 年 8 月第 1 次印刷
开 本：787mm×1092mm 1/16 印张：19.5 字数：475 千
印 数：1～2 000 册
书 号：ISBN 978-7-113-23401-0
定 价：45.00 元

前言

Visio 2010 是微软公司推出的一款商业图表绘制软件,具有操作简单、功能强大、可视化操作等诸多优点,深受广大用户喜爱。在软件设计、办公自动化、广告、出版、企业管理、建筑、电子、通信以及日常的诸多领域内广泛应用。目前在铁路现场也有很多绘图场景需要使用 Visio 进行,应用 Visio 绘图较 AutoCAD 操作更加简单,上手更快;另外绘制的文件也可以保存为 AutoCAD 格式,且与其他 Office 办公组件整合更加方便。虽然 Visio 2010 带给用户的最初印象就是操作简便,即便没有经过学习也能快速入门,绘制出需要的图形。但是要真正灵活运用,充分发挥该软件的功能,提高绘图的工作效率,却是需要进行系统学习的。

1. 内容介绍

本书分为 5 篇,从不同的侧面方便读者的学习和使用。

第 1 篇:绘图基础篇,侧重于 Visio 概述以及讲述 Visio 形状的基本操作方法,包括第 1 章、第 2 章。

第 2 篇:日常应用篇,侧重于日常生活和工作中对于 Visio 一般的应用绘图操作,包括第 3 章至第 6 章。

第 3 篇:铁路信号绘图篇,侧重于铁道信号专业中常用图表的绘制,包括第 7 章至第 8 章。

第 4 篇:铁路运输绘图篇,侧重于铁道运输专业中常用图表的绘制,包括第 9 章至第 12 章。

第 5 篇:铁路供电绘图篇,侧重于铁道供电专业中常用图表的绘制,包括第 13 章至第 16 章。

2. 本书特色

丰富的课堂实训:本书内容针对 Visio 绘图的基本操作方法和铁路工作的实践应用,以丰富的课堂实训方式,不断加深读者的认识,从而提高读者的绘图技能。

贴近的现场需求:本书密切联系铁路运输、铁路信号和铁路供电专业的现场实际应用,进行广泛的举例和课堂项目实训,使读者通过学习能熟练地运用 Visio 完成本专业图表的绘制,提高其工作业务绘图能力。

详尽的操作图解:各篇章都提供了详尽的操作图解。按照绘图操作的步骤给出了详尽的图解,方便读者对照操作,轻松学习。

灵活的组合教学:本书的 5 个篇章,既可作为一个整体供读者学习使用,也可以根据教学或专业的需求,选取部分篇章自由组合,形成适应本专业需求的内容进行学习。

3. 本书适用对象

本书适合作为高职高专院校铁路运输、铁道信号、铁道供电、通信工程等相关专业教材,也可作为铁路现场职工培训用书。

4．本书编写分工

本书由赵旭辉、谭昕主编，都淑明、谢迎春、胡利民副主编，高岩、张丽伟参编。具体编写分工如下：第1篇赵旭辉、第2篇谭昕、第3篇都淑明、第4篇谢迎春、第5篇胡利民。渤海大学高岩、葫芦岛市第一中等职业技术学校张丽伟老师也参与了本书部分内容的编写。全书由赵旭辉、谭昕统稿。本书在编写过程中得到了辽宁铁道职业技术学院电信系、运输系、供电系的大力支持，在此表示感谢。由于时间仓促，水平有限，疏漏之处在所难免，敬请读者批评指正。

编　者

2017年6月

目 录

第1篇 绘图基础篇

本篇主要讲述 Visio 2010 绘图基础以及 Visio 2010 形状操作。

第1章 Visio 2010 绘图基础

Visio 是微软公司出品的一款专业的办公绘图软件，借助于丰富的模板、模具和形状等，可以帮助用户轻松地完成各类图表的绘制。其应用广泛且操作简便，绘图精美，深受广大用户喜爱，在同类软件中具有较高的美誉。

Visio 2010 是微软公司于 2010 年推出的版本，Visio 2010 与以往版本相比，不仅操作界面有较大变化，其功能也发生了较大变化，成为当今最为流行的绘图软件之一。

学习目标

本章主要介绍 Visio 2010 软件的一些常用基础知识。通过学习，应掌握以下内容：
- 熟悉 Visio 2010 的工作界面元素及操作约定。
- 熟练掌握形状等方法，学会文件管理，并能合理规划文件的存储。
- 了解 Visio 2010 新增功能的使用。

1.1 Visio 2010 简介

Visio 2010 是 Office 系列办公套件中的一个组成部分，但它是作为单独的应用程序出现的，并没有包含在一般的 Office 2010 套件之中。

1. Visio 的发展简史

Visio 最初并不是微软 Office 系列办公软件中的产品，甚至也不是微软开发的 Visio。这个软件最早是由位于西雅图的 Visio 公司于 1992 年发布的，是一款用于专门制作商业图标的专业绘图软件。Visio 一经发布就引起巨大轰动，成为当时最简单易用的绘图软件。该公司于 1999 年被微软成功收购，从此 Visio 成为微软面向办公领域的一款专业绘图产品。

1999 年微软发布了 Visio 2000，并将版本细分为标准版、技术版、专业版、企业版，同时添加了更多的功能。

2001 年，微软发布了 Visio 2002，该版本与 Office XP 具有相同的外观，对于熟练掌握 Office 系列的用户来说，可以迅速掌握操作，从此 Visio 正式入驻微软 Office 系列软件。

2003 年 11 月 13 日，简体中文版 Microsoft Office System 发布，其中正式包括了 Visio 2003。

2006 年，随着 Office 2007 一同发布的 Visio 2007，不仅在易用性、实用性与协同工作等方面实现了实质性的提升，而且其新增功能和增强功能使得创建 Visio 图表更为简单、快捷，令人印象更加深刻。Visio 2007 有两种独立版本：专业版和标准版。这两个版本的基本功能相同，但专业版除模板比标准版更为丰富外，还提供了数据连接性和可视化功能等高级功能；标准版中则没有这些功能。

2010 年，微软发布的 Visio 2010 包括三大版本，分别为标准版、专业版和高级版，Visio 2010 高级版提供了最完善、最高级的功能。本书就以 Visio 2010 高级版为教学版，所有操作都是在这个版本下完成的。

目前市面上最新的版本为 Visio 2016。

2. Visio 2010 的主要版本与功能

Visio 2010 对 Visio 的发展历程来说，是一个里程碑式的版本。Visio 2010 拥有全新的外观，全面引入了 Office Fluent/Ribbon 用户界面和重新设计的形状窗口。快速形状、自动对齐/拆分等新功能可以帮助用户更轻松地创建、维护图表。除了可适用于所有图表类型的新功能外，Visio 2010 标准版中的交叉功能流程图绘制模板也更加简单、可靠，拥有更好的可扩展性。

在标准版的基础上，专业版允许用户将图表连接至 Visio Services，用户可以上传数据，将图表发布到 Visio Services 上。Visio Services 可以实现在 SharePoint 中浏览最新更新的数据图表，哪怕用户机器上没有安装 Visio，也同样可以看到。Visio 2010 专业版还包括高级的图表模板，例如复杂网络图表、工程图表、线框图表、软件和数据库图表。

高级版在包括专业版提供的所有功能之上，新增了高级进程管理功能，包括新的 SharePoint 工作流图表模板、业务流程建模标注（Business Process Modeling Notation，BPMN）、Six Sigma。新的 SharePoint 工作流图表可以导入 SharePoint Designer 2010，还可以进行进一步的自定义操作。而且子进程功能允许用户停止当前进程并可以轻松恢复进程。此外，Visio 2010 高级版中还整合了 SharePoint Server 2010。

3. Visio 2010 的应用范围

Visio 2010 作为微软的商业图表绘制软件，具有操作简单、功能强大、可视化等优点，深受广大用户喜爱，被广泛地应用于软件设计、办公自动化、项目管理、广告、企业管理、建筑、电子、通信及日常生活等众多领域。

1.2 Visio 2010 的工作界面

Visio 2010 与以前的版本不同，采用了全新的 Office Fluent/Ribbon 用户界面。这种界面改变了以往使用的菜单系统，取而代之的是功能区、选项卡、组以及上下文选项卡等，将所有功能都以工具图标的形式在功能区上展示出来，这样更加方便用户使用。其工作界面如图 1-1 所示。

1. 功能区

Visio 2010 采用 Microsoft Office Fluent 界面，以功能区形式取代了传统的菜单命令，功能区内包含多个选项卡，各种操作命令依据功能的不同被放置在不同的选项卡内，选项卡内再按使用方式进行分组。这种界面与传统的菜单相比更加直观，使用的命令都以图标形式出现在功能区，使人一目了然。"开始"选项卡中是最常使用的命令（见图 1-2），而其他选项卡中的命令则用于特定的目的。例如，若要设计图表并设置图表格式，可以单击"设计"选项卡，找到主题、页面设置、背景、边框以及标题等更多选项。

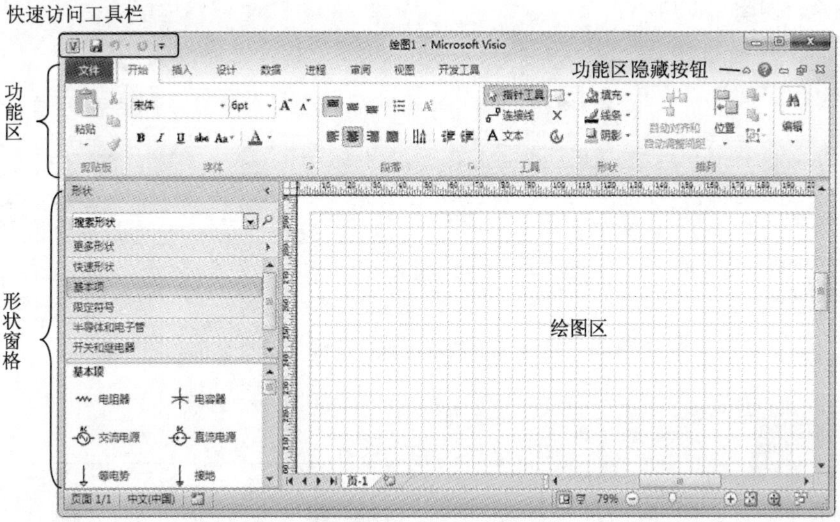

图 1-1　Visio 2010 的工作界面

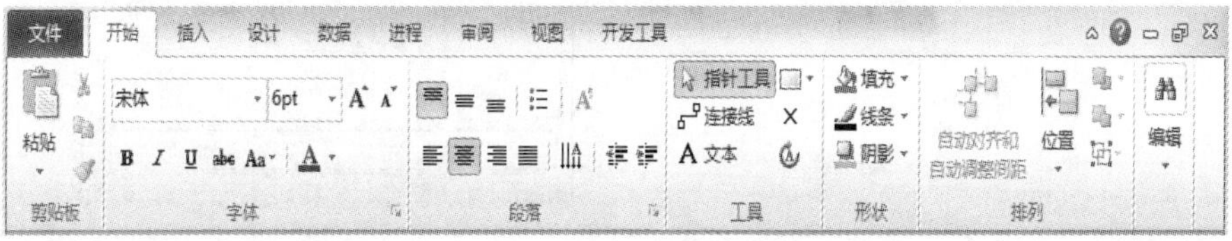

图 1-2　Visio 2010 的功能区

功能区所包含的选项卡，除了图 1-2 中所展示的以外，还有一种是"上下文关联"的选项卡，当选定特定操作对象时才会动态出现。例如，在绘图区内插入一张图片，当选择该图片时，就会出现如图 1-3 所示的"图片工具"选项卡。

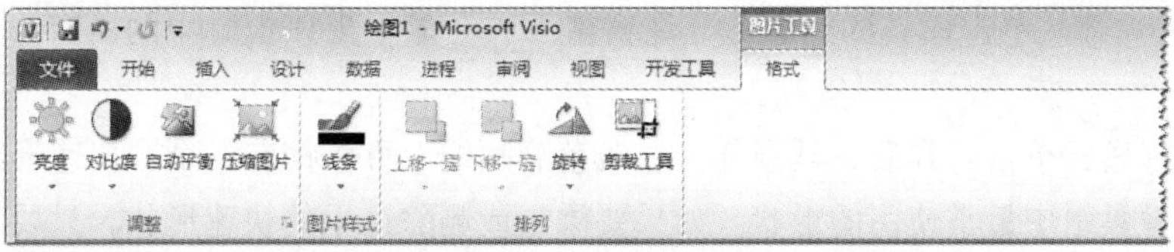

图 1-3　上下文关联的选项卡

此外，功能区内组中还有一些标记具有特定含义。有的命令图标旁边带有 ▾ 标记，单击这个标记，会弹出隐藏的其他相关命令列表；还有些组的右下角会有 ▣ 标记，这个标记也称"对话框启动器"，单击这个标记会弹出本组命令的对话框，显示出更丰富的操作命令。另外，当光标置于某个命令图标之上时，稍做停留就会显示出有关该命令图标的提示信息。功能区中的特殊标记与提示信息显示如图 1-4 所示。

2. 快速访问工具栏

快速访问工具栏通常位于标题栏内，一般情况下仅放置使用频率最高的几个命令，如保存、撤销、重复等命令。在快速访问工具栏的右侧有一个 ▾ 按钮，单击后会弹出"自定义快速访问工具栏"列表，在此列表的菜单项上进行选择，就可以使其他命令出现（或消失）在快速访问工具栏中；选择最下方的"在功能区下方显示"项，会将快速访问工具栏放在功能区下方，成为一个独立的工具条，如图 1-5 所示。

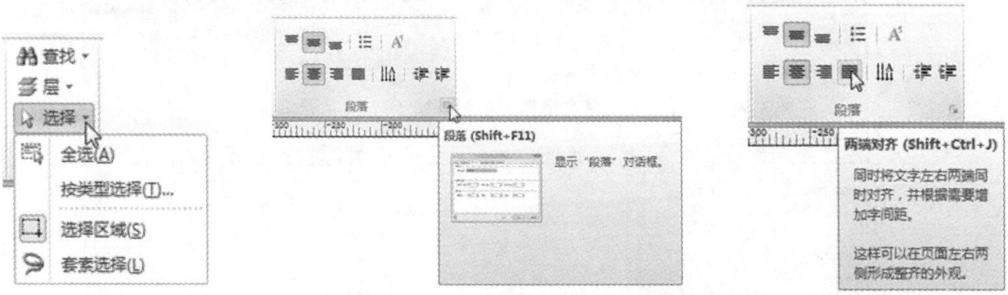

图 1-4　功能区中的特殊标记与提示信息显示

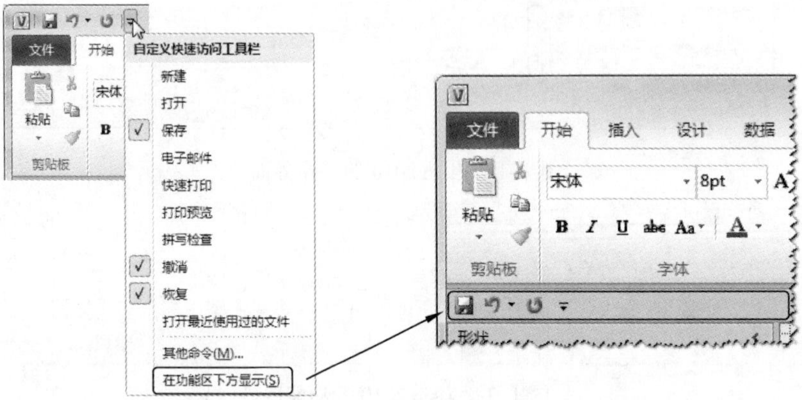

图 1-5　快速访问工具栏

3."形状"窗格

"形状"窗格显示的是当前文档中已经打开的所有模具。所有已打开模具的标题栏均堆叠于"形状"窗格的顶部。单击模具的标题栏，在窗格下方会显示出该模具中的所有形状，如图 1-6 所示。

每个模具标题栏单击打开后，其顶部（在浅色分隔线上方）都有一个"快速形状"区域，这里放置的是本模具组中最常使用的形状。如果要添加或删除这里的快速形状，只要将所需形状拖入或拖出"快速形状"区域即可。通过将形状拖放到不同的位置可以重新排列模具组中各快速形状的位置顺序。

如果打开了多个模具，并且每个模具中都有需要的几个形状，那么可以单击形状窗格上方的"快速形状"选项卡，这样当前打开文档中的所有模具的快速形状将集中显示在一起，如图 1-7 所示。

课堂实训 1　添加或删除快速形状

① 单击"形状"窗格中的"基本形状"模具，打开"基本形状"模具组。

② 单击模具内的主控形状"六边形"，向上拖动到"快速形状"区域后释放，完成快速形状的添加。

③ 单击"快速形状"区域内的"四边形"形状，向下拖动到模具区域后释放。这样就从快速区域内删除了"四边形"形状。

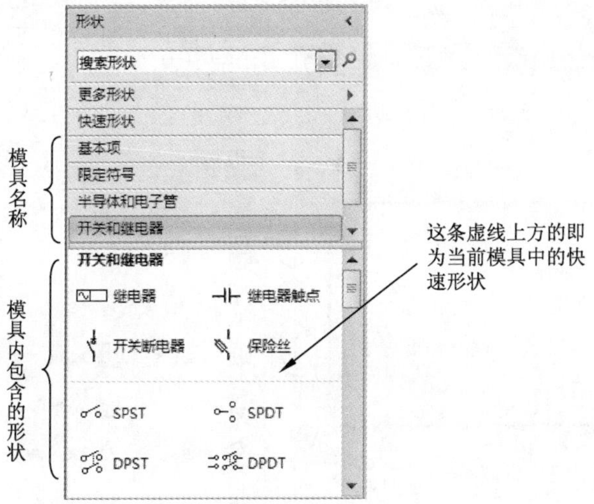

图 1-6　"形状"窗格

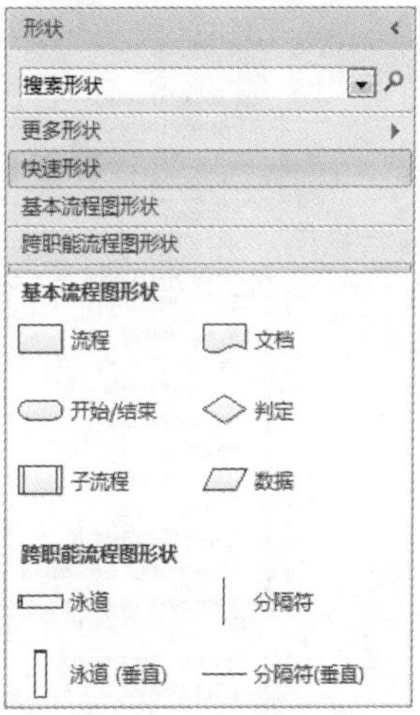

图 1-7　快速形状

④ 单击"形状"窗格中的"快速形状"打开快速形状区域，查看所有已经打开模具中的快速形状。

在"形状"窗格上方还有一个"搜索形状"框，默认情况下，这个框是隐藏的，以便为形状和模具留出更多空间。如果想要显示"搜索形状"框，单击"更多形状"项弹出下拉菜单，然后单击"搜索形状"，当这一选项前出现"√"时就可以将其显示出来；同理再次单击，"√"就会消失，这时"搜索形状"框将隐藏。"搜索形状"默认使用 Windows 搜索引擎在本地计算机中查找形状，如果想要在 Internet 上搜索形状，单击"联机查找形状"即可。

课堂实训 2　搜索需要的形状

① 单击"文件"按钮，在弹出的菜单中单击"选项"命令，打开"Visio 选项"对话框。

② 在"Visio 选项"对话框中单击"高级"，并拖动滚动条至"形状探索"区域。

③ 在"搜索"项下选择"单词匹配（OR）"，其余项为默认值。单击"确定"按钮后关闭"Visio 选项"对话框。如图 1-8（a）所示。

④ 在"形状"窗格的搜索框中，输入"电脑　计算机　PC"然后按 Enter 键。开始形状查找。

⑤ 找到的形状显示在"形状"窗格中，以查找的关键字为名字的显示区域内，如图 1-8（b）所示。

提示

在"Visio 选项"对话框中搜索项选择为"完全匹配（AND）"时，要求搜索到的内容与搜索关键字必须完全匹配，否则将搜索不到。

4. 状态栏

状态栏位于 Visio 工作界面的最下方。状态栏中除了显示当前页数、页码等内容外，还包含了几个非常有用的功能，如录制宏、视图切换、全屏显示、当前绘图区的缩放，以及多个工作窗口的切换等，如图 1-9 所示。

（a）　　　　　　　　　　　　　　　　（b）

图 1-8　"Visio 选项"对话框及形状搜索

图 1-9　状态栏

在状态栏上右击，会弹出"自定义状态栏"的菜单，在对应项上单击可以设定状态栏上项目的显示与隐藏，如图 1-10 所示。

课堂实训 3　扫视与缩放工具的应用

① 打开一幅已经绘制好的 Visio 绘图文件。

② 单击状态栏中"扫视与缩放"按钮，此时屏幕的右下角会出现"扫视和缩放"窗口。

③ 图中的红色小方框即为焦点，拖动焦点红框，绘图区域的内容会同步变化，显示的是焦点范围内的图像部分。

④ 在"扫图与缩放"窗口中单击，焦点（即红框）会快速移动到单击位置，同时绘图区域显示当前内容。

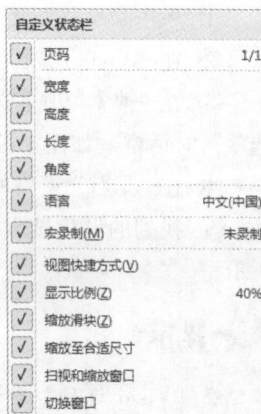

图 1-10　自定义状态栏

⑤ 拖动"扫视和缩放"窗口边缘上的放大缩小滑块可以调整当前绘图区域的显示比例。

⑥ 焦点四周有 4 个选择手柄，拖动手柄可以调整焦点的大小，如图 1-11 所示。

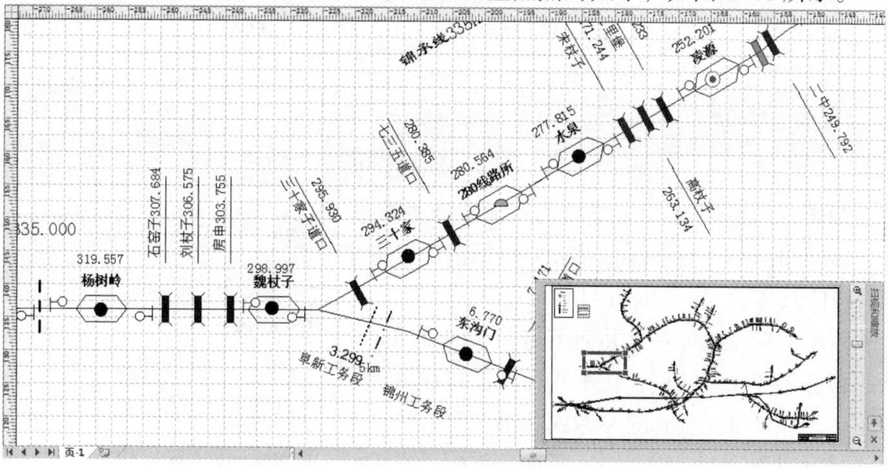

图 1-11　扫视和缩放工具的使用

提示

扫视和缩放工具通常用来观看较大幅面的绘图，对于普通的绘图使用调整显示比例即可，无须使用扫视工具。

5．绘图区

绘图区是 Visio 软件中最主要的部分，如图 1-12 所示。使用 Visio 进行绘图时，只要从形状窗格内拖动形状到绘图区并放置就完成了最简单的图的绘制。绘图区以一个带有网格的页面形式展现，在这个区域的上方和左侧有标尺栏，用来辅助定位形状的摆放位置；右侧和右下角有滚动条，用来滚动绘图页面以显示更大的绘图区域；左下角为导航按钮和页面切换、新建页面按钮，既可以通过导航按钮在多个不同页面间切换，也可以直接单击页面切换按钮上的页面名称直接切换；单击新建页面按钮可以新建一个绘图页面（默认打开 Visio 时，只有"页－1"一个页面）。对于绘图页面上显示的网格以及绘图区域的标尺、参考线等可以通过视图功能区进行打开或关闭，"视图"功能区如图 1-13 所示。

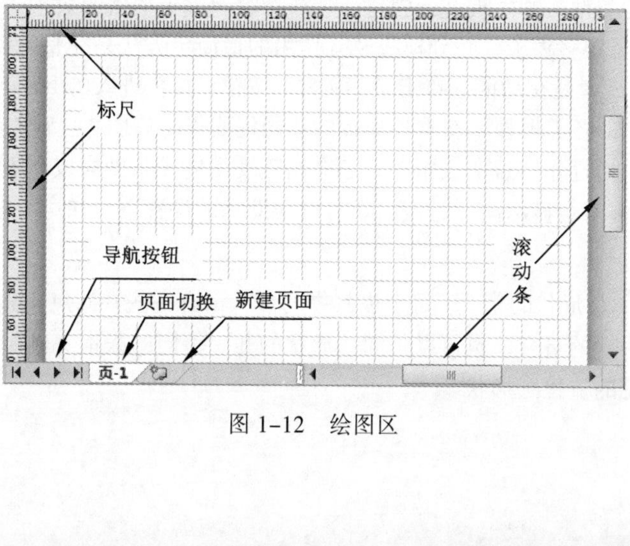

图 1-12　绘图区

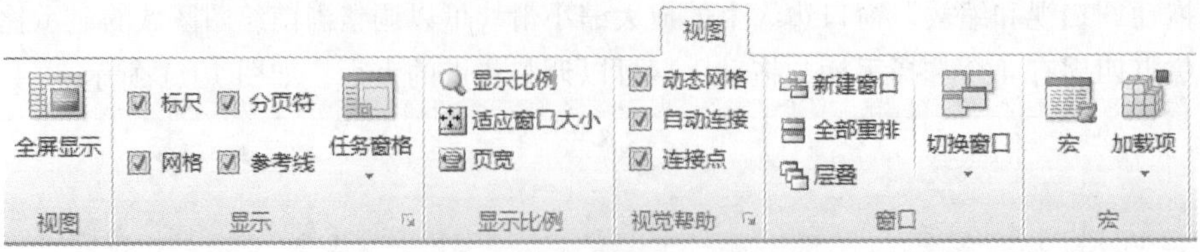

图 1-13 "视图"功能区

单击"视图"功能区"显示"组内的对话框启动器，可以打开"标尺和网格"对话框，在此对话框内可以进行标尺和网格的具体设定，如图 1-14 所示。

在水平标尺上按住鼠标左键并向下拖动，即可得到一条蓝色的水平参考线；同理，在垂直标尺上按住鼠标左键向右拖动，可以得到垂直的参考线。单击参考线，按下 Delete 键可以删除参考线。在水平和垂直标尺交汇处按住左键向右下拖动，可以得到参考点。同样，参考点也可使用 Delete 键进行删除。在绘图过程中应用参考线和参考点可以为绘图提供极大的便利。

图 1-14 "标尺和网格"对话框

1.3 使用 Visio 2010 绘图的几个主要概念

使用 Visio 绘图最大的特点就是可视化、操作简便。大多数图形只要是通过对形状的拖放就能完成。下面就 Visio 绘图中涉及的几个主要概念简介如下：

1. 模板

Visio 提供了许多图表模板。每个模板都针对不同的图表和应用范围，集成了绘制该种图表所需要的模具形状，以及图表页面、绘图网格设置等。因此可以说模板中集成了模具形状和特定的图表页面、绘图网络等设置的综合元素。当然，有些特殊的图表模板还有特殊功能，这些功能可以出现在功能区的特殊选项卡上，例如，打开"时间线"模板时，功能区上会显示"时间线"选项卡。

一般来讲，使用 Visio 创建某种图表时，应当首先使用该图表类型（如果没有完全匹配的类型，则选择最接近的类型）的模板进行创建，这样会收到事半功倍的效果。

Visio 2010 提供了很多模板，找到模板及其作用的最简单方法是完整地浏览"模板类别"。当打开 Visio 2010 时，或者是在功能区单击了"文件"按钮，都会进入的 BackStage 界面，在这里就可以浏览到系统提供的各类模板，查看各模板的适用说明等，如图 1-15 所示。

在某些情况下，当打开 Visio 模板时，还会出现使用向导帮助完成图表的设置。例如，应用"空间规划"模板打开时会显示向导，该向导可以帮助完成设置空间和房间等信息。

2. 模具

Visio 中的模具就是形状的集合。每个模具中的形状都有一些共同点。这些形状可以是创建特定种类图表所需的形状的集合，也可以是同一形状的几个不同的版本。例如，"基本流程图形状"模具中包含就是常见的流程图形状。

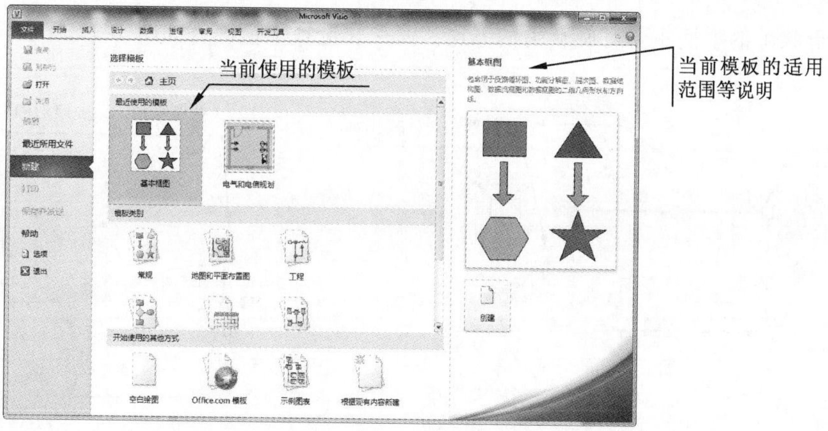

图 1-15　BackStage 界面及模板类别与说明

　　模具显示在"形状"窗格中。如果要查看某个模具中的形状，就在这个模具的标题栏上单击，此时该标题栏会显示为黄色，同时形状窗格的下方显示的形状即是该模具中包含的形状。

　　模具通常与模板绑定在一起，每个模板打开时都会同时自动打开包含其中的模具，这些模具就是创建该种类型图表时可能会用到的形状。除此之外，也可以根据需要随时打开其他模具，方法是在"形状"窗格中，单击"更多形状"，然后选择所需的类别，再单击要使用的模具的名称即可，如图 1-16 所示。

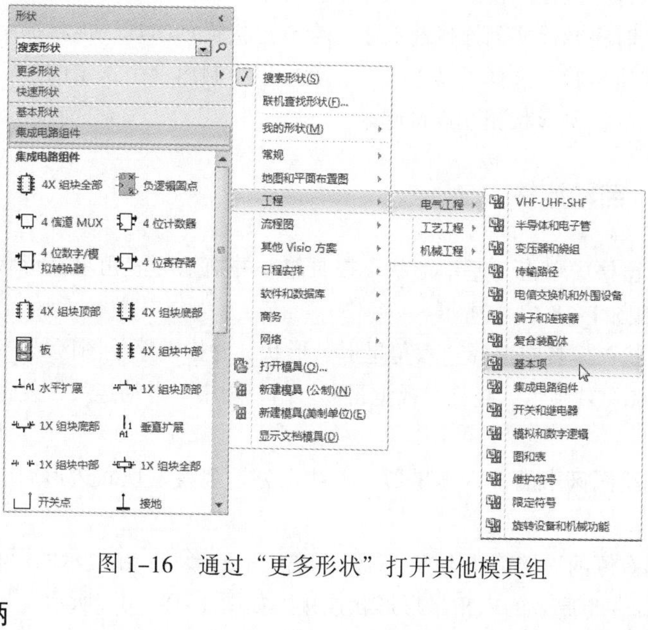

图 1-16　通过"更多形状"打开其他模具组

3．形状和手柄

　　形状是 Visio 中构成图表的基本组成元素。形状普遍存在于模具之中，绘图时只需从模具中拖至绘图页上释放即可。拖放时原始形状仍保留在模具上，称该原始形状称为主控形状，而放置在绘图页上的形状是该主控形状的副本，称之为实例。绘图时可以根据需要将同一形状的任意数量实例拖放至绘图页上。

　　拖放到绘图页上的实例形状，还可以做进一步的操作，例如旋转、改变大小、改变格式等。这些操作有可能会涉及形状中的内置功能，利用形状上的各种手柄和箭头可以帮助用户快速应用这些功能。形状上的手柄主要有旋转手柄、连接箭头和选择手柄等，如图 1-17 所示。

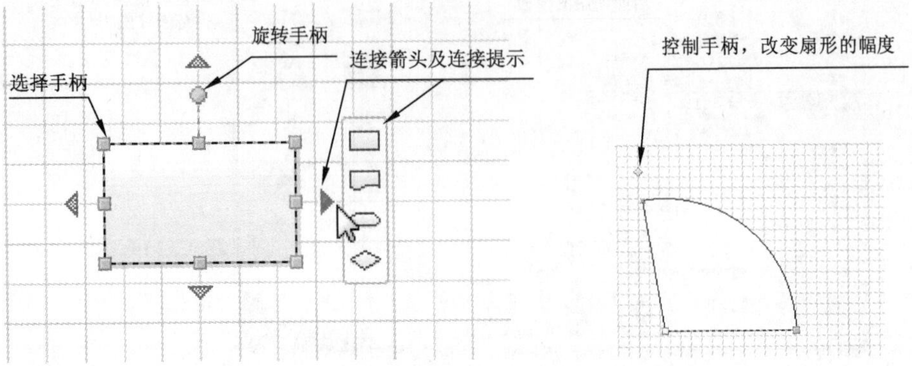

图 1-17 形状的可视化线索

（1）旋转手柄

位于实例形状上方的圆形手柄称为旋转手柄。光标移到旋转手柄上，向右或向左拖动即可旋转该形状。

（2）连接箭头

并不是所有的形状都有连接箭头。当光标移动到实例形状上方时，如果该实例形状所在的模具中设定了快速形状，并且在"视图"选项卡中打开了"自动连接"选项，就会在形状四周出现浅蓝色连接箭头。此时将光标移到连接箭头上，会有连接提示出现，连接提示的内容主要是当前形状所在模具中的快速形状，选择了其中一个，就可以绘制出这个选定的形状，并将当前实例形状与这个刚绘制出来的实例形状相互连接起来。

课堂实训 4　自动连接

① 在"形状"窗格中单击"基本形状"模具组，并拖动"五角星"形状至"快速形状"区域中最前部位置，如图 1-18（a）所示。

② 在"基本形状"模具中选择"六角星形"形状，并拖动至绘图区域。

③ 切换至"视图"选项卡，找到"视觉帮助"组，选中"自动连接"复选框，如图 1-18（b）所示。

④ 将光标移到绘图区中的"六角星形"形状上方，观察发现六边形周围出现连接箭头，如图 1-18（c）所示。

⑤ 光标移动到右侧的连接箭头上方，右侧出现提示的形状，在提示的形状中单击"五角星"，绘制了五角星形状，并与原来的六角星形形状连接，如图 1-18（d）所示。

（3）选择手柄

当单击绘图页上的实例形状时，即选择这个实例形状，这个形状的周围会出现选择手柄。利用选择手柄可以更改形状的高度和宽度。单击并拖动形状某一顶点上的选择手柄沿 45° 拖动可等比例缩放该形状；单击并拖动形状某一侧上的选择手柄可改变形状的宽或高的状态，这个改变不是等比例的。

（a）　　　　　　　　　　（c）　　　　　　　　　（d）

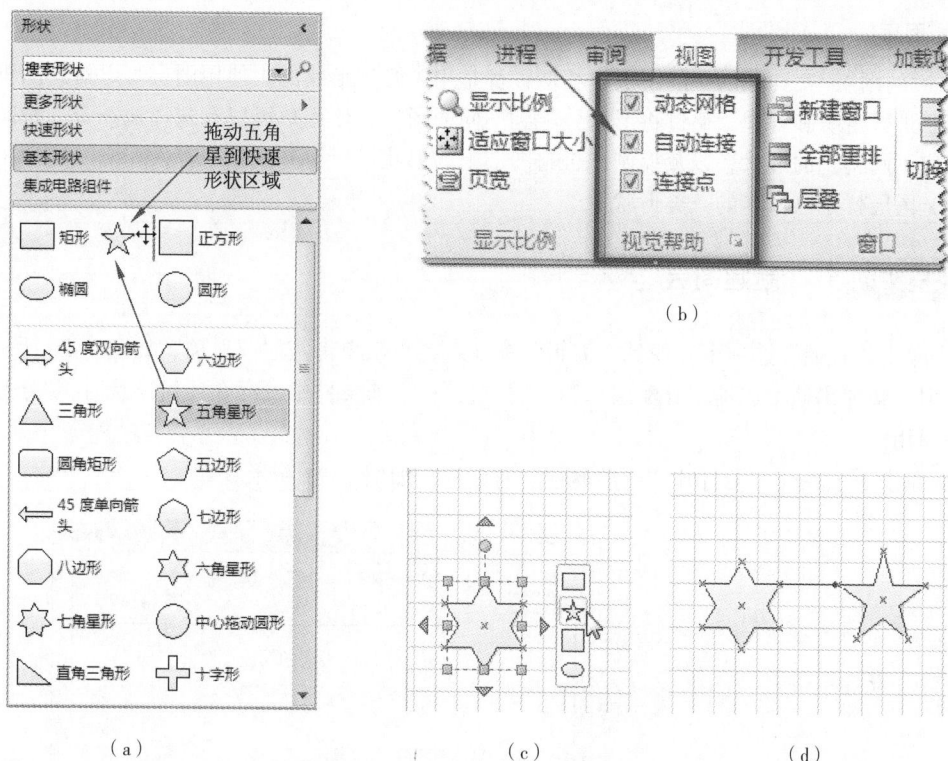

图 1-18　应用自动连接绘制形状

（4）控制手柄

有些实例形状被选择时，会同时显示出控制手柄。同样并不是所有的形状都有控制手柄。控制手柄的外观颜色是黄色菱形块。通过控制手柄可以改变实例形状在某一方面的幅度变化。例如，通过门形状的控制手柄可以改变门的开闭程度等。

Visio 中的形状功能非常强大，它不仅仅是简单的图像或符号，形状中还可以包含数据和特定行为，当拉伸实例形状、右击实例形状或是移动实例形状上的黄色控制手柄就会看到这些行为。例如，拉伸"人员"形状可显示更多人员，拉伸"成长的花朵"形状可指示成长情况。如图 1-19 所示。如何才能知道哪些形状具有特殊行为呢？通常的做法就是用右击形状，查看其快捷菜单上是否有特殊命令。

向右拖动，人员数量增加

向上拖动，花朵生长

图 1-19　形状的特殊行为

4. 图层

Visio 的图层与 AutoCAD 的图层很相似，都是用来管理形状的。使用图层可以对绘图页上的相关形状进行组织和管理，通过将形状分配到不同的图层，使用户可以有选择地查看、打印、设定、锁定不同类别的形状，以及控制能否与图层上的形状进行对齐或粘附等操作。从这个角度也可以说，图层就是已命名的一类形状。

课堂实训 5 新建图层

① 单击"开始"选项卡，找到"编辑"命令组，再次单击"层"选项，如图 1-20 所示。

此时，会弹出两个选项"分配层"和"层属性"；当前文件中没存在任何形状时，"分配层"功能不可用。

② 单击"层属性"会打开"图层属性"对话框，如图 1-21 所示。

图 1-20 图层及其功能   图 1-21 "图层属性"对话框

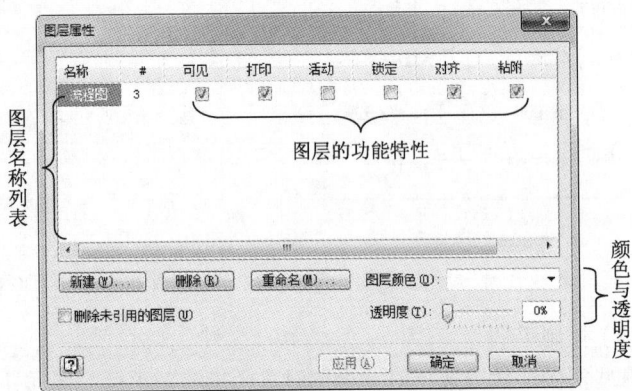

③ 单击图 1-21 中的"新建"按钮可以重新创建一个新的图层。

④ 在图层颜色列表处，可以对图层颜色进行设定，也可以对图层的透明度进行设置。这些设定会对加入到该图层的形状颜色和透明度产生作用。

⑤ 在绘图区内，拖放入一个形状。单击该形状，然后在开始选项卡中找到编辑组，单击"层"选项，开选择"分配层"，弹出"图层"对话框，如图 1-22 所示。

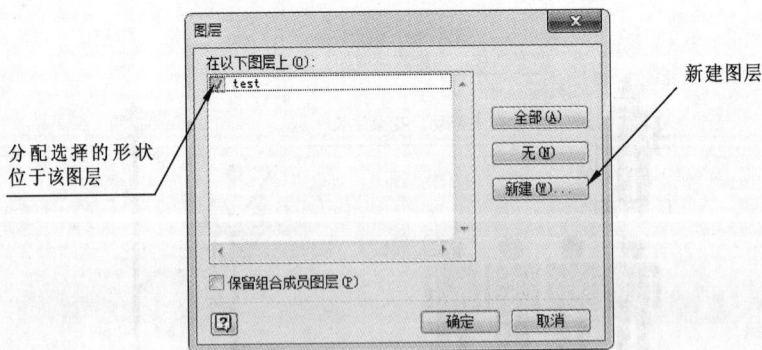

图 1-22 "图层"对话框

⑥ 在图层选项前的方框内打钩表示将形状分配至此图层。则该图层设置的所有颜色和透明度等属性将作用于该形状，该形状原有的颜色和透明度等将发生改变。

每个图层都具有如下的功能特性：

① 可见。在图 1-21 中将图层 test 的可见性关闭，单击"确定"按钮后，回到绘图区，发现原来分配到图层 test 中的形状不见了。再次打开"图层属性"对话框，打开可见属性后，再次单击"确定"按钮，回到绘图区。原来隐藏的形状又全部出现了。这个功能在绘制复杂图时比较有用。

② 打印。该特性决定了本图层包含的形状可否被打印输出。如果取消了此项选定，则该图层的形状可以查看但不能被打印输出。

③ 锁定。该功能生效时，图 1-21 中的删除和重命名按钮将失效，同时"活动"特性也不可选择。绘图区中包含在此图层中的形状将被锁定不能被选择、移动、修改等。

④ 对齐。该功能生效时，本图层内的形状可以选择与其他形状进行"对齐"操作，否则不可。

⑤ 粘附。启用该功能时，本图层内的形状可以与其他图层的形状进行粘附操作。

⑥ 活动。如果要将电气布线形状添加到办公室布局绘图，可以使电气图层成为活动图层。那么自此以后添加的所有形状都会自动分配到电气图层。当需要添加窗户时，就可以将墙壁图层指定为活动图层，依此类推。如果形状需要分配到多个图层，也可以指定多个活动图层。此时添加到页面上的形状会自动分配到所有活动的图层上。

使用图层绘图的好处很多，尤其是在复杂图的绘制中更是如此。例如，绘制办公室布局时，可将墙壁、门和窗户分配到一个图层，而将电源插座分配给另一个图层，家具则分配给再一个图层。这样，当处理电气系统中的形状时，就可以锁定其他图层，而不必担心会误将墙壁或家具重新排列。

5．页面

Visio 绘图区即为绘图页面区域。Visio 的绘图页面默认显示为一张图纸，图纸下方左下角的选项卡为该绘图页默认的名称"页 – 1"，单击页面名称旁边的图标，会添加新页面。在绘图面的名称上右击，会弹出快捷菜单，选择"新建页面"命令，接着弹出"页面设置"对话框，如图 1-23 所示。此外，也可以通过"设计"选项卡"页面设置"组里的按钮完成页面的设置情况。

课堂实训6　新增页面并设置页面尺寸和方向

① 在当前绘图页面的名称签上右击，在弹出的快捷菜单中选择"插入"命令，弹出"页面设置"对话框，并定位在"页属性"选项卡。

② 在"页属性"选项卡，定义该页面类型为"前景"，定义页面的名称为"页 – 2"，背景项为"无"，设定页面的度量单位为默认值"毫米"，如图 1-23（c）所示。

③ 单击"页面尺寸"选项卡，在此页面设定绘图页面的大小。系统默认的选项项为"允许 Visio 按需展开页面"。推荐使用这个设置，这样，当绘制的形状超过预定的页面边界时，页面会自动延展。如果选择下方的"预定义的大小"或"自定义大小"时，则页面不能自动延展，同时，

当选定的页面尺寸是"预定义的大小"或"自定义大小"时，在此处，还可设定页面的方向为"纵向"或"横向"。按需展开页面时，不需要选择页面方向，如图 1-24（a）所示。

图 1-23　快捷菜单和页属性

④　单击"绘图缩放比例"选项卡，在此页面进行绘图的缩放比例设定。系统的默认选项为 1∶1。可以根据绘图内容的需要进行选择预定义的缩放比例或自行定义缩放比例。本例中使用系统默认的 1∶1 比例，如图 1-24（b）所示。

⑤　单击"打印设置"选项卡，在此页面设置打印出图的纸张选择及打印比例。默认的打印纸型为 A4，打印比例为 100%，可以根据实际的需要进行相应调整，即最终的出图比例是绘图缩放比例与打印比例的乘积，如图 1-24（c）所示。

提示

应用"插入"选项卡中的"页"选项组可以直接选择插入"空白页"或"背景面"。

Visio 中的页面除了前景页之外，还有背景页。一个前景页只能有一个背景页，而一个背景页可以应用于多个前景页上。背景页通常用来设置绘图的背景水印或者是标题、图框等信息的设置。另外，还需要注意的是背景页要与前景面在页面大小、页面方向上保持一致。

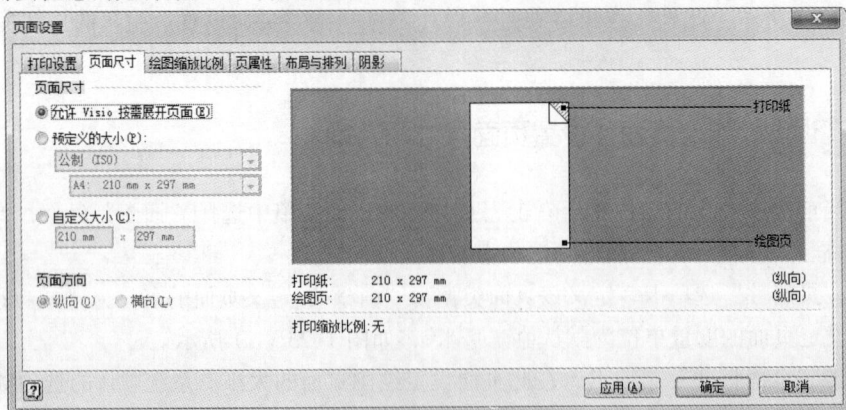

（a）"页面尺寸"选项卡

图 1-24　"页面设置"对话框

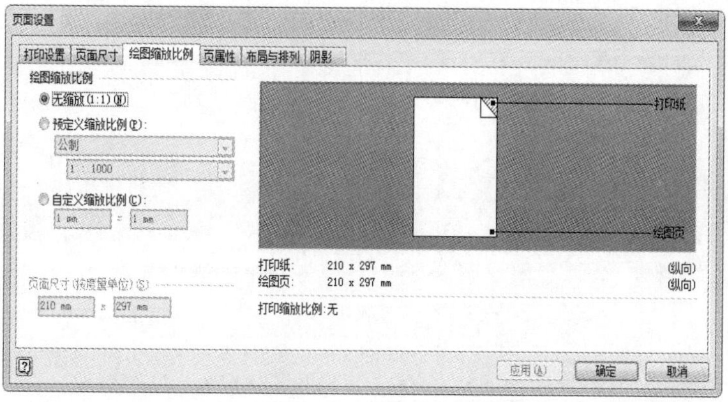

（b）"绘图缩放比例"选项卡

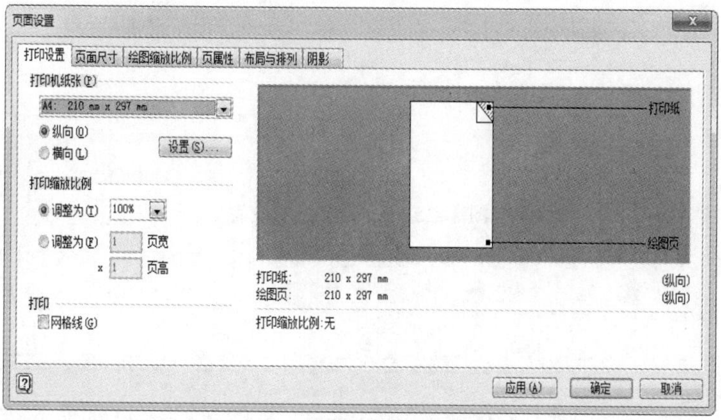

（c）"打印设置"选项卡

图 1-24　"页面设置"对话框（续）

课堂实训 7　设置背景页

① 单击"设计"选项卡"背景"组内的"背景"按钮，在弹出的菜单中选择"世界"，如图 1-25（a）所示。再次单击"边框和标题"按钮，在弹出的菜单中选择"都市"完成背景和标题的设定，如图 1-25（b）所示。不论是添加"背景"还是"标题"系统都自动增加一个背景页，并将其默认命名为"背景 – 1"。

② 选择"背景 – 1"并在它的"页面设置"对话框中，依次设置"打印设置"项为 A4 纸型、纵向；"页面尺寸"设置为预定义大小 A4、纵向；绘图缩放比例为 1∶1。单击"确定"按钮。设置内容如图 1-23 和图 1-24 所示。

③ 双击背景页面的标题，进入修改状态，此时输入"我的 VISIO 绘图"文字内容。

④ 单击标题右侧的时间项，出现选择手柄后，切换到"插入"选项卡"文本"组中的"域"按钮，如图 1-26 所示；弹出"字段"对话框，并自动选定了类别中的"日期/时间"项，如图 1-27 所示。

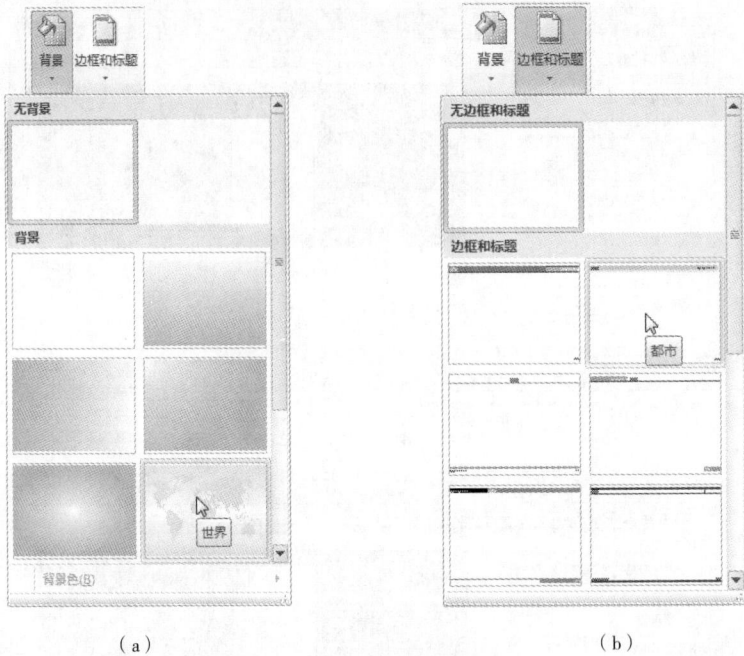

（a） （b）

图 1-25　背景与标题设置

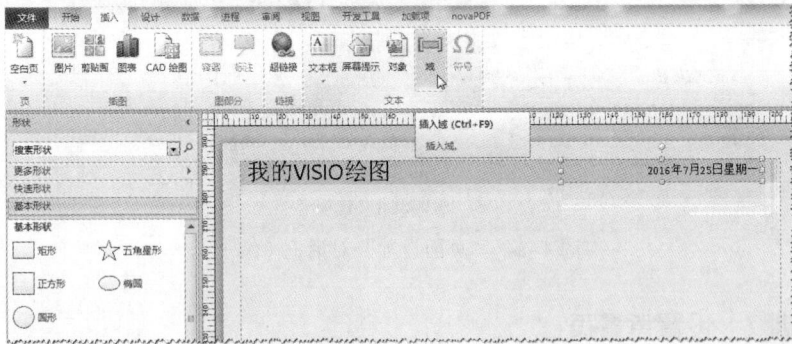

图 1-26　选择时间项并插入域

⑤ 单击"数据格式"按钮，在弹出的"数据格式"对话框中更改日期格式，如图 1-28 所示。单击"确定"按钮后，完成数据格式的设定。再次单击"确定"按钮，完成"域"对象的格式设定。

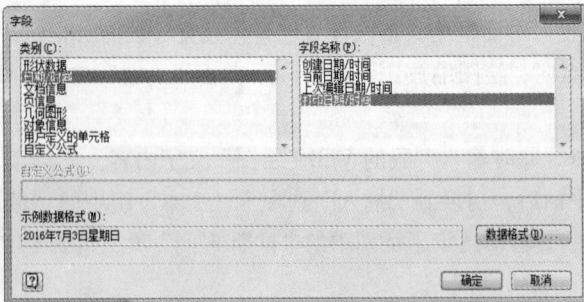

图 1-27　"字段"对话框

图 1-28　"数据格式"对话框

⑥右击"页 – 1"的标签，在弹出的快捷菜单中选择"页面设置"命令，并在对话框的"页属性"选项卡内选择"背景"为"背景 – 1"，单击"确定"按钮完成绘图页的背景设定。

提示

在绘图页面可以看到背景设定的图案与文字信息，如果要进行修改，需要切换到背景页进行修改。可以在背景面内绘制图框、标题等信息，便于绘图文件的管理和使用。

1.4　常用的操作技巧

1. 常用的快捷键

高效的绘图离不开快捷键的使用，Visio 提供了丰富的快捷键，记住常用的快捷键，并灵活使用，能极大地提高绘图效率。Visio 绘图中经常用到的快捷键如表 1-1 所示。

表 1-1　Visio 绘图中经常用到的快捷键

操　作　目　的	快　捷　键
增大文本的字号	Ctrl+Shift+>
缩小文本的字号	Ctrl+Shift+<
快速设定文字上标	Ctrl+Shift+ =
打开文本对话框中的字体选项卡	F11
打开文本对话框中的段落选项卡	Shift+F11
打开填充对话框	F3
打开线条对话框	Shift+F3
撤销操作	Ctrl+Z
重复操作	Ctrl+Y 或 F4
页面设置	Shift+F5
组合所选的形状	Ctrl+G 或 Ctrl+Shift+G
取消对所选组合中形状的组合	Ctrl+Shift+U
将所选形状置于顶层	Ctrl+Shift+F
将所选形状置于底层	Ctrl+Shift+B
将所选形状向左旋转	Ctrl+L
将所选形状向右旋转	Ctrl+R
水平翻转所选形状	Ctrl+H
垂直翻转所选形状	Ctrl+J
为所选形状打开"对齐形状"对话框	F8
切换"格式刷"工具的状态	Ctrl+Shift+P
快速切换到指针状态	Ctrl+1
快速切换到文本工具状态	Ctrl+2
快速切换到连接线工具状态	Ctrl +3
快速切换到连接点工具	Ctrl+Shift+1
快速切换到文本块工具	Ctrl+Shift+4
微移所选形状	方向键

操 作 目 的	快 捷 键
一次将所选形状微移一个像素	Shift+方向键
将所选主控形状快速插入绘图中	Ctrl+Enter
为所选形状添加文本	F2
动态缩放绘图页面	Ctrl+鼠标滚轮

2．精确绘图方法

在绘图过程中，如果对图形的精度要求较高，可以借助于 Visio 的精确绘图工具实现精确绘图。Visio 中常用的精确绘图工具主要有标尺、网格、参考线、辅助点、大小和位置窗口以及放大显示比例等。在实际绘图中组合应用这些工具就可以实现精确地绘图。

（1）标尺与网格

标尺是用于测量图形位置和大小最直观的工具。网格是用于设置位置、调节图形大小和对齐图形的工具。这两个工具的设置都是通过"标尺和网格"对话框来实现的。通过"视图"选项卡中"显示"组的启动器，可以打开"标尺和网格"对话框，如图 1-29所示。

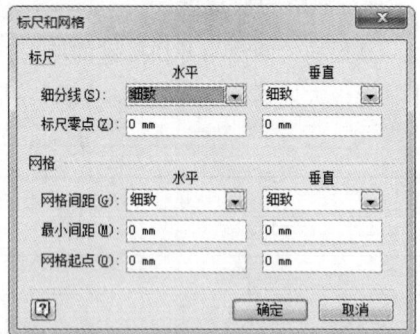

图 1-29 "标尺和网格"对话框

下面对标尺和网格对话框中的内容详细说明：

① 细分线：标尺的最小刻度（间距）设定。标尺的最小刻度有 1 mm、2 mm 和 5 mm 3 种情况，对应细分线的细致、正常和粗糙 3 个选项。系统默认细分线值为细致，即标尺的最小刻度为 1 mm。

② 标尺零点：设置标尺的零点位置。标尺默认水平、垂直均从 0 mm 起，可以根据绘图的需要重新设定零点值。若要恢复到默认状态可重新输入 0 mm 并确定，或者是双击绘图页面中水平和垂直标尺的交叉处。

③ 网格间距：

网格的间距和标尺的刻度类似，有 4 种类型：细致、正常、粗糙和固定。

细致：水平垂直距离为 5 mm。

正常：水平垂直距离为 10 mm。

粗糙：水平垂直距离为 20 mm。

或设定为"固定"，则需要通过下面"最小间距"项分别设定水平和垂直的距离。

④ 网格起点：网格绘制的起始位置。

（2）参考线和辅助点

参考线是设置图形位置和对齐图形最常用和方便的工具。将鼠标指针放置在水平或垂直标尺的边缘，然后按住左键进行拖动，就会出现一条蓝色的水平或垂直的线。参考线停放时会自动对齐水平或垂直的标尺刻度。使用键盘的方向键可以进行参考线的位置微调。绘制形状时，可自动粘附到参考线上，达到精确定位的目的。一个页面内可以有无线条水平或垂直的参考线，当不需要时，单击该参考线，并按 Delete 键可以将其删除。或者是通过"视图"选项卡"显示"组内取消"参考线"的选定，则不再显示参考线。

辅助点是两条很短的交叉参考线，可以放在绘图页或形状的任何位置。辅助点适用于绘制重叠的图形，运用辅助点可将重叠的图形按中心对齐或按顶点对齐。

在绘图页面将鼠标指针移到水平和垂直标尺交叉处，按住左键进行拖动，就可以产生辅助点，辅助点一般默认会停放在网格的交叉点处。参考线和辅助点如图 1-30 所示。

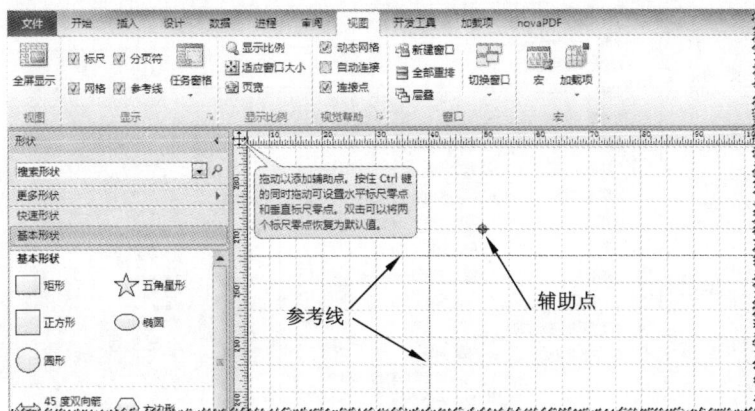

图 1-30　参考线和辅助点

（3）大小和位置窗口

在比较复杂的情况下也可以运用"大小和位置"窗口调整图形的大小和位置。通过修改"大小和位置"窗口中的数据值，直接调整图形的大小和位置。

单击"视图"选项卡"显示"组中的"任务窗格"按钮，在弹出的菜单中选择"大小和位置"即可打开这个窗口。默认情况下这个窗口出现在绘图页的左下方。可以将其拖放至页面的任何位置。这个窗口会根据选择对象的不同而变换显示的内容，如图 1-31 所示。

	X	75 mm
	Y	240 mm
	宽度	40 mm
	高度	30 mm
	角度	0 deg
	旋转中心点位置	正中部

图 1-31　大小和位置

X：表示形状的水平坐标位置。

Y：表示形状的垂直坐标位置。

角度：表示形状的旋转角度。

以上 3 个属性是大多数形状都具备的属性，通过改变数值可以调整形状的位置。

宽度、高度：为当前选择形状的宽度和高度值，改变这两个数值可以调整形状的大小。

除以上工具外，还要配合"对齐与粘附"等工具就能实现精确的绘图。（有关"对齐与粘附"工具的使用在第 2 章讲解）。

（4）尺寸的标注方法

应用 Visio 不仅可以进行精确绘图，也可以进行形状尺寸的标注。所谓尺寸是指定对象大小和位置等数值。在工程和建筑绘图中通常都需要标注尺寸。

Visio 中尺寸的标注是利用形状窗格中尺寸度量模具来实现的。在"形状"窗格中依次单击"更多形状"、"其他 Visio 方案"，然后在弹出的列表中选择需要的标注模具，再将对应的模具拖至绘图面的某个形状上进行粘附，即可完成形状的尺寸标注，如图 1-32 所示。

通常情况下，尺寸线以绘图页设置的度量单位来显示形状的尺寸。当然也可以在不改变绘图页设置的情况下为尺寸线设置不同的度量单位。其方法是右击形状并选择"精度和单位"项，在弹出的"形状数据"对话框中即可更改尺寸值在尺寸线形状上的显示方式，如图 1-33 所示。

图 1-32　打开尺寸度量模具　　　　　图 1-33　更改尺寸的精度和显示位置

将尺寸线粘附到形状上。调整形状的大小时，系统会自动计算并显示新的尺寸。但如果尺寸线未粘附到形状上，使用快捷键 Alt+F9 打开"对齐和粘附"对话框，然后确保在"粘附到"下选中"形状手柄"和"形状几何图形"复选框即可，如图 1-34 所示。

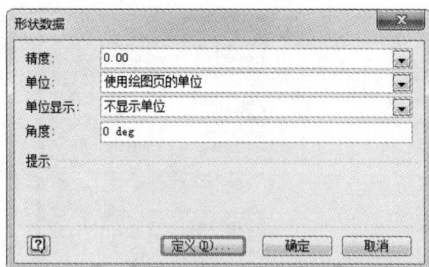

图 1-34　尺寸标注时对齐与粘附的设定

本 章 小 结

Visio 是一个高效的绘图软件，其操作简单，功能强大，在众多领域都有广泛的应用。本章详细讲述了有关 Visio 绘图的基础知识，包括 Visio 软件的由来和历史沿革；Visio 绘图的基本工作界面；使用 Visio 绘图时涉及的几个重要概念（如模具、模板、形状、手柄、图层、页面设置、背景页面等）都做了详细的介绍，最后还介绍了一些应用 Visio 绘图的技巧等。本章是 Visio 绘图的开篇，内容比较简单，便于掌握。学好 Visio 画图关键在于多练多画，熟能生巧；尤其是快捷键和一些常用的工具要记熟用活，才能成倍提高绘图效率。

课 后 习 题

1．练习图层，并将绘制的形状分配在不同图层内，改变图层颜色、锁定等设定，观察形状的变化效果。

2．练习添加背景页，并调整标题内容。

3．练习参考线和辅助点用法，并借助这两个工具绘制正三角形。

4．应用尺寸标注模具对上面绘制的正三角形进行标注，标注出边长和角度。

第 2 章 Visio 2010 形状操作

使用 Visio 绘图最大的便利在于使用形状直接拖放就可以完成图形的绘制,极大地简化了绘图操作的复杂程度。可以说形状是 Visio 绘图中最重要的基本元素,掌握了形状的操作技巧也就学会了 Visio 绘图。操作形状是使用 Visio 的关键所在。

学习目标

本章主要介绍 Visio 2010 中对形状的操作方法。通过学习,应掌握以下内容:

- 形状及分类。
- 形状的选择。
- 形状的格式。
- 模具的制作。
- 形状的主题。
- 文本的操作。

2.1 形状及其分类

Visio 中所有的对象都可以称为形状。流程图中使用的矩形、菱形是形状;地图中使用的街道和建筑是形状;网络图中的计算机设备是形状,平面布置图中使用的家具等也都是形状。Visio 当中包含了丰富的形状,形状不仅仅是图形,它们还具有交互行为。也就是说,当使用形状时,形状会以某种方式做出反应。例如,可以调整形状大小、旋转形状、移动形状、设置形状的格式,等等。执行这些操作时形状的行为取决于形状所属的类型。

Visio 中有两种类型的形状:一维形状和二维形状。

1. 一维形状

所谓一维形状,是指当用鼠标选定该形状时,可以清楚地看到该形状具有一个起点和一个终点,如图 2-1 所示。一维形状通常看起来像线条。移动起点或终点,则其长度会发生变化。

使用一维形状最大的作用就是连接两个其他形状。例如,在业务流程图中,可以用线条或箭头连接两个部门。

起点

终点

图 2-1   一维形状及其端点

课堂实训1   绘制一维形状

① 单击功能区"开始"选项卡，找到"工具"组，单击 ▭▾ 按钮，在弹出的列表中选择"折线图"项，如图 2-2（a）所示。

② 选取"折线图"功能后，光标变为 +╱ 形状，在绘图区按下鼠标左键，并进行拖动，释放后，即完成一条线段的绘制，如图 2-2（b）所示。

（a）   （b）

图 2-2   选择绘图工具绘制一维形状

③ 在形状窗格中，依次单击"更多形状"｜"常规"｜"基本形状"，就打开了"基本形状"模具，如图 2-3（a）所示。

④ 在"基本形状"模具中，拖动滚动条至底部，选择任意一种箭头形状，用鼠标将其拖动至绘图区后释放，观察其起点和终点类型，如图 2-3（b）所示。

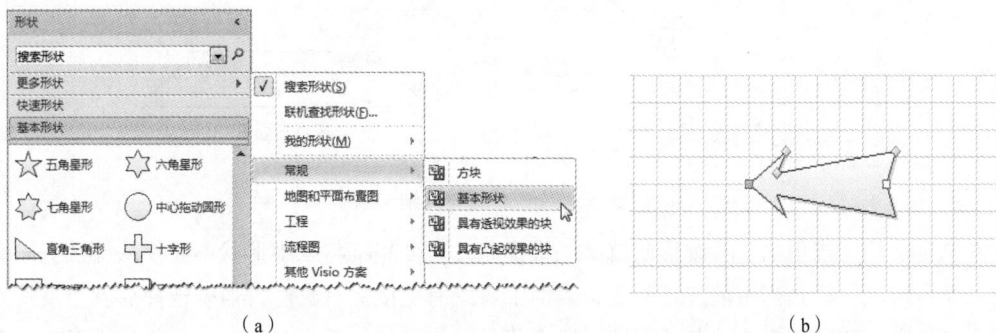

（a）   （b）

图 2-3   使用基本形状模具绘制一维形状

课堂实训 2　使用一维形状连接其他形状

① 从"基本形状"模具中，拖动两个"矩形"形状到绘图区，并水平放置。

② 单击"开始"选项卡，找到"工具"组，单击 □▾ 按钮，在弹出的列表中选择"折线图"项。

③ 选取"折线图"功能后，光标变为 +/ 形状，靠近左侧矩形右侧边缘时，会自动捕捉到连接点，并且出现动态提示"粘附到连接点"，同时该连接点出现红色小方框，如图 2-4 所示。

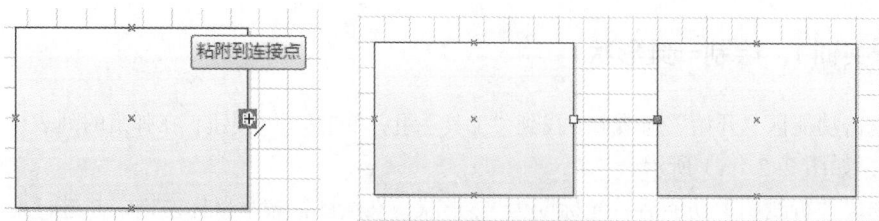

图 2-4　使用一维形状连接其他形状

④ 按下鼠标左键，向右拖动至右侧的矩形边缘，再次出现"粘附到连接点"的提示，出现红色小方框，拖动鼠标到这里并释放，将两个矩形连接起来。

⑤ 拖动任何一个矩形，发现不论如何拖放，两个矩形始终被连接线连接，如图 2-4 所示。

提示

光标选择为"折线图"后，发生改变，此时如果需要变回原有样式，可以直接使用快捷键 Ctrl+1，也可以单击"工具"组中的 指针工具 进行恢复。

2．二维形状

二维形状与一维形状相比，具有两个操作的维度。当选中二维形状后，会出现 8 个选择手柄。单击并拖动顶点的选择手柄，可以改变该形状的长度和宽度。二维形状通常用来表达某个对象或概念，不能用来连接其他形状。只有一维形状才能连接其他形状，如图 2-5 所示。

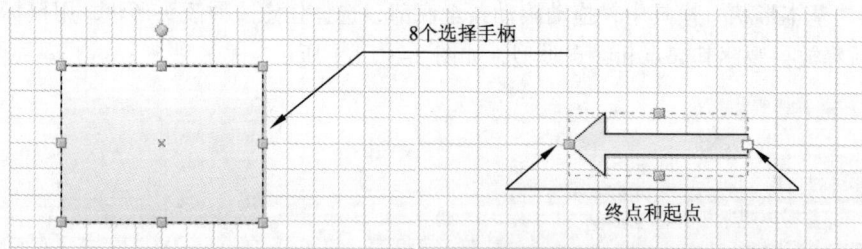

图 2-5　二维形状与一维形状

在 Visio 绘图当中除了一维形状就是二维形状。区分一维与二维形状不能仅从外观上来看，例如"基本形状"模具当中的连接箭头，表面上看既有宽度又有长度，但是选择后就会发现具有起始点和终点，可以用来连接其他形状，所以仍是一维形状。而有些形状画得像三维形状，有的画得像线条一样，但它们都是二维形状，因为它们有 8 个选择手柄，如图 2-6 所示。因此，Visio

当中区分一维还是二维并不是从外观上来区分的，而是依据不同形状的行为方式来确定的，简单地说，能够连接其他形状的都是一维形状，否则就是二维形状。

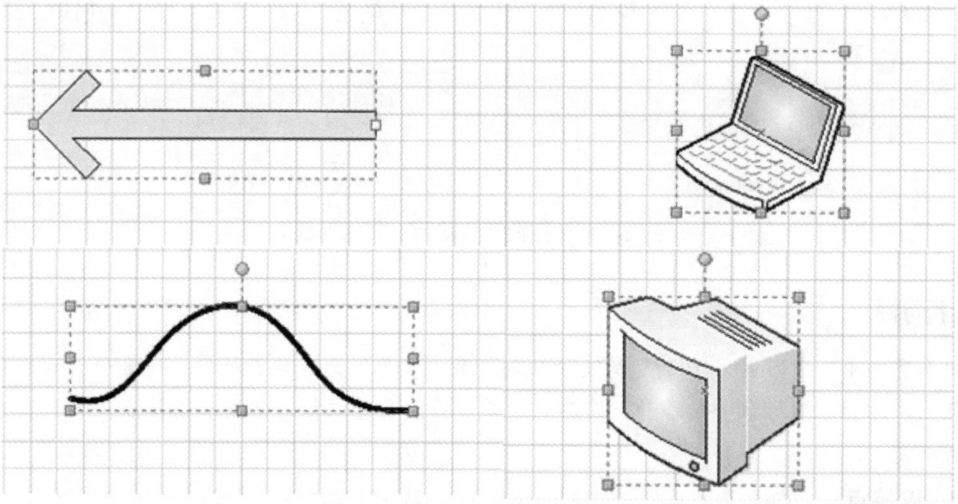

图 2-6　区分二维形状和一维形状

课堂实训 3　使用一维形状连接二维形状

① 在形状窗格中，选择"基本形状"模具，将"矩形"形状拖动到绘图区后释放。

② 在绘图区中双击"矩形"，在"矩形"的中心输入"A"，然后在"矩形"外部单击，完成输入。

③ 选择这个矩形形状，然后在"开始"选项卡中找到"字体"组，单击 A 按钮，每按一次，矩形中的"A"便增大一个字号，直到满意大小为止。

④ 再次选择这个矩形，按住 Ctrl 键的同时进行拖动，直到合适位置后释放，如图 2-7 所示。双击新的矩形形状，可将其中的文字"A"改为"B"。

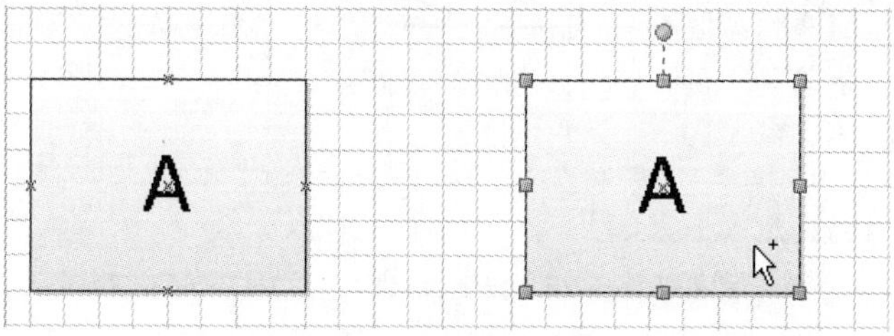

图 2-7　按住 Ctrl 键的同时进行拖放完成形状的复制

⑤ 在"开始"选项卡中，找到"工具"组，单击 ▢ ▾ 按钮，并选择"任意多边形"，然后在绘图区随意绘制出一条曲线。

⑥ 选择曲线形状，移动该形状的起点贴近矩形 A 直到出现红色粘附标记。然后，再次移动该形状的终点贴近矩形 B 直到出现红色粘附标记后释放，如图 2-8 所示。

⑦ 选择矩形 A 或 B 进行拖动，观察两个矩形的连接线情况。

（a）粘附矩形 A　　　　　　　　　　　　　　（b）粘附矩形 B

图 2-8　使用曲线连接两个其他形状

提示

上面实训中，矩形 A 和 B 的边缘上出现的"蓝色星号"为连接点标志，一维形状只有粘附到连接点上，才会跟随形状一起移动，而不会断开连接。有些二维形状没有连接点，那么就无法使用粘附功能。

3. 连接点

连接点在 Visio 当中用处很大，只有借助于连接点才能使用一维形状将其他形状连接起来。连接点通常为蓝色星号。使用"工具"组中的×功能即可完成添加和删除连接点的功能。

课堂实训 4　添加连接点

① 单击"开始"选项卡，找到"工具"组，单击 □▾ 按钮，绘制两个矩形 A 和 B。仔细观察，手工绘制的矩形是没有连接点的。

② 选择第一个矩形，出现 8 个选择手柄后，再次单击"工具"组中的×按钮，同时按住 Ctrl键，光标变化为 形状，在矩形边上的合适位置单击，此时矩形边框上出现一个粉色的星号，这就是新添加的连接点。在空白位置单击，该连接点恢复为蓝色星号，如图 2-9 所示。

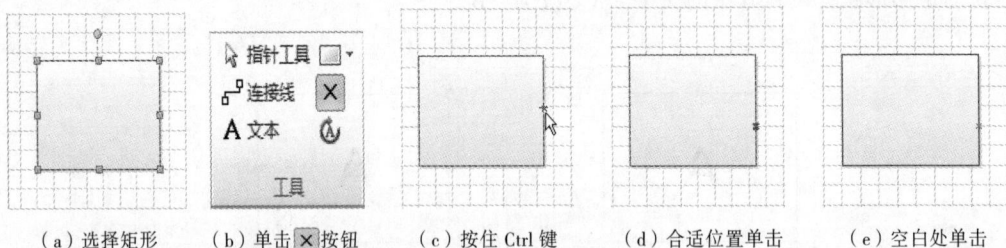

（a）选择矩形　　（b）单击 × 按钮　　（c）按住 Ctrl 键　　（d）合适位置单击　　（e）空白处单击

图 2-9　连接点的操作

③ 按照第②步的方法为矩形 B 添加两个连接点。

④ 在形状窗格中，选择"基本形状"模具中的连接箭头，尝试连接两个矩形。

课堂实训 5　删除连接点

① 选择上面实例中的任何一个矩形。

② 单击"工具"组中的×按钮，然后再次单击该矩形上的连接点。

③ 被选择的连接点变为粉色星号，此时按 Delete 键，删除该连接点，如图 2-10 所示。

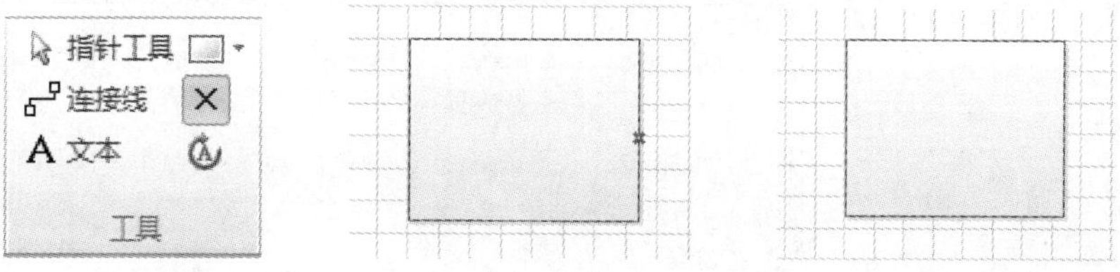

（a）单击 ✕ 按钮　　　　（b）单击连接点　　　　（c）按 Delete 键删除

图 2-10　删除连接点的方法

提示

当连接点显示为粉色星号时，为连接点的编辑状态，这时也可以用鼠标拖动方式改变连接点位置。

2.2　形状的常用操作

使用 Visio 绘图离不开对形状的各种操作，常用的形状操作有选择、移动、调整等。

1．形状的选择

形状的选择有多种方法。第一种方法是最常用的，即使用鼠标单击选择形状，这种方法每次只能选择一个形状；也可以使用鼠标在绘图区内拖动出一个矩形区域，该区域内的所有形状会被选择。另一种方法是使用键盘配合鼠标进行选择，单击形状的同时，按住 Shift 键或 Ctrl 键，可以同时选择多个对象。此外，还可以应用"开始"选项卡"编辑"组中的"选择"功能，实现全选、按类型选择、选择区域、套索选择等更加灵活的对象选择，如图 2-11 所示。

课堂实训 6　按类型选择形状

① 在形状窗格内，选择"基本形状"模具中的若干形状，分别拖放至绘图区。
② 按住 Ctrl 键的同时单击位置靠近的两个形状，同时选中。右击，在弹出的快捷菜单中选择"组合"命令，将这两个形状组合在一起。
③ 单击"开始"选项卡，找到"编辑"编辑组，单击 选择 按钮，选择"按类型选择"项，弹出"按类型选择"对话框，如图 2-12 所示。
④ 在"按类型选择"对话框中，取消选中"组合"复选框，然后单击"确定"按钮。观察绘图区，发现除了组合以外的各个形状都被选择了。
⑤ 再次打开"按类型选择"对话框，取消选取"组合"外的其他复选框，单击"确定"按钮。观察绘图区，发现刚刚组合的形状被选择了，其他形状均未被选择。

课堂实训 7　使用套索选择形状

① 单击"开始"选项卡，找到"编辑"组，单击 选择 按钮，选择"套索选择"项。
② 拖动鼠标围绕住要选择的形状，如图 2-13 所示。

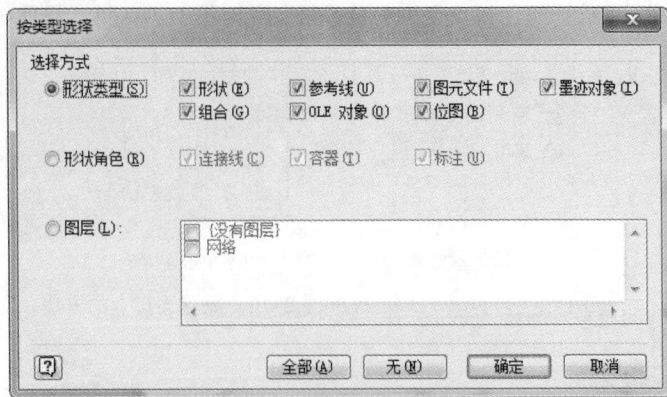

图 2-11　选择功能　　　　　　　　图 2-12　"按类型选择"对话框

③ 使用套索绘制出一个封闭的空间，这个封闭空间内的形状全部被选择，如图 2-13 所示。

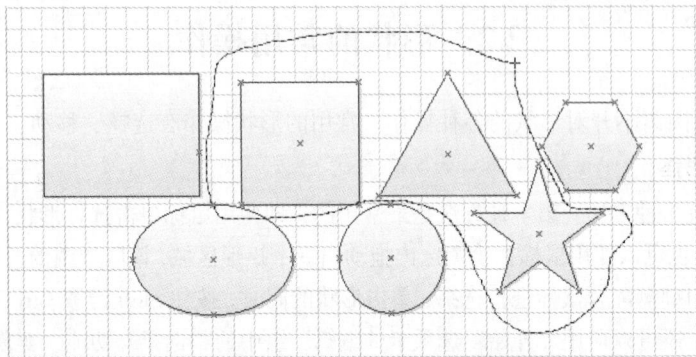

图 2-13　使用套索选择多个形状

2．形状的移动

形状的位置改变称为形状的移动。除了可以使用鼠标进行拖放移动外，还可以应用方向箭头进行距离微调，或使用 Visio 提供的移动形状工具实现更加快速、精确的位置移动。

课堂实训 8　应用鼠标移动选定的形状

① 选择所要移动的所有形状（一个或多个）。

② 选择的形状周围出现蓝色的选择框，将光标移进选择框内变为四向箭头。

③ 按下鼠标左键进行拖动，至合适位置后释放鼠标，完成形状的移动。

④ 如果需要微调某个形状，需要先选择该形状，然后使用方向箭头进行微调移动，若只需移动一个像素，在使用方向箭头的同时按住 Shift 键即可。

提示

移动形状时，如果需要限制水平或垂直方向移动，可在拖动的同时按住 Shift 键，配合完成。

课堂实训 9　应用移动形状功能

① 选择所要移动的所有形状。

② 单击 "视图" 选项卡，找到 "宏" 组，指向 "其他 Visio 方案"，然后单击 "移动形状"。弹出 "移动形状" 对话框，如图 2-14 所示。

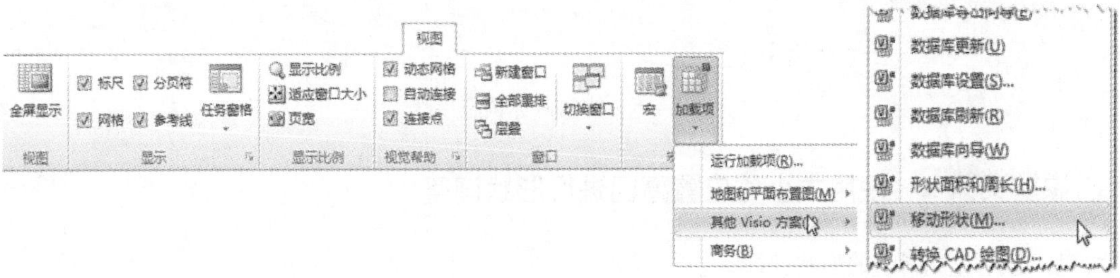

（a）找到 "移动形状" 项

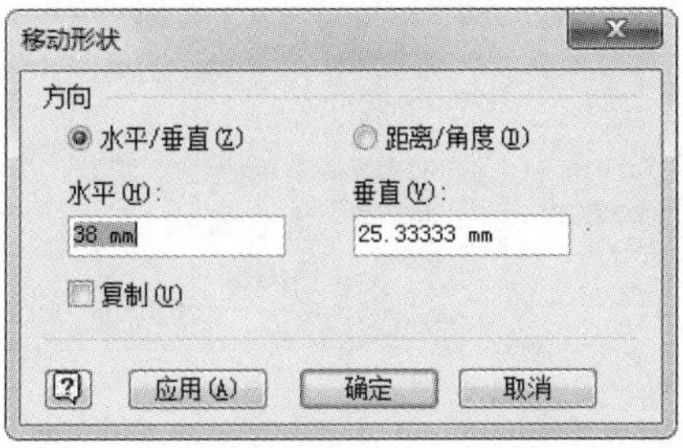

（b）"移动形状" 对话框

图 2-14　"视图" 选项卡与 "移动形状" 对话框

③ 在 "移动形状" 对话框中，"方向" 选项组确定的是该移动形状的坐标系统，"水平/垂直" 为使用直角坐标系统，"距离/角度" 为使用极坐标系统。

④ 使用直角坐标系统，在 "水平" 和 "垂直" 下方输入正数值，则形状向上、向右移动。

⑤ 选择 "复制" 复选框，则生成形状的副本，该形状副本按设定的值进行移动。

3．形状的调整

形状大小的调整既可以通过鼠标拖动来实现，也可以使用 "大小和位置" 窗口进行调整，使形状满足绘制的要求。

课堂实训 10　使用鼠标调整形状大小

① 选择所需要调整大小的形状。

② 将鼠标移至被选择形状的选择手柄处，进行拖动，即可调整形状的大小，如图 2-15 所示。

提示

拖动角部的选择手柄，可以保持形状原来的大小比例。

（a）　　　　　　　　　　（b）

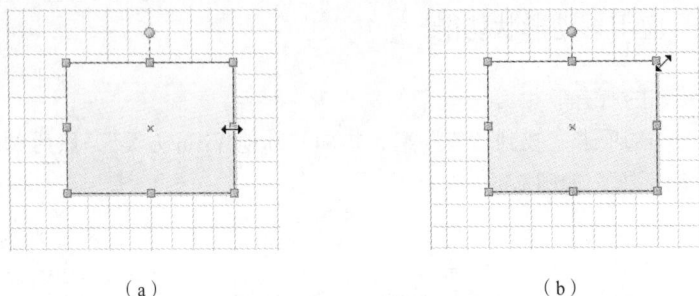

图 2-15　使用鼠标调整形状

课堂实训 11　使用大小和位置窗口进行形状调整

① 选择所要调整的形状。

② 在"视图"选项卡中，找到"显示"组中的"任务窗格"，单击后，选择"大小和位置"项，如图 2-16 所示。

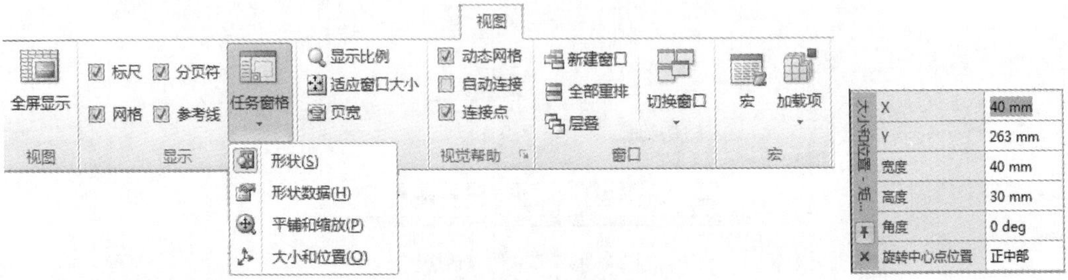

图 2-16　大小和位置

③ 在"大小和位置"窗口中输入新的宽度、高度值即可以调整形状的大小。

提示

在"大小和位置"窗口中输入 X、Y 的值可以改变该形状的位置。

4．形状的旋转和翻转

形状除了大小可以改变以外，还可以进行旋转、翻转等变化。形状的旋转是指形状围绕固定点进行的转动变化，而翻转是指形状相对于水平或垂直方向的镜像变化。

课堂实训 12　使用鼠标进行旋转

① 选择需要旋转的形状。

② 被选择的形状周围出现选择手柄，其上方出现的是"旋转手柄"，单击旋转手柄，旋转手柄下方出现一条虚线，并显示旋转中心，如图 2-17 所示。形状旋转时，以旋转中心为中心进行旋转。

③ 拖动旋转手柄，形状即开始旋转，至指定位置后释放鼠标，形状停止旋转。

图 2-17　旋转形状与旋转中心

④ 旋转中心的位置也可以进行调整，使用鼠标拖动旋转中心，可以将旋转中心进行移动。或者是使用"大小和位置"窗口调整旋转中心的位置，如图 2-17 所示。

⑤ 再次拖动旋转手柄，观察到形状围绕新的旋转中心进行旋转。

⑥ 单击"开始"选项卡，找到"排列"组，单击"位置"，并选择"旋转形状""向左旋转90°"或"向右旋转 90°"，可以把当前形状快速旋转 90°，如图 2-18 所示。

提示

在"大小和位置"窗口中，直接输入旋转的角度值可以实现精确旋转。

课堂实训 13　形状的翻转

① 选择需要翻转的形状。

② 调整该形状的旋转中心位置，如图 2-19 所示。

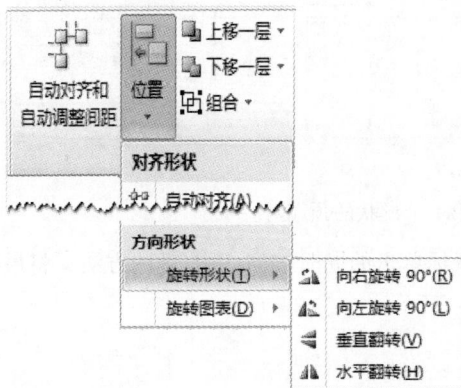

图 2-18　向右旋转 90°

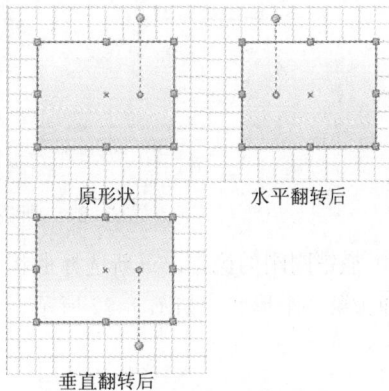

图 2-19　水平与垂直翻转

③ 单击"开始"选项卡，找到"排列"组，单击"位置"，并选择"旋转形状""垂直翻转"或"水平翻转"。

④ 观察形状的翻转是以旋转中心为中心进行的镜像操作。

提示

翻转操作时原形状依照旋转中心进行翻转，原来的形状状态发生变化，如果希望原来的形状保持不变，需要事先复制一个作为保留。

5．形状的对齐与分布

采用移动形状的方法可以改变形状的位置，当有大量的形状有规则的排列时，单纯依靠手工移动的方法来改变位置费时耗力，而且调整的精确程度不高。这时采用 Visio 的对齐与分布工具就可以更好地完成任务。

课堂实训 14　形状的对齐

① 选择要进行对齐操作的多个形状。多个形状中最先被选定的形状，被稍粗的粉色轮廓线包围。这个形状将作为后面对齐操作的基准，如图 2-20 所示。

图 2-20　选择多个要对齐的形状

② 单击"开始"选项卡，找到"排列"组，单击"位置"，选择"顶端对齐"。所选形状位置发生改变，都和第一个选择的形状的顶端对齐，如图 2-21 所示。

图 2-21　所选形状与第一个形状的顶端对齐

③ 撤销刚刚的操作，重新选择形状。采用鼠标单击的同时按住 Ctrl 键的方法，将最右侧形状选择为第一个形状，如图 2-22 所示。

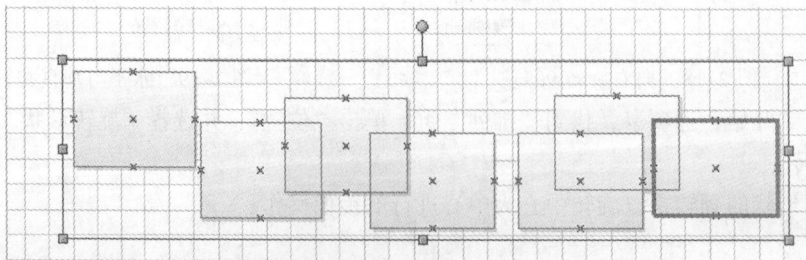

图 2-22　配合 Ctrl 键选择多个形状

④　单击"开始"选项卡，找到"排列"组，单击"位置"，选择"顶端对齐"。所选形状位置发生改变，都和最右侧选择的形状的顶端对齐。

课堂实训 15　形状的对齐和分布

①　选择要进行对齐分布操作的多个形状。选中的形状中被稍粗的粉色轮廓线包围的形状作为对齐操作的基准。第一个形状和最后一个形状作为分布排列的两端的端点，如图 2-23 所示。

图 2-23　选中要进行对齐分布操作的形状

②　单击"开始"选项卡，找到"排列"组，单击"位置"，选择"居中对齐"，效果如图 2-24所示。

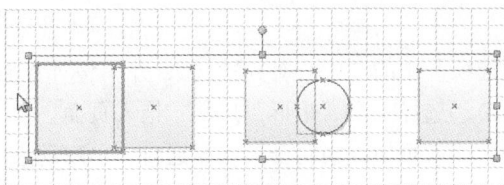

图 2-24　进行居中对齐

③　再次选择"空间形状"中的"横向分布"。横向分布后的效果如图 2-25 所示。

对多个选定的形状先进行对齐操作，然后再进行横向或纵向分布，可以快速地完成形状的布局操作。此外，可以使用自动对齐和自动调整间隔按钮，移动所选形状平均分布空间并拉伸形状之间的连线。

6．动态网格

应用系统提供动态网格功能在绘制形状时将一个形状移动到另一个形状附近，或移动到页面或容器边缘附近时显示动态的网格，这是一组对齐方式和间距参考线，可以使形状沿参考线逐步"固定"在对齐位置。

在"视图"选项卡的"视觉帮助"组中，选中"动态网格"复选框可以打开动态网格，如图 2-26 所示。或清除复选框以关闭动态网格。也可以单击"视觉帮助"组中的对话框启动器，打开"对齐和粘附"对话框，对"常规"和"高级"选项卡进行设置，如图 2-27 所示。

图 2-25　进行横向分布　　　　图 2-26　动态网格

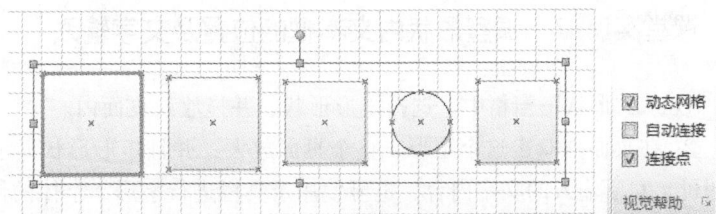

图 2-27 "对齐和粘附"对话框

课堂实训 16 应用动态网格进行绘图

① 单击"视图"选项卡，找到"视觉帮助"组，选择"动态网格"。

② 单击"视觉帮助"组的对话框启动器，打开"对齐和粘附"对话框，单击"高级"选项卡。

③ 勾选"形状延长线选项"中的"中心对齐轴线"，并调整对齐强度，如图 2-27 所示。

④ 从形状窗格的模具中，选择一个"矩形"形状，拖入页面。

⑤ 再次选择一个形状，拖入页中，当两个形状靠近时，出现动态网格，如图 2-28 所示。

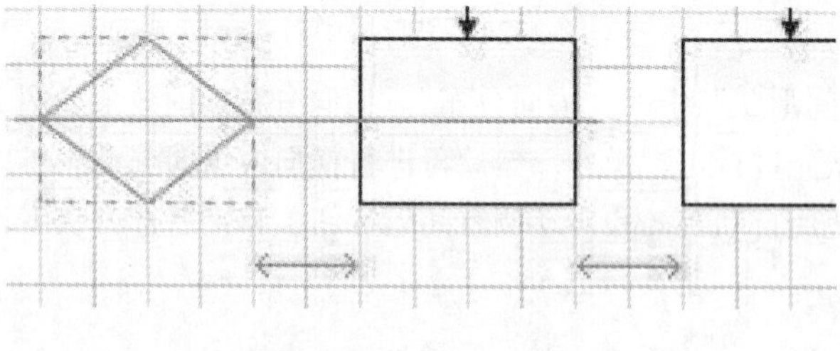

图 2-28 动态网格

⑥ 依照提示的网格线，确定形状的摆放位置。

7. 形状文本的录入与调整

Visio 中每一个形状都自带了文本框，双击形状就会打开这个文本框，可在其中输入文字信息。这个文本框的位置也是可调整的，可以通过"开始"选项卡中"工具"组内的 🗘 工具进行位置的调整。

课堂实训 17 调整形状内文本框的位置及文字输入

① 从"形状"窗格中，选择矩形形状，并拖放入页面内。

② 在页面内双击这个矩形，整个页面放大，并且矩形形状显示为一个文本框。此时输入内容即可。对于输入的文字内容，也可使用工具栏进行字形、字体的修饰，如图 2-29 所示。

图 2-29 向形状内输入文字信息

③ 文字输入完成后，单击形状外的空白处，整个页面缩小恢复为原来的显示形式。文字处于形状的正中央位置，如图 2-29 所示。

④ 此时单击"开始"选项卡 "工具"组中的文本块工具 ，光标变为 形状。

⑤ 单击页面中的矩形形状，该形状周围出现选择框，如图 2-30 所示。

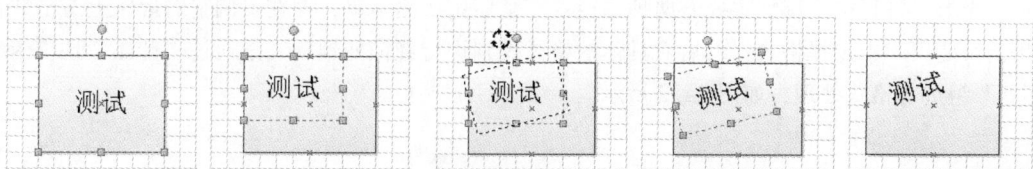

图 2-30 使用文本块工具调整文本框

⑥ 将鼠标指针移动到选择手柄或旋转手柄处，可以对该文本框进行大小变换或旋转方向，如图 2-30 所示。

⑦ 文本框修改完成后，单击"工具"组中的箭头工具，将鼠标恢复原状。完成对文本的调整。

提示

文本块调整完毕也可以使用快捷键 Ctrl+1，使鼠标恢复原来状态。

Visio 中除了可以在形状中添加文字信息，也可以直接输入文字。直接输入文字使用的是"开始"选项卡中"工具"组内的文本输入工具 A 文本 。利用文本输入工具在页面内的任何位置都可以输入文字信息，并能进行文字的格式修饰。

课堂实训 18   在页面内输入文字信息

① 单击"开始"选项卡中"工具"组中的文本工具图标 A 文本 ，光标变为 形状。

② 在页面内，按住鼠标左键拖动出一个矩形后释放左键。可以得到一个被虚线包围的矩形框，同时光标在矩形框内闪烁，此时可以输入文字信息并进行格式调整，如图 2-31 所示。

图 2-31 文字信息的录入与调整

③ 文字信息输入完成后，鼠标单击方框外的空白处，或按下 Ctrl+1 组合键即可结束文本输入状态。

④ 再次单击输入的文本内容，该文字信息周围出现选择手柄和旋转手柄，如图 2-31 所示。

⑤ 应用选择手柄可以调整文字信息所占空间的大小。应用旋转手柄可以使文字信息进行旋转，如图 2-31 所示。

2.3　设置形状的格式

Visio 2010 中，除了可以调整形状的大小、位置、方向，还可以更改形状的文本颜色、字体、填充颜色和填充图案、线条粗细和样式或阴影，以自定义形状的外观。这些对于形状的修饰内容统称形状的格式。

对于形状进行格式调整主要有两种途径：一是使用快捷菜单，即在要调整的形状上右击并在弹出的快捷菜单中选择格式，然后对具体的格式类别进行修饰处理；二是通过"开始"选项卡的"形状"组进行格式处理，如图 2-32 所示。

图 2-32　对形状格式进行调整的途径

1．形状颜色的填充

使用 Visio 绘图时，为了使图表的外观效果更加丰富，需要使用填充功能进行颜色或者图案的填充。填充功能主要是通过"填充"对话框来完成的。

通过快捷菜单选择"格式"|"填充"命令，或者在"开始"选项卡的"形状"组中选择"填充"功能，都可以弹出"填充"对话框，如图 2-33 所示。

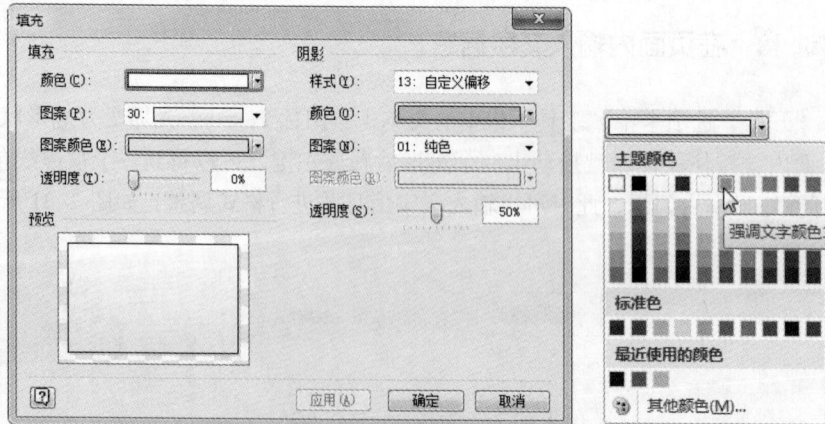

图 2-33　"填充"对话框

"填充"对话框内主要包含两部分内容：一部分是填充的功能；另一部分是有关阴影的处理。下面主要介绍填充部分的功能：

颜色：用于设置形状的背景颜色。Visio 提供了丰富的颜色设定，既可以使用主题颜色提供的多种选择，也可以使用标准颜色，或者使用调色板自定义颜色类型，如图 2-33 所示。

图案：用于设置当前形状上显示的图案类型。Visio 提供了 41 种图案类型，可以根据需要选择填充的图案。其中，图案 00 表示无填充图案，图案 01 表示纯色图案，图案 02 ~ 24 表示位图图案，图案 25 ~ 40 表示渐变图案。

图案颜色：该项用于设定填充图案的颜色。

透明度：该项可以用来设定形状颜色的透明程度，其取值范围为 0 ~ 100。使用本功能可以打造出半透明的形状效果。

提示

使用快捷键 F3，也可以快速打开"填充"对话框 。

课堂实训 19　设定形状的填充颜色

① 在"形状"窗格中，单击"基本形状"模具，选择一个矩形形状，拖入页面。
② 再次选择一个圆形形状，拖入页面，如图 2-34 所示。
③ 选择"矩形"形状后，按 F3 键，弹出"填充"对话框。
④ 在"填充"对话框中，设定"颜色"项为"主题颜色"中的"强调文字颜色 1，深色 25%"，设定"图案"项为"01：纯色"，设定"透明度"项为"50%"。

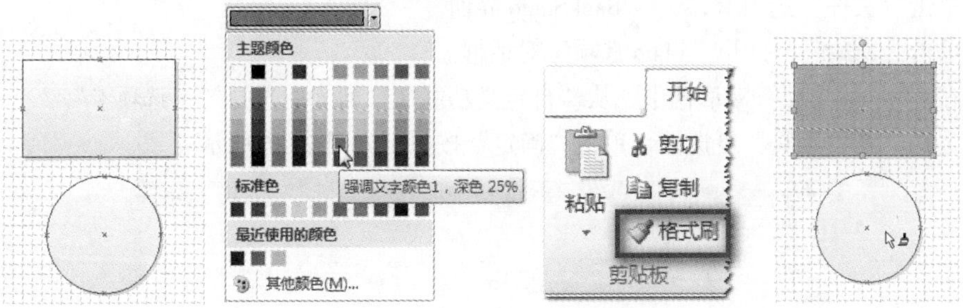

图 2-34　设定形状颜色

⑤ 在选定矩形形状的情况下，单击"开始"选项卡中的"格式刷"工具。
⑥ 再次单击页面中的圆形形状，完成填充格式的复制。

课堂实训 20　应用图案填充形状

① 在"形状"窗格中，单击"基本形状"模具，选择一个正方形形状，拖入页面。
② 再次选择一个圆形形状，拖入页面。
③ 同时选择"正方形"和"圆形"形状后，单击"开始"选项卡中的"形状"编辑组中的"填充"按钮，在弹出的菜单中选择"填充选项"，或者直接右击，在弹出的快捷菜单中选择"格

式"，接着在子菜单中选择"填充"命令，二者均可弹出"填充"对话框。

④ 在"填充"对话框中，设定"颜色"项为"主题颜色"中的"强调文字颜色1，深色25%，设定"图案"项为"03：▦▦▦▦▦▦"，设定"图案颜色"项为"白色"，设定"透明度"项为"0%"，如图2-35所示。

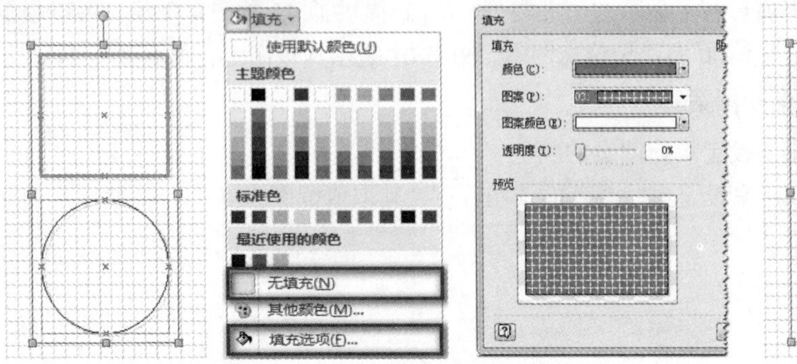

图 2-35　填充图案

提示

如果需要取消填充的颜色或者图案，可以单击"开始"选项卡中"形状"组的"填充"项，选择"无填充"即可去掉填充的内容。

应用 Visio 给形状填充图案，不仅可以使用系统定义的多种类型，而且可以进行自定义图案的填充。要使用自定义图案进行填充，需要打开 Visio 的"开发工具"选项卡。Visio 默认安装完成后，"开发工具"选项卡是隐藏的。打开"开发工具"选项卡的步骤如下：

① 单击"文件"选项卡，进入 BackStage 界面。

② 单击 选项，打开"Visio 选项"对话框。

③ 在"Visio 选项"对话框中，从"自定义功能区"列表中选择"主选项卡"。

④ 选择"开发工具"复选框，单击"确定"按钮，如图2-36所示

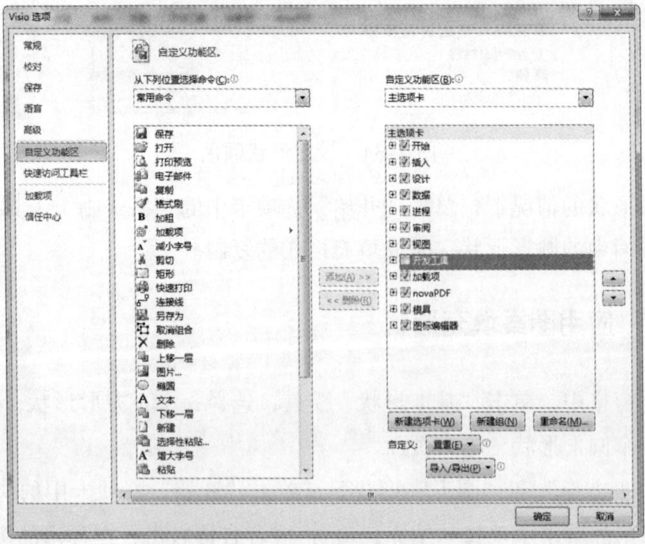

图 2-36　打开"开发工具"选项卡

⑤ 观察功能区中已经出现了"开发工具"选项卡。

课堂实训 21　绘制自定义图案并填充形状

① 在"开发工具"选项卡的"显示/隐藏"组中，选中"绘图资源管理器"，如图 2-37 所示。

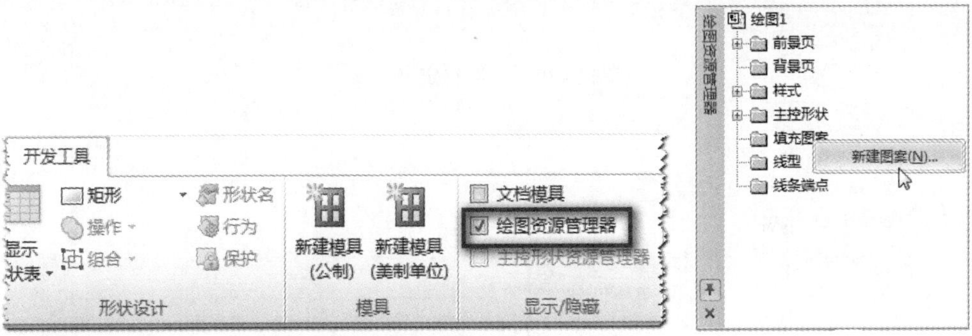

图 2-37　打开绘图资源管理器

② 在绘图资源管理器窗口中，右击"填充图案"，在弹出的快捷菜单中选择"新建图案"命令，如图 2-37 所示。

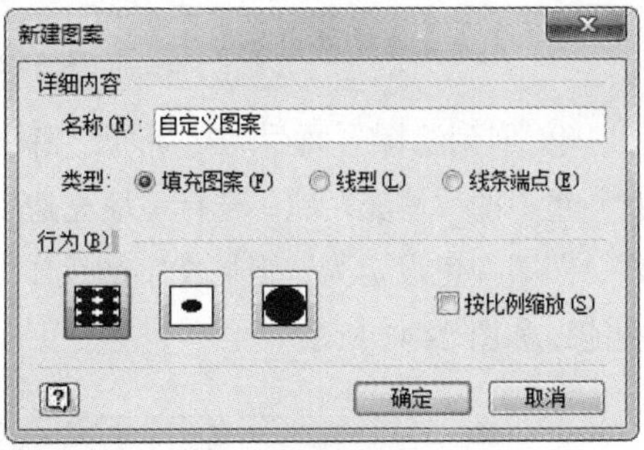

③ 弹出"新建图案"对话框在"名称"文本框中，为新创建的图案输入自定义的名称，如图 2-38 所示。

④ 在"新建图案"对话框中可以创建 3 种类型的自定义图案，分别是"填充图案""线型"和"线条端点"。这里选择"填充图案"，则"行为"信息下也有 3 种情况：

图 2-38　"新建图案"对话框

　　：创建图像的多个副本以用来填充形状（平铺图像）。

　　：沿线条平铺多个图像而不扭曲它们。

　　：拉伸单个图像以填充形状。

⑤ 如果希望随着绘图页的比例变化自动调整图案，需要选中"按比例缩放"复选框。

⑥ 在绘图资源管理器窗口中打开"填充图案"文件夹，双击新建的图案名称。弹出一个新的绘图页面，在此页面上即可进行自定义图案的绘制。

⑦ 使用"开发工具"选项卡"形状设计"组中的矩形绘制工具，绘制一个"正方形"形状。按住 Ctrl 键的同时向右拖动该正方形，复制出一个新的"正方形"，将二者靠在一起水平放置；再次框选这两个"正方形"，按住 Ctrl 键的同时向下拖动，再次复制出两个"正方形"，将其与原来的形状上下连接在一起。使用"填充"方法将相对的两个正方形填充为黑色，如图 2-39 所示。

⑧ 同时选中这 4 个"正方形"，右击，在弹出的快捷菜单中选择"组合"｜"组合"命令，将它们组合为一个形状。然后单击"关闭窗口"按钮，在弹出的对话框中单击"是"按钮以更新图案，如图 2-40 所示。

图 2-39 绘制自定义图案

图 2-40 组合形状并进行更新

⑨ 回到绘图页面后，从"形状"窗格中拖动一个圆形到页面中。接着单击"开始"选项卡"形状"组中的"填充"项，选择"填充选项"。在"填充"对话框中选择"图案"项为"自定义图案1"，图案颜色设定为"强调文字颜色1，深色25%"，单击"确定"按钮，完成自定义图案的填充功能，如图 2-41 所示。

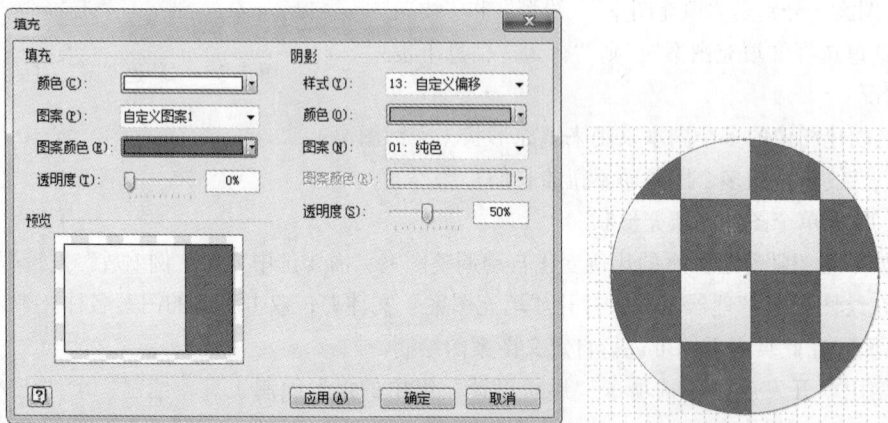

图 2-41 自定义图案填充

2．形状线条的调整与修饰

Visio 中所有形状的绘制都离不开线条，线条也可以进行颜色、粗细、虚实、端点等方面的编辑。对线条属性的调整与填充类似，既可以使用右击的快捷菜单，也可以使用"开始"选项卡"形状"组中的"线条"项进行调整。这两种方法最终都是通过"线条"对话框来实现的。"线条"对话框如图 2-42 所示。

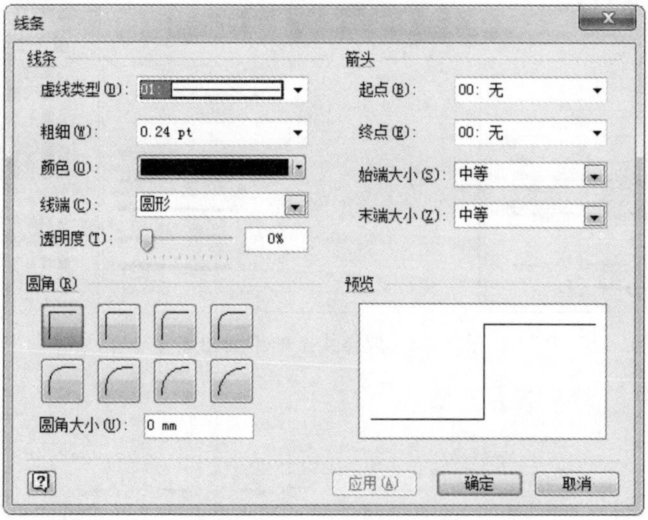

图 2-42　"线条"对话框

课堂实训 22　绘制虚线

① 单击"开始"选项卡"工具"组 [图标] 项旁边的下拉按钮，在弹出的选项中，选择"折线图"，如图 2-43 所示。

图 2-43　选择折线图工具

② 此时光标变为 +／形态，按住鼠标左键拖动，即可在页面上绘制一条线段。

③ 绘制完成后，将鼠标恢复为指针状态（按 Ctrl+1 组合键，快速恢复鼠标为指针状态）。

④ 单击"开始"选项卡"形状"组的 [线条] 项，在弹出的菜单中选择"虚线"项下的点画线。再次在弹出的菜单中选择"粗细"项下的 1½ pt，并将其颜色设置为"强调文字颜色 1，深色 25%"，如图 2-44 所示。

⑤ 设定的虚线如图 2-45 所示。

提示

画线时，按住 Shift 键，能绘制出 45°及其整数倍倾斜的线段。释放 Shift 键可以画出任何角度的线段。

虚线的类型有很多种，可以根据需要调整虚线的类型和粗细、颜色等。

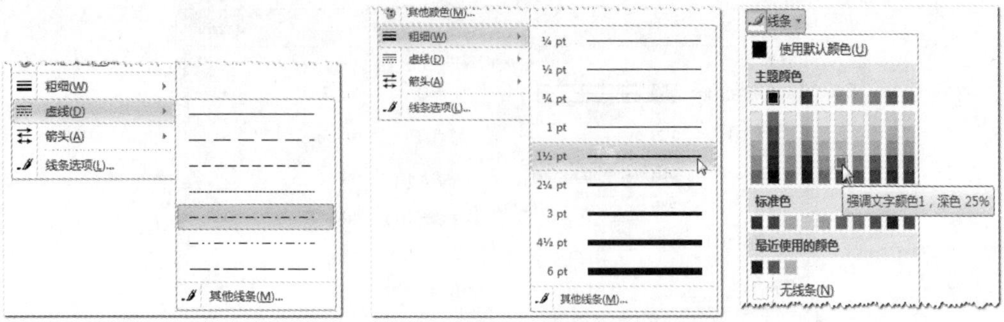

图 2-44　调整线条的粗细和虚实

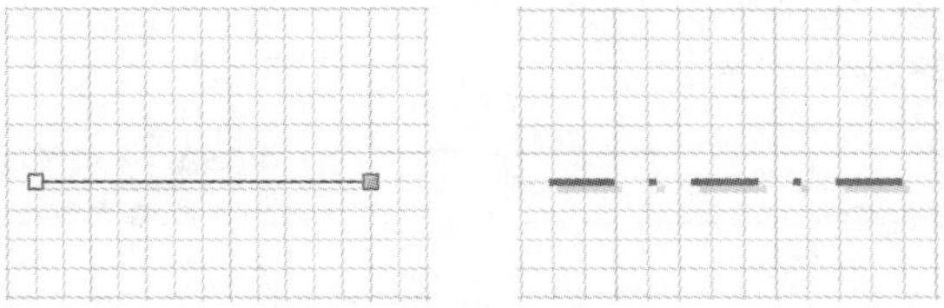

图 2-45　绘制虚线

课堂实训 23　绘制带箭头和圆形端点的线条

① 使用"开始"选项卡"工具"组中的"折线图"工具，绘制一条线段。

② 绘制完成后，将鼠标恢复为指针状态（按 Ctrl+1 键，快速恢复鼠标为指针状态）。

③ 单击"开始"选项卡"形状"组中的 线条 项，在弹出的菜单中选择 线条选项(L)... ，此时弹出"线条"对话框。

④ 在"线条"对话框中，将箭头的起点设定为"05"，终点设定为"28"，始端大小和末端大小均设定为"大"，如图 2-46 所示。

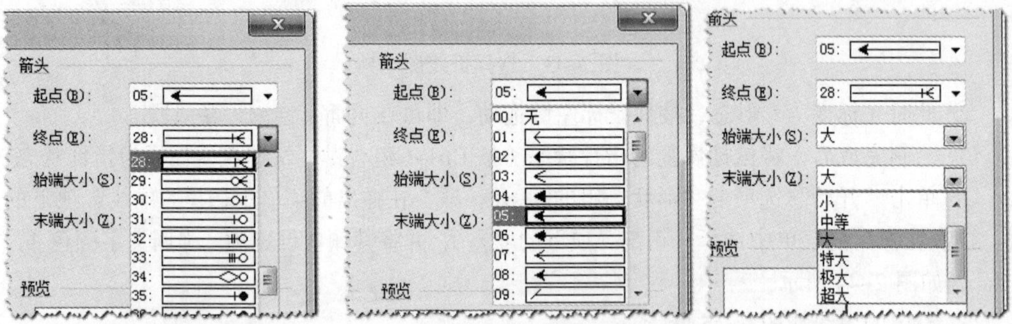

图 2-46　设定箭头的各个选项

⑤ 再次将该箭头的粗线调整为 1½ pt。绘制完成的箭头如图 2-47 所示。

课堂实训 24　绘制圆角矩形

圆角矩形形状可以从基本图形模具中选择，也可以手工绘制后进行调整。这里采用手工绘制的方式实现圆角矩形。

图 2-47　绘制完成的箭头

① 使用"开始"选项卡"工具"组中的"矩形"工具，如图 2-48（a）所示，在页面中绘制一个矩形形状。

（a）　　　　　　　　　　　　　　（b）

图 2-48　矩形工具和线条菜单

② 在该形状上右击，在弹出的快捷菜单中选择"格式"|"线条"命令，如图 2-48（b）所示，弹出"线条"对话框。

③ 在"圆角"项下选择左下方的圆角形状，"圆角大小"自动变为"5 mm"。这个圆角大小也可以自动设定。接着设定线条项下的"粗细"项下的 1½ pt，"颜色"设置为"强调文字颜色 1，深色 25%"，如图 2-49 所示。

④ 单击"确定"按钮后完成圆角矩形绘制，如图 2-50 所示。

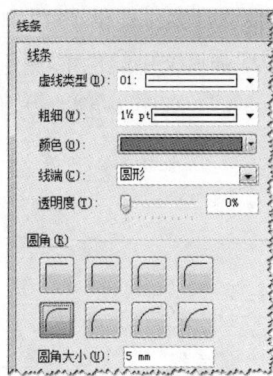

图 2-49　设定圆角类型　　　　　　图 2-50　绘制的圆角矩形

提示

绘制矩形时，按住 Shift 键，即可画出正方形。

若要取消线条的绘制，在选中该线条的情况下，按下 Delete 键即可。

若要去掉线条的颜色，在选中该线条的情况下，单击"开始"选项卡"形状"组中的"线条"项，在弹出的菜单中选择 □ 无线条(N)。注意此时取消选择后，线条将不可见，但是仍然处于存在状态。

3．形状的阴影处理

Visio 中给形状设定阴影的操作非常方便，既可以在"填充"对话框中对阴影进行设定，也可以通过"开始"选项卡"形状"组中的"阴影"项或是"阴影"对话框进行更为专业的设定和调整。

课堂实训 25 为矩形设定阴影

① 在绘图页面内绘制一个矩形形状。

② 单击"开始"选项卡"形状"组中的"阴影"项，选择弹出菜单中的"阴影选项"，弹出"阴影"对话框，如图 2-51 所示。

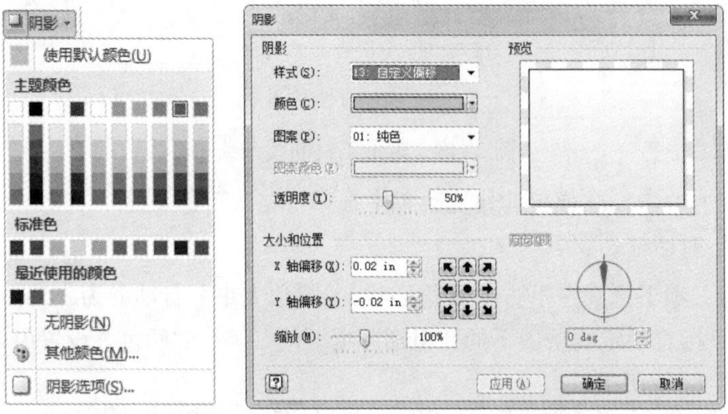

图 2-51 阴影菜单和"阴影"对话框

③ Visio 中阴影样式主要有两种类型：一类是偏移；另一类是倾斜。系统提供了 12 种阴影设定，用户也可以自行设定。这里选择"14 自定义倾斜"。"颜色"设置为"强调文字颜色 1，深色 25%"，"图案"设定为"04"，"图案颜色"为默认颜色，"透明度"设为"65%"，如图 2-52（a）所示。

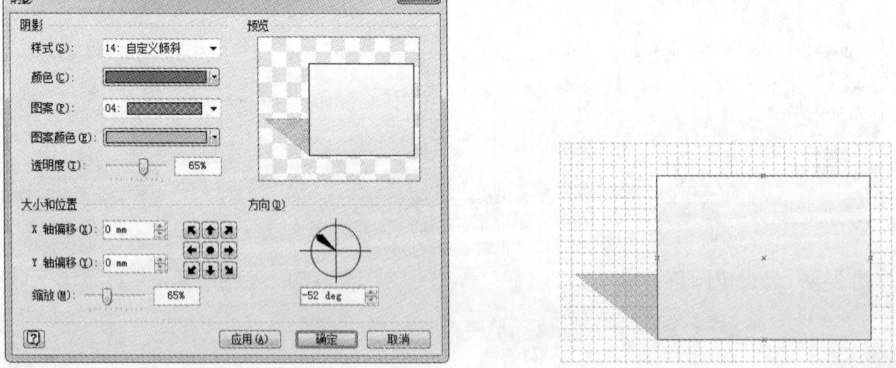

（a）   （b）

图 2-52 阴影的设定

④ 对设定的阴影效果还可以通过"大小和位置""方向""缩放"等进行进一步调整。倾斜样式的阴影可以通过"方向"进行设定。此次将"方向"设定为"- 52 deg"，"缩放"为"65%"。如图 2-52（a）所示。

⑤ 设定的阴影如图 2-52（b）所示。

提示

如果要取消阴影，可以单击"开始"选项卡"形状"组中的"阴影"，在弹出的菜单中选择 无阴影(N) 即可。

课堂实训 26　应用填充对话框设定阴影

① 在绘图页面内绘制一个"矩形"形状。

② 在该形状上右击，在弹出的快捷菜单中选择"填充"命令，打开"填充"对话框，如图 2-53（a）所示。

③ 在"填充"对话框的"阴影"项中，设定"样式"为"09 向左上倾斜"。"颜色"设置为"强调文字颜色 1，深色 25%"，"图案"设定为"01：纯色"，"图案颜色"为默认颜色，"透明度"设为"65%"，如图 2-53（a）所示。

④ 设定的阴影如图 2-53（b）所示。

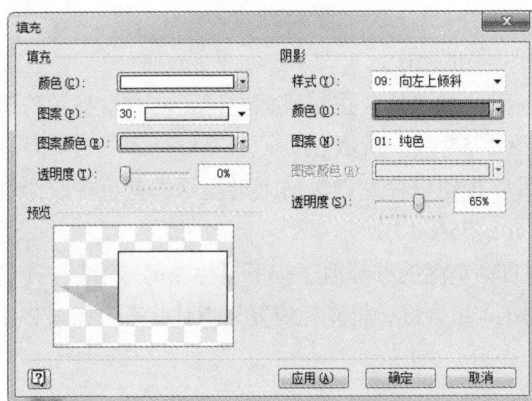

（a）　　　　　　　　　　　　　　　　　　（b）

图 2-53　使用"填充"对话框设定阴影

2.4　形状的高级操作

形状的高级操作主要包括两方面内容：一方面是应用绘图工具手工绘制自定义形状；另一方面对应用布尔操作对已有的形状进行再处理。

1. 应用绘图工具绘制自定义形状

Visio 中提供了手工绘图的工具，单击"开始"选项卡"形状"组中 □ 按钮旁边的下拉按钮，即可弹出绘图工具，如图 2-54 所示。利用这些工具可以绘制出系统中不存在的具有个性化的各种自定义形状。另外，在"开发工具"选项卡"形状设计"组中也可找到相同的绘图工具。

绘图工具中 "矩形" 和 "折线图" 工具在前面已经多次
应用,其操作比较简单。"椭圆"工具的使用与"矩形"工具
类似。

(1) 折线图工具

折线图工具主要用于绘制单个线条,也可以绘制一系列
相互连接的线段或者闭合的图形。在绘制的图形闭合后,再
次绘制时得到的图形与刚才的图形相互独立,是两个图形,
但可以采用组合的方式将二者再次结合起来,构成复杂的图
形。

图 2-54 绘图工具

课堂实训 27 应用 "折线图" 绘制特殊图形

① 选取 "折线图" 工具,光标变为+╱ 形态,移动光标到页面时,光标会自动粘贴到页面的
辅助格线上。

② 按住鼠标左键向右水平绘制一条线段,长度为 3 个格子的长度,释放鼠标后,再次将光标
对准刚画完线段的端点处,此时会自动粘附。向右下方绘制 45° 斜线,长为 2 个格子的对角线,
如图 2-55(a)所示。

③ 释放鼠标后,移动光标再次粘附到线段的端点处,按住鼠标左键,向下绘制 2 个格子的
长度,如图 2-55(b)所示。

④ 释放鼠标后,接着向下绘制,重复②~④步操作。

⑤ 释放鼠标后,移动光标再次粘附到线段的端点处,按住鼠标左键,向右沿提示的蓝色虚
线绘制,直到出现"对齐手柄"标志处,如图 2-55(c)所示。

⑥ 释放鼠标,移动光标进行自动粘附后,按住鼠标左键,向上沿提示的蓝色虚线绘制,直
到出现"对齐顶点"标志处,释放鼠标,如图 2-55(d)所示。

⑦ 再次移动鼠标至形状的左下角,出现自动粘附的红框后,按下鼠标左键,绘制一个长度为
3 个格式子的小正方形后,释放鼠标。并按 Ctrl+1 组合键,将光标恢复为指针状态,如图 2-55(e)
所示。

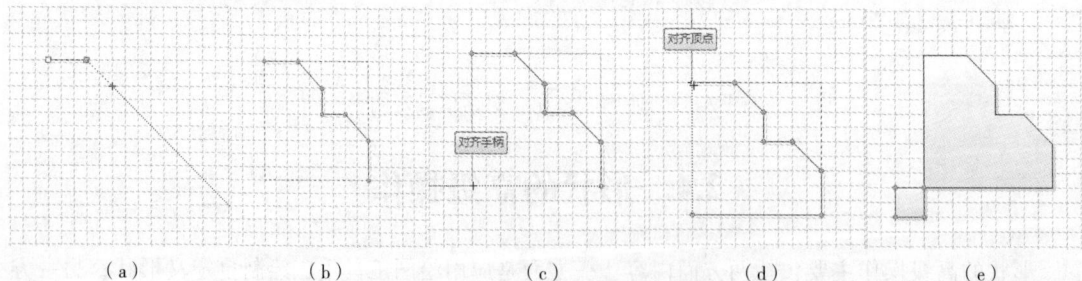

(a)   (b)   (c)   (d)   (e)

图 2-55 应用折线图绘制自定义形状

⑧ 选定小正方形后,使用键盘上的方向箭头,进行移动,使其与刚刚绘制的大形状部分相
交,如图 2-56(a)所示。

⑨ 选定绘制的大形状,右击,在弹出的快捷菜单中选择"置于顶层"命令,使大形状全部
出现并遮盖部分正方形,如图 2-56(b)所示。

⑩ 再次框选两个形状，右击，在弹出的快捷菜单中选择"组合"命令，将二者组合为一个新的形状，如图 2-56（c）所示。

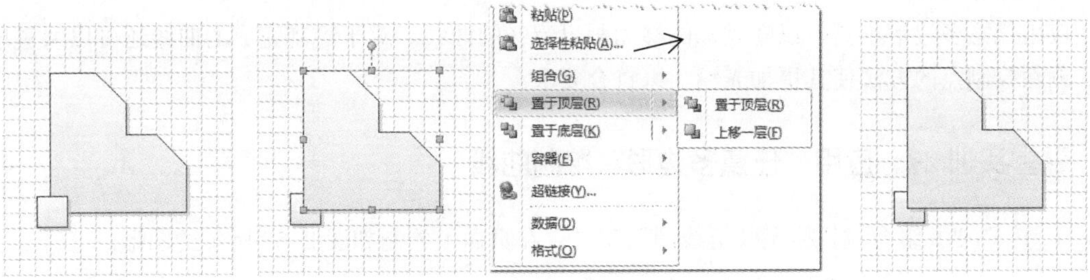

（a）　　　　　　（b）　　　　　　（c）

图 2-56　置于顶层和形状组合

提示

使用键盘上的方向箭头移动形状过程中，按住 Shift 键，可以达到微调移动效果。

快速切换到"折线图"工具的快捷键是 Ctrl+6。

（2）弧线工具

Visio 中绘制弧线有两种工具，若要绘制的弧线类似于圆的一部分，可以使用铅笔工具 ✐；如果要绘制的是类似于椭圆一部分的外观弧形，可以使用弧形工具 ◟。使用弧形工具绘制的弧线，也可以应用铅笔工具进行离心率的修改，使绘制的弧线更加符合用户的要求。

课堂实训 28　应用"弧线"绘制特殊图形

① 按 Ctrl+6 组合键切换至"折线图"工具，在页面上绘制如图 2-57（a）所示的图形。

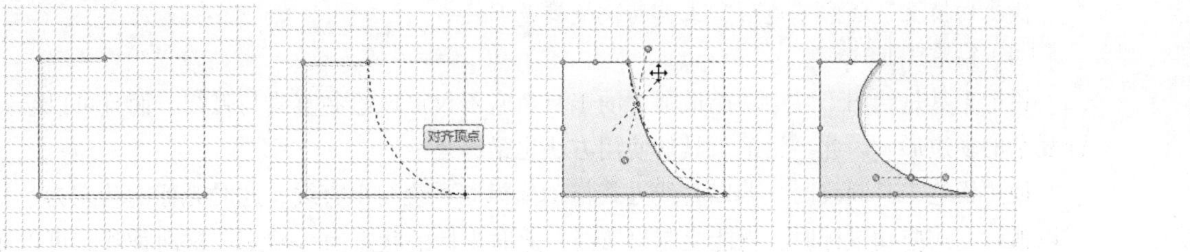

（a）　　　　　　（b）　　　　　　（c）　　　　　　（d）

图 2-57　应用弧线工具绘图

② 切换至"弧线"工具，使用弧线从上到下连接图中两点，如图 2-57（b）所示。

③ 切换至"铅笔"工具，此时绘制的弧线上出现离心率手柄。调整离心率手柄中间的点，改变弧线弯曲的位置；进一步调整离心率手柄，改变弧线弯曲程度，如图 2-57（c）所示。

④ 调整完成后，将光标恢复为指针状态。完成绘制，效果如图 2-57（d）所示。

提示

使用键盘上的方向箭头移动形状过程中，按住 Shift 键，可以达到微调移动效果。

快速切换到"弧线"工具的快捷键是 Ctrl+7。

（3）任意多边形工具

应用任意多边形工具可以随鼠标的移动画出流畅的曲线。对于绘制完成的曲线还可以通过增加、删除控制点的方法使其更加光滑，以符合要求。

课堂实训 29　应用"任意多边形"绘制曲线

① 按 Ctrl+6 组合键切换至"折线图"工具，在页面上绘制如图 2-58 所示的图形。

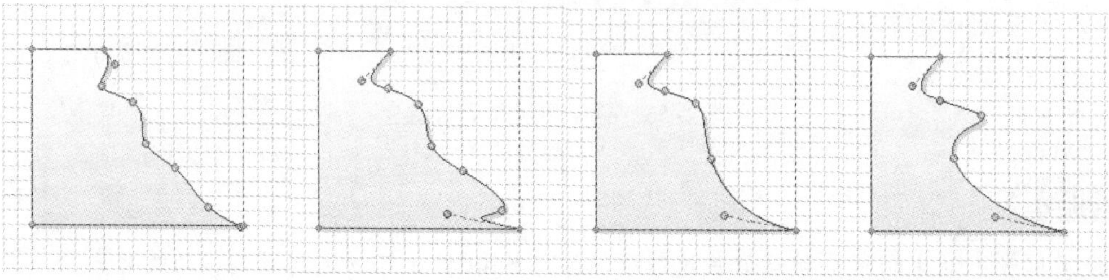

|（a）|（b）|（c）|（d）|

图 2-58　使用任意多边形工具绘制曲线

② 调整曲线两端的控制手柄向内，如图 2-58（b）所示。

③ 删除靠近下端的两个控制点。先单击这个点，使其变为粉红色，然后按 Delete 键，即可删除控制点，如图 2-58（c）所示。

④ 选择下方的控制点，向左侧移动。调整中间的控制点向右侧移动，调整上方的控制点向左侧移动。调整后的结果如图 2-58（d）所示。

提示

快捷切换至"任意多边形"工具的快捷键是 Ctrl+5。

（4）铅笔工具

铅笔工具是绘图工具中功能最强大的工具。它不仅可以绘制直线与弧线，而且可以绘制出各种复杂的多边形。因此，铅笔工具的使用方法也最为复杂。

使用铅笔工具画线时，若以直线方式拖动鼠标即可绘制出直线，此时光标的状态为 +/ 状态；当以弧线方式拖动鼠标时，就能绘制出弧线，此时光标的状态为 +⌒ 状态。这两种状态可以在绘制形状时灵活切换。光标处于 +/ 状态时，移动光标至起点或终点处，当十字准线右下角的弧线标记消失时，以直线方式拖动鼠标即可切换到绘制直线状态；当光标处于 +⌒ 状态时，移动鼠标到起点或终点位置，当十字准线右下角的直线标记消失时，以弧线方式拖动鼠标即可切换到弧线绘制状态。

在绘制复杂形状时，有时仅凭辅助网络还不够，需要使用辅助参考线来协助定位。添加辅助参考线的方法很简单，将鼠标移到水平或垂直的标尺上，按住左键，向下拖动，即可增加水平或垂直方向的辅助参考线。单击参考线，整个线条呈蓝色，然后按 Delete 键，即可删除该参考线。

课堂实训 30　应用"铅笔"绘制复杂形状

① 在绘图页面上方添加 6 条水平参考线、5 条垂直参考线，参考线的位置如图 2-59（a）所示。

② 借助参考线绘制形状。其中 2 与 3 点之间是弧线连接，其余各点之间均为直线连接。连接效果如图 2-59（b）所示。

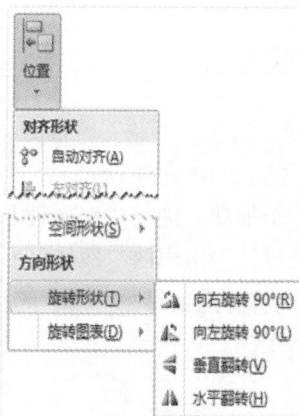

（a）　　　　　　　　　　　（b）　　　　　　　　　　　（c）

（d）　　　　　　　　　　　（e）　　　　　　　　　　　（f）

图 2-59　使用铅笔绘制复杂形状

③ 删除全部参考线。按住 Shift 键的同时，单击各条参考线，被选中的参考线显示为粉红色，按 Delete 键，全部删除参考线。单击该形状，按 Ctrl+C 组合键进行复制，按 Ctrl+V 组合键进行粘贴，如图 2-59（c）所示。

④ 框选这两个形状后，单击"开始"选项卡"排列"组中"位置"项，在弹出的菜单中选择"垂直对齐"，然后选择"居中对齐"。

⑤ 单击上面的形状，光标靠近旋转手柄后，出现"旋转中心"，用鼠标拖动"旋转中心"至右侧边线上，如图 2-59（d）所示。

⑥ 单击"开始"选项卡"排列"组中的"旋转形状"|"水平翻转"，如图 2-59（e）所示。

⑦ 再次框选两个形状，右击，在弹出的快捷菜单中选择"组合"|"组合"命令，将其组合为一个整体形状，如图 2-59（f）所示。

提示

快捷切换至"铅笔"工具的快捷键是 Ctrl+4。

选中一条辅助参考线，即参考线变为蓝色时，按 Ctrl+L 组合键可以将该参考线旋转 90°。

2．应用布尔操作进行形状调整

除了可以利用绘图工具手工绘制形状以外，还可以通过对现有形状进行布尔操作的方式获得新的复杂的形状。

Visio 中提供的布尔操作主要有联合、组合、拆分、相交、剪除、连接、修剪以及偏移等。这些操作都集中在"开发工具"选项卡"形状设计"组"操作"项下面，如图 2-60 所示。

（1）联合操作

联合操作相当于逻辑运算中的"与运算"。使用"联合"命令时会根据两个或更多个重叠形状的边界创建新的形状，重合的部分成为新形状的一个部分。新形状是原始形状或其他形状上所有点的集合。

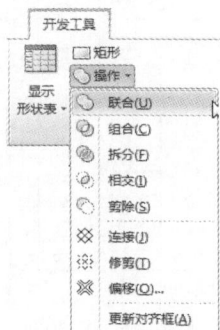

图 2-60　形状布尔操作工具

课堂实训 31　将两个形状进行联合

① 使用绘图工具绘制一个矩形形状，再从"形状"窗格的"基本形状"模具中拖动一个圆形形状到页面，使二者部分重合起来，如图 2-61（a）所示。

② 按住鼠标左键进行拖动，框选两个形状。进行"水平居中"操作，如图 2-61（b）所示。

③ 单击"开发工具"选项卡"形状设计"组中的"操作"项下的"联合"。

④ 图 2-61（c）所示为两个形状联合操作后的结果。两个形状中重合的部分变为新形状的一个部分。

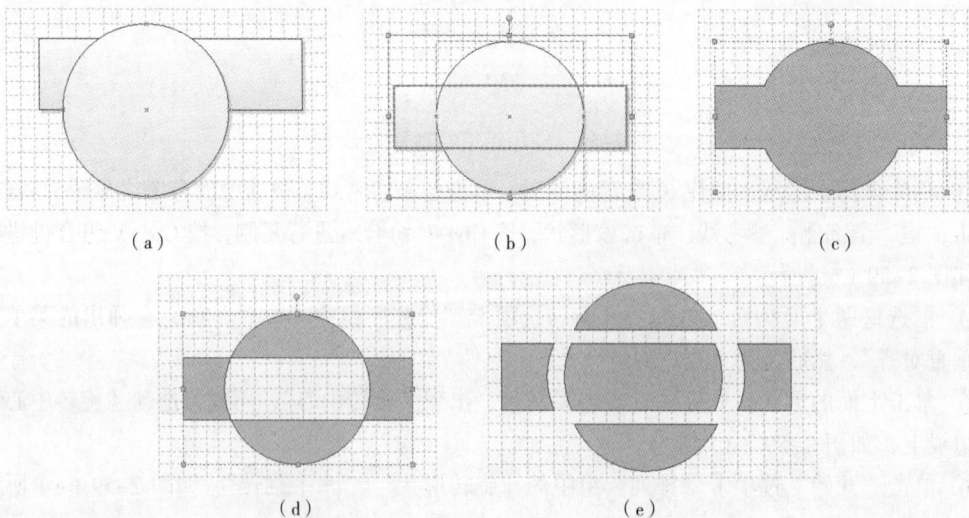

（a）　　　　　　　　（b）　　　　　　　　（c）

（d）　　　　　　　　（e）

图 2-61　联合操作

> **提示**
>
> 如果原始形状具有连接点等，联合操作后连接点等会消失。

（2）组合操作

布尔操作的"组合"命令与前面应用过的形状的组合命令完全不同。前面应用过的组合命令可在"开始"选项卡"排列"组中找到，或者是在"开发工具"选项卡"形状设计"组"组合"中找到，而布尔操作的组合命令只存在于"开发工具"选项卡"形状设计"组的"操作"项下。前者对于两（多）个重合的形状执行组合时，重合的部分并不会消失，只是没有显示出来而已；而布尔操作中的"组合"命令将多个形状的重合部分从新形状中抠除，即重合部分会消失。

课堂实训 32　将两个形状进行组合

① 使用绘图工具绘制一个矩形形状，再从"形状"窗格的"基本形状"模具中拖动一个圆形形状到页面，使二者部分重合起来，如图 2-61（a）所示。

② 按住鼠标左键进行拖动，框选两个形状。进行"水平居中"操作，如图 2-61（b）所示。

③ 单击"开发工具"选项卡"形状设计"组中的"操作"项下的"组合"。

④ 图 2-61（d）所示为两个形状组合操作后的结果。两个形状中重合的部分从新形状中抠除。

> **提示**
>
> 执行组合操作后，新形状即使没能线条相连，也是一个统一的形状，如图 2-61（e）所示。

（3）拆分操作

使用"拆分"命令可将形状拆分为较小的部分，或通过相交线或重叠的形状创建新形状。对多个重合的形状应用了拆分命令后，会产生多个新的形状，对这些新形状再次进行联合等操作可以得到更加复杂的形状。

课堂实训 33　应用拆分命令绘制复杂形状

① 从"形状"窗格"基本形状"模具中拖动"三角形"形状到页面中，并调整大小至合适程度。

② 从"基本形状"模具中拖动"圆形"形状到页面中，单击"开始"选项卡"形状"组中的"阴影"项，在弹出的菜单中选择"无阴影"，接着再次单击"形状"组中的"填充"项，在弹出的菜单中选择"无填充"。

③ 按住 Shift 键，调整"圆形"形状大小，并通过键盘上的方向键移动"圆形"到与三角形一个底角相切的位置，如图 2-62（a）所示。

④ 按住 Ctrl 键，拖动刚才的"圆形"形状，得到一个新的"圆形"形状，再次按住 Ctrl 键，拖动"圆形"形状，得到第二个"圆形"形状。

⑤ 使用键盘方向键，移动这两个"圆形"形状，使它们分别与三角形的另外两个角相切，

如图 2-62（b）所示。

⑥ 选择三角形形状，按 Delete 键，将其删除。框选 3 个"圆形"形状后，单击"开发工具"选项卡"形状设计"组中"操作"项下的"拆分"命令，进行形状拆分，如图 2-62（c）所示。

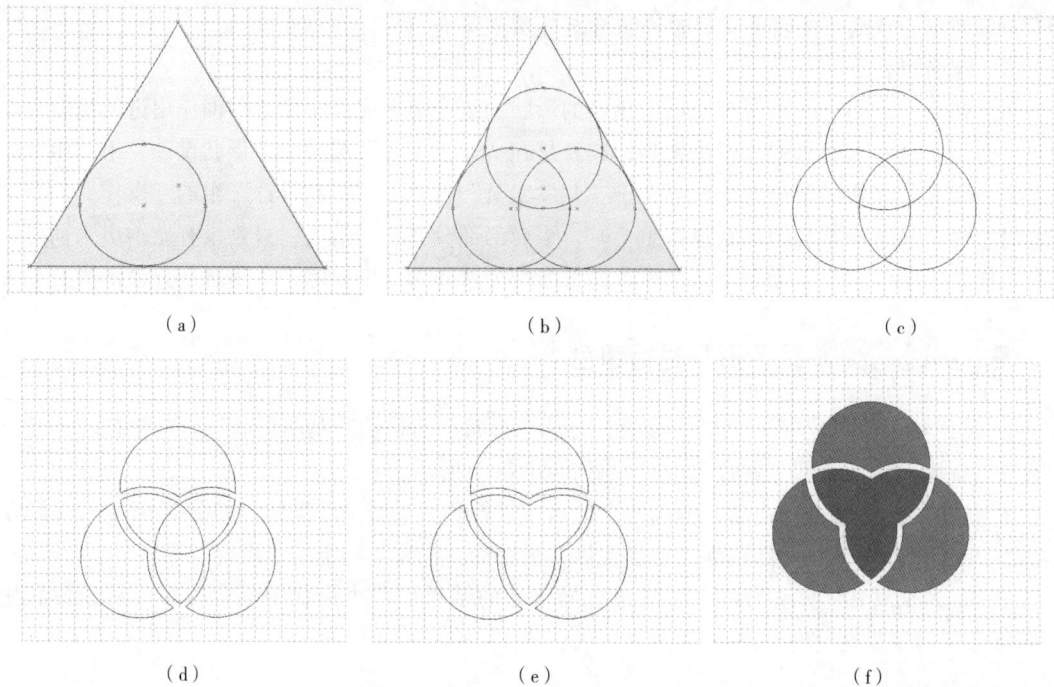

图 2-62 应用拆分命令绘制复杂形状

⑦ 形状拆分后，各个部分均独立为一个新的形状。此时，用鼠标选择最外侧的形状，使用键盘向外侧移动一个单位的距离。效果如图 2-62（d）所示。

⑧ 再次用鼠标框选最中间的 4 个形状，单击"开发工具"选项卡"形状设计"组中"操作"项下的"联合"命令，使之成为一个新的形状，如图 2-62（e）所示。

⑨ 对新形状的各个部分分别填充颜色，效果如图 2-62（f）所示。

提示

移动形状时，按住 Shift 键可以起到微调移动的效果。

Visio 2010 中绘制形状时默认都带有填充颜色和阴影，为了保证形状操作的效果，往往需要先去掉阴影和填充。

（4）相交操作

应用"相交"命令可将所选形状的重合部分构成新的封闭形状，并且去掉那些没有重合的部分或区域。

课堂实训 34 应用相交命令绘制形状

① 从"形状"窗格"基本形状"模具中拖动"圆形"形状到页面中，并调整大小至合适程度。

② 按住 Ctrl 键同时拖动页面上的圆形形状，得到一个新的圆形形状。

③ 选择其中一个"圆形"形状，设定其填充色为"无填充色"，阴影为"无阴影"，线条颜色为"强调文字颜色 1，加深 25%"，线条粗细为 1 pt。

④ 单击"开始"选项卡"剪贴板"组中的"格式刷"，提取刚刚设定格式的"圆形"，然后单击另一个"圆形"形状。

⑤ 调整两个"圆形"的位置，然后框选这两个形状，选择"开发工具"选项卡"形状设计"组"操作"项下的"相交"命令。

⑥ 图 2-63 所示为最终操作效果。

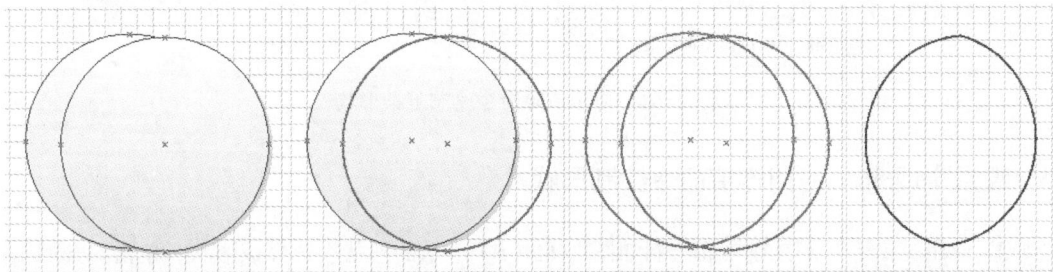

图 2-63　应用相交命令绘制形状

提示

格式刷不仅可以进行文本格式的复制，对于形状的格式同样可以进行复制。

（5）剪除操作

使用"剪除"命令可以从先选定的形状中剪除与后选定形状的重合部分，以此来创建新形状。例如，可将多边形和三角形重叠，然后先选择多边形再选择三角形，接着使用"剪除"命令就可以从多边形中剪除重叠的三角形部分，从而生成独特的形状。需要注意的是，应用剪除命令时，剪除掉的部分是先选形状中与后选形状重合的那个部分，剩下的形状只是先选形状的剩余部分。

课堂实训 35　应用剪除命令绘制形状

① 从"基本形状"模具中选择"七角星形"形状，拖至页面中，并调整大小至合适程度。

② 接着再选择"十字形"形状，拖动至页面中，调整大小至合适程度。调整"十字形"形状大小时，可以看到该形状左下方有两个黄色的控制手柄，调整这两个手柄可以控制十字形中横和竖的粗细。

③ 框选这两个形状，进行"水平居中"和"垂直居中"操作，使两个形状重合在一起。

④ 先单击"七角星形"，然后 ctrl 键，再单击"十字形"形状，使两个形状都处于选中状态。先选择的形状外侧有粗的粉色线条包围，后选的则由细的粉色线条包围。

⑤ 选择"开发工具"选项卡"形状设计"组中"操作"项下的"剪除"命令。

⑥ 操作过程和操作后的效果如图 2-64 所示。

（6）连接操作

使用"连接"命令可将单独的线段组合成一个或多个连续的路径（所谓路径，是指形状中的一系列相邻的线段或弧线段）。一个形状可以具有多个路径。具体路径的数量取决于所选形状的配置。例如，如果这些线段都沿直线放置，新形状将只具有一条路径；如果这些线段采用二维形状形式，则新形状将变成可填充的封闭二维形状。

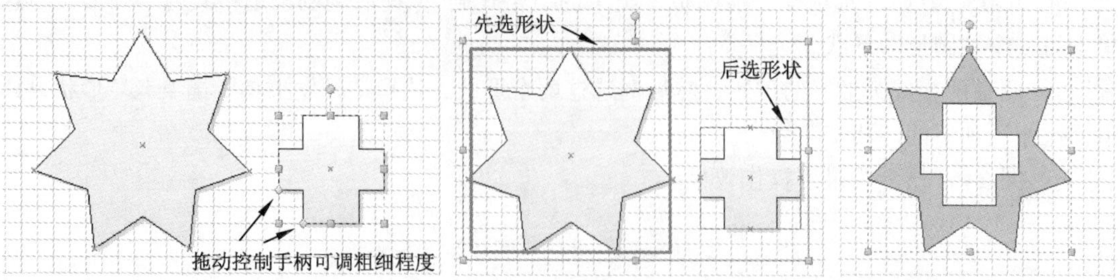

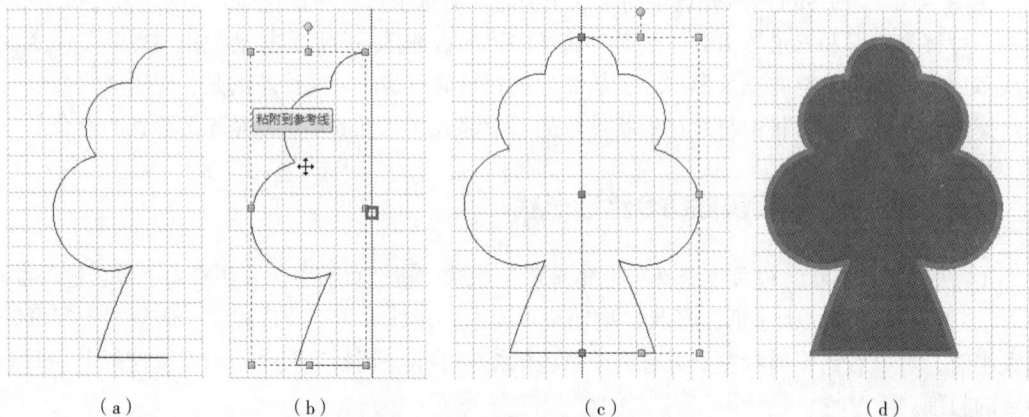

图 2-64　应用剪除命令绘制复杂形状

课堂实训 36　应用连接命令绘制形状

① 应用"铅笔"工具在页面绘制如图 2-65（a）所示的形状。选择该形状，单击"开始"选项卡"形状"组中的"阴影"项，在弹出的菜单中选择"无阴影"。

② 按住鼠标左键，从左侧的标尺栏向右拖动出一条纵向的辅助参考线。

③ 单击第①步绘制出来的形状，移动其向参考线靠近，待出现粘附标记后释放鼠标，使形状与参考线粘附在一起，如图 2-65（b）所示。

④ 选择绘制的形状进行复制、粘贴后，得到完全相同的形状，选择这个形状后应用"开始"选项卡"排列"组中"位置"项下的"水平翻转"命令，将其进行水平翻转。

（a）　　　　　（b）　　　　　（c）　　　　　（d）

图 2-65　应用连接命令绘制复杂形状

⑤ 选择翻转后的形状，用鼠标拖动并靠近参考线，直到出现粘附点，与原形状对齐后，释放鼠标，如图 2-65（c）所示。

⑥ 删除参考线。框选两个形状，选择"开发工具"选项卡"形状设计"组"操作"项下的"连接"命令，将新形状变为可以填充的封闭的二维形状。

⑦ 选择新形状，填充颜色为"绿色"，线条颜色为"橙色"，效果如图 2-65（d）所示。

提示

有时发现形状内部无法填充上色，多是由于该形状未能完全封闭造成的。需要撤销刚才的操作，仔细对接后，再进行连接。

（7）修剪操作

修剪操作是按形状的相交部分来拆分形状，形状会以相交点为界限被拆分成若干部分，选择并删除不需要的部分，留下的就是需要的形状。该操作与 AutoCAD 中的修剪命令有些类似。

课堂实训 37　应用修剪命令绘制形状

① 使用"铅笔"工具绘制如图 2-66（a）所示形状。

② 切换绘图工具为"任意多边形"工具，绘制一条曲线，并与上面形状相交，如图 2-66（a）所示。

③ 框选绘制的形状，单击"开发工具"选项卡"形状设计"组"操作"项下的"修剪"命令，对该形状进行修剪。然后将修剪后多余的线段删掉，如图 2-66（b）所示。

④ 框选剩下的全部形状，继续执行"操作"项下的"连接"命令，使其成为一个可以填充的新形状。在形状上右击，在弹出的快捷菜单中选择"填充"命令。在"填充"对话框中设定填充"颜色"为"标准色"中的"蓝色"；"图案"为"02"；"图案颜色"为"主题颜色"中的"白色"，效果如图 2-66（c）所示。

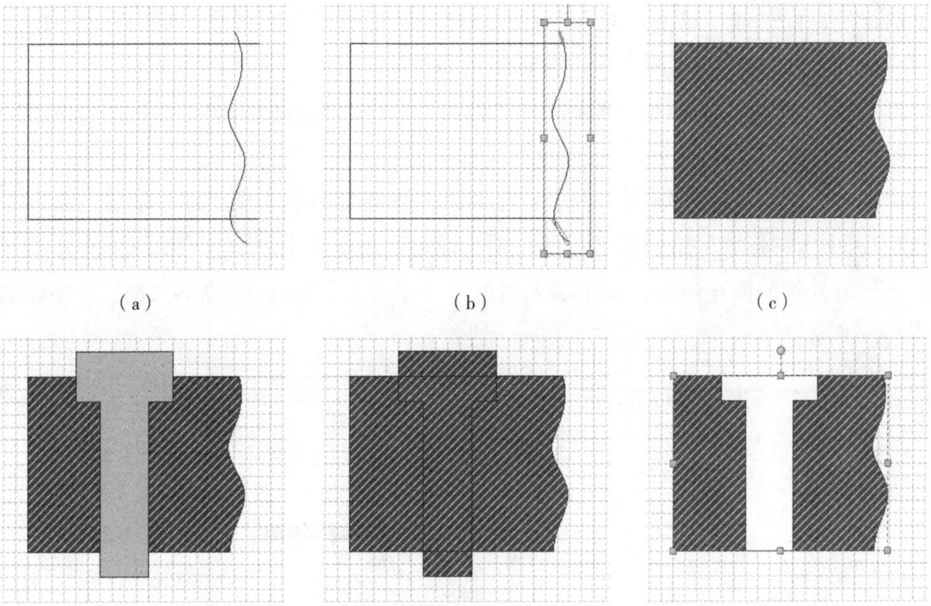

（a）　　　　　　　　　（b）　　　　　　　　　（c）

（d）　　　　　　　　　（e）　　　　　　　　　（f）

图 2-66　使用修剪命令绘制复杂形状

⑤ 使用绘图工具中的"矩形"工具绘制两个矩形，这两个矩形有部分重合，并进行"水平居中"操作后，再次单击"开发工具"选项卡"形状设计"组"操作"项下的"联合"，生成新形状，并将其放置到上面填充的形状上，如图 2-66（d）所示。

⑥ 框选这两个形状，单击"开发工具"选项卡"形状设计"组"操作"项下的"拆分"命令，将形状外侧的多余部分删掉，如图 2-66（e）所示。

⑦ 单击中间部分形状，设定其填充颜色为"白色"。再次框选所有形状，右击，在弹出的快捷菜单中选择"组合"命令。最终的绘制结果如图 2-66（f）所示。

提示

Visio 2010 中绘制的线条也默认带有阴影，为操作方便，应通过"开始"选项卡"形状"组中的"阴影"项去掉阴影。

（8）偏移操作

使用"偏移" 命令可在原形状的内外或左右、上下各创建一组平行的形状。通过使用偏移，可以很方便地创建平行公路、跑道等形状。偏移形状可以继承原始形状的线条样式，但不会继承原始形状的任何填充图案或文本。

课堂实训 38　应用偏移命令绘制形状

① 使用绘图工具中的"矩形"工具绘制一个 50 mm × 20 mm 的矩形，并去掉该形状的默认阴影，如图 2-67（a）所示。

② 在矩形右击，在弹出的快捷菜单中选择"线条"命令，在"线条"对话框中"圆角"项下设定"圆角大小"为 10 mm，如图 2-67（b）所示。

③ 选择绘制的形状，单击"开发工具"选项卡"形状设计"组中"操作"项下的"偏移"命令，在弹出的"偏移"对话框中设定偏移距离为 2 mm，如图 2-67（c）所示。

④ 再次选择最内侧的形状，再次执行"偏移"命令，偏移距离仍为 2 mm，如图 2-67（d）所示。

⑤ 选择中间的三个圆角矩形，右击，在弹出的快捷菜单中选择"置于基层"命令。然后单击"开始"选项卡"形状"组中的"线条"项，设定线条粗细为 2¼ pt，线条颜色为"白色"。

⑥ 选择最外侧的圆角矩形，设定填充颜色为"强调文字颜色 1，加深 25%"。完成的效果如图 2-67（e）所示。

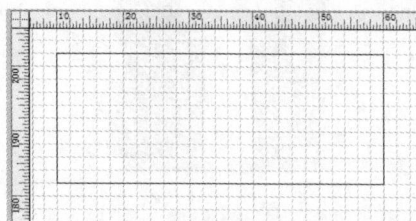

（a）

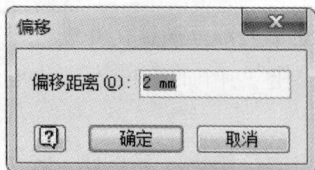

（c）

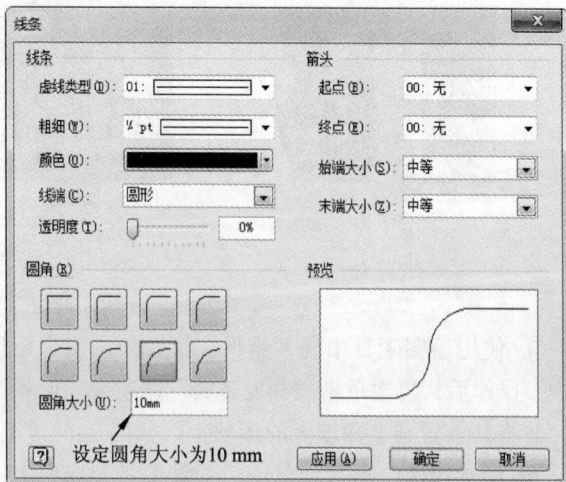

（b）

图 2-67　应用偏移命令绘制复杂形状

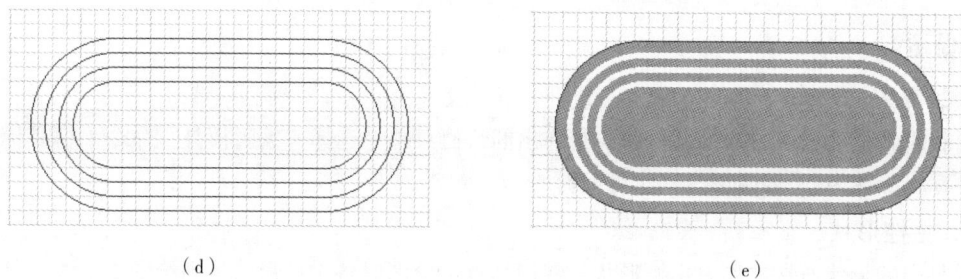

（d）

（e）

图 2-67　应用偏移命令绘制复杂形状（续）

提示

Visio 中默认页面为 210 mm × 297 mm 的 A4 幅面。绘图页面中的辅助网格每一小格为 1 mm。

2.5　使用形状制作模具

模具是同一类或相关联的形状的集合。可以将经常使用的形状创建为模具，方便日常使用；另外，将模具保存起来，也便于与他人共享使用，提高工作效率。

1．创建模具

创建模具的方法有两种：一种是全新的创建，在"形状"窗格中，单击"更多形状"，在弹出的菜单中选择"新建模具（公制）"或"新建模具（美制单位）"，然后选择"另存为"，命名后即可创建新模具；另一种是对已存在的模具进行修改后生成新的模具，在现有模具上右击，在弹出的快捷菜单中选择"另存为"命令，取一个新的模具名称，即可创建出新模具，如图 2-68 所示。

（a）新建模具

（b）使用现有模具创建新模具

图 2-68　创建新模具

提示

默认情况下，自定义模具保存在"我的形状"文件夹中。

要编辑新模具，可右击模具标题，在弹出的快捷菜单中选择"编辑模具"命令。模具标题栏中的图标将更改为 ★（表明该模具是可编辑的）。

2．主控形状

模具中的形状通常被称为主控形状。使用 Visio 绘图时将主控形状拖到绘图页上时，就创建了该主控形状的副本（或"实例"）。而主控形状本身将保留在模具上，因此，可以重复使用主控形状，在绘图页上不断创建主控形状的新副本。

课堂实训 39　新建主控形状

① 在"形状"窗格中单击"更多形状"，在弹出的菜单中选择"新建模具（公制）"，"形状"窗格下方出现标题栏为"模具 N"的新模具，同时模具标题右侧出现一个粉红色的"*"，表明这个模具是可编辑的，如图 2-69（a）所示。

② 在此模具标题栏上右击，在弹出的快捷菜单中选择"保存"命令，出现"另存为"窗口，将新模具命名为"常用绘图模具"，单击"确定"按钮，保存完毕并返回到"形状"窗格，如图 2-69（b）所示。

③ 在新建的"常用绘图模具"中右击，在弹出快捷的菜单中选择"新建主控形状"命令，弹出"新建主控形状"对话框，输入新的主控形状名称、提示信息后，单击"确定"按钮。再次回到"形状"窗格，如图 2-69（c）（d）所示。

④ 在新建的主控形状上右击，在弹出快捷菜单中选择"编辑主控形状"→"编辑主控形状"命令，此时绘图页面会发生变化，重新出现一张绘图页面。在此页面上使用绘图工具即可进行主控形状的创建，如图 2-69（e）（f）所示。

⑤ 首先使用"开发工具"选项卡"形状设计"组中的"椭圆"和"折线图"工具在页面上绘制一个圆形，一条直线垂直通过圆心穿越圆形。选中圆和直线，按住 Ctrl 键的同时按住左键向右拖动完成复制，并使第二个圆通过第一个圆形的圆心。效果如图 2-70（a）所示。

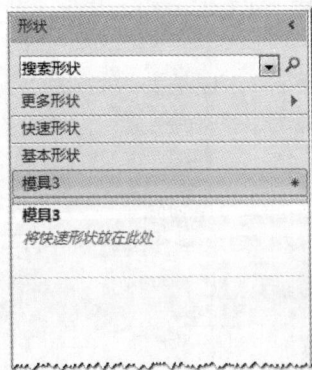

（a）

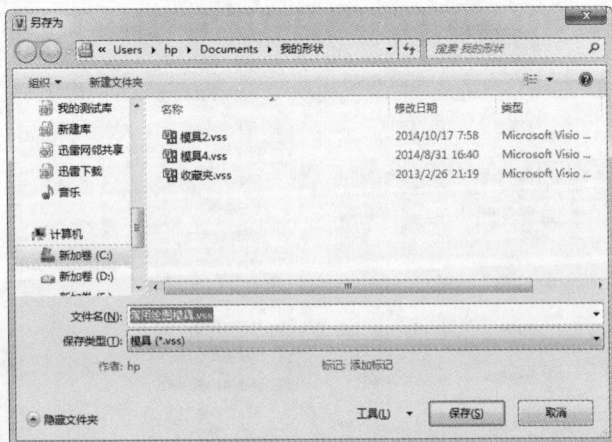

（b）

图 2-69　创建主控形状

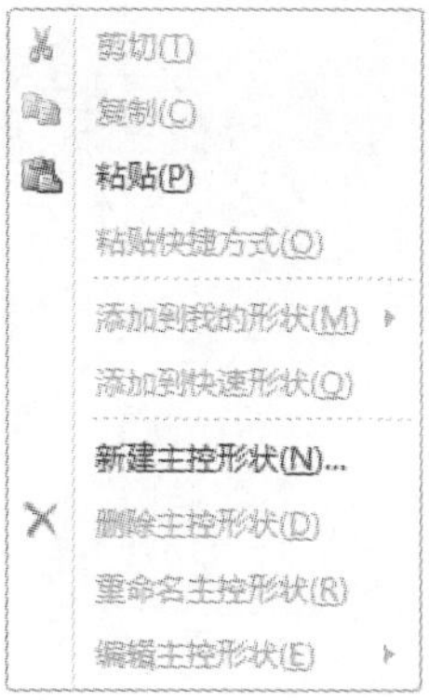

（c） 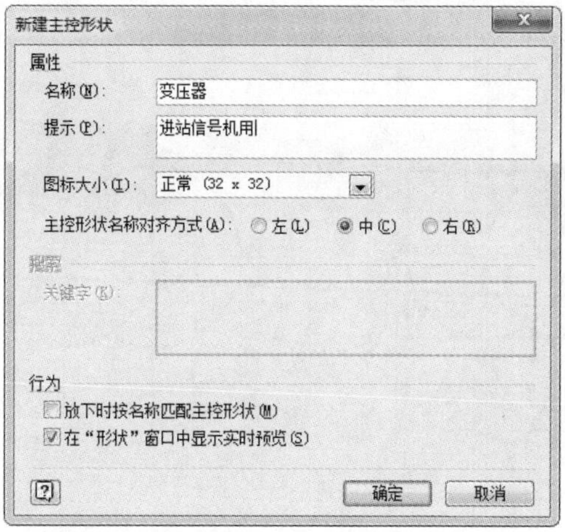　　　　　　　　　　　　　　　　（d）

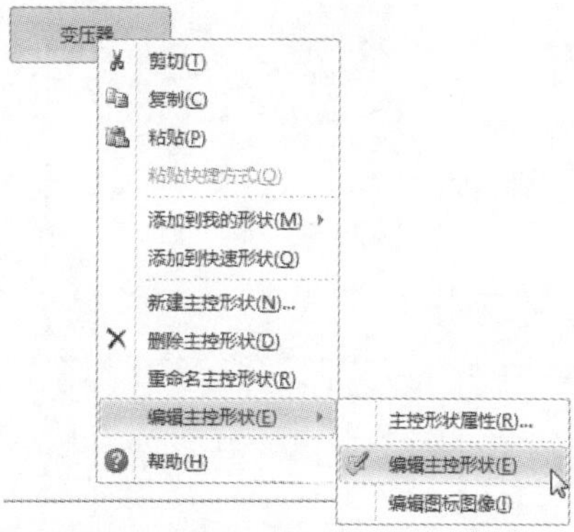

（e） 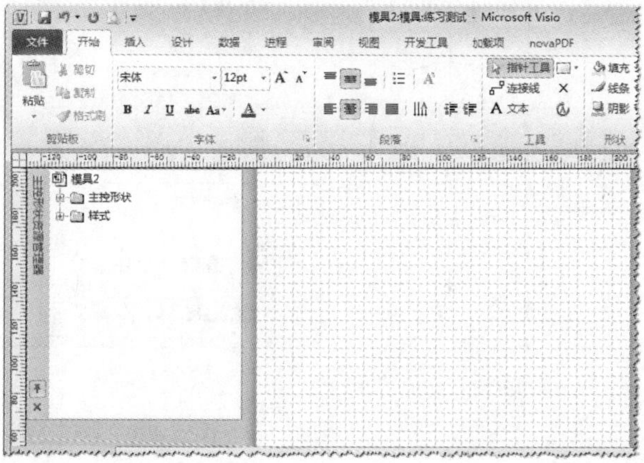　　　　　　　　　　　　　　　　（f）

图 2-69　创建主控形状（续）

⑥ 同时选中页面上的所有形状，单击"开发工具"选项卡"形状设计"组中"操作"项下的"修剪"命令。然后按住 Ctrl 键，单击两条直线与圆形相交的部分，按 Delete 键删除。效果如图 2-70（b）所示。

⑦ 再次选择页面中的所有形状，单击"开发工具"选项卡"形状设计"组中"操作"项下的"连接"命令。使页面中的所有形状连接成为一个整体，如图 2-70（c）所示。

⑧ 按住 Ctrl 键，同时单击"开始"选项卡"工具"组中的 ✕ 工具，将光标移到两条直线的端点处单击，完成连接点的添加。重复以上动作，为形状添加 4 个连接点，如图 2-70（d）所示。

⑨ 单击页面的关闭按钮，系统弹出提示对话框，如图 2-70（e）所示，单击"是"按钮完成模具的创建。此时重新回到绘制页面，在新建的模具中出现新添加的主控形状，如图 2-70（f）所示。拖动该主控形状到页面即可进行绘图。

提示

添加完主控形状以后，要将模具再次进行保存。以方便今后的使用。

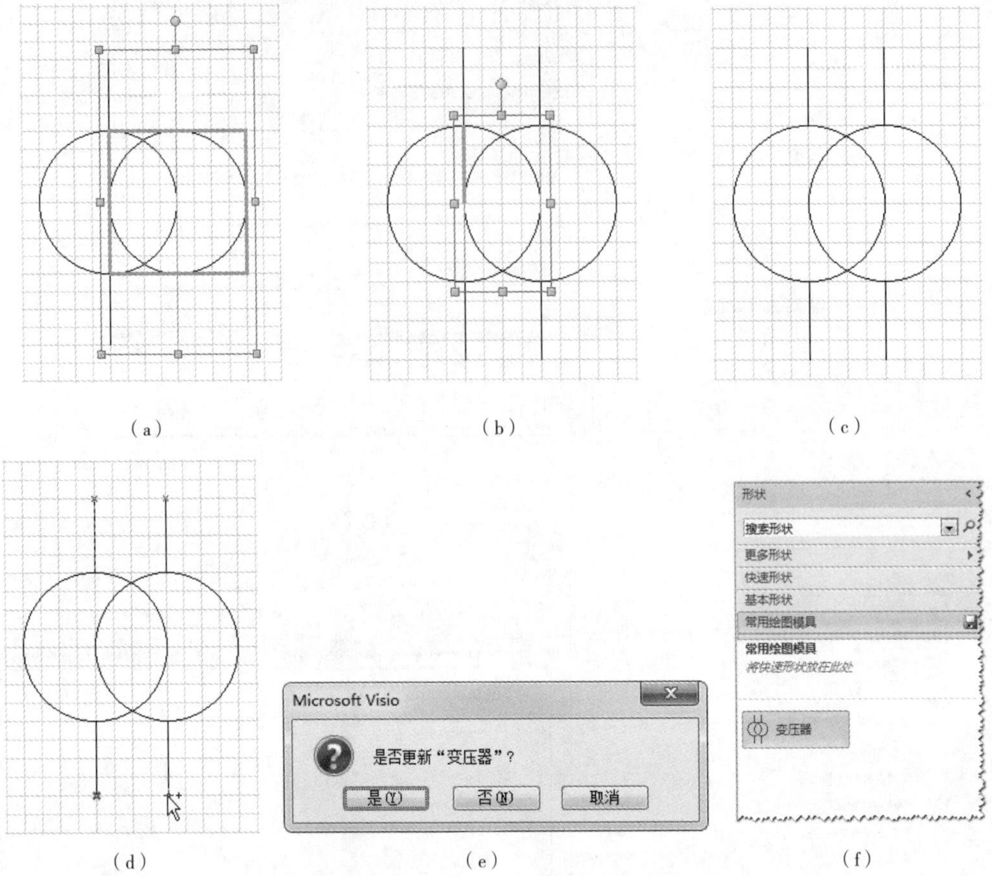

（a）　　　　　　　　　　　（b）　　　　　　　　　　　（c）

（d）　　　　　　　　　　　（e）　　　　　　　　　　　（f）

图 2-70　创建主控形状

使用时可以通过"更多形状"中"打开模具"找到自定义的模具文件，然后就可以向其他模具一样使用了。

2.6　设置形状数据

Visio 与其他绘图工具相比，还有一个重要的特点，就是 Visio 的形状可以与数据进行绑定，并能轻松地进行数据与形状之间的切换。

Visio 的形状中可以包含数据，既可以在绘图页面中显示出来，也可以导出到 Excel 等办公软件中；此外还可以将 Excel 中的数据与 Visio 中的形状快速绑定。

课堂实训 40　为形状添加数据

① 单击"形状"窗格中的"更多形状"，在弹出的菜单中选择"我的形状"，接着单击课堂实训 38 中新建立的"常用绘图工具 2"模具，然后选择"变压器"形状，拖入绘图页面中。

② 右击该形状，在弹出的快捷菜单中选择"定义形状数据"命令，如图 2-71（a）所示。弹

出"定义形状数据"对话框，在"标签"文本框中输入名称，选择数据的类型，然后单击"新建"按钮，即可完成一个属性的添加。依此类推，接着添加"安装地点"（类型：字符串）、"负责人"（类型：字符串）和"安装时间"（类型：日期）等属性，如图 2-71（b）所示。

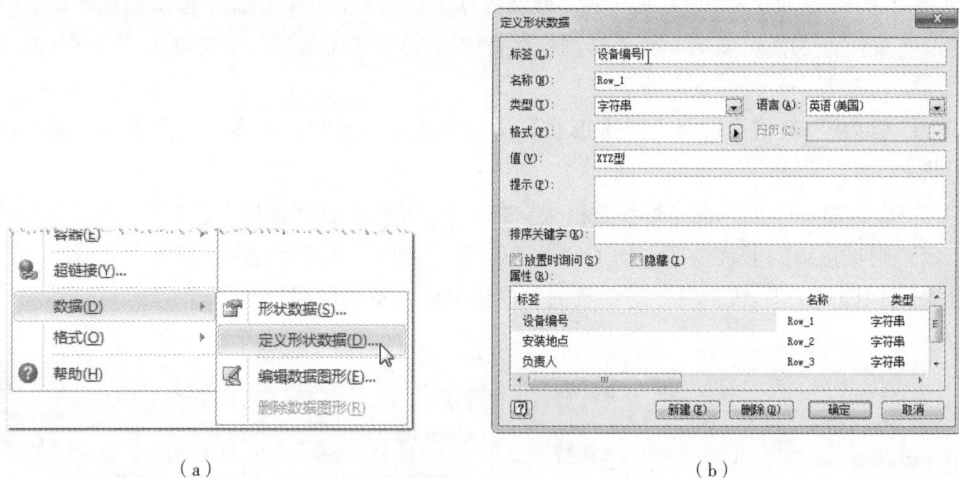

（a） （b）

图 2-71 定义形状数据对话框

③ 选择"视图"选项卡中的"显示"组，单击"任务窗格"项下方的 ▼，在弹出的列表中，单击形状数据。打开"形状数据"窗格。也可以通过右击形状，在弹出的快捷菜单中选择"数据"｜"形状数据"命令，同样可以打开"形状数据"窗格。

④ 在当前形状的"形状数据"窗格内输入数据，如图 2-72 所示。

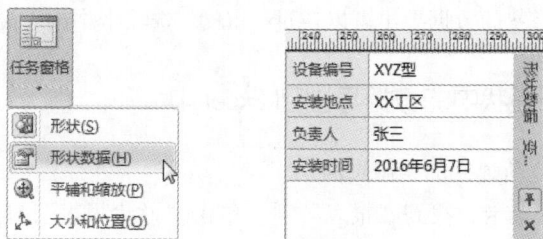

图 2-72 "形状数据"窗格

如果绘图中有较多的形状都具有相同的属性，则不必一一为它们定义添加属性，而可以通过添加数据集的方法，一次性为这些形状添加上相同属性，然后只要分别填入相应的数据即可。

课堂实训 41 添加形状数据集

① 选择"视图"选项卡上中的的显示组，单击"任务窗格"项下方的 ▼，在弹出的列表中，单击"形状数据"，打开"形状数据"窗格。此时的数据窗格内为一片空白。

② 在空白的"形状数据"窗格内右击，弹出快捷菜单如图 2-73（a）所示，单击"形状数据集"后，弹出"形状数据集"窗格，如图 2-73（b）所示。

③ 在"形状数据集"窗格内，单击"添加"，弹出"添加形状数据集"对话框，在对话框内输入形状数据集的名称为"设备管理"，如图 2-73（c）所示。单击"确定"按钮后，该对话框关

闭，并在"形状数据集"窗格内出现刚刚定义的形状数据集名称。

④ 接着在"形状数据集"窗格内单击新添加的数据集名称，然后单击"定义"，如图 2-73（d）所示。

⑤ 弹出如图 2-71（b）所示的"定义形状数据"对话框，在对话框中依次添加如下属性：设备型号（类型：字符串）、安装地点（类型：字符串）、负责人（类型：字符串）、安装时间（类型：日期）。

⑥ 在"形状"窗格中选择"基本形状"模具中的多个形状，并拖入绘图页中，同时选择这多个形状。

⑦ 在图 2-73（d）所示的"形状数据集"窗格中，选择"设备管理"数据集，单击下方的"应用"按钮，则被选中的形状全部添加了"设备管理"数据集中定义的多个属性。

⑧ 分别单击各个形状，在"形状数据"窗格内输入不同的属性值。

（a）　　　　　　　（b）　　　　　　　（c）　　　　　　　（d）

图 2-73　添加形状数据集

Visio 形状中包含的数据也可以很方便地导出到 Excel 等办公软件中，方便进行设备信息的进一步管理和维护工作。形状的数据导出可以通过"审阅"选项卡中的"报表"|"形状报表"完成。

课堂实训 42　将形状中的数据导出到 Excel 中

① 打开课堂实训 40 所建立的绘图页面。

② 单击"审阅"选择卡，找到"报表"项，单击"形状报表"，打开"报告"对话框，如图 2-74（a）所示。

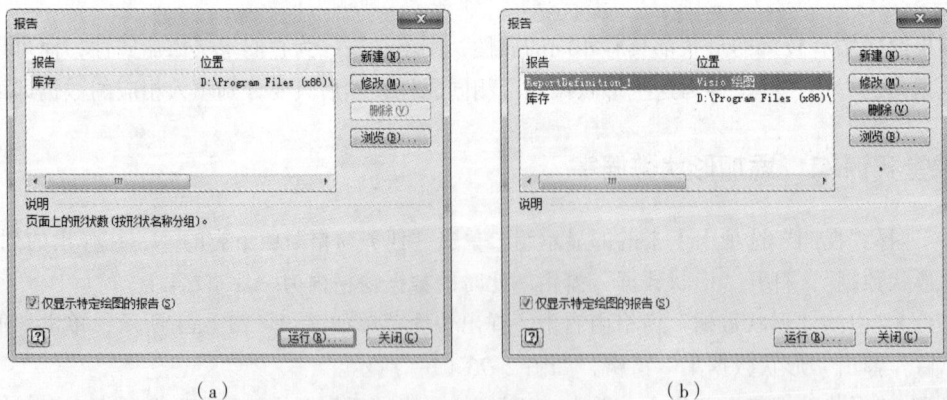

（a）　　　　　　　　　　　　（b）

图 2-74　"报告"对话框

③ 单击"新建"按钮，重新建立一个报表的定义。此时会弹出"报表定义向导"对话框，按向导提示，完成新报表定义及保存，如图 2-75（a）~（d）所示。

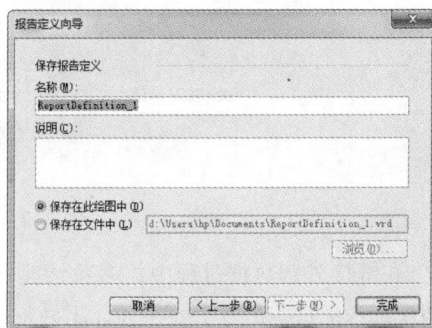

（a）　　　　　　　　　　（b）

（c）　　　　　　　　　　（d）

图 2-75　"报告定义向导"对话框

④ 完成报表定义后，会返回到"报告"对话框，并显示出新的报表定义项，如图 2-74（b）所示。

⑤ 在"报告"对话框中，选择新的报表定义后，单击"运行"按钮，弹出"运行报告"对话框，选择报告生成的格式，通常选择"Excel"，如图 2-76（a）所示。单击"确定"按钮后，系统会自动生成 Excel 文件类型的形状报表文件，并自动打开，如图 2-76（b）所示。

	A	B	C	D	E
1	XXX设备安装情况统计表				
2	安装地点	安装时间	负责人	设备型号	
3	X社区1号	2016年5月2日	张三	XYZ-1	
4	X社区2号	2016年5月12日	李四	XYZ-2	
5	Y社区1号	2016年6月2日	张三	XYZ-1	
6					

（a）　　　　　　　　　　　　　　　（b）

图 2-76　选择报告格式和生成的 Excel 报表

⑥　对于生成的报表文件可以进行保存、打印，或进行进一步的数据处理。

　　Visio 的形状数据功能十分强大，还体现在可以直接将 Excel 等数据源文件的数据内容拖动到形状上，使之成为形状的数据。将 Excel 报表中的数据导入到 Visio 的形状当中，使得形状数据的录入工作更加方便、快捷；而且可以建立数据与形状之间的联系，数据的更新也会及时同步更新到形状之中。

课堂实训 43　将 Excel 数据表导入到 Visio 中

　　①　单击"数据"选项卡中"外部数据"组中的"将数据链接到形状"项，如图 2-77 所示，弹出"数据选取器"向导。

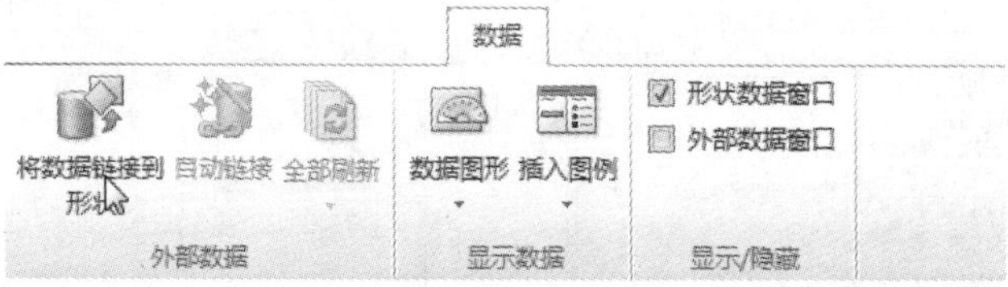

图 2-77　"数据"选项卡

　　②　在链接外部数据过程中，多数情况下只需要单击"数据选取器"对话框的"下一步"按钮，依次进行即可。但是，对于 Excel 数据表的格式特殊的情况下，需要手工选择数据的行列范围。"数据选取器"对话框如图 2-78（a）~（g）所示。数据导入 Visio 后，在当前页面出现"外部数据"窗格，并显示其中的数据，如图 2-78（h）所示。

　　③　从"形状"窗格的"基本形状"模具中选择"矩形"形状，拖动绘图页面。同时在"外部数据"窗格中选择第一条数据，将其拖入绘图页面中新添加的"矩形"形状上，如图 2-79（a）所示。

　　④　释放鼠标后，矩形形状的外观及"形状数据"窗格的显示如图 2-79（b）所示。

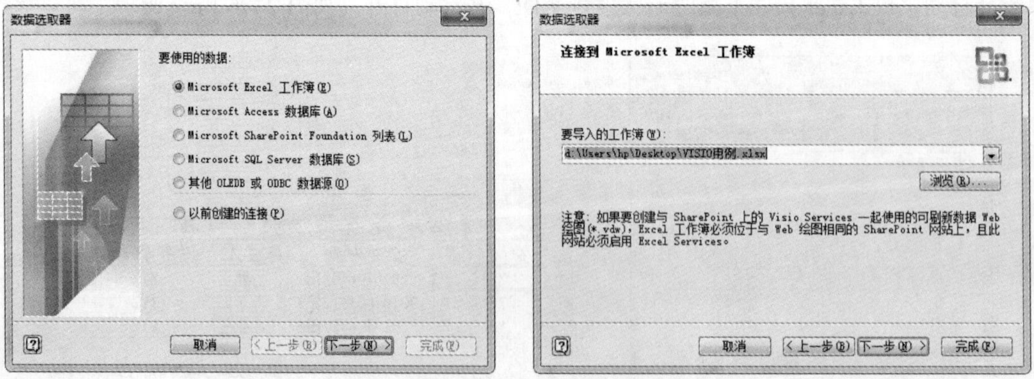

（a）选择 Excel 工作簿　　　　　　　（b）通过浏览，选择要链接的 Excel 文件

图 2-78　导入 Excel 数据表

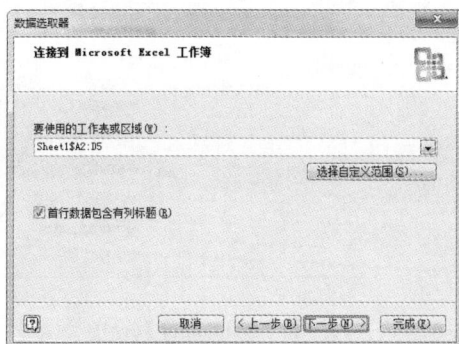

（c）单击"选择自定义范围"按钮　　　（d）在打开的文件中，拖选数据范围（不含标题）

（e）单击"下一步"按钮　　　（f）继续单击"下一步"按钮

（g）完成数据导入　　　（h）"外部数据"窗格

图 2-78　导入 Excel 数据表（续）

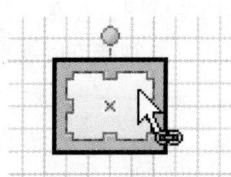

（a）拖动数据到形状上　　　（b）导入数据后的形状和"形状数据"窗格

图 2-79　拖动数据到形状

⑤ 将外部数据拖动到形状上时，形状上会同时显示数据图形，如果不想显示出数据图形内容，可以在形状上右击，在弹出的快捷菜单中选择"数据"→"删除数据图形"命令，即可恢复形状的原来显示状态，如图 2-80 所示。

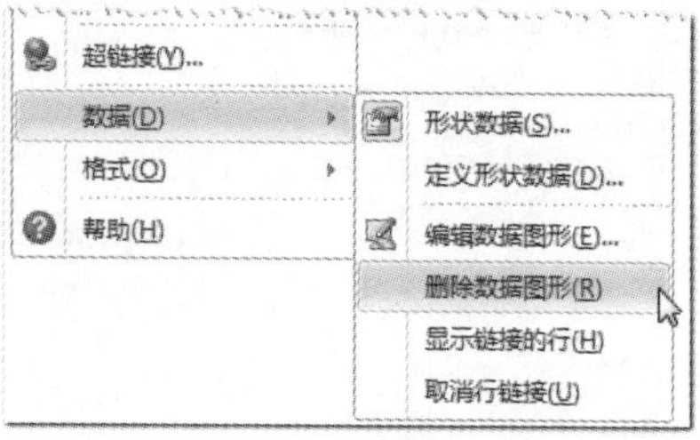

提示

有关数据图形的内容可以参考有关资料自行学习研究。

图 2-80 删除数据图形

2.7 形状的主题

Visio 中可以为每个形状单独设定格式，也可以应用主题为多个形状设定相同的格式。主题是一组颜色和效果的总称，它由两个部分构成：主题颜色（一组搭配协调的颜色）和主题效果（一组有关字体、填充、阴影、线条和连接线的效果）。应用主题可以快速、轻松地为绘图提供、具有专业设计水准的外观。

Visio 2010 附带了 30 个内置主题，这些内置主题的颜色与微软其他办公软件（ PowerPoint 和 Word）中提供的主题颜色是相匹配的，很方便熟悉 Word 的用户应用。除了应用这些现成的主题之外，用户也可以对 30 个主题的颜色和效果进行组合，形成新的主题或者创建和编辑自定义主题。例如，可以创建一个与公司的徽标和商标匹配的自定义主题等。

课堂实训 44 对当前页面应用内置主题

① 从"形状"窗格"基本形状"模具中，拖放几个基本形状到绘图页面。
② 单击"设计"选项卡"主题"组中的▼按钮，展开系统提供的所有内置主题，如图 2-81 和图 2-82 所示。

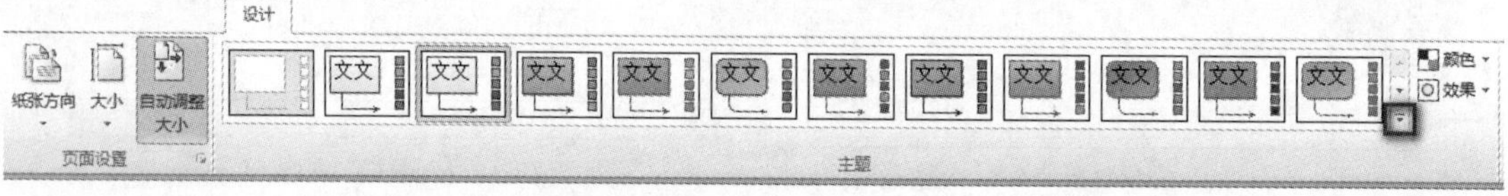

图 2-81 "设计"选项卡

③ 将指针悬停于某个主题上时，页面上的形状会显示应用该主题的预览图，并在主题下方出现该主题的名称。这里选择"顶点 颜色，突出显示斜角 效果"主题后，立刻就可以观察到当前绘图页面中形状外观上的变化以及"形状"窗格内各模具的变化。

提示

在选定的"主题"缩略图上右击右键，在弹出的快捷菜单中可以选择"应用于当前页"或"应用于所有页"命令，可以快速确定应用主题的对象。

　　若要删除当前面上所有形状的主题颜色或效果，在图 2-82 中单击"无主题"，即可去除应用的主题。

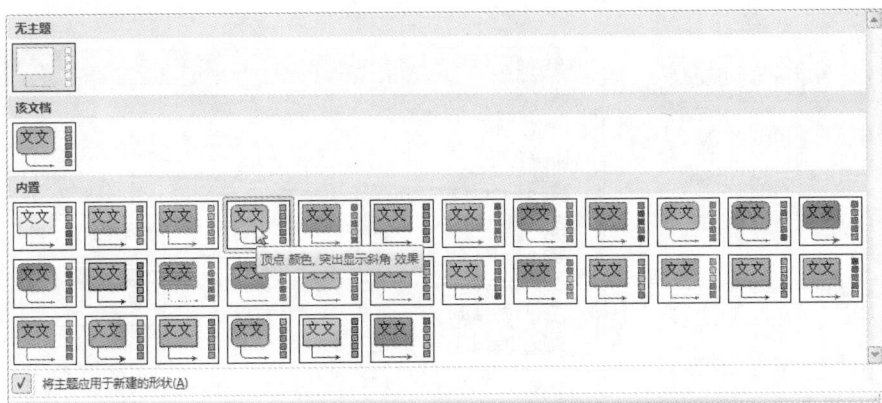

图 2-82　系统内置的主题列表

　　应用了某个主题后，这个主题就会应用到添加到绘图中的任何形状。如果需要暂时禁用这个功能，可在图 2-82 中下方取消选择"将主题应用于新建的形状"复选框，这样此后新绘制的形状就不再应用这个主题了。

提示

　　对于某些只需要颜色或只需要效果的情况，可以通过"设计"选项卡中"主题"组中的"颜色"和"效果"两个下拉按钮分别设定。

　　对于内置主题无法满足要求的情况，用户可以自定义主题来解决。在创建自定义主题前，首先应用一个与要创建的主题相似的主题。这样，当打开"新建主题颜色"或"新建主题效果"对话框时，大部分颜色效果选择已经完成，只需要简单修改即可以完成。

课堂实训 45　创建自定义主题

　　① 单击"设计"选项卡"主题"组中的 ▼ 按钮，展开系统提供的所有内置主题，选择"顶点 颜色，突出显示斜角 效果"主题。

　　② 单击"主题"组中右侧的 ■颜色▼ 按钮，在弹出的下拉列表中，单击"新建主题颜色"，弹出"新建主题颜色"对话框，如图 2-83 所示。

　　③ 在"新建主题颜色"对话框中，输入名称为"lty 颜色"，并更改"文字"项的颜色为"蓝色"。单击"确定"按钮后，完成新建主题颜色。也可以根据需要进行其他颜色项的更改。

　　④ 单击"主题"组中右侧的 ◎效果▼ 按钮，在弹出的下拉列表中，单击"新建主题效果"，弹出"新建主题效果"对话框，如图 2-84 所示。

　　⑤ 在"新建主题效果"对话框中，输入名称为"lty 效果"，单击"文本"选项卡，设定"中文字体"为"黑体"；单击"线条"选项卡，设定"图案"为"09"，"粗细"为"3pt"；单击"阴影"选项卡，设定"样式"为"00 无"。然后单击"确定"按钮，完成新建主题效果的设定。

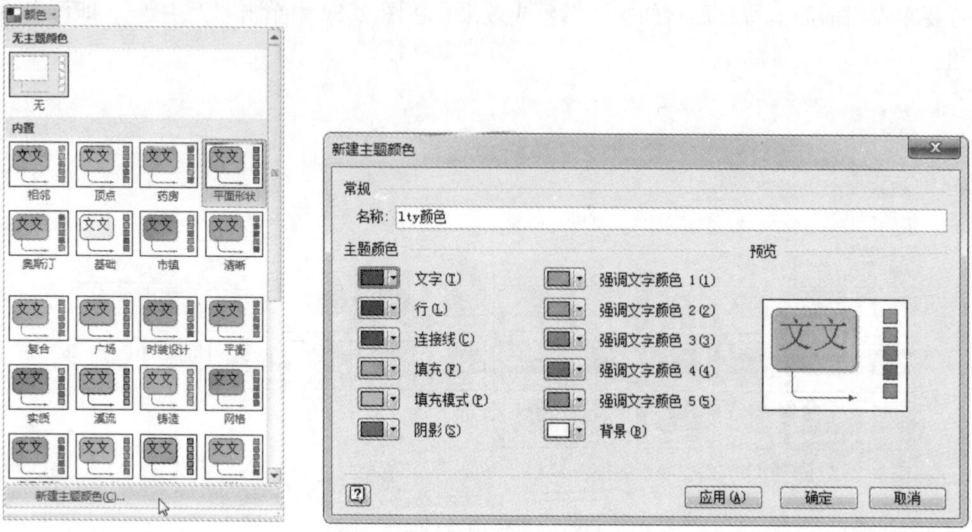

（a）　　　　　　　　　　　　　　　（b）

图 2-83　新建主题颜色

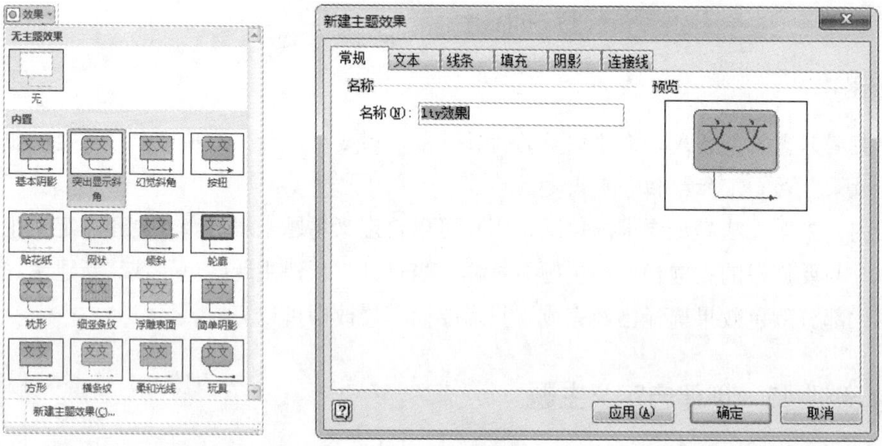

图 2-84　新建主题效果

⑥ 此时绘图页面内的外观发生明显变化，同时在"设定"选项卡"主题"组中增加了一个新的主题缩略图。光标移动到此缩略图上，可以看到新添加的颜色和效果名称，如图 2-85 所示。

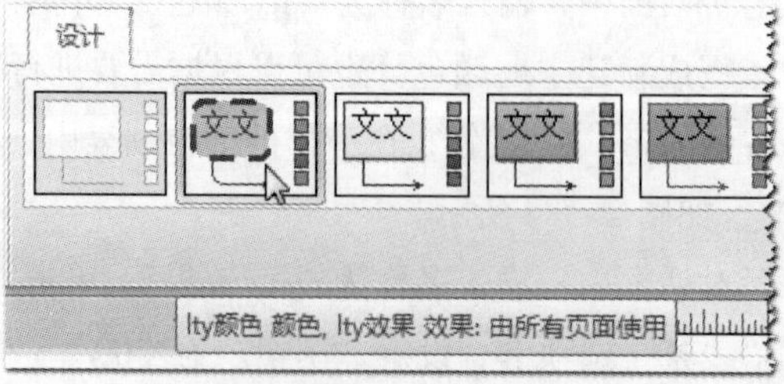

图 2-85　新建立的主题及应用情况

提示

有时可能不希望绘图中的每个形状都应用主题。此时，可以右击相应的形状，在弹出的快捷菜单中选择"格式"｜"允许主题"命令即可。

另外，Visio 附带的某些形状在默认情况下是不受主题影响的，如果允许主题影响这些形状会导致意外的发生。可以通过设定形状保护的办法，来保护某些形状不受主题效果影响。

课堂实训 46　保护形状不受主题影响

① 首先在绘图页面中选择欲保护的形状。

② 单击"开发工具"选项卡"形状设计"组中的"保护"项，如图 2-86 所示。

③ 在弹出的"保护"对话框中，选择"阻止应用主题颜色"、"阻止应用主题效果"复选框。如图 2-87 所示。

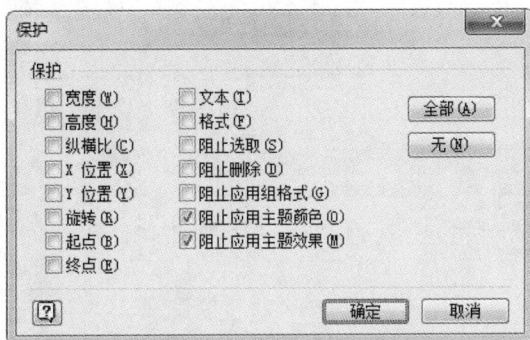

图 2-86　形状设计组　　　　　　　图 2-87　"保护"对话框

④ 单击"确定"按钮，完成形状的保护设定。

⑤ 选择系统内置的其他主题，观察该形状保护原有格式，不受任何影响。

提示

形状保护不仅限于主题的影响，还可以对形状文本、位置、大小、旋转，甚至选取等进行保护设定。

2.8　文本的操作

任何一幅完整的绘图都离不开文本，缺乏文本说明的形状显得抽象、晦涩，增添了文本说明，使得形状的含义丰富、明确。Visio 中用户不仅可以在页面上随意创建文本信息，还可以直接为现有的形状添加文本。

Visio 中的文本其实也是一种形状，具有和形状相同的属性和操作方法。添加文本可以使用"开始"选项卡"工具"组中的"文本"工具完成。添加到页面上的文本信息可以进行字体、字号、颜色、旋转等格式的处理。

课堂实训 47　为页面添加文本

① 在"开始"选项卡中的"工具"组中单击"文本"工具 A 文本 。

② 在页面上的任意位置上单击并拖动鼠标，直到文本框达到所需的大小。

③ 输入文本"辽铁职院"，输入完毕后，单击页面的空白处或按 Esc 键结束。

④ 按 Ctrl+1 组合键使鼠标回复到指针状态。单击刚刚输入的文本，其四周出现选择框，如图 2-88 所示。

⑤ 单击"开始"选项卡"字体"组中的"字体""字号""增大""减小"等按钮可以快速地进行文本的字体设置。单击"字体"组右侧的启动器，可以打开"文本"对话框，如图 2-89 所示，在这里可以进行更加复杂的文本格式设。

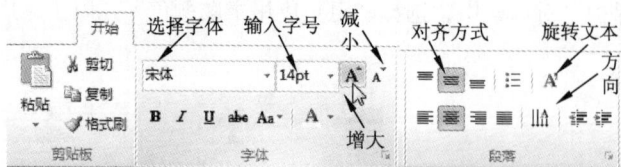

图 2-88　"字体"组和"段落"组

图 2-89　字体和段落的格式设置

提示

添加的文本对象默认是没有边框的，可以通过设置边框的颜色为其增加边框。

一般情况下，Visio 中的形状默认都带有一个隐含的文本框，只需双击形状，就会切换到文本框状态，此时就可以输入文本内容，进行文本的格式化处理。如果对形状中的文本框的位置、方向等进行调整，可以使用"开始"选项卡"工具"组中的"文本块"工具。

课堂实训 48　为形状添加文本并调整文本位置

① 从"形状"窗格"基本形状"模具中拖动一个矩形形状到绘图页面。

② 双击这个矩形形状，待出现文本框后，输入文本"明礼诚信"。

③ 单击"开始"选项卡"工具"组中的 按钮，矩形形状周围出现选择框，如图 2-90（a）

所示。

④ 用鼠标将选择框的范围缩小，用鼠标手动"旋转"手柄，使文本框旋转，如图 2-90（b）、（c）所示。

⑤ 调整文字大小至合适程度，如图 2-90（d）所示。

（a）　　　　　　　　（b）　　　　　　　　（c）　　　　　　　　（d）

图 2-90　添加形状文本并进行调整

提示

在选中形状的情况下，按 F2 键后可以直接进行到形状文本的输入状态。

在 Visio 中文本也是一种特殊形状，除了具有普通形状具备的属性和操作方法外，还有自身独特的方法。希望读者多加练习，熟练掌握对文本和形状文本的操作。

本 章 小 结

本章全面地介绍了 Visio 2010 中形状操作的各种方法。这些内容是应用 Visio 绘图必须掌握的基础技法，其中很多内容与 Office 办公软件中的相关操作类似，具有 Office 办公软件基础的用户很容易掌握，但在使用过程中也要注意 Visio 2010 本身操作的特点。

课 后 习 题

1. 学习使用模具的制作方法，设计一个属于自己的模具形状。
2. 应用绘图工具，为自己的班级或者团队设计一个 Logo 图案。
3. 应用绘图工具，绘制图 2-91 的图形。
4. 应用绘图工具，绘制图 2-92 中的图形。

图 2-91　咖啡杯

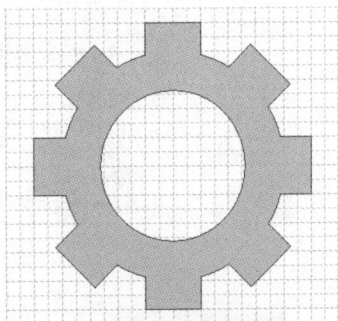

图 2-92　齿轮

第2篇 日常应用篇

本篇主要讲述日常生活和工作中对于 Visio 一般的应用绘图操作。

第3章 流程图与商务图

流程图通过适当的符号记录全部工作事项，用以描述工作活动流向顺序。它用图的形式反映一个组织系统中各项工作之间的逻辑关系，描述工作流程之间的联系与统一的关系。

Visio 具有丰富的商业模板和模具，以清晰地表现复杂的商业信息，使其更容易进行管理和沟通。

学习目标

本章主要介绍流程图和商务图的画法。通过学习，应掌握以下内容：

- 掌握选择模板和主题的方法。
- 利用模具中的形状绘制图形。
- 设置形状的填充、线条、阴影。

3.1 业务办理流程图

工作流程图由一个开始点、一个结束点及若干中间环节组成，中间环节的每个分支也都要求有明确的分支判断条件。所以工作流程图对于工作标准化有着很大的帮助。

业务办理流程图给客户展示了通过拨打客服电话来办理各种业务的流程，使用户一目了然。本例利用 Visio 中的流程图模板来制作业务流程图。在制作过程中，可以通过设置形状的格式、字体、添加主题和背景等，增加流程图的美观性。样图如图 3-1 所示。

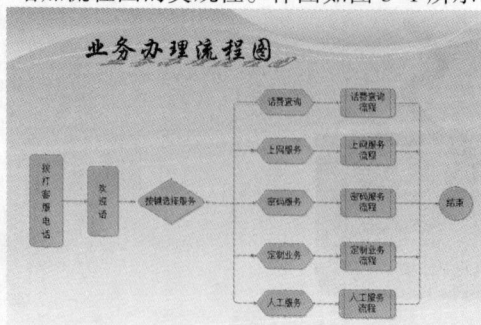

图 3-1　业务办理流程图-样图

操作步骤

① 启动 Visio 2010 组件，点击"文件"中的"新建"按钮，在"选择模板"列表中选择"流程图"选项区域中的"基本流程图"图标，如图 3-2 所示，单击"创建"按钮，进入绘图区。

② 选择"设计"功能区中的"纸张方向"下拉按钮，执行"横向"命令，如图 3-3 所示，将纸张方向设置为"横向"。

图 3-2　新建模板

图 3-3　设置纸张方向

③ 选择"设计"功能区，在"主题"组中单击"其他"按钮，如图 3-4 所示。

图 3-4　打开主题

在下拉窗口中选择"复合 颜色 突出显示斜角 效果"主题，如图 3-5 所示。模具中的形状便应用了该主题，效果如图 3-6 所示。

图 3-5　选择主题

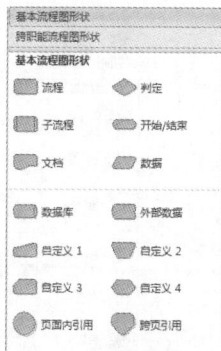

图 3-6　主题应用效果

④ 在"插入"功能区中的"文本"组中单击"文本框"下拉按钮，执行"横排文本框"命令，如图 3-7 所示。在文本框中输入文本"业务办理流程图"。将文字的字体和字号设置为华文行楷，48pt。

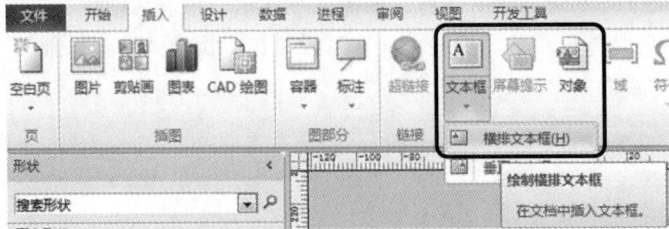

图 3-7　插入横排文本框

在"开始"功能区中的"形状"组中单击"阴影"按钮，在下拉列表中选择"阴影选项"，打开"阴影"对话框，设置"样式"为"08：向右上倾斜"，"颜色"为主题默认的线条颜色，"图案"为"05"，如图 3-8 所示。

（a）　　　　　　　　　　（b）

图 3-8　设置阴影

⑤ 在"基本流程图形状"模具中选择"流程"形状，拖到绘图页上，并调整其形状大小。双击该形状，输入"拨打客服电话"文本，如图 3-9 所示。

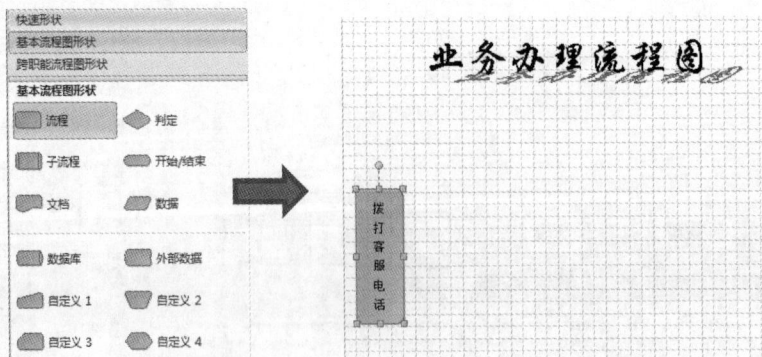

图 3-9　第一个流程形状

⑥ 按照相同的方法，添加一个"流程"形状和一个"判定"形状，分别输入文本"欢迎语"和"按键选择服务"，如图 3-10 所示。

⑦ 单击"拨打客服电话"形状，单击该形状右边的蓝色箭头按钮，与其右侧形状相连。用同样的方法连接其他形状，效果如图 3-11 所示。

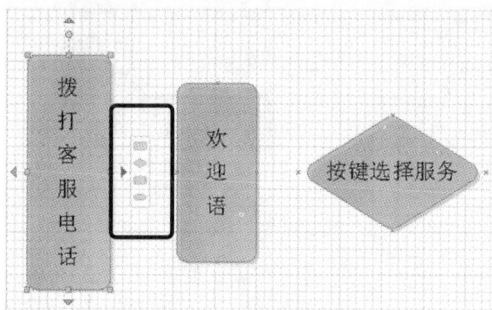

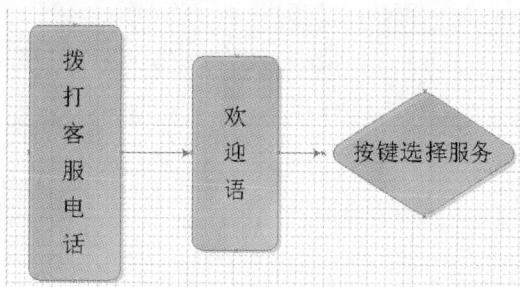

图 3-10　添加形状　　　　　　　　图 3-11　添加连接线

⑧ 将光标置于绘图页的垂直标尺上，当光标变成双向箭头时，按住鼠标左键，向绘图区拖动一条参考线，置于"判定"形状后面。在"基本流程图形状"模具中，将如图 3-12 所示的"自定义 4"形状拖到绘图页中，调整大小并粘附到参考线上，效果如图 3-13 所示。再复制 4 个形状，分别粘附到参考线上，如图 3-14 所示。若这 5 个形状的分布不均匀，可以同时选定这 5 个形状，使用"开始"功能区中"位置"选项，选择下拉列表中的"自动调整间距"，如图 3-15 所示。

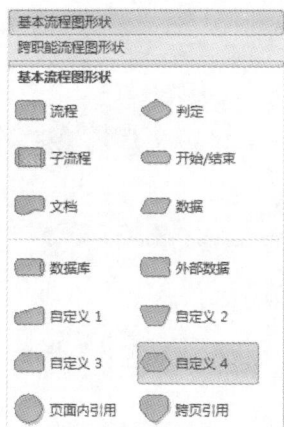

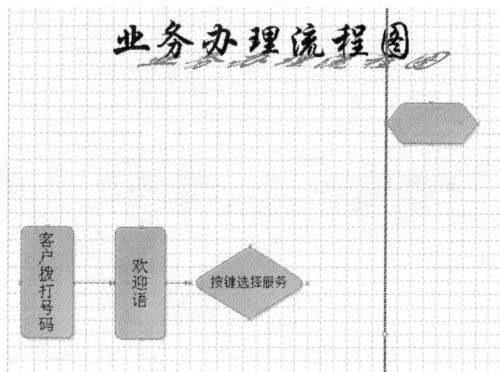

图 3-12　"自定义 4"形状　　　　图 3-13　形状粘附到参考线

提示

复制形状时，可以使用右键快捷菜单中的"复制"和"粘贴"命令。更便捷的方法是首先选定一个形状，在按住 Ctrl 键的同时向下拖动形状。

⑨ 分别在这 5 个形状中输入文字"话费查询""上网服务""密码服务""定制业务""人工服务"。单击"开始"功能区中的"连接线"按钮，依次将"按键选择服务"和右侧的 5 个形状连接在一起，如图 3-16 所示。完成连接之后，单击"指针工具"按钮。

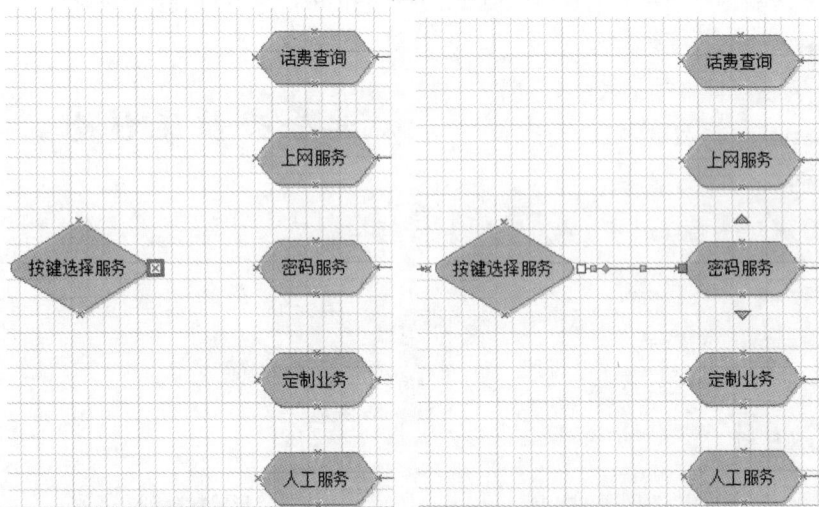

图 3-14　粘附参考线　　　　　　　　　图 3-15　自动调整间距

（a）

（b）　　　　　　　　　　　　　　（c）

图 3-16　用连接线连接形状

⑩ 运用第⑧步的方法再建立一条参考线，置于"自定义 4"形状右侧，如图 3-17 所示。在模具中将"子流程"形状拖到绘图页中，调整其大小并粘附到参考线上。复制"子流程"形状，分别粘附到参考线上，如图 3-18 所示。依次输入文字，使用"开始"工作区中的"连接线"功能，依次将"自定义 4"形状和"子流程"形状连接在一起。

⑪ 在"基本流程图形状"模具中，将"页面内引用"形状拖到绘图页中，在形状内输入文字

"结束"，运用连接线将此形状与"子流程"形状连接在一起。

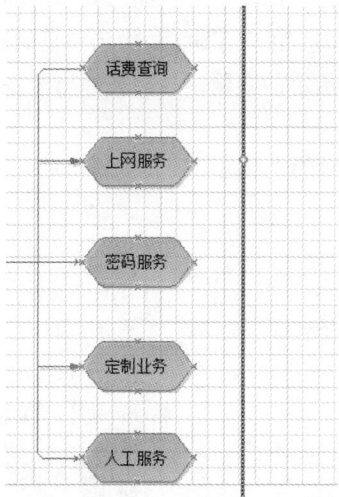

图 3-17　添加参考线

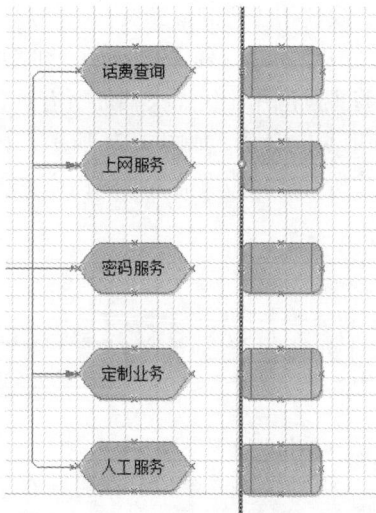

图 3-18　形状吸附参考线

⑫ 选定绘图区中的所有形状，在"开始"功能区中设置所有形状中的字体为"宋体 14pt"，如图 3-19 所示。

⑬ 在"设计"功能区中选择"背景"，在下拉窗口中选择"溪流"背景，如图 3-20 所示。

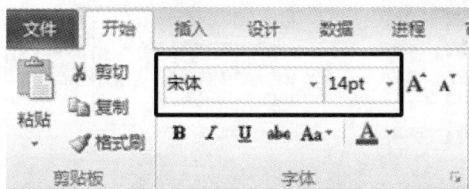

图 3-19　设置字体

图 3-20　设置背景

知识点 主题

主题是一组颜色和效果，用户可以通过单击将其应用于绘图文档中。使用主题可以快速又轻松地为绘图文档提供具有专业设计水准的外观。

Visio 2010 的主题包含两个部分：主题颜色和主题效果。用户可以按照任意组合来混合和匹配主题颜色与效果。主题颜色是一组搭配协调的颜色。主题效果是一组有关字体、填充、阴影、线条和连接线的效果。

1. 应用内置主题

① 可打开要应用主题的绘图文档，然后单击"设计"选项卡"主题"列表中的其他按钮，展开主题列表，从中选择一种主题即可。此时所选主题将应用于绘图文档中当前页的所有形状中。

② 若要将主题应用于绘图文档的所有页，可右击选定的主题，然后在弹出的快捷菜单中选择"应用于所有页"命令，如图 3-21 所示。

③ 要删除所有形状的当前主题颜色或主题效果，可在"主题"列表中单击"无主题"选项，如图 3-22 所示。

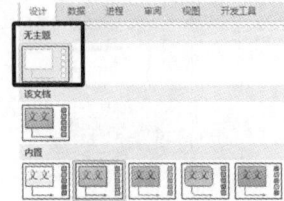

图 3-21　将主题应用于所有页　　　　　　图 3-22　删除主题

2. 创建与编辑自定义主题

若内置主题无法满足绘图需求，此时，用户可以根据需要创建自定义主题。

① 自定义主题颜色，可在"颜色"列表中选择"新建主题颜色"选项，打开"新建主题颜色"对话框，如图 3-23 所示。在该对话框中的"名称"文本框中输入新建主题颜色的名称，然后在"主题颜色"列表中单击相应的颜色选项，在展开的颜色列表中进行选择，在"预览"栏中可预览设置的主题颜色效果，设置完毕单击"确定"按钮。此时，在"颜色"列表的上方可看到自定义的主题颜色的名称。

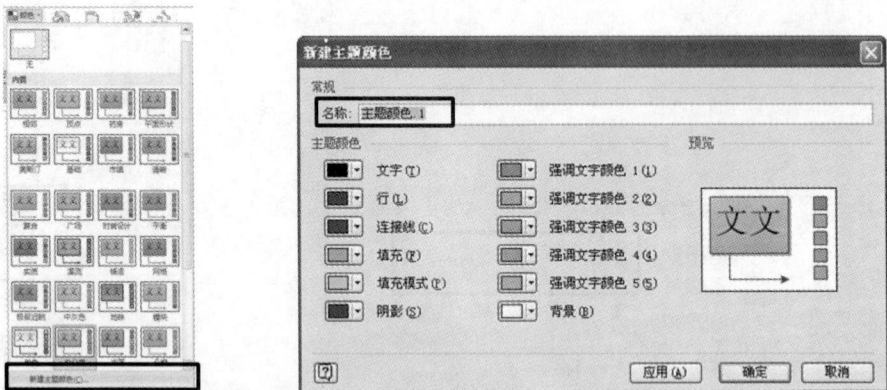

图 3-23　新建主题颜色

② 自定义主题效果，可在"效果"列表中选择"新建主题效果"选项，打开"新建主题效果"对话框，如图 3-24 所示。各选项卡含义如下：

常规：在该选项卡的"名称"文本框中可输入自定义主题效果的名称。

文本：设置主题效果中的字体格式，包括"西文字体"和"中文字体"。

线条：设置主题中形状线条的样式，如设置线条的图案、粗细和透明度，以及圆角的样式和圆角样式的半径尺寸。

填充：设置形状的填充效果，如设置填充的图案和透明度。

阴影：设置形状的阴影效果，并可设置阴影的大小和位置以及方向等。

连接线：在该选项卡可设置连接线的样式，如图案、粗细和透明度，连接线条的端点和圆角等。

图 3-24　新建主题效果

③ 删除或禁止主题。Visio 除了允许用户对绘图页中的所有形状应用主题颜色和效果外，还允许删除单个形状的主题，或设置任意一个形状不使用主题。Visio 允许用户为形状删除已应用的主题，使其保持形状原始的颜色和效果。方法是：右击要删除主题的形状，在弹出的快捷菜单中选择 "格式" | "删除主题" 命令，如图 3-25 所示。若选择形状后取消选择 "格式" | "允许主题" 复选框，则对绘图页重新应用主题时，该形状不受主题影响，如图 3-26 所示。

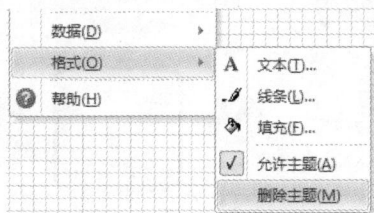

图 3-25　删除主题

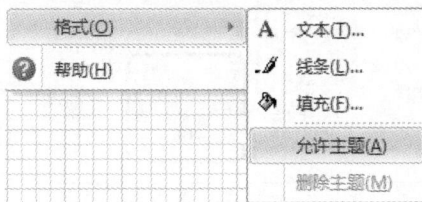

图 3-26　允许主题

3.2　因　果　图

因果图又名鱼骨图，是一种发现问题 "根本原因" 的分析方法，现代工商管理教育将其划分为问题型、原因型及对策型鱼骨图等几类。

学习状况因果分析图展示了影响学习状况的 4 类主要因素及其子因素。本例利用 Visio 中因果图模板中的模具来制作因果分析图。在制作过程中，可以通过设置形状的格式、字体、添加主题和背景等，增加分析图的美观性。样图如图 3-27 所示。

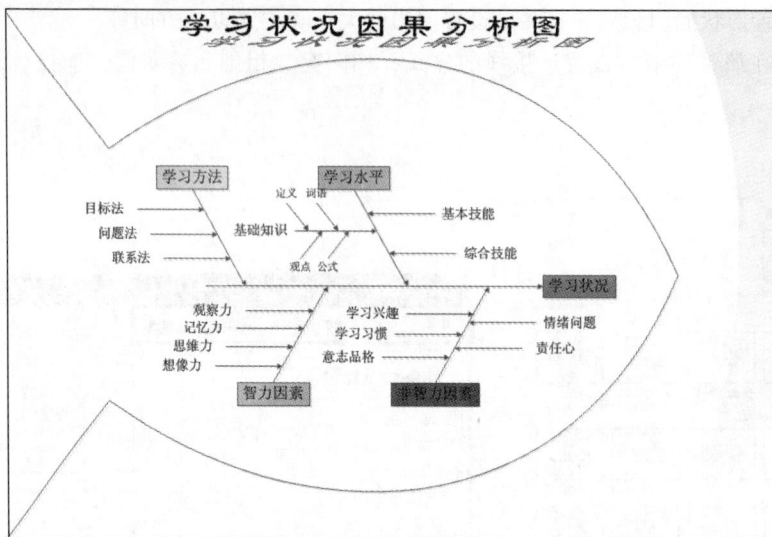

图 3-27　学习状况因果分析图-样图

操作步骤

① 启动 Visio 2010 组件，在"模板类别"列表中选择"商务"选项区域中的"因果图"图标，如图 3-28 所示。单击"创建"按钮，进入绘图区。

图 3-28　新建模板

提示

创建"因果图"模板后，绘图页中将自动生成 1 个"效果"形状和 4 个"类别"形状。

② 单击"设计"功能区中的"背景"按钮，在弹出的菜单中选择"技术"选项。再次单击"背景"按钮，在下拉菜单中设置"背景色"为"主题颜色"|"强调文字 3，淡色 60%"，如图 3-29 所示。然后在"开始"功能区中点击 **A**文本 按钮，输入标题"学习状况因果分析图"，并设置文字样式为"36pt 隶书"。

图 3-29　设置背景

③ 选择标题文字，单击"字体"组的对话框启动器，打开"文本"对话框，选择"字符"选项卡，在"间距"下拉列表框中选择"加宽"选项，并在右侧的"磅值"文本框中输入"10 pt"，如图 3-30 所示。然后，为标题文字添加阴影效果，点击"形状"组中的"阴影"按钮，打开"阴影"对话框，设置"样式"为"08：向右上倾斜"；"颜色"为"蓝紫色"；"图案"为"35"，如图 3-31 所示。

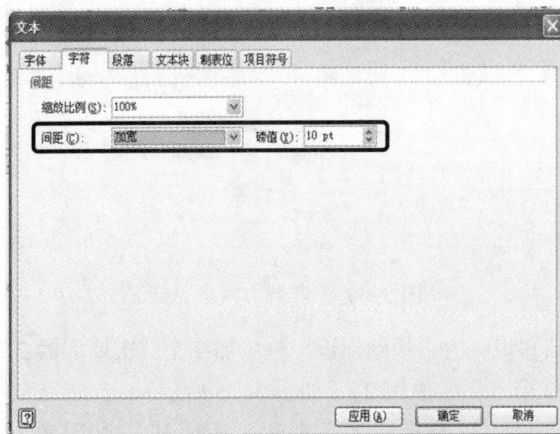

图 3-30　字符间距加宽

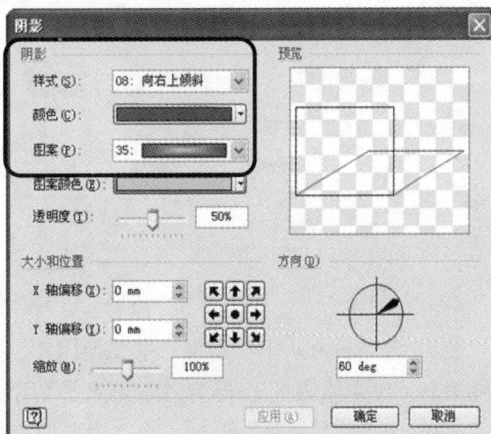

图 3-31　设置阴影

④ 打开"因果图形状"模具，选择"鱼骨框架"形状并将其拖入到绘图页中，调整其大小及位置，使其盖在默认形状"鱼骨"上，如图 3-32 所示。

⑤ 在矩形框中分别输入"学习方法""学习水平""智力因素""非智力因素"。将形状分别填充不同的颜色。在结果框中输入"学习状况"，并填充颜色。

⑥ 选择"主要原因 1"形状，将其拖入到"智力因素"类别形状处，利用自动吸附点进行连接。如果两个形状的连接点为红色，则说明已经连接成功。双击该形状，在形状左侧输入文字"观察力"，并设置文字样式，将字号设置为 10 pt。用同样的方法再添加 3 个"主要原因 1"，如图 3-33 所示。

⑦ 应用同样的方法，在"非智力因素"类别形状处添加 3 个"主要原因 1"和 2 个"主要原因 2"，如图 3-34 所示。

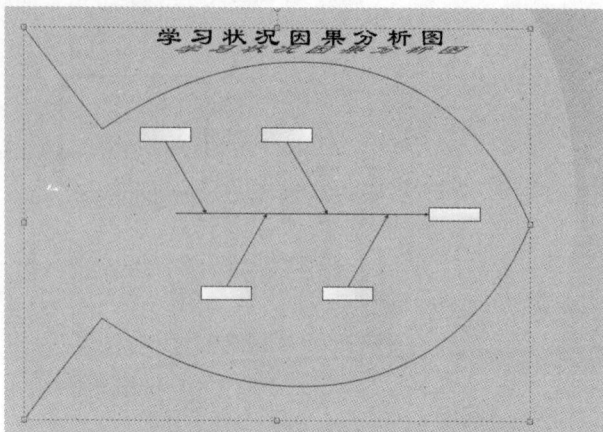

图 3–32   使用鱼骨框架形状

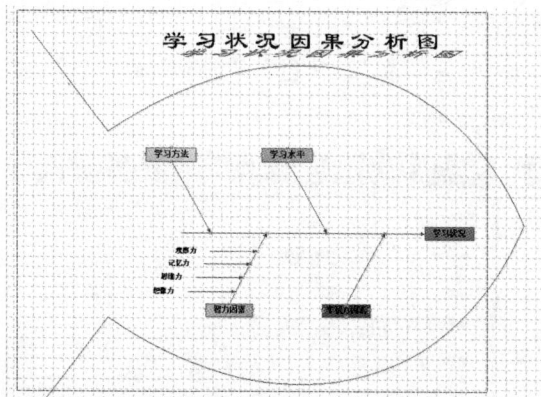

图 3–33   "智力因素"分支

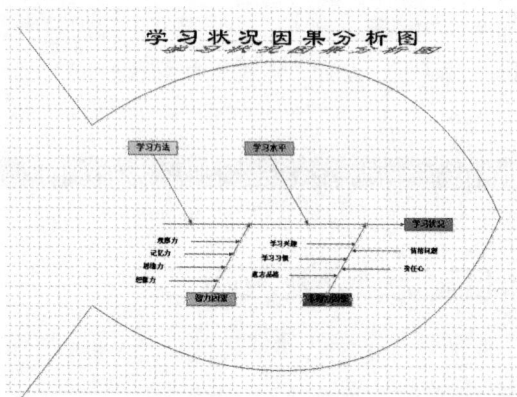

图 3–34   "非智力因素"分支

⑧ 为"学习水平"添加"主要原因 1"基础知识，为"基础知识"再添加 2 个"次要原因 2"和 2 个"次要原因 5"。再为"学习水平"添加 2 个"主要原因 2"，如图 3–35 所示。

⑨ 为"学习方法"添加三个"主要原因 1"分别为"目标法""问题法""联系法"，如图 3–36 所示。

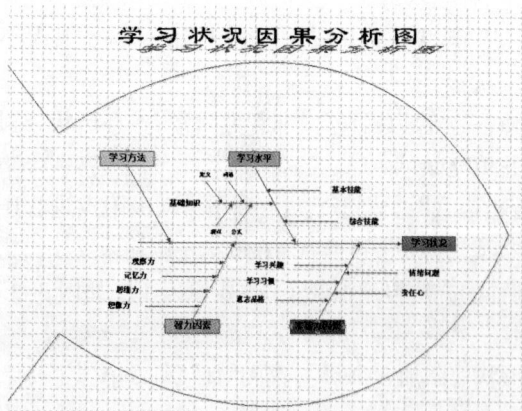

图 3–35   "学习水平"分支

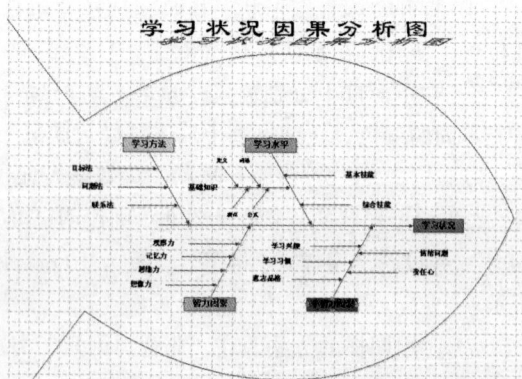

图 3–36   "学习方法"分支

⑩ 在绘制因果图的过程中要注意各个形状之间的距离。为了保持绘图页的美观效果，尽量使它们之间的距离均等。

拓展：查找与替换

Visio 2010 提供的查找与替换功能，与其他 Office 软件应用中的命令相似，其作用主要是可以快速查找，或替换形状中的文字与短语。利用查找与替换功能，可以实现批量修改文本的目的。

① 查找文本。选择"开始" | "编辑" | "查找" | "查找"命令，如图 3-37 所示，在弹出的"查找"对话框中，可以搜索形状中的文本、形状数据等内容。

② 替换文本。选择"开始" | "编辑" | "查找" | "替换"命令，如图 3-38 所示，在弹出的"替换"对话框中，可以设置查找内容、替换文本及各项选项设置。

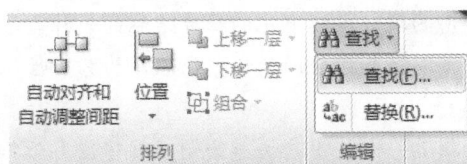

图 3-37 文本的查找　　　图 3-38 文本的替换

本 章 小 结

本章以业务办理流程图和因果图为例，详细地介绍了流程图和商务图的画法，使读者能够掌握选择模板和主题的方法，并且能够利用模具中的形状来绘制各种图形，并对形状进行填充、线条、阴影的设置。通过本章的学习，希望读者能够举一反三，将其他类型的流程图和商务图也能够熟练掌握。

课 后 习 题

在本练习中，制作一份价值流程图，如图 3-39 所示。

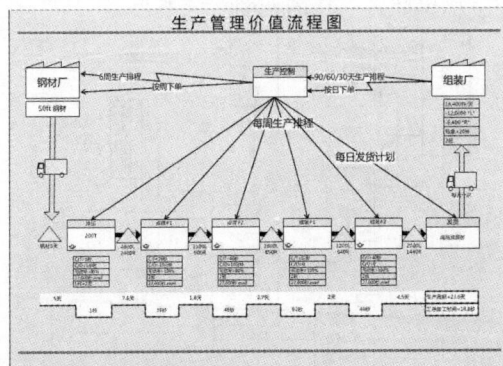

图 3-39 价值流程图

第 *4* 章 逻辑电路图

逻辑电路图是人们为了研究、工程规划的需要，用物理电学标准化的符号绘制的一种表示各元器件组成及器件关系的原理布局图。由逻辑电路图可以得知组件间的工作原理，为分析性能、安装电子、电器产品提供规划方案。

Visio 2010 提供了很多应用于工程设计的模板和模具，允许用户快速绘制、创建应用于各行各业的逻辑电路图。

学习目标

本章主要介绍逻辑电路图的画法。通过学习，应掌握以下内容：

- 掌握选择何种类型的模板来绘制逻辑电路图。
- 选择模具中的形状绘制逻辑电路图。
- 标注文字并设置特殊格式。
- 自定义模具。

4.1 中断方式输入的接口电路

逻辑电路图是一种抽象化的图形，其通过各种图形符号来描述具体电路中的各种线路、电器和仪表之间的连接关系。本例为中断方式输入的接口电路图，利用 Visio 中电路和逻辑电路模板，并配合基本形状中的模具来绘制电路图，样图如图 4-1 所示。

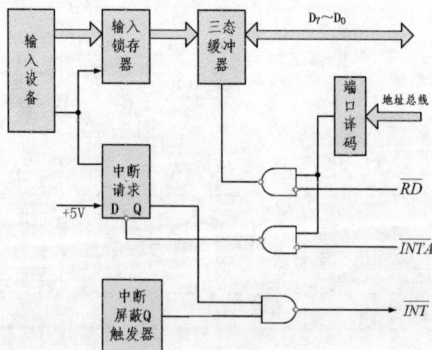

图 中断方式输入的接口电路

图 4-1 中断方式输入的接口电路-样图

操作步骤

① 启动 Visio 2010 组件，在"模板类别"列表中选择"工程"类中的"电路和逻辑电路"图标，如图 4-2 所示，并单击"创建"按钮，进入绘图区。此模板用于创建带批注的电路和印制电路板图、集成电路示意图和数字、模拟逻辑设计。模板中包含终端、连接器和传输路径形状。

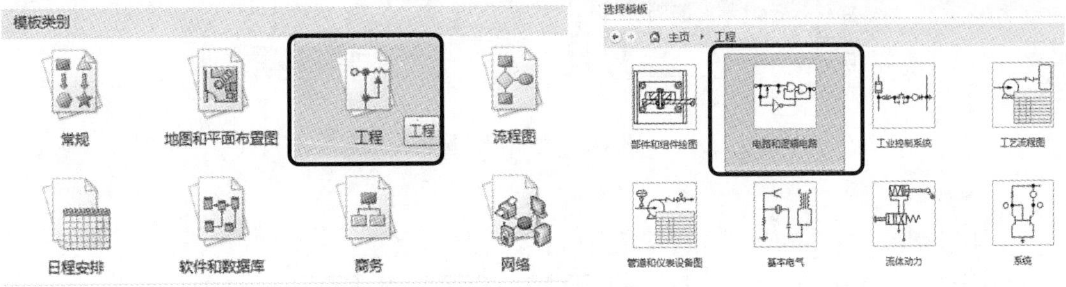

图 4-2 新建模板

② 调整页面大小。

选择"设计"功能区，在"页面设置"工作区点击右下角的"对话框启动器"，弹出"页面设置"对话框。在"页面尺寸"选项卡中选择"自定义大小"，将值修改为 210 mm × 210 mm，如图 4-3 所示。下面开始在这张正方形的纸张上作图。

③ 绘制"矩形"形状，需要打开"基本形状"模具。单击"形状"窗格中的"更多形状"，在弹出的菜单中选择"常规"，在子菜单中选择"基本形状"。这时基本形状就出现在形状窗格了。将"矩形"拖动到绘图区，调整合适大小。依次再拖动两个矩形。为保证这 3 个矩形的上边缘对齐，可以从水平标尺上拖动一条参考线，使其对齐，如图 4-4 所示。分别双击形状，输入里面的文字"输入设备""输入锁存器""三态缓冲器"。将字体设置为仿宋，18pt。参照样图在相应的位置绘制另外 3 个矩形，并添加文字。

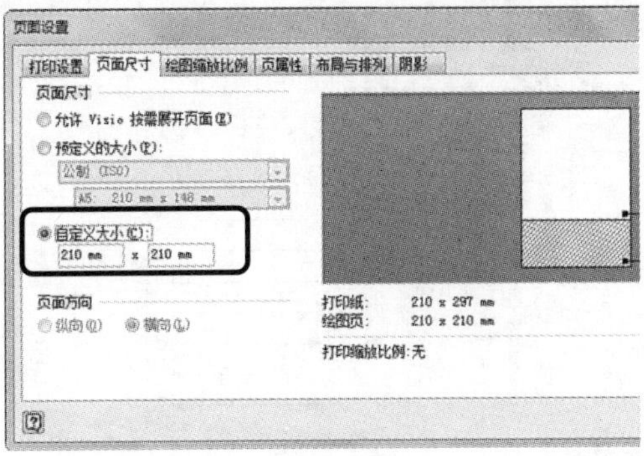

图 4-3 设置页面尺寸

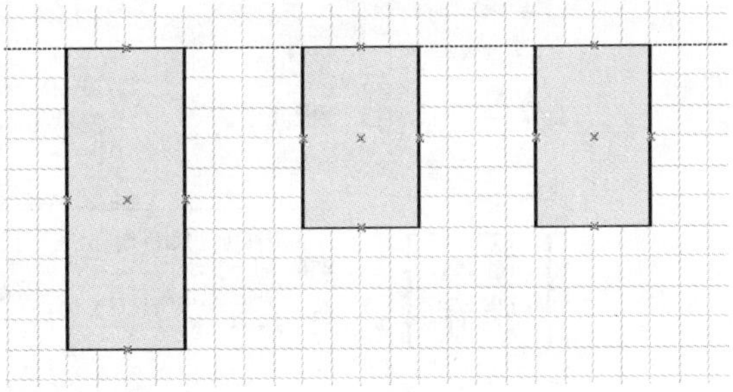

图 4-4 矩形的对齐

④ 绘制逻辑门。在左侧的形状窗口中找到"模拟和数字逻辑"模具。将 逻辑门2 拖动到绘图区中。其中两个逻辑门的方向需要旋转，下面介绍旋转的方法。将光标放在形状上方的圆形控点上，当光标变成时，按住鼠标左键旋转，如图 4-5 所示。

⑤ 主要形状绘制完毕，下面要进行形状之间的连接。打开"基本形状"模具，如图 4-6 所

示。使用"45 度单向箭头"和"45 度双向箭头",连接其中一部分形状,如图 4-7 所示。注意部分箭头方向需要旋转。

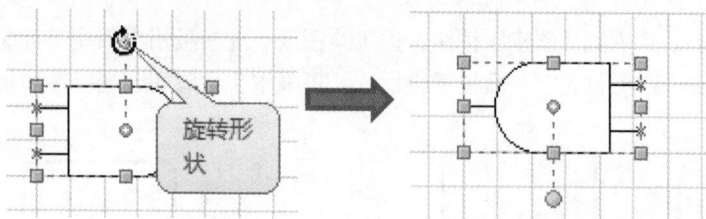

图 4-5　逻辑门的旋转

图 4-6　箭头模具

图 4-7　形状的连接

⑥ 单击"开始"功能区中"工具"区域中的"折线图"来绘制图中的单线条。对于有箭头的线段,可以绘制好直线之后,单击"开始"功能区中"形状"中的"线条",设置箭头的方向和大小,如图 4-8 所示。

图 4-8　设置箭头

⑦ 在"形状"窗口选择"传输路径"模具,选择 ╪ 接合点,将其拖动到绘图区。在接合点右击,在弹出的快捷菜单中选择"启用调整大小"命令,然后再拖动黄色的调节柄,以扩大或缩小接合点的半径。调整到合适大小之后,将其放到指定位置,如图 4-9 所示。然后继续在这个模具中选择 ∂ 端子,将其拖动到绘图区。拖动控点以调整端子大小,将其放到指定位置。在电路中,多次出现同样大小的接合点和端子,绘制好一个之后,其他的用复制的方法即可。

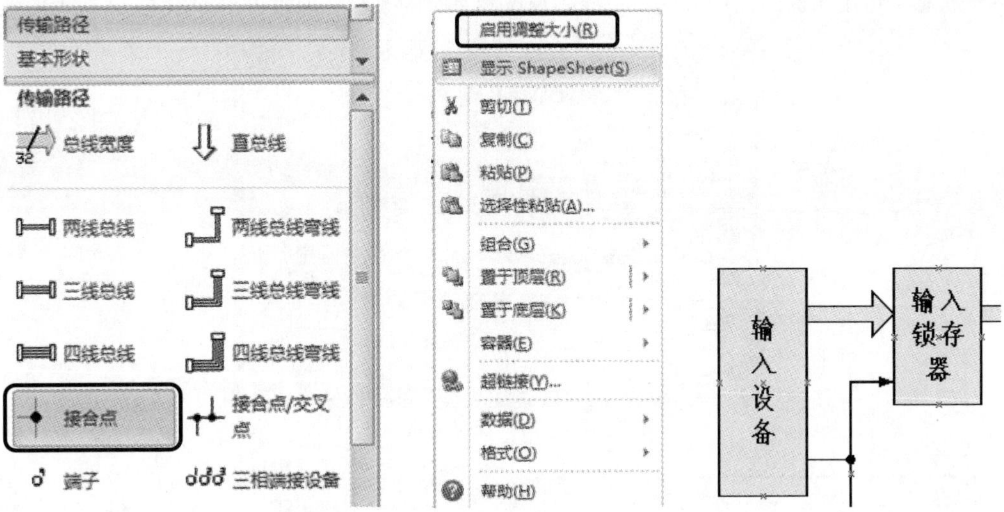

图 4-9　插入接合点

⑧ 添加普通文本。选择"开始"功能区，单击"工具"组中的"文本"按钮，在电路图上需要添加注释文本的位置，单击鼠标，输入文本。然后在"开始"功能区的"字体"组中设置文本的格式。

⑨ 添加特殊格式的文本。"$D_7 \sim D_0$"这个文本中包含下标，首先正常输入文本"D7D0"，然后将数字 7 选定，单击"开始"选项卡中"字体"组的对话框启动器，打开"文本"对话框，如图 4-10 所示。在"位置"下拉列表框中选择"下标"，单击"确定"按钮。同样的方法设置下标 0。这样就完成了下标的设置。

D_7 和 D_0 中间的"$\sim$"可以使用"插入"选项卡中的"符号"命令，在"符号"对话框中进行选择，如图 4-11 所示。也可以使用输入法中的符号。

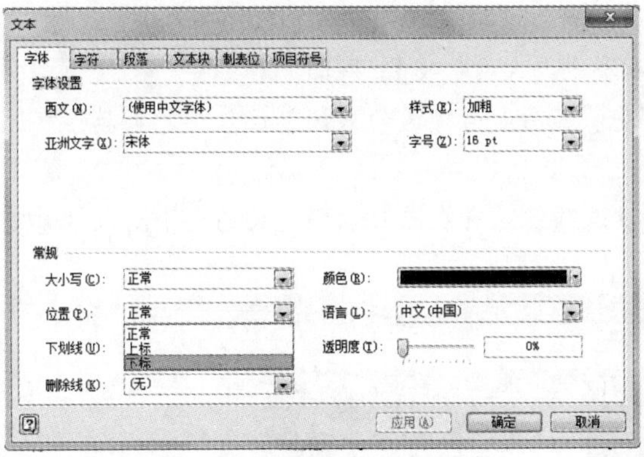

图 4-10　设置字体

图 4-11　插入特殊符号

例如，$\overline{INT}$ 这种带有顶线的标识，需要运用 Microsoft 公式来插入。选择"插入"工作区中的"对象"按钮，打开"插入对象"对话框，如图 4-12 所示。

在对话框中选择"Microsoft 公式 3.0"选项，单击"确定"按钮。在弹出的"公式"工具栏中选择"顶线"，如图 4-13 所示。然后输入注释文字 INT，单击绘图区的其他位置，即可退出公式编辑状态。运用四周的控点来调整顶线的长度和字符的大小，即可得出如图 4-14 所示的效果。

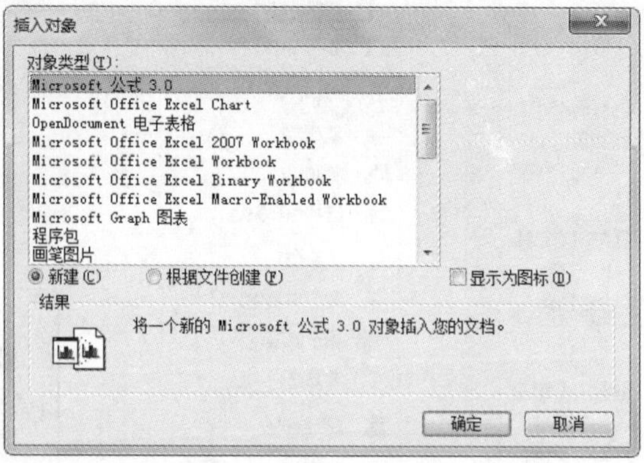

图 4-12　插入对象

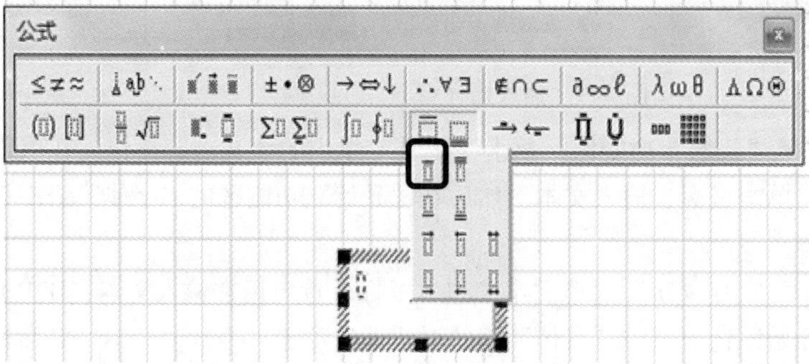

图 4-13　给字符加顶线

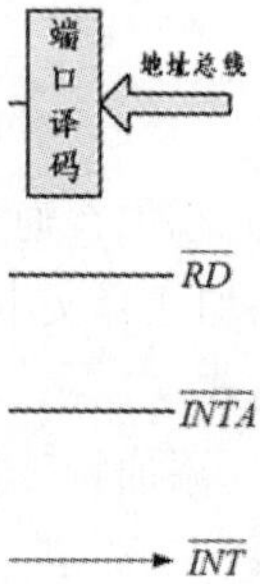

图 4-14　加顶线后效果

知识点　页面尺寸

① 允许 Visio 按需展开页面：此为系统默认选项，表示页面尺寸将根据 Visio 需求自动展开页面。

② 预定义的大小：用来设置页面尺寸的大小类别与尺寸。如图 4-15 所示。

③ 自定义大小：用来指定页面的高度与宽度。其高度与宽度的默认单位基于"页属性"选项卡中的度量单位。

④ 页面方向：用来调整页面纸张的方向。该选项组只有在选中"预定义的大小"或"自定义大小"单选按钮时才有效。

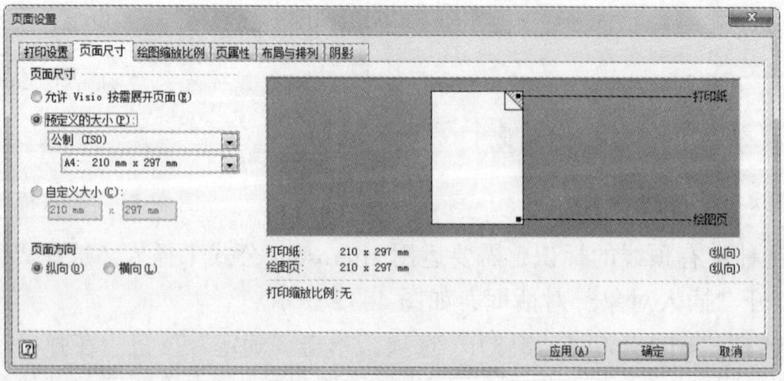

图 4-15　设置页面尺寸

知识点 公式

在绘制 Visio 文档时，用户可以通过 Microsoft 公式 3.0，插入各种数学公式，以满足数学和工程学的需要。

① 编辑公式。在插入 "Microsoft 公式 3.0" 对象后，将打开 "公式编辑器" 窗口，如图 4-16 所示。在公式编辑器窗口中，用户可以直接输入公式内容。在输入公式内容时，用户可直接输入各种公式使用的普通字符，包括数字、拉丁字母等。如需要输入一些特殊的数学符号，则可使用 "公式编辑器" 窗口工具栏中的各种按钮，在弹出的菜单中进行选择。

图 4-16　公式编辑器窗口

② 编辑字符间距。字符间距是表达式中各种字符之间的距离，其单位为磅。在 "公式编辑器" 窗口中，用户可选择 "格式" | "间距" 命令，打开 "间距" 对话框，如图 4-17 和图 4-18 所示。在对话框中，用户可设置 19 种数学表达式中字符的距离。拖动对话框中的滚动条，即可查看位于当前显示的属性下方的属性。在设置字符距离之后，"间距" 对话框将在右侧显示设置的效果。单击 "应用" 按钮即可将效果应用到公式中。

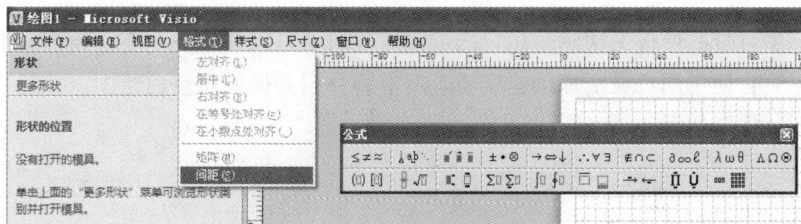

图 4-17　编辑字符间距

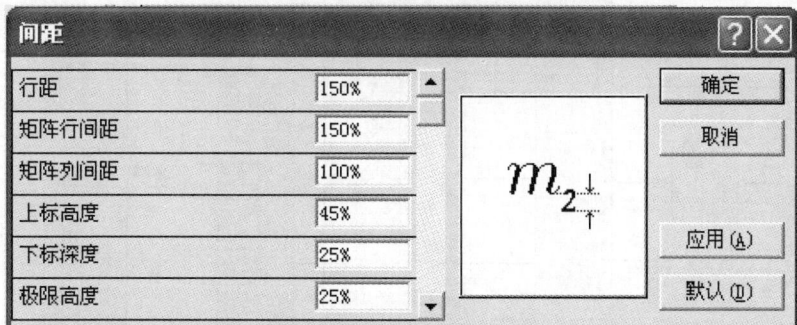

图 4-18　"间距" 对话框

③ 编辑字符样式。在公式编写过程中，用户可设置字符的样式，包括字符的字体、粗体和斜体等属性。在 "公式编辑器" 窗口中选择 "样式" | "定义" 命令，打开 "样式" 对话框，如图 4-19 所示。在弹出的 "样式" 对话框中，用户可以为各种字符样式设置字体、粗体以及斜体等属性，单击 "确定" 按钮应用样式。

④ 编辑字符尺寸。编辑字符尺寸的方式与编辑字符样式类似，在"公式编辑器"窗口中选择"尺寸"｜"定义"命令，打开"尺寸"对话框，如图 4-20 所示。在"尺寸"对话框中，用户可设置各种字符的尺寸，并将其应用到表达式中。

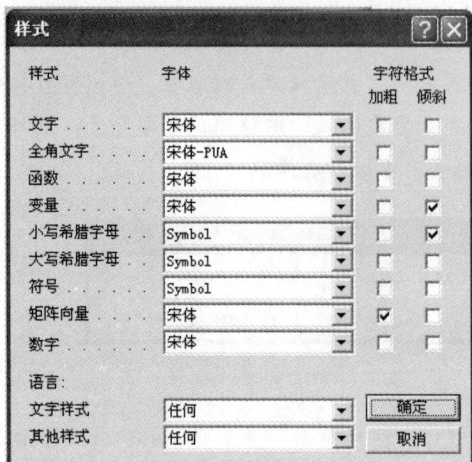

图 4-19　编辑字符样式

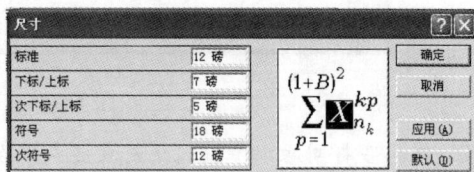

图 4-20　编辑字符尺寸

4.2　51 单片机的中断结构

当 Visio 中自带的模板无法满足用户的绘图需要时，可以新建一个空白绘图。没有模具、不带比例的绘图页，便于用户灵活地创建绘图。本节将介绍如何使用空白绘图，并运用自定义模具的方法来绘图。样图如图 4-21 所示。

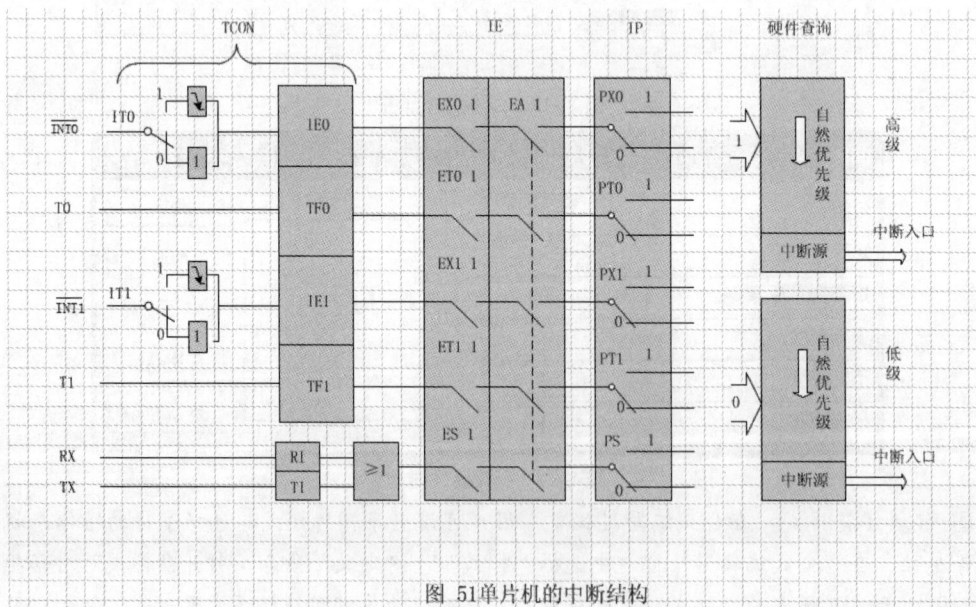

图 51单片机的中断结构

图 4-21　51 单片机的中断结构–样图

🔧**操作步骤**

① 启动 Visio 2010，在"模板类别"中选择"空白绘图"，如图 4-22 所示，并单击"创建"按钮，进入绘图区。选择"设计"功能区的"纸张方向"按钮，选择方向为"横向"，如图 4-23 所示。

图 4-22　新建空白绘图

图 4-23　设置纸张方向

② 点击"形状窗格"中的"更多形状"，在下拉菜单中选择"新建模具"，创建一个新的模具，如图 4-24 所示。

图 4-24　新建模具

③ 选择一个出现频率较高的形状作为新建模具的第一个对象。首先在绘图区将形状画好，选定全部形状，将它们组合在一起，使之成为一个整体。然后将其拖动到"模具 2"中，作为模具中的主控形状 master.2，如图 4-25 所示。在主控形状上右击，在弹出的快捷菜单中可以对主控形状进行"删除""重命名""编辑"操作，如图 4-26 所示。

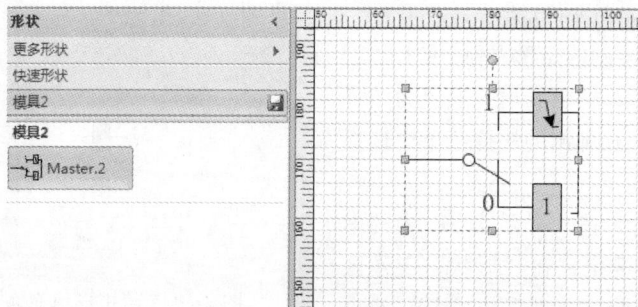

图 4-25　绘制模具

图 4-26　编辑模具

④ 绘制模具中的主控形状 master.3，将其拖到模具中，如图 4-27 所示。

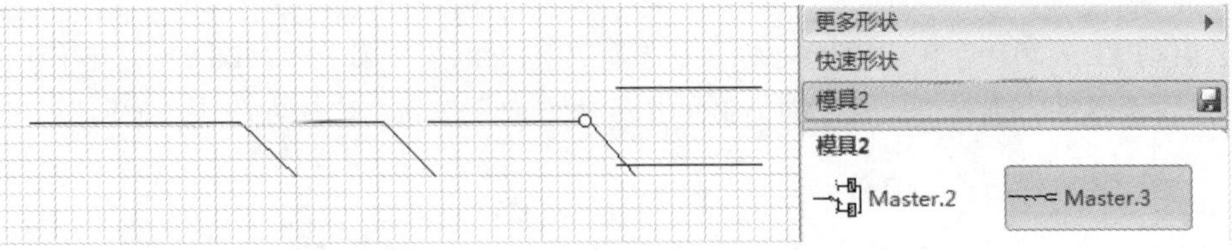

图 4-27　绘制主控形状 master3

⑤ 单击"模具 2"上的"保存"按钮，在弹出的窗口中进行模具的保存。这时在保存的位置出现一个"中断结构.vss"的图标，如图 4-28 所示。此模具在以后的绘图中是可以反复使用的。

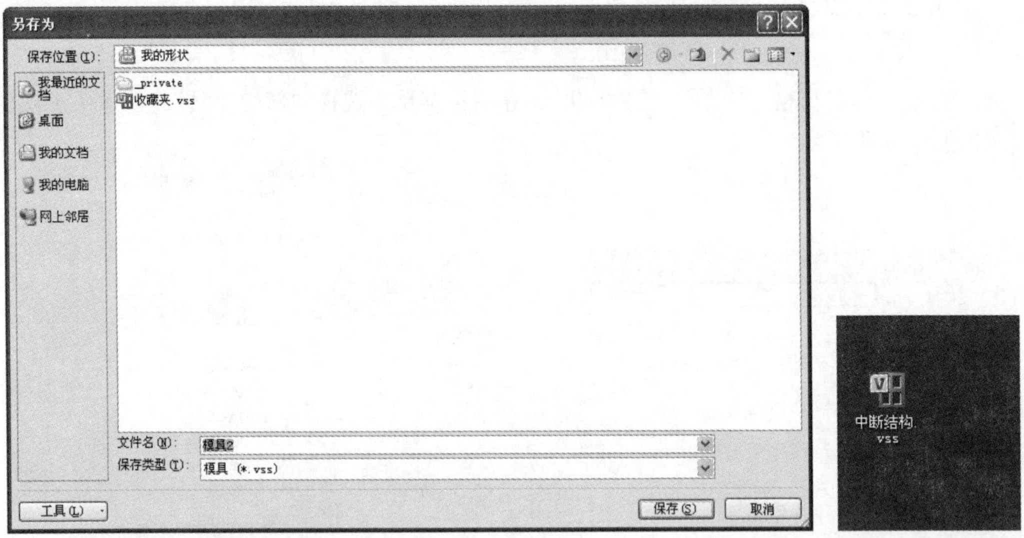

图 4-28　保存模具

⑥ 将模具 master.2 拖动到绘图区的合适位置，使用"开始"选项卡"工具"组的"矩形"工具来绘制一个矩形，并将其颜色填充为"背景 深色 15%"，如图 4-29 所示。

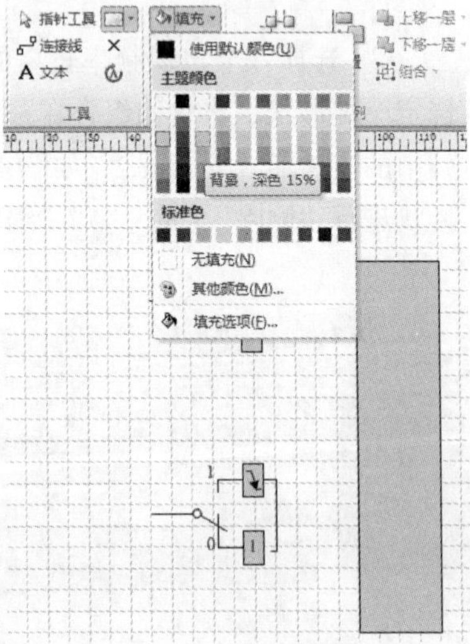

⑦ 使用"工具"组的"折线图"工具，在矩形中绘制三条直线，使其均匀分布在矩形中。然后在每个小矩形中，单击"工具"组中的"文本"按钮，在小矩形中单击并添加文本 IE0、TF0、IE1、TF1，效果如图 4-30 所示。

⑧ 将模具 master.3 拖至之前绘制的矩形右侧，使用"工具"组的"矩形"来绘制一个矩形，并将其填充颜色为"背景 深色 15%"。在该形状上右击，在弹出的快捷菜单中选择"置于底层"命令。

⑨ 按照样图将其他线条绘制完整。寄存器 IE 中的虚线，应先绘制一条实线，将实线选定，在"形状"工作区中选择"线条"，在下拉列表中选择"虚线"，选择第 3 个线条，如图 4-31 所示。

图 4-29　给矩形填充颜色

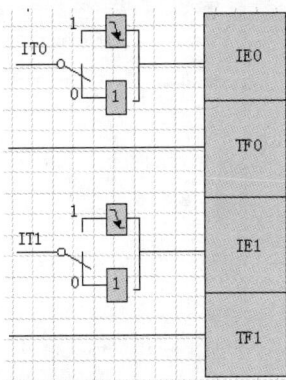

图 4-30　在矩形中添加文本

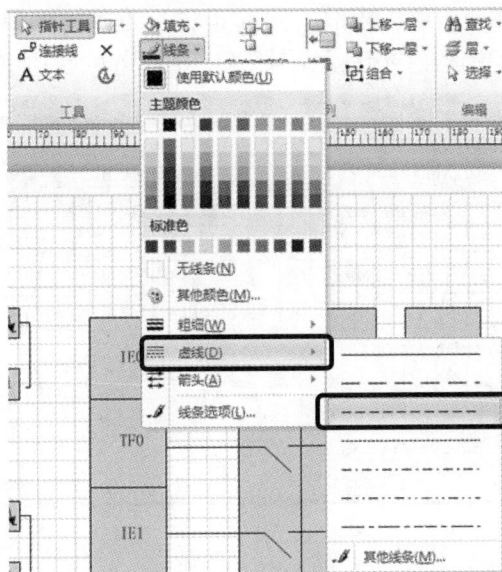

图 4-31　绘制虚线

⑩ 点击形状窗格中的"更多形状",在下拉列表中选择"其他 Visio 方案"中的"连接符"模具,如图 4-32 所示。在模具中选择"一维开放端箭头",如图 4-33 所示。将光标放置在箭头的控点上,将箭头调整至合适大小,如图 4-34 所示。

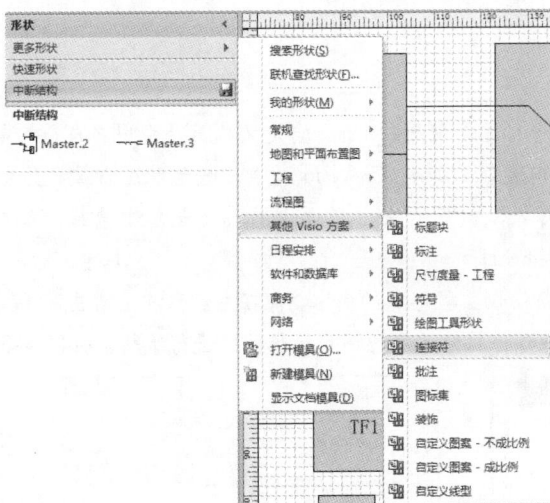

图 4-32　打开"连接符"模具

图 4-33　连接符模具

⑪ 利用"文本"工具,将图中的文字标识添加完整。其中"≥1"的录入,需要使用"插入"功能区中"符号"选项,在下拉列表中单击"其他符号",在对话框中将子集选择为"数学运算符",选择"≥"符号,再单击"插入"按钮,如图 4-35 所示。带顶线的字母标识,使用上例中插入公式的方式。

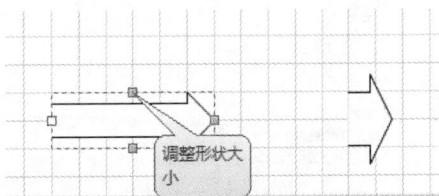

图 4-34　调整形状大小

⑫ 点击形状窗格中"更多形状",在下拉列表中选择"其他 Visio 方案"中的"标注"模具。在模具中选择"侧边大括号",如图 4-36 所示。将其旋转到合适方向,如图 4-37 所示。

图 4-35　插入"≥"符号

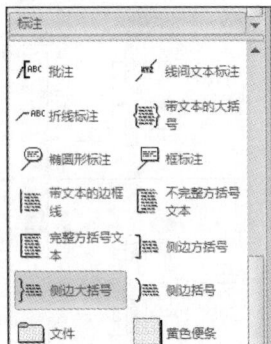

图 4-36　标注模具

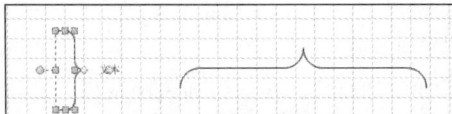

图 4-37　旋转大括号

⑬ 在图的下方输入图的说明"图 51 单片机的中断结构"。

📖知识点　模具

模具是一种特殊的库,其中包含了多个可重复使用的形状。自定义模具是由用户自行绘制的 Visio 模具,相比软件自带的模具,自定义模具内容能更加丰富。Visio 模具中的形状通常被称为主控形状。

① 设置主控形状属性。选择主控形状,然后右击,在弹出的快捷菜单中选择"编辑主控形状"|"主控形状属性"命令,如图 4-38 所示。

② 编辑主控形状。如需要更改或重新绘制主控形状的内容,可在主控形状上右击,"编辑主控形状"|"编辑主控形状"命令。此时,Visio 将打开该主控形状编辑区域进行编辑,如图 4-39 所示。

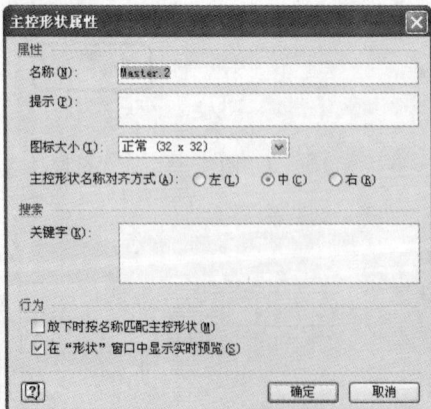

图 4-38　设置主控形状属性

图 4-39　编辑主控形状

③ 编辑图标图像。在默认状态下，Visio 将自动根据主控形状的内容生成图标。在主控形状上右击，在弹出的快捷菜单中选择"编辑主控形状"｜"编辑图标图像"命令，即可打开 Visio 的图标编辑器，使用各种工具绘制 Visio 图标。

本 章 小 结

本章以两个图为例，详细地介绍了逻辑电路图的画法，使读者能够掌握选择何种类型的模板以及模板中的模具来绘制逻辑电路图。本章的重点内容为逻辑电路图中的标注文字并设置特殊格式，掌握运用自定义模具这个技巧，来绘制逻辑电路图中重复出现的部分。对于专业性较强的逻辑电路图，无须对形状设置颜色和主题，清晰简洁即可。另外，在图中的文字标注上的一些特殊效果，比如上标、下标、插入符号等，也是需要熟练掌握的内容。

课 后 习 题

在本练习中，绘制出如图 4-40 所示的 8086 读周期时序图。

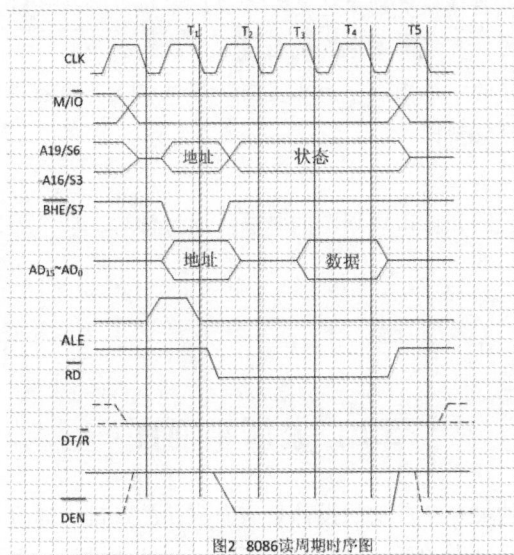

图 4-40　8086 读周期时序图

第5章 平面布置图

平面布置图是指用平面的方式展现空间的布置和安排，在工程上一般是指建筑物布置方案的一种简明图解形式，用以表示建筑物、设施、设备等的相对平面位置。在构建建筑图时，很多用户习惯使用 AutoCAD 来绘制，但 AutoCAD 较复杂且有庞大的绘图命令，对于不熟悉的用户来说难度较大。使用 Visio 软件，用户可以轻松而快速地运用"堆积木"的方式绘制出各种类型的建筑图。

另外，地图和平面布置图模板类别中还具有各种城市规划类的模板，城市规划部门都可以借助此软件将其设计成规划图，直观形象地反映出城市的规划面貌。

本章将借助 Visio 软件的"地图和平面布置图"模板以及其中的模具形状，使读者能够设计出各种用途的平面图和城市规划图。

学习目标

本章主要介绍平面布置图和城市规划图的画法。通过学习，应掌握以下内容：

- 自定义填充。
- 不规则建筑的画法。
- 图层的用法。

5.1 家居平面图

家居设计是家居装潢的灵魂，成功的设计是装潢成功的基础。通过利用 Visio 2010 中的家居规划模板，以及该模板各模具中的形状，对家居环境进行整体设计。下面来制作一个两室两厅的家居平面图。样图如图 5-1 所示。

操作步骤

① 启动 Visio 2010，在"模板类别"中选择"地图和平面布置图"模板内的"家居规划"，并单击"创建"按钮。然后，单击"设计"选项卡"页面设置"组的对话框启动器，在对话框中选择"页面尺寸"选项卡，在该选项卡中，设置"预定义的大小"为 A3，页面方向为"横向"，如图 5-2 所示。

② 在"形状"窗口中选择"墙壁、外壳和结构"模具，将"空间"形状拖动到绘图区，如图 5-3 所示。单击窗口下方的状态栏中的高度和宽度，设置空间的高度为 10 300 mm，宽度为

11 300 mm。这样空间面积为 116 m²，如图 5-4 和图 5-5 所示。

图 5-1 家居平面图-样图

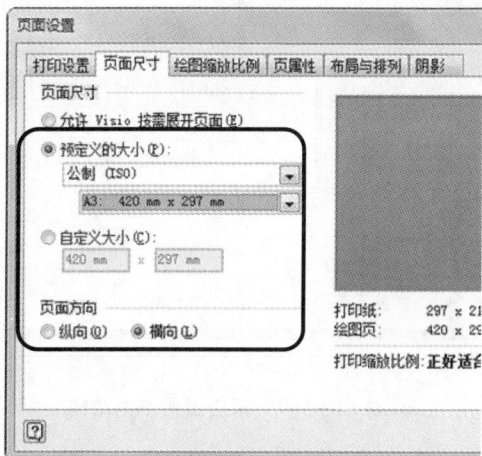

图 5-2 设置页面尺寸

图 5-3 空间形状

图 5-4 设置空间的高度和宽度

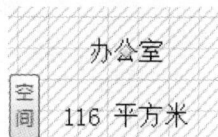

图 5-5 空间面积

③ 在空间上右击，在弹出的快捷菜单中选择"转换为墙壁"命令，如图 5-6 所示。在弹出的对话框中选择墙壁形状为"外墙"，在设置中选择"添加尺寸"复选框，如图 5-7 所示。

④ 选择"墙壁、外壳和结构"模具中的"墙壁"，将卧室、卫生间和厨房的墙壁画出。墙壁的两端会出现红色方框的吸附点，以使绘制更加规整，如图 5-8 所示。家居图的基本结构效果如图 5-9 所示。

⑤ 绘制窗户、门、阳台。分别将"墙壁、外壳和结构"模具中的"窗户"和"门"拖动到各个房间，如图 5-10 所示。在这类模具中，窗户和门有多种类型可供选择。在添加"门"的过

程中，如果方向不合适，可以使用红色的旋转控点进行方向的旋转，如图5-11所示。

图5-6 空间转换成墙壁

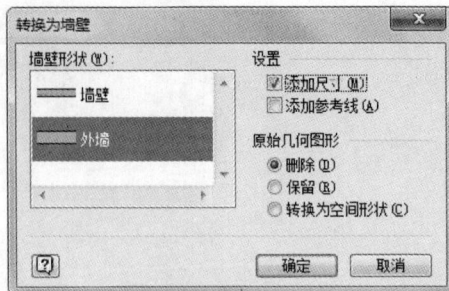

图5-7 设置为外墙

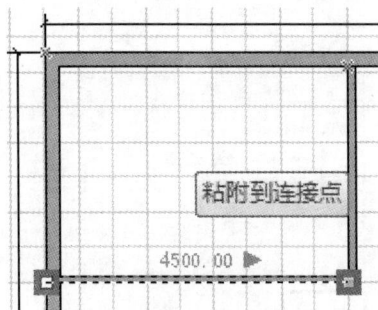

图5-8 绘制墙壁

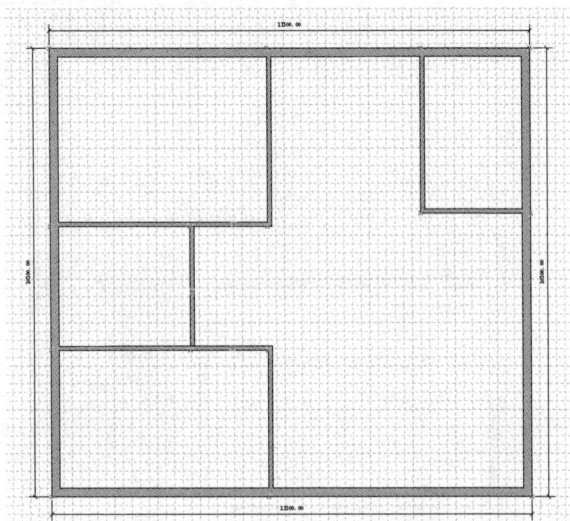

图5-9 家居图的基本结构

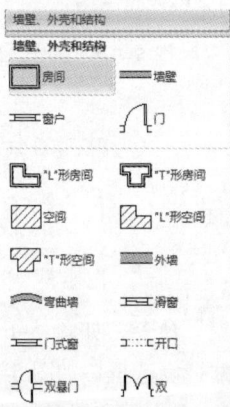

图5-10 窗户、门、阳台模具

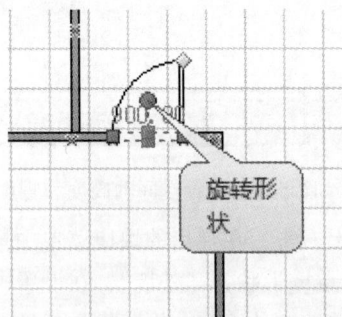

图5-11 门的旋转

阳台需要使用"弯曲墙"，首先添加两个伸出的墙壁，如图5-12所示。再将"弯曲墙"拖动到绘图区之后，将光标放置在端点上，进行方向的旋转，然后将光标放置在中间的黄色控点上，调整墙的弯曲度，如图5-13所示。

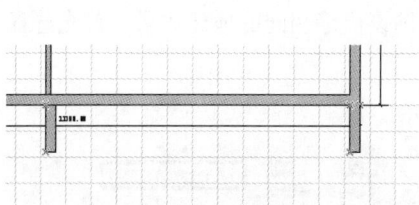

图 5-12　添加伸出墙壁

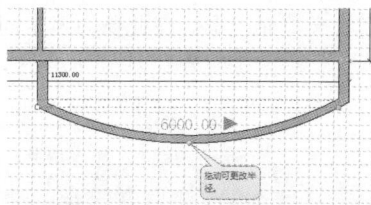

图 5-13　添加弯曲墙

⑥ 将"家具"模具里的"长沙发椅""可调床""床头柜""椭圆形餐桌"等形状放到各个房间的合适位置。卫生间和厨房里的设备可以使用"卫生间和厨房平面图"模具。还可以使用"植物"模具给房间添加色彩。

⑦ 插入图片。在客厅的茶几下方，准备铺设一块地毯。这个形状在模具里是没有的。选择"插入"选项卡中的"图片"按钮，在弹出的"插入图片"对话框中选择图片存放的位置，选择要插入的图片，单击"打开"按钮。这样这张图片就插入到绘图区了，调整至合适位置即可，如图 5-14 所示。

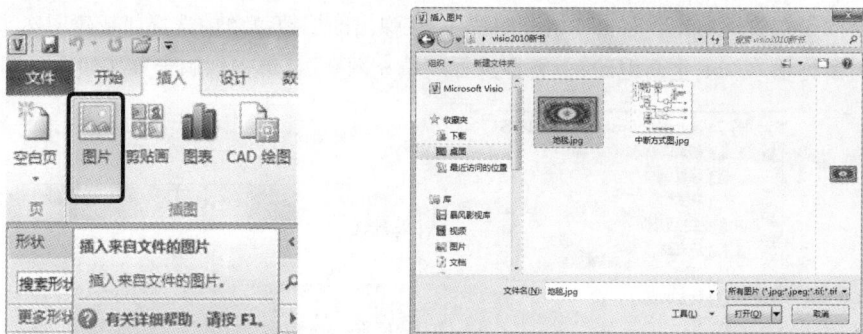

图 5-14　插入图片

⑧ 填充形状。选定已经绘制的形状，如沙发、床或餐桌等，单击"开始"选项卡的"填充"按钮，在弹出的色板中选择一种颜色填充。如果想填充带有图案的效果，可在下拉列表中选择"填充选项"，在对话框中选择颜色和图案。

⑨ 为地面铺设地砖效果。

使用填充图案里自带的颜色和图案。在两个卧室位置绘制两个与卧室面积一样大小的矩形贴在上面。单击"开始"选项卡"填充"按钮，选择"填充选项"，如图 5-15 所示。在对话框中选择"图案"为"05"，"图案颜色"为"强调文字颜色 5 深色 25%"，如图 5-16 所示。

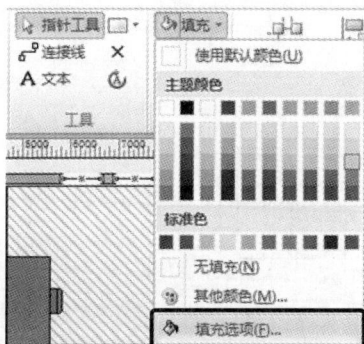

图 5-15　填充选项

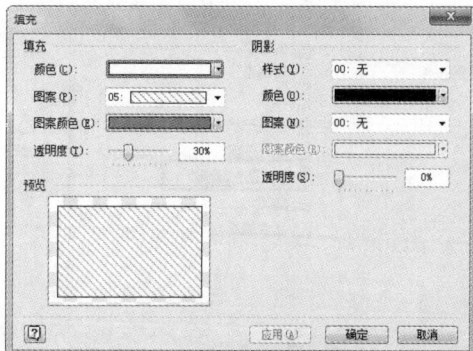

图 5-16　"填充"对话框

使用自定义填充图案。在此要为卫生间和厨房铺设白绿相间的地砖效果。首先选择"开发工具"选择中的"绘图资源管理器",如图 5-17 所示。

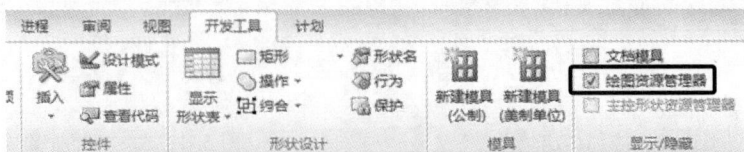

图 5-17　打开绘图资源管理器

注意

"开发工具"选项卡在初次使用 Visio 软件时是不打开的状态。单击"文件"菜单下的"选项"按钮,在"Visio 选项"对话框中选择"高级",将右侧的垂直滚动条拖动到最下方,在"常规"区域中选择"以开发人员模式运行"。此时,在窗口上就出现"开发工具"选项卡。

在绘图资源管理器中,右击"填充图案",在弹出的快捷菜单中选择"新建图案"命令,在对话框中,名称输入"卫生间地砖",类型选择"填充图案",单击"确定"按钮,如图 5-18 所示。

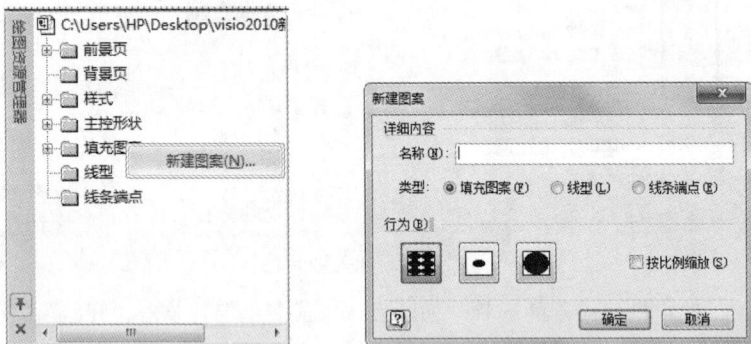

图 5-18　新建图案

双击绘图资源管理器中填充图案下的"卫生间地砖",如图 5-19 所示。在新打开的绘图区中绘制 4 个矩形,要求 4 个矩形要贴合准确,并将对角的两个矩形填充上颜色。全选 4 个矩形,右击,在弹出的快捷菜单中选择"组合"|"组合"命令,将它们组合成一个整体,如图 5-20 所示。关闭并保存刚刚编辑的文件。

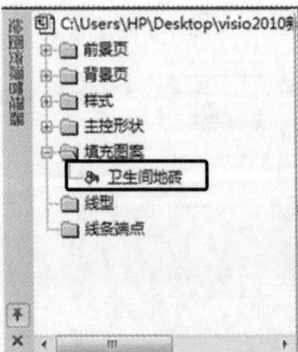

图 5-19　填充图案中的卫生间地砖　　　图 5-20　4 个矩形组合

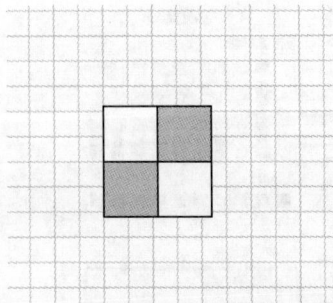

在卫生间位置，绘制一个与卫生间大小一样的矩形贴在上面。在"开始"选项卡中的"填充"下拉列表中选择"填充选项"，在"图案"下拉列表中选择最下面的"卫生间地砖"，单击"确定"按钮。如果感觉地砖的大小不合适，可再次双击绘图资源管理器中"填充图案"的"卫生间地砖"，进入绘图区进行修改。修改后保存并退出，原绘图区的效果就会发生变化。

用同样的方法为客厅地砖进行填充。

⑩ 为绘图添加"垂直渐变"背景。

知识点　图片

Visio 支持图片类型。用户既可以为 Visio 绘图文档插入位图图像，也可以为其插入矢量图形。

1. 调整图片格式

调整图片的作用是通过对图片进行亮度、对比度、色调等属性的设置，更改图片的外观效果。

① 调整亮度。选择图片，选择新弹出的"格式"选项卡，在"调整"组中单击"亮度"按钮，即可在弹出的菜单中选择图片的亮度，如图 5-21 所示。

② 调整对比度。选择图片，选择新弹出的"格式"选项卡，在"调整"组中单击"对比度"按钮，即可在弹出的菜单中选择图片的对比度，如图 5-22 所示。

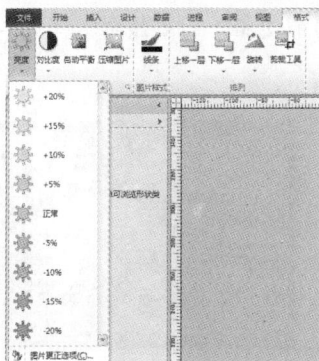

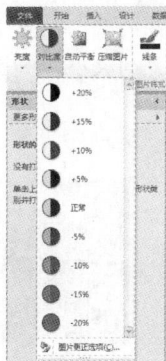

图 5-21　调整亮度　　　　图 5-22　调整对比度

③ 图像控制和压缩。如果需要设置更详细的图片属性，可选择图片，选择新弹出的"格式"选项卡，单击"调整"组中的"设置图片格式"按钮，即可打开"设置图片格式"对话框，进行图像控制和压缩的设置，如图 5-23 所示。

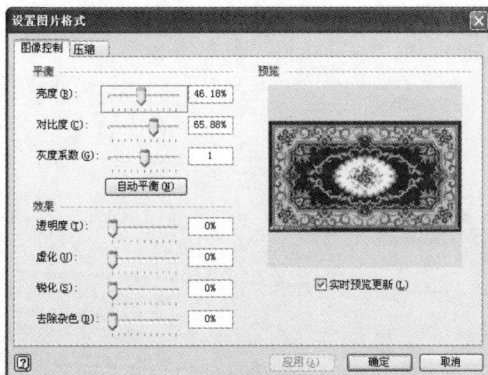

图 5-23　"设置图片格式"对话框

2. 设置图片样式

选择图片，选择新弹出的"格式"选项卡，在"图片样式"组中单击"线条"按钮，可以设置图片的颜色、线条粗细等。

3. 排列图片

在插入图片后，用户还可以对图片进行排列操作，包括更改图片的层次、旋转和剪裁图片等。

① 更改图片的层次。在需要对图片进行显示顺序的排列时，用户可更改图片的层次。如果需要提升或降低图片的层次，可在"排列"组中单击"上移一层"或"下移一层"按钮。

② 旋转与翻转图片。如需要对图片进行旋转或翻转操作，则可以选择图片，选择新弹出的"格式"选项卡，然后在"排列"组中单击"旋转"按钮，执行相应命令。

③ 剪裁图片。选择图片，选择新弹出的"格式"选项卡，在"排列"组中单击"剪裁工具"按钮。用户可以通过两种方式对图片进行剪裁操作。

4. 移动内容

将鼠标转换为手形标志后，即可按住并拖动鼠标，对图片的内容进行移动。这种方式只是将图片移出边框，而图片本身的尺寸并不会发生变化，多出的内容部分将为透明内容填充。

5. 拖动边框

将光标置于图片的 8 个控点上，拖动控点，可将边框外的图片内容剪裁掉。使用这种方法剪裁图片，会更改图片的大小，如图 5-24 所示。

图 5-24 剪裁图片

6. 删除剪裁

在完成剪裁之后，用户还可以在"调整"组中单击对话框启动器，在"压缩"选项卡中选择"删除图片的剪裁区域"复选框，将被剪裁掉的区域删除，如图 5-25 所示。

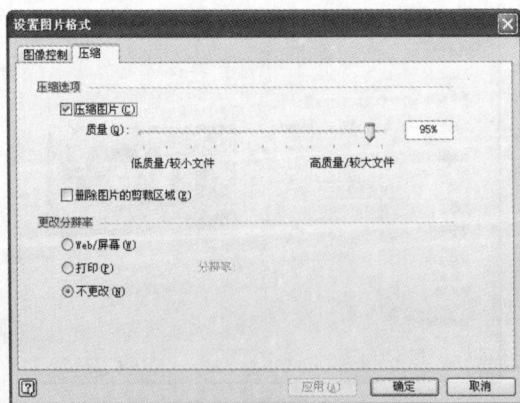

图 5-25 删除图片的剪裁区域

知识点　自定义图案

在使用 Visio 绘制图表的过程中，可以根据工作需要创建或编辑填充图案的样式与缩放比例。

1. 新建填充图案

选择"开发工具"｜"显示/隐藏"｜"绘图资源管理器"命令，显示"绘图资源管理器"窗口。在"绘图资源管理器"窗口中右击"填充图案"选项，在弹出的快捷菜单中选择"新建图案"命令。在"新建图案"对话框中，设置相应的选项即可，如图 5-26 所示。

在"新建图案"对话框中，主要包括下列选项。

① 名称：用来设置图案的名称。

② 类型：用来设置图案的类型，在该对话框中只能应用"填充图案"类型。

③ 行为：此选项根据"类型"的改变而改变。其中，"行为"表示图案在可用空间中是重复（平铺）、居中还是最大化以及图案是否可以缩放。

④ 按比例缩放　在绘图页比例更改时缩放图案。

在"绘图资源管理器"窗口中，右击"填充图案"文件夹下的图案选项，在弹出的快捷菜单中选择"编辑图案形状"命令。在弹出的窗口中，利用"绘图工具"绘制一个形状，关闭该窗口并在弹出对话框中单击"是"按钮，如图 5-27 所示。

图 5-26　新建填充图案　　　　　图 5-27　关闭窗口对话框

然后在绘图页中选择一个形状，选择"开始"｜"形状"｜"填充"｜"填充选项"命令，在弹出的"填充"对话框中的"图案"下拉列表中选择上述编辑的图表选项即可。

2. 新建线条图案

首先，在"绘图资源管理器"窗口中右击"线型"选项，在弹出的快捷菜单中选择"新建图案"命令。在弹出的"新建图案"对话框中设置"名称""行为"与"按比例缩放"选项即可。其中，"线型行为"表示线条弯曲时所绘制的图案在空间中是连接还是断开。

然后，在"绘图资源管理器"窗口中右击"线型"文件夹中新建的图案，在弹出的快捷菜单中选择"编辑图案"命令，在弹出窗口中绘制自定义线条样式图案。单击"关闭"按钮，并在弹出对话框中单击"是"按钮。

最后，在绘图页中选择一个形状，选择"开始"｜"形状"｜"线条"｜"线型选项"命令。在弹出的"线条"对话框中的"虚线类型"下拉列表中选择上述新建的图案选项即可。

3. 新建线条端点图案

首先，在"绘图资源管理器"窗口中右击"线条端点"选项，在弹出的快捷菜单中选择"新建图案"命令。在弹出的"新建图案"对话框中设置"名称"与"行为"选项即可。其中,"线型行为"表示线条端点是否应随线条旋转以及是否可以缩放。

然后,在"绘图资源管理器"窗口中,右击"线条端点"文件夹中新建的图案,在弹出的快捷菜单中选择"编辑图案"命令,在弹出窗口中绘制自定义线条样式图案。单击"关闭"按钮,并在弹出对话框中单击"是"按钮。最后,在绘图页中选择一个形状,选择"开始"|"形状"|"线条"|"线条选项"命令。在弹出的"线条"对话框中的"起点"与"终点"下拉列表中选择上述新建的图案选项即可。

5.2 机房平面图

在现实生活中,有很多建筑的墙体是不规则的。下面来制作一个有弯曲墙的机房平面图。样图如图 5-28 所示。

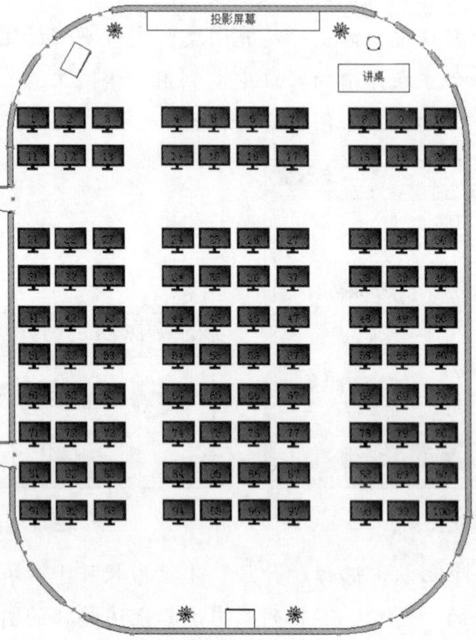

图 5-28 机房平面图-样图

操作步骤

① 启动 Visio 2010,在"模板类别"中选择"地图和平面布置图"模板内的"平面布置图",并单击"创建"按钮,如图 5-29 所示。平面布置图用于商业建筑的设计、空间规划、架构布局、结构文档、结构图和设施规划。

② 单击"设计"选项卡的"页面设置"组的对话框启动器,在对话框中选择"打印设置"选项卡,在该选项卡中,设置"打印机纸张"为 A4,页面方向为"纵向",如图 5-30 所示。在"页面尺寸"选项卡中,在"预定义的大小"中选择 A4,如图 5-31 所示。在"绘图缩放比例"选项卡中,选择"无缩放",如图 5-32 所示。

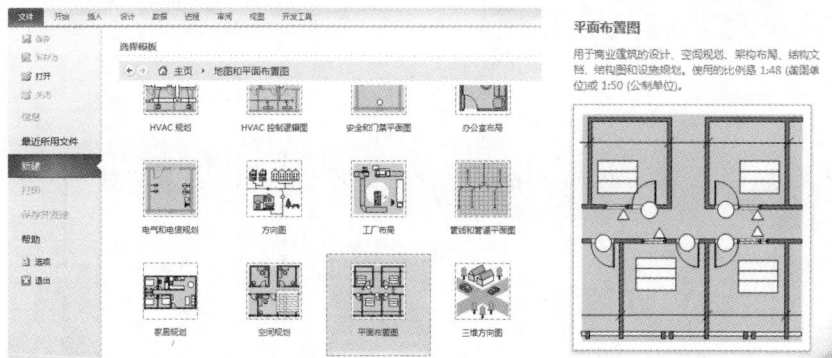

图 5-29　新建平面布置图模板

图 5-30　打印设置

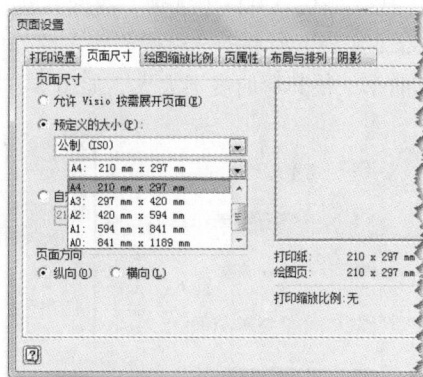

图 5-31　页面尺寸

图 5-32　绘图缩放比例

③ 建立两条参考线。将光标放置在垂直标尺上，按住鼠标左键不放，拖动到水平标尺的 20 位置。再用同样的方法，拖动一条参考线到 190 的位置，如图 5-33 所示。此机房平面图应在这两条参考线之间完成。

④ 在"形状"窗口中选择"墙壁、外壳和结构"模具，拖动两个"外墙"形状到绘图区，分别吸附在两条参考线的内侧，如图 5-34 所示。单击窗口下方的状态栏，设置外墙的长度为 132 mm，如图 5-35 所示。将两个外墙的垂直高度调整到一个水平线上，可依据底纹的灰色网格或添加水平参考线。

图 5-33　建立两条参考线　　　　　　　图 5-34　绘制外墙

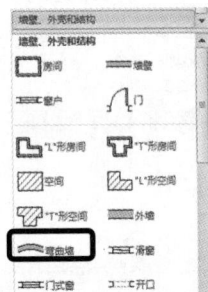

⑤ 在"形状"窗口中选择"墙壁、外壳和结构"模具，如图 5-36 所示。拖动"弯曲墙"形状到绘图区，将弯曲墙的一端吸附在左侧外墙的上端点，将光标放置在弯曲墙中间的黄色控点上，调整其曲率，使其弯曲度不太大，如图 5-37 和图 5-38 所示。

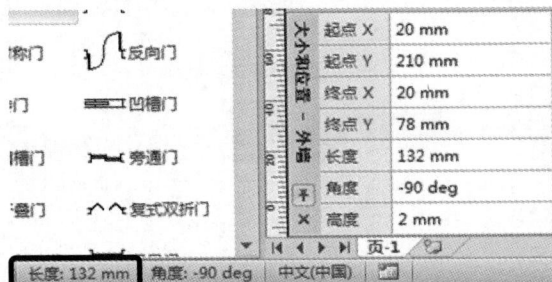

起点 X	20 mm
起点 Y	210 mm
终点 X	20 mm
终点 Y	78 mm
长度	132 mm
角度	-90 deg
高度	2 mm

长度: 132 mm　角度: -90 deg　中文(中国)

图 5-35　设置外墙长度　　　　　　　图 5-36　墙壁、外壳和结构模具

⑥ 调整墙体的厚度。在弯曲墙上右击，在弹出的快捷菜单中选择"数据" | "形状数据"命令，如图 5-39 所示。在"形状数据"小窗口中，将墙壁厚度修改为 200 mm，如图 5-40 所示。再继续调整弯曲墙的曲率，最终使其与直墙衔接圆滑，效果如图 5-41 所示。

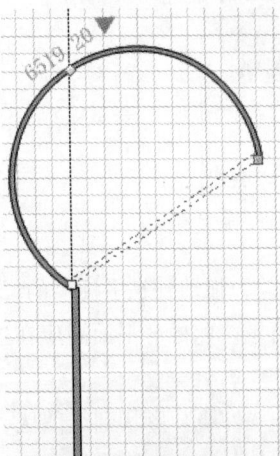

图 5-37　添加弯曲墙　　　　图 5-38　调整弯曲墙　　　　图 5-39　打开形状数据窗口

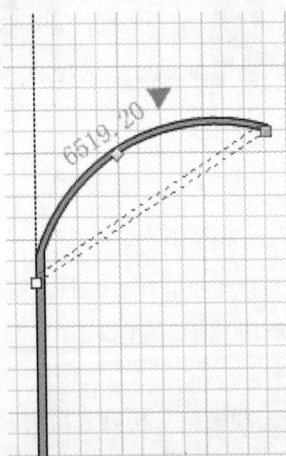

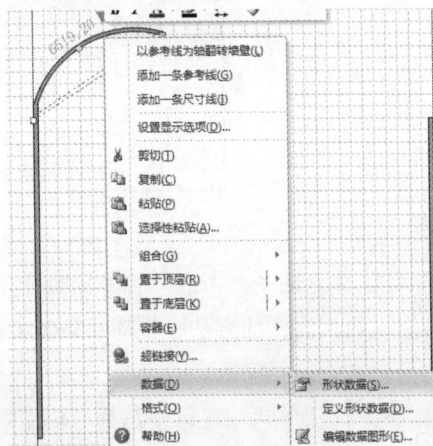

⑦ 用同样方法添加四角的弯曲墙，再添加两个水平的外墙。将环形的外墙调整得美观，是本例的重点。

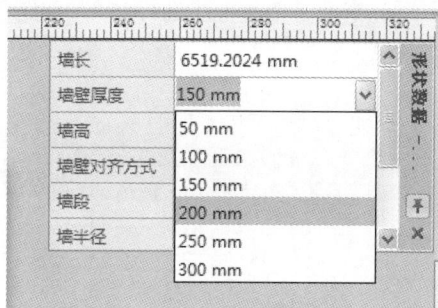

图 5-40　调整墙壁厚度

图 5-41　弯曲墙效果图

⑧ 在"形状"窗口中选择"墙壁、外壳和结构"模具，按照样图位置添加门和窗。

⑨ 使用基本形状画出一个显示器。为了便于操控，可先放大尺寸比例画出显示器。显示器形状是由多个矩形组合而成的。先在"开始"选项卡中单击"矩形"，在此矩形上再画一个稍小矩形，如图 5-42 所示。

图 5-42　绘制矩形

选中显示器外层矩形，在"开始"选项卡的"形状"组中单击"填充"按钮，填充为黑色，如图 5-43 所示。选中显示器内层矩形，在"开始"选项卡的"形状"组中单击"填充"按钮，在下拉菜单中选择"填充选项"，颜色选择"蓝色"，图案选择"37 号"，图案颜色选择"黑色"，如图 5-44 所示。再用矩形画出显示器的支架和底座，将支架和底座也填充成黑色。选中显示器所有形状，右击，在弹出的快捷菜单中选择选择"组合" | "组合"命令，如图 4-45 所示。最后将其调整到合适大小。

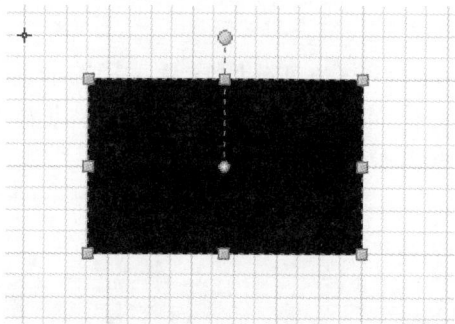

图 5-43　填充外层矩形

图 5-44　填充内层矩形

⑩ 选中显示器，按 Ctrl 键进行拖动复制。行与列可通过拖动多条参考线进行对齐，如图 5-46 所示。一行显示器排列好之后，选定整行显示器，进行复制。

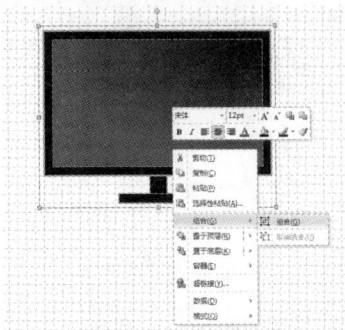

图 5-45　组合显示器

图 5-46　复制显示器

⑪ 给显示器添加编号。选择"视图"｜"宏"｜"加载项"｜"其他 Visio 方案"｜"给形状编号"命令，在弹出的"给形状编号"对话框中的"常规"选项卡中，选择"单击以手动编号"单选按钮，起始值和间隔都为 1，点击"确定"按钮，如图 5-47 所示。然后弹出"手动编号"对话框，如图 5-48 所示。此时不需要关闭窗口，开始对形状分配编号。按照用户的意愿依次单击形状，编号就会出现在形状中，直至分配编号结束。

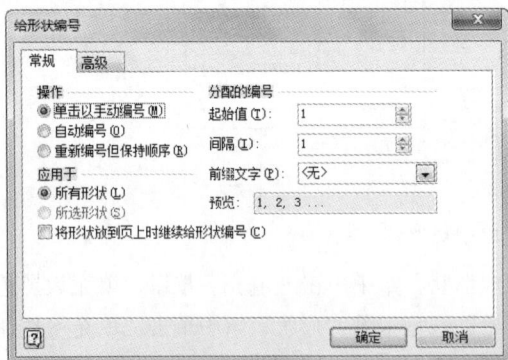

图 5-47　给形状编号

图 5-48　手动编号

⑫ 选择"形状"窗口中"更多形状"｜"地图和平面布置图"｜"建筑设计图"中的"家具"和"家电"模具，添加桌、凳等。空调可用单门冰箱代替。

知识点 使用编号

在 Visio 2010 中，用户可以通过添加标签与编号的方法标注绘图页中的元素。选择"视图"｜"宏"｜"加载项"｜"其他 Visio 方案"｜"给形状编号"命令，如图 5-49 所示。在弹出的"给形状编号"对话框中的"常规"选项卡中设置编号的基本格式即可。

1. "常规"选项卡

"常规"选项卡如图 5-50 所示。各项选项的具体功能如下：

（1）操作

① 单击以手动编号：表示使用"指针"工具单击页面上的形状来为形状添加编号。

② 自动编号：表示自动为页面上的形状编号，默认为从左到右，然后从上到下。

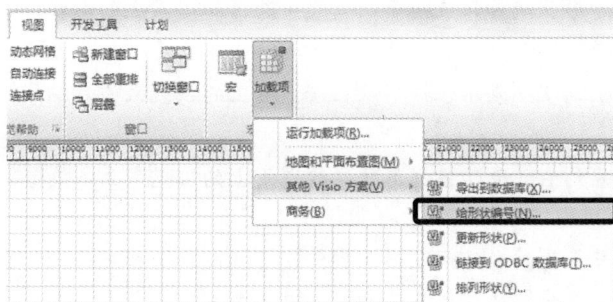

图 5-49　给形状编号

③ 重新编号但保持顺序：表示将形状重新编号，但保持现有的编号顺序。默认情况下，重新编号允许顺序中出现重复。

（2）分配的编号

① 起始值：表示指定一个用于形状编号时的起始值，该值为整数。

② 间隔：表示指定两个形状编号之间的间隔。可以通过使用负值的方法，使形状编号递减。

③ 前缀文字：表示需要在形状编号之前添加的文字或数字。

④ 预览：用于显示设置"起始值""前缀文字"等选项之后的效果。

（3）应用于

① 所有形状：表示为绘图页上的所有形状编号。

② 所选形状：表示对所选择的形状编号。

③ 将形状放到页上时继续给形状编号：将形状拖放到绘图页上时继续给形状编号。

2. "高级"选项卡

用户可以在"高级"选项卡中，设置编号的位置、编号的顺序等内容，如图 5-51 所示。各项选项的具体功能如下：

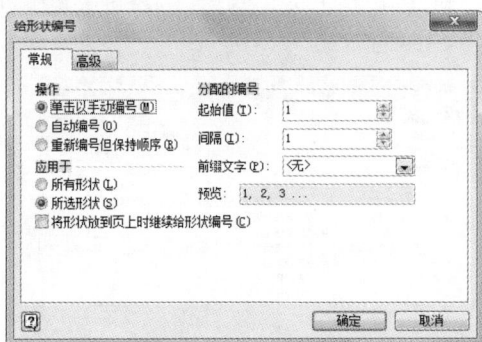

图 5-50　"常规"选项卡　　　　　　　　图 5-51　"高级"选项卡

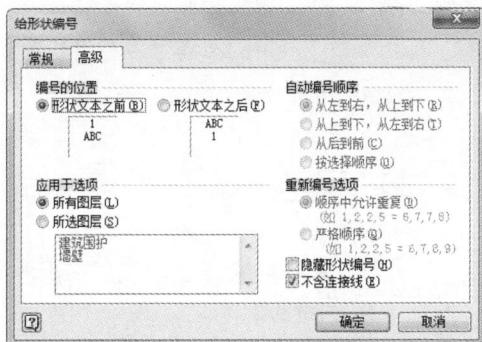

（1）编号的位置

① 形状文本之前：表示在形状上的文本之前显示编号。

② 形状文本之后：表示在形状上的文本之后显示编号。

（2）应用于选项

① 所有图层：表示将形状编号应用于绘图页上的所有形状。

② 所选图层：表示形状编号只应用于从列表中选择的图层上的形状

（3）自动编号顺序

① 从左到右，从上到下：表示根据形状在绘图页上的位置来为其编号，其顺序为从左到右，然后从上到下。

② 从上到下，从左到右：表示根据形状在绘图页上的位置来为其编号，其顺序为从上到下，然后从左到右。

③ 从后到前：表示根据将各个形状添加到绘图页的顺序为其编号。

④ 按选择顺序：表示按照选择各个形状时的顺序为其编号。

（4）重新编号选项

① 顺序中允许重复：表示当为各个形状重新编号时，原来的顺序即使包含重复编号，也会被保留下来。

② 严格顺序：表示为各个形状重新编号时，所有重复编号都会按顺序替换为连续编号。

③ 隐藏形状编号：表示在绘图页和打印页上隐藏形状编号。

④ 不含连接线：表示为绘图中的连接线形状进行编号。

知识点 关于墙、门、窗

1. 使用 "墙"

构建建筑图的第一步是构建外围，可以使用 Visio 2010 中的 "墙" 和 "外墙" 形状。添加方法有两种：

① 将 "空间" 转换为 "墙"。在绘图页中，右击 "空间" 形状，在弹出的快捷菜单中选择 "转换为墙壁" 命令，可打开 "转换为墙壁" 对话框。

② 使用 "墙壁、外壳和结构" 模具。将 "墙" "外墙" 或 "弯曲墙" 形状拖动到绘图页中。将墙壁粘贴在一起时，Visio 会自动整理墙角与交接面。为了使形状能够自动连接与自动整理交接面，单击 "视图" | "视觉帮助" 的对话框启动器，如图 5-52 所示。确保 "对齐和粘附" 对话框中的 "对齐" 与 "粘附" 复选框为启用状态，如图 5-53 所示。

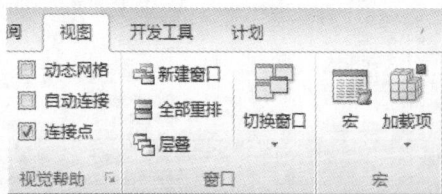

图 5-52 "视觉帮助" 对话框　　　　图 5-53 "对齐和粘附" 对话框

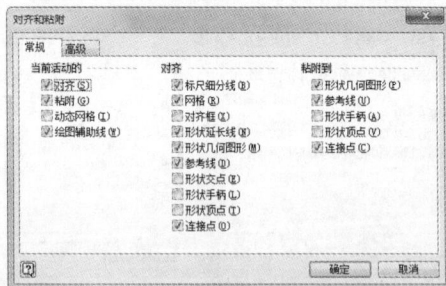

创建 "墙" 之后，可以设置墙壁的厚度、长度、高度等属性，还可以设置形状的显示方式、颜色与样式等外观。

（1）设置形状数据

在绘图页中选择 "墙壁" 形状，选择 "数据" | "显示/隐藏" | "形状数据窗口" 命令，弹出 "形状数据" 窗格，如图 5-54 所示。该窗格包括以下几个选项。

① 墙长：设置墙壁的长度，可以在下拉列表中选择或在文本框中直接输入长度值。

② 墙壁厚度：设置墙壁的厚度，可以在下拉列表中选择或在文本框中直接输入长度值。

③ 墙高：设置墙壁的高度。

④ 墙壁对齐方式：设置墙壁形状的排列方式，其中"边缘"表示根据选择手柄排列形状，而"居中"表示根据形状的中心点排列形状。

⑤ 墙段：设置墙壁形状的弯曲程度，其中"直线形"表示形状以直线的方式进行显示，而"曲线线"表示形状以弯曲墙的方式进行显示。

⑥ 基本标高：设置墙壁形状底部的海拔高度。

⑦ 防火等级：一般用于材料报告中。

（2）设置显示方式

在绘图页中，选择"计划"｜"显示选项"命令，或在墙上右击，在弹出的快捷菜单中选择"设置显示选项"命令，弹出"设置显示选项"对话框，如图 5-55 所示。

在"墙"选项卡中，包含下列 3 种选项。

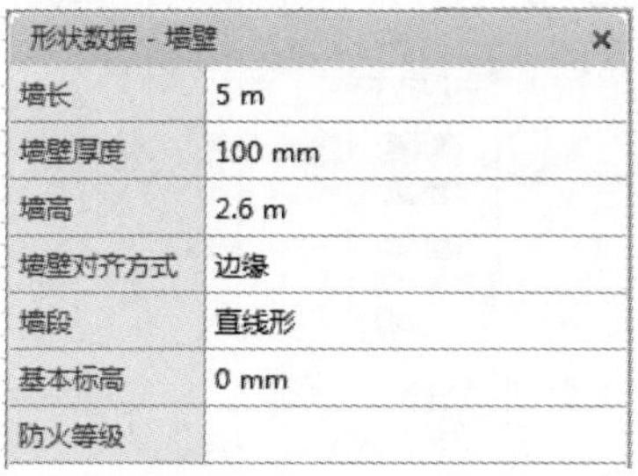

图 5-54 形状数据

图 5-55 设置显示选项

① 双线：可将所有墙壁显示为双线墙壁。

② 双线和参考线：可将所有墙壁显示为双线墙壁，同时还显示墙壁参考线。

③ 单线：可将所有墙壁显示为单线墙壁，而且所显示的线为墙壁参考线。

2. 关于"门和窗"

在绘图页中，选择"计划"｜"显示选项"命令，或在门或窗上右击，在弹出的快捷菜单中选择"设置显示选项"命令，弹出"设置显示选项"对话框，如图 5-56 和图 5-57 所示。可以设置门或窗的显示组件。

图 5-56 门的组件

图 5-57 窗户的组件

5.3　城市地铁线路图

随着科技的发展，地铁已成为市民出行的主要交通工具。在乘坐地铁时，需要通过浏览地铁线路图来查找乘车路线、换乘方式、路程距离与行进方向等信息。在本练习中，将通过使用 Visio 2010 中的绘制工具与模板来制作一份城市地铁线路图，并练习图层的使用。样图如图 5-58 所示。

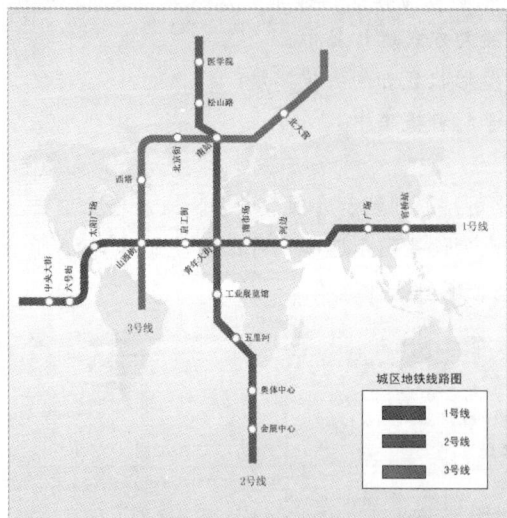

图 5-58　城市地铁线路图-样图

操作步骤

① 启动 Visio 2010 组件。选择"模板类别"任务窗格中的"地图和平面布置图"选项卡，并选择其中的"方向图"图标，单击"创建"按钮，创建方向图模板，如图 5-59 所示。方向图主要包括运输和公共交通形状，例如，高速公路、园道、交叉路口、道路和街道标志、铁路轨道、交通终点站、河流和建筑物等。

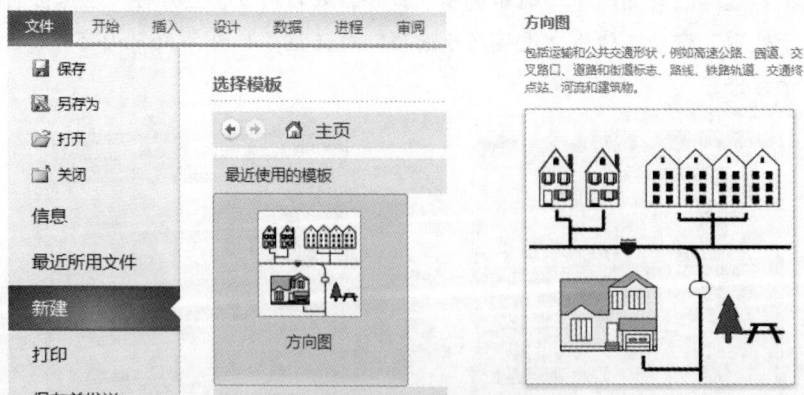

图 5-59　新建方向图模板

② 单击"设计"选项卡中"页面设置"组的对话框启动器。选择"页面尺寸"选项卡，选中"自定义大小"单选按钮，在文本框中分别输入 200 mm，如图 5-60 所示。

③ 首先绘制红色的一号线。在"地铁形状"模具中，将"地铁线路"形状拖动到绘图页，如图 5-61 所示。将"地铁弯道 1"形状拖动到绘图区，将光标放在弯道上方的旋转控点上，将其旋转，与之前画好的线路衔接好，如图 5-62 所示。用此方法绘制剩余线路，并将它们连接在一起。注意线路之间的连接一定要光滑完整。使用鼠标拖动线路的一端，即可以调整线路的倾斜方向。

图 5-60　页面尺寸

图 5-61　添加地铁线路　　　　　　　　　　图 5-62　添加地铁弯道

④ 在"地铁形状"模具中，将"站"形状拖入到"地铁线路"形状上面，作为地铁站。双击"站"形状，输入地铁站名称。如果文字方向需要调整，可以将光标放置在站点的旋转按钮上，将文字转到其他方向，如图 5-63 所示。

提示

右击"地铁线路"形状，在弹出的快捷菜单中选择"数据"｜"形状数据"命令，在右上角的小窗口中可以修改地铁线路的宽度。可以在"位置与大小"对话框中设置"站"形状的大小及宽度。

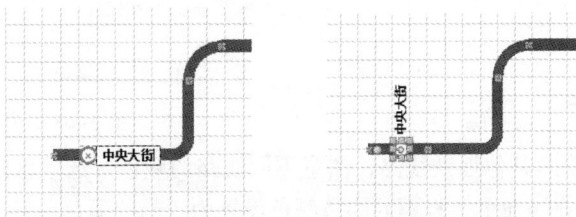

图 5-63　旋转文字方向

⑤ 新建图层。点击"开始"选项卡"编辑"组的"层"按钮，选择"层属性"命令，如图 5-64 所示，此时将打开"图层属性"对话框，在该对话框中单击"新建"按钮，然后在弹出的"新建图层"对话框中输入层的名称"一号线"。单击"确定"按钮，即可创建一个层，如图 5-65 和图 5-66 所示。

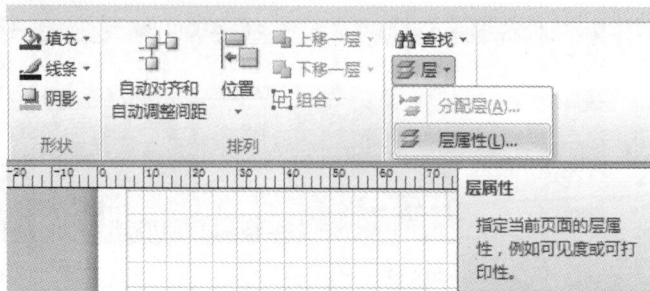

图 5-64　打开层属性

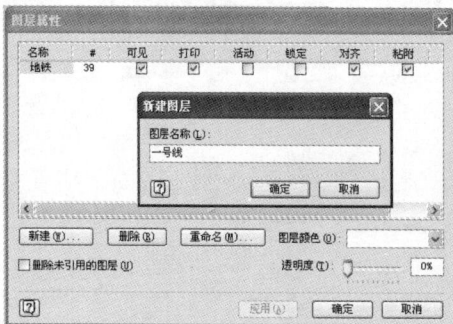

图 5-65　新建图层

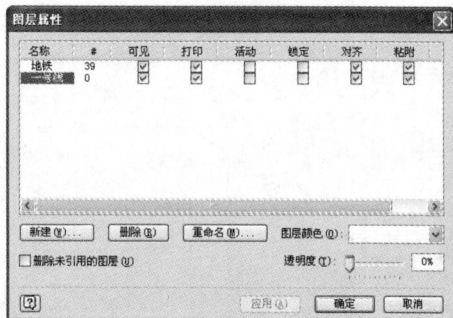

图 5-66　图层属性

⑥ 分配图层。选择绘图区中的一号线，包含地铁线路和站点，然后单击"开始"选项卡"编辑"组的"层"按钮，组合"分配层"命令，如图 5-67 所示。在打开的"图层"对话框中选择图层"一号线"，单击"确定"按钮，即可将形状分配到图层中，如图 5-68 所示。

图 5-67　分配图层

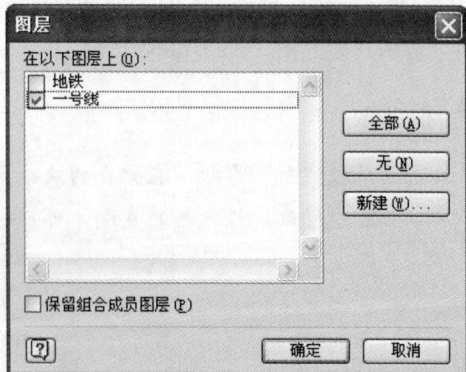

图 5-68　选择图层

⑦ 用上面的方法绘制其他地铁线路，注意不同线路的颜色。选中已画好的线路，选择"开始"｜"形状"｜"填充"命令，将不同线条颜色设置为不同的颜色。其中 1 号线为红色，2 号线为蓝色，3 号线为绿色。再依次新建、分配其他几个图层。

⑧ 最后绘制图例。单击"开始"选项卡"工具"组中"文本"按钮，在绘图区右下角中输入文字"城区地铁线路图"。在文字下方绘制一个矩形，在矩形内分别绘制 3 个矩形框，分别填充为红、蓝、绿 3 种颜色。然后在矩形框的后面分别拖动 3 个文本框，输入文字"1 号线""2 号线""3 号线"。

⑨ 选择"设计"选项卡，单击"背景"按钮，在弹出的菜单中选择"世界"背景。

知识点　图层

图层是已命名的一类形状。通过将形状分配到不同的图层，用户可以有选择地查看、打印、着色和锁定不同类别的形状，以及控制能否与图层上的形状进行对齐或粘附等操作。

层是 Visio 绘图文档中的一种特殊对象，其本身是不可见的。用户可将各种对象分配到层中，方便管理绘图页中的形状。

1. 新建层

点击"开始"选项卡"编辑"组的"层"按钮，选择"层属性"命令。此时将打开"图层属性"对话框。在该对话框中单击"新建"按钮，然后在弹出的"新建图层"对话框中输入层的名称，单击"确定"按钮，即可创建一个图层。

创建的新图层仅添加到当前页，而非文件中的所有页。同样，当创建新页面时，它并不从上一页继承图层，而必须由用户定义希望该页面拥有的所有图层。

2. 编辑层属性

选择图层后，用户可以对图层的属性进行编辑，如更改图层名称，设置图层颜色和透明度等。

① 更改图层名称。要更改图层名称，可在"图层属性"对话框中选择图层，然后单击"重命名"按钮，打开"重命名图层"对话框，在"图层名称"文本框重新输入图层名称，然后单击"确定"按钮即可。

② 设置图层颜色和透明度。除了可以重命名图层外，还可以为图层中的形状等设置统一的颜色，并更改图层中所有对象的透明度。为此，可在"图层属性"对话框选中图层，然后在"图层颜色"下拉列表中选择一种颜色，选中"活动"复选框并单击"确定"按钮。此时在当前页中绘制形状或拖动模具列表中的形状到绘图页，即可将其应用到形状。

③ 选中设置了图层颜色的图层，然后拖动其下方的"透明度"滑块或在其右侧的编辑框中输入透明度值，即可为图层中所有形状设置透明度。

④ 设置图层的其他属性。在"图层属性"对话框，选中图层右侧的复选框，即可设置图层的其他属性，各选项含义如下：

> 可见：表示可设置图层可见；否则，隐藏图层。
> 打印：表示在打印绘图文档时，该图层的内容可打印出来。
> 活动：表示可将图层设置为活动图层。此时，在将形状拖到绘图页时，Visio 将优先把形状分配到该图层上。
> 锁定：表示可将图层设置为锁定状态，禁止用户编辑该图层。
> 对齐：表示在拖动图层中的形状时，Visio 会自动根据其他形状的位置来对齐形状。
> 粘附：表示在拖动该图层中的形状时，Visio 会自动把形状与其他形状贴紧。
> 颜色：表示可为该图层中的形状应用图层颜色；否则将取消该图层中形状的图层颜色。

3. 为层分配对象

创建图层并设置图层属性后，用户就可以为图层分配对象，即可将对象添加到该图层中。

要将形状分配到某个图层，可选择绘图文档中的形状，然后在"开始"选项卡的"编辑"组中单击"层"按钮，在展开的列表中选择"分配层"选项，打开"图层"对话框，在"在以下图层上"列表中选择要将形状分配到的图层，然后单击"确定"按钮即可。

也可在"图层"对话框中单击"新建"按钮，创建一个新的图层，然后再选择新建的图层，将形状分配到该图层中。

本 章 小 结

本章介绍的两类图形的共同特点是都利用"地图和平面布置图"模板来绘制。通过绘制家居平面图和机房平面图，读者能够掌握选择何种类型的模板来绘制各种类型的布置图，能够运用弯曲墙等模具绘制不规则建筑，并且能够掌握自定义填充的方法。通过绘制城市地铁线路图，详细地介绍了城市规划类图形的画法，使读者能够熟练掌握图层的新建、编辑及分配。

课 后 习 题

1. 在本练习中，制作一份办公室布局图，如图 5-69 所示。

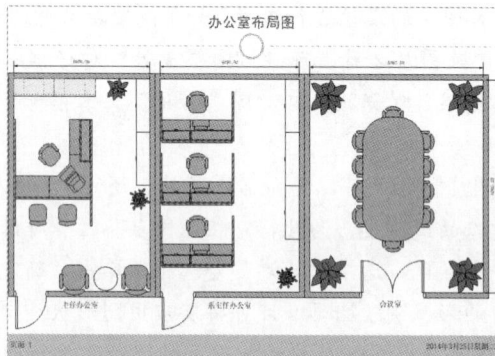

图 5-69 办公室布局图

2. 在本练习中，制作一份公园平面规划图，如图 5-70 所示。

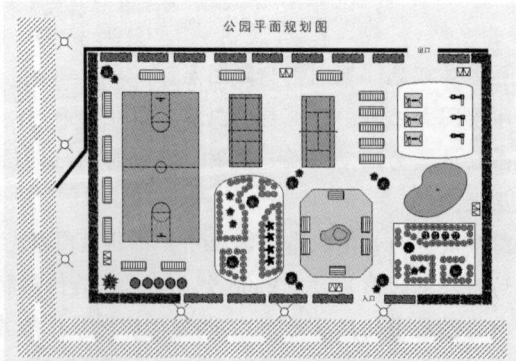

图 5-70 公园平面规划图

第 **6** 章　项目管理与网络图

项目管理是规划、跟踪与管理项目的一系列活动。一般情况下，项目经理会使用 Project 软件来规划、跟踪与控制项目计划，但 Project 软件相对比较复杂，对其不熟悉的用户可以使用 Visio 对简单的项目进行构建和日程计划。

网络图用于规划网站的网络设备和记录目录服务等，利用 Visio 可以创建网站图、网路图，以及目录服务图表与机架设备。

学习目标

本章主要介绍项目管理图和网络图的基础知识和操作技巧。通过学习，应掌握以下内容：

- 创建与设置甘特图。
- 创建与设置日程表。
- 创建与设置网络图。

6.1　项目进度进程表

甘特图（Gantt chart）又称横道图、条状图（Bar chart）。其以提出者亨利·L·甘特先生的名字命名。甘特图以图示的方式通过活动列表和时间刻度形象地表示出任何特定项目的活动顺序与持续时间，基本是一条线条图，横轴表示时间，纵轴表示活动（项目），线条表示在整个期间上计划和实际的活动完成情况。它直观地表明任务计划在什么时候进行，及实际进展与计划要求的对比。

工作进度表是表现各种事务性工作的工作计划、工作进程以及其中发生的问题的一种电子表格。在这种电子表格中，需要体现事务性工作的名称、开始时间、完成时间、持续时间以及周期等内容。本节以软件开发项目为例，利用"甘特图"模板，创建项目进度进程表。样图如图 6-1 所示。

🖳操作步骤

① 在 Visio 2010 中单击"文件"按钮，执行"新建"命令，选择"日程安排"类模板中的"甘特图"，单击右侧的"创建"按钮，如图 6-2 所示。

② 在"甘特图选项"对话框中输入"任务数目"为"5"，选择"持续时间选项"的格式为"天 小时"。然后单击"开始日期"右侧的按钮，在弹出的日期框中单击月份右侧的"左箭头"图标，切换到 2015 年 12 月，并选择日期为 1 日。单击"完成日期"右侧的按钮，在弹出的日期框

中单击月份右侧的"左箭头"图标，切换到 2015 年 12 月，并选择日期为 31 日，如图 6-3 所示。

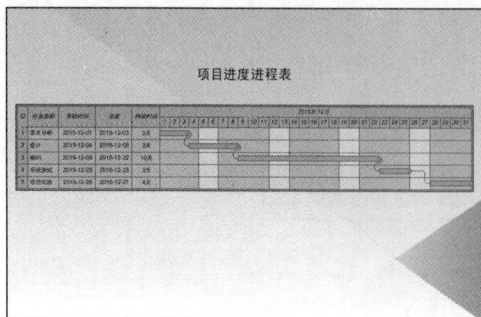

图 6-1　项目进度进程表-样图

图 6-2　新建甘特图模板

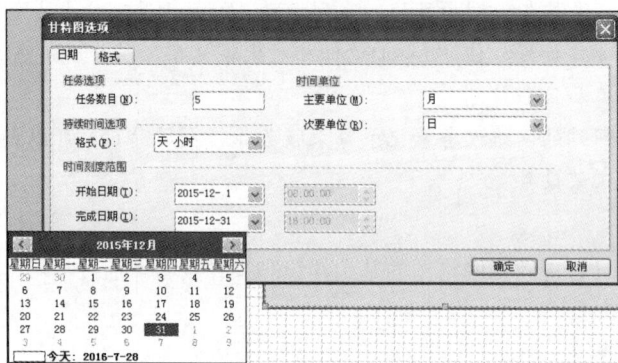

图 6-3　设置日期

③ 选择"格式"选项卡，设置"里程碑"的形状为"★星形"，开始形状为"无"，完成形状为"◆菱形"，然后即可单击"确定"按钮，如图 6-4 所示。此时，Visio 将自动根据用户设置的内容创建甘特图表。选定每一列，根据页面尺寸来调整列宽。

④ 双击甘特图表中的"任务 1"单元格，输入"需求分析"文本，分别在"开始时间""完成""持续时间"单元格中输入"2015-12-1""2015-12-3""3 天"。另外还有一种方法，就是选择右侧的"横道形状"，拖动其黄色的调节柄至 12 月 3 日的时间结点，此时该任务的"完成"和"持续时间"均将发生变化。

图 6-4　设置格式

⑤ 用同样的方法，分别选择其他 4 条任务的名称单元格，输入任务名称。然后，依次修改这些任务的开始时间和完成时间，完成甘特图的数据输入工作。

⑥ 按 Ctrl+A 组合键，全选甘特图，在"字体"功能区的"字号"列表中选择"10pt"。

⑦ 同时选择第 1 个与第 2 个任务，单击"甘特图"选项卡中的"链接"按钮，链接第 1 个与第 2 个任务。利用上述方法，链接其他任务，如图 6-5 所示。

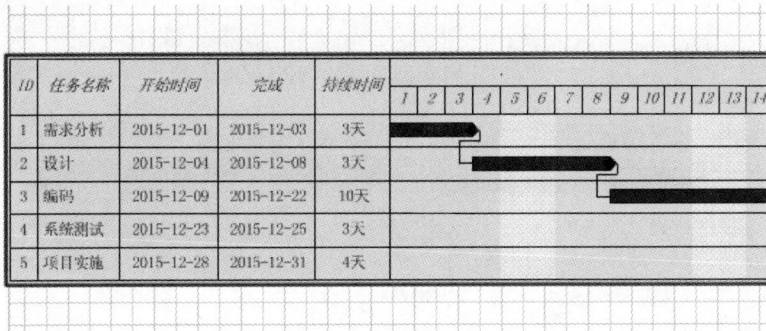

ID	任务名称	开始时间	完成	持续时间	1	2	3	4	5	6	7	8	9	10	11	12	13	14
1	需求分析	2015-12-01	2015-12-03	3天														
2	设计	2015-12-04	2015-12-08	3天														
3	编码	2015-12-09	2015-12-22	10天														
4	系统测试	2015-12-23	2015-12-25	3天														
5	项目实施	2015-12-28	2015-12-31	4天														

图 6-5 链接任务

⑧ 在甘特图上方添加标题：项目进度进程表，将文字设置为黑体，24pt。

⑨ 选择"设计"|"主题"中的"技术 颜色，按钮 效果"，将背景设置为"活力"。

提示

Visio 在计算持续时间时，将自动跳过星期六和星期日的设置项目。如用户需要定义个性化的工作时间，则可选择"甘特图"功能区，在"管理"组中单击"配置工作时间"按钮，打开"配置工作时间"对话框，如图 6-6 所示。

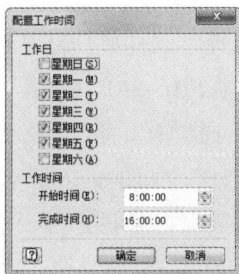

图 6-6 配置工作时间

在该对话框中，用户可选择每周的工作日，以及每天的工作时间，从而对甘特图的日历进行详细定义。单击"确定"按钮，即可将更改的工作时间应用到甘特图的日历中。

6.2 校园网站开发计划图

在日常工作与学习中，大家习惯使用 Word 或 Excel 记录学习、工作时间的安排情况。但不如用 Visio 绘制出的图形直观形象。可以运用 Visio 2010 中的"日程表"模板。日程表是一种特殊的数据图标，其通常包含日程图表、日程间隔、里程碑等内容。一个日程表通常包含多个间隔和里程碑，如果间隔密度过高，则可使用展开的子日程表对这些间隔进行放大处理。在本练习中，将利用该功能制作一份《校园网站开发计划图》。样图如图 6-7 所示。

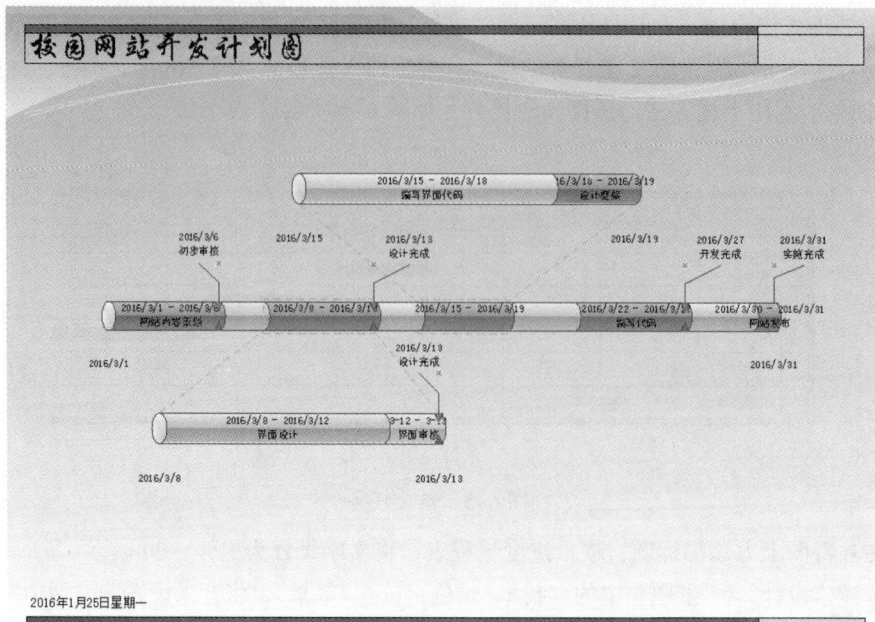

图 6-7　校园网站开发计划图–样图

操作步骤

① 启动 Visio 2010 组件，在"模板类别"列表选择"日程安排"选项，选择"日程表"选项，单击"创建"按钮，如图 6-8 所示。

② 在"日程表形状"模具中，选择"圆柱形日程表"形状，拖至绘图页中，在弹出的"配置日程表"对话框中，将"开始"设置为 2016-3-1，"结束"设置为 2016-3-31。时间刻度为"日"，如图 6-9 所示。然后选择"时间格式"选项卡，将日期格式修改为 2016/1/25。取消选择"在日程表上显示中期计划时间刻度标记"复选框，如图 6-10 所示。

③ 在"日程表形状"模具中选择"圆柱形间隔"形状，如图 6-11 所示。将其拖到日程表上。在弹出的"配置间隔"对话框中设置间隔的"开始日期""完成日期""说明""日期格式"等属性，如图 6-12 所示。单击"确定"按钮完成间隔的插入，结果如图 6-13 所示。

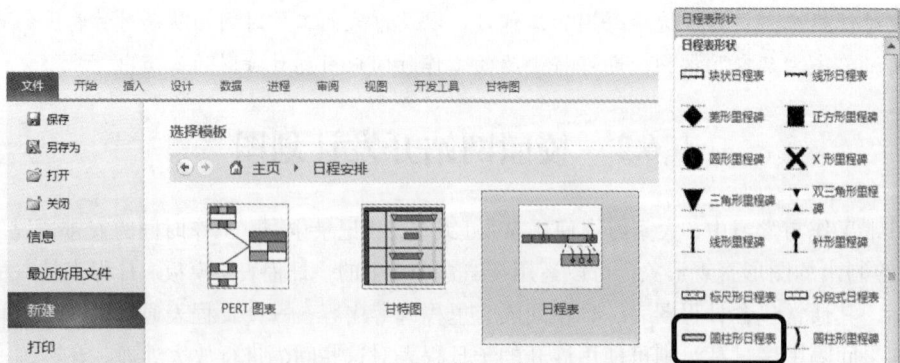

图 6-8　新建日程表模板

图 6-9　设置时间段

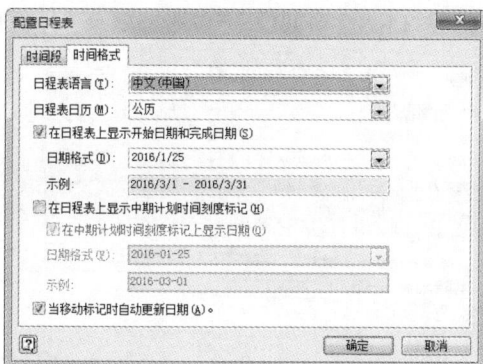

图 6-10　设置时间格式

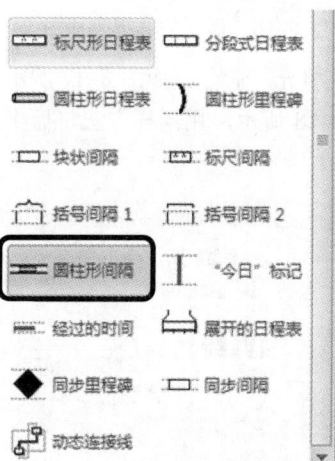

图 6-11　圆柱形间隔

图 6-12　配置间隔对话框

图 6-13　添加第一段

④ 用同样的方式，添加其他标尺间隔内容，并设置这些间隔内容的属性，如图 6-14 所示。

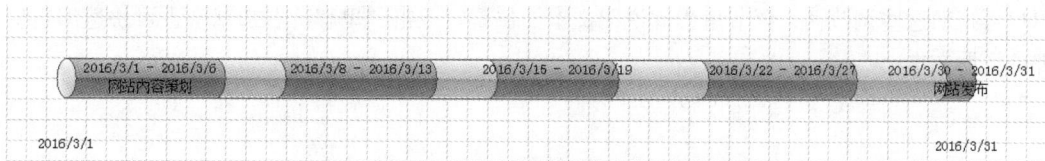

图 6-14　添加其他间隔内容

⑤ 在"日程表形状"模具中选择"展开的日程表"形状，将其拖动至绘图页中。然后，在弹出的"配置日程表"对话框中设置展开的局部日程表时间"开始"为 2016-03-08，"结束"为 2016-03-13，"时间刻度"为月，如图 6-15 所示。将光标放在展开日程表的两端，调整圆柱形的长度，将 2016-03-08 到 2016-03-12 这个时间段，"说明"填入"界面设计"。将 2016-03-12 到

2016-03-13 这个时间段，"说明"填入"界面审核"，如图 6-16 所示。

图 6-15　配置日程表

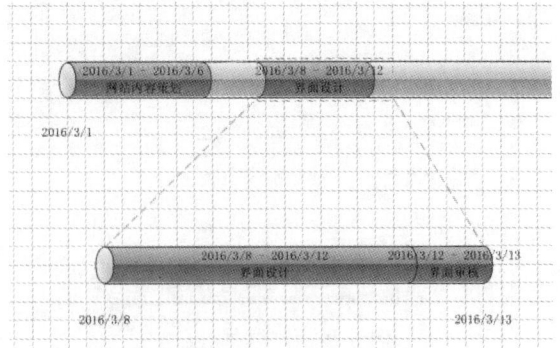

图 6-16　展开的日程表样图

⑥ 在"界面设计"圆柱形上右击，选择"格式"｜"填充"命令，如图 6-17 所示。在"填充"对话框中选择"强调文字颜色 5，淡色 40%"，如图 6-18 所示。用同样方法将后半段填充为淡绿色，效果如图 6-19 所示。

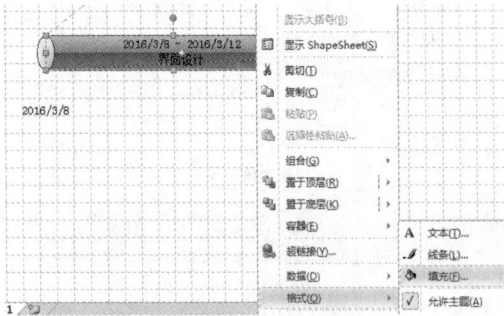

图 6-17 设置填充颜色

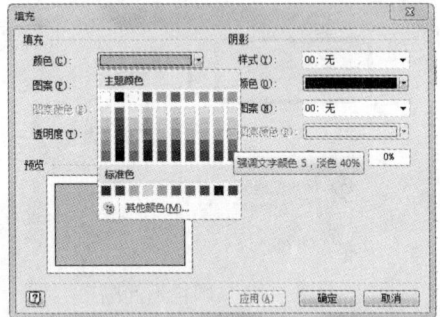

图 6-18　选择颜色

⑦ 用同样的方法将 3 月 15 日-3 月 19 日的展开日程表绘制出来。效果如图 6-20 所示。

⑧ 在"日程表形状"模具中选择"双三角形里程碑"形状，将其拖至主日程表的 2016-3-6 位置上，此时，将自动弹出"配置里程碑"对话框，如图 6-21 所示。在该对话框中选择"里程碑日期"为 2016-3-6，输入"说明"为"初步审核"，设置"日期格式"为 2016/1/25，然后即可单击"确定"按钮，插入里程碑，如图 6-22 所示。"里程碑"形状中包含了多个黄色的调节柄，用户可拖动这些调节柄，调节里程碑说明文本的位置。双击"里程碑"形状，也可快速编辑里程碑的说明文本。

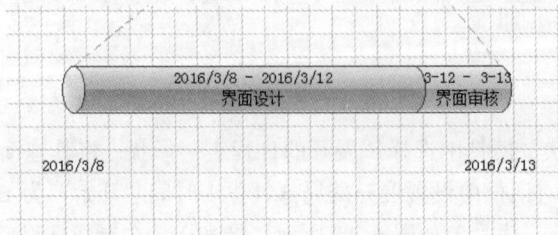

图 6-19　填充效果图

图 6-20　展开填充效果图

图 6-21　配置里程碑

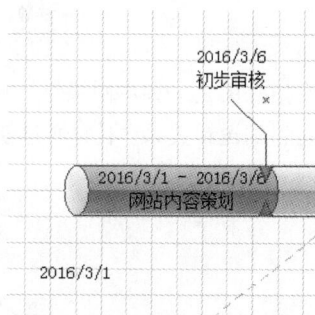

图 6-22　里程碑效果图

⑨ 选择"设计"选项卡，在"背景"组中单击"背景"按钮，在弹出的菜单中选择"溪流背景"。单击"边框和标题"按钮，在弹出的菜单中选择"方块"的边框样式。在窗口下方的状态栏中单击"背景-1"，双击"标题"，输入新的标题名称"校园网站开发计划图"。

知识点　配置日程表

日程表用来显示某期间内的活动阶段与关键日期。配置日程表对话框中"时间段"选项卡包括下列选项。

① 开始：用于设置日程表的开始时间。

② 结束：用于设置日程表的结束时间。

③ 时间刻度：用于设置日程表的时间刻度，应该选择小于指定日期范围的时间刻度。如果选择的时间大于该日期范围，日程表上将不会显示时间单位。

④ 一周的第一天为：用于设置一周的开始日，主要用来指定日程表上的周间隔。只有将"时间刻度"设置为"周"时，此选项才可用。

⑤ 财政年度的第一天为：用来设置财政年度的月份和日，主要用来指定日程表上季度间隔的月和日。只有将"时间刻度"设置为"季度"时，此选项才可用。

配置日程表对话框中"时间格式"选项卡包括下列选项。

① 日程表语言：用于设置日程表中日期格式所使用的语言。

② 在日程表上显示开始日期和完成日期：启用该复选框，可以在日程表上显示开始日期和完成日期。

③ 日期格式：用于设置日程表上的日期或时间格式。

④ 在日程表上显示中期计划时间刻度标记：启用该复选框，可以在日程表上显示各天、周、月或年时间单位。

⑤ 在中期计划时间刻度标记上显示日期：启用该复选框，可以在日程表上显示各中期计划标记的日期。只有启用了"在日程表上显示中期计划时间刻度标记"复选框，该复选框才可用。

⑥ 日期格式：主要用于设置时间刻度标记的日期格式。

⑦ 当移动标记时自动更新日期：启用该复选框后，在移动日程表上的标记、里程碑和间隔形状时，上述形状上的日期会自动更新。

6.3 商场网络拓扑图

网络拓扑图是一种由网络结点设备和通信介质构成的网络结构图。可以清楚地表明该网络内各设备之间的逻辑关系。下面通过使用详细网络图模板并添加形状，来绘制一个商场网络拓扑图。样图如图6-23所示。

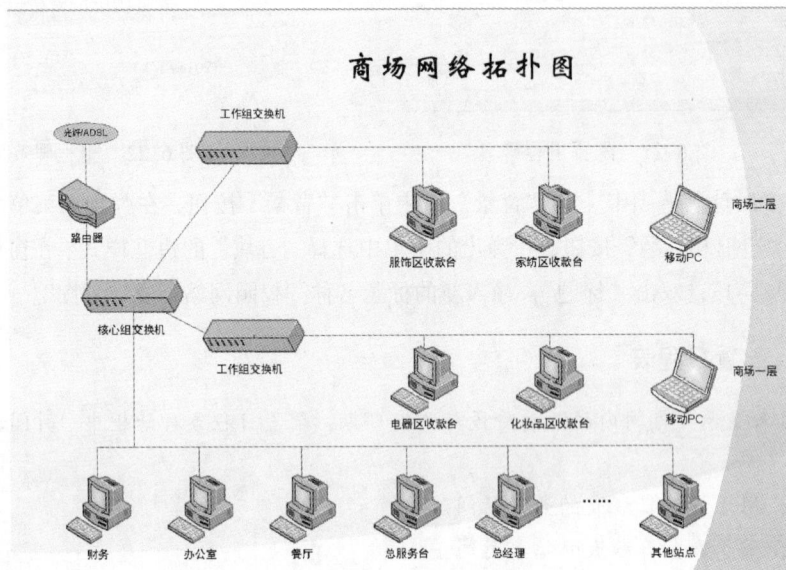

图6-23 商场网络拓扑图-样图

操作步骤

① 启动Visio 2010，在"模板类别"列表选择"网络"模板，选择"详细网络图"选项，并单击"创建"按钮，如图6-24所示。

② 将"网络和外设"模具中的"路由器""交换机"形状拖动到绘图区中，并放大形状。

③ 拖动"交换机"形状上的圆形旋转控点，将形状旋转一定角度，双击形状，输入文本，然后拖动形状上的黄色菱形控制点，将文本移动到形状的合适位置，并按例图的位置进行摆放，如图6-25所示。

④ 将"计算机和显示器"模具列表中的"PC"和"便携电脑"形状拖到绘图页中，双击形状输入所需文本，然后复制多份并按照样图进行摆放，将说明文本依次修改。

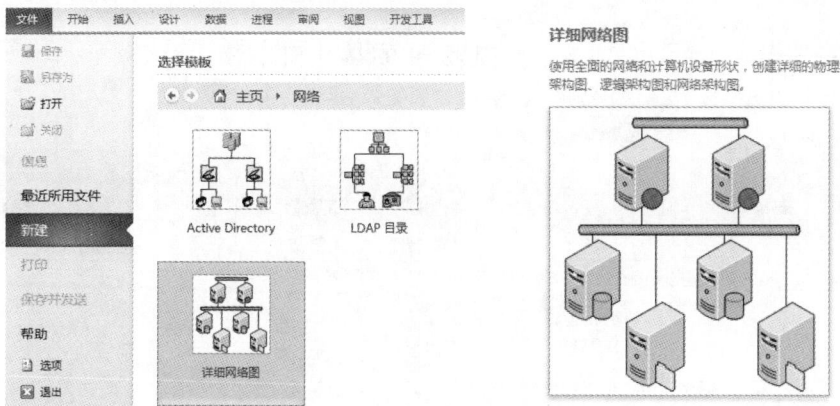

图 6-24　新建详细网络图模板

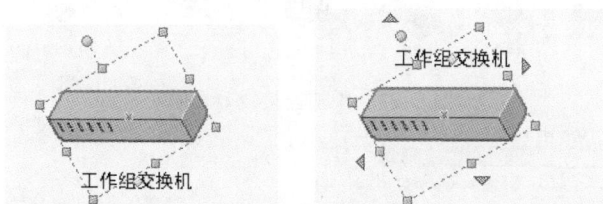

图 6-25　为形状添加文本

⑤ 选中要进行分布的多个形状，单击"开始"选项卡"排列"组中的"位置"下拉列表，选择"空间形状"｜"横向分布"选项，对多个形状进行横向分布，如图 6-26 所示。

图 6-26　形状的横向分布

⑥ 下面为形状之间添加连接线。单击"开始"选项卡"工具"组中的"连接线"按钮，待鼠标指针变为，形状后，按下鼠标左键并拖动，即可为形状之间添加连接线，效果如图 6-27 所示。个别连接线覆盖在形状上，可将形状设置为"置于顶层"。

⑦ 选中绘图中"核心组交换机"和"工作组交换机"之间的两处折线，右击，在弹出的快捷菜单中选择"直线连接线"命令，将折线改为直线，如图 6-28 所示。

⑧ 设置主题和背景。在"设计"选项卡中选择"主题"为"原点 颜色，柔和光线 效果"。背景为"技术"。

⑨ 在绘图区的上方添加标题文字。利用"文本"工具输入标题"商场网络拓扑图"，设置其字体为"华文新魏"，字号为"36 pt"。

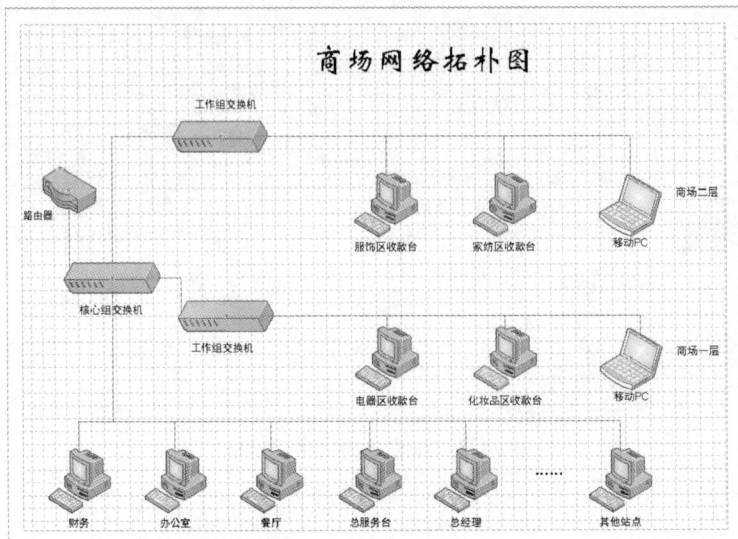

图 6-27　添加连接线效果图

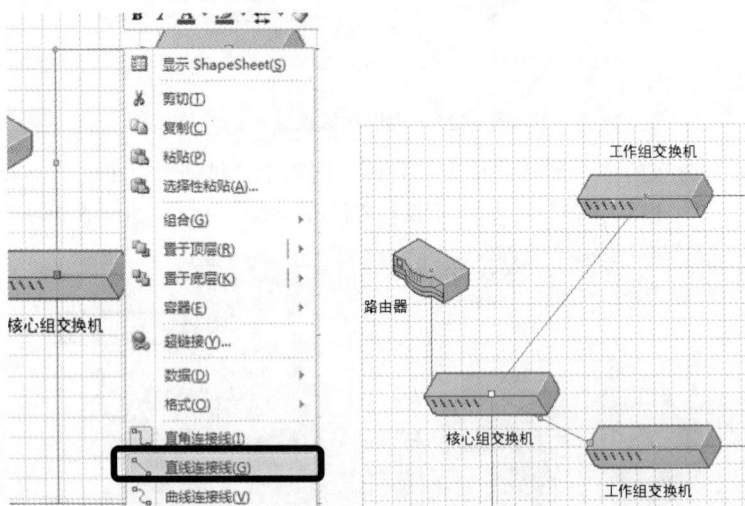

图 6-28　直线连接线

⑩ 单击"插入"选项卡中"图部分"组的"标注"按钮，在展开的下拉列表中选择"椭圆形标注"选项。将标注移到路由器上方，输入文本"光纤/ADSL"，字号为 10 pt，如图 6-29 所示。

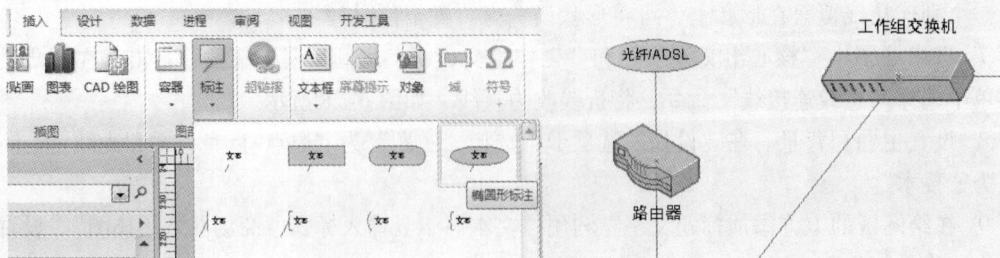

图 6-29　添加标注

知识点　标注、批注和墨迹

1. 标注

Visio 的标注是指为形状提供的外部文字说明，以及连接形状和文字的连接线。Visio 2010 提供了 20 多种预置的标注样式，用户可根据需要进行选择。

要为形状插入标注，可选择要插入标注的形状，然后单击"插入"选项卡"图部分"组的"标注"按钮，在展开的下拉列表中选择所需的标注样式，再输入标注文本即可。另外一种添加标注的方法是：在"形状"窗格中选择"更多形状"｜"其他 Visio 方案"｜"标注"，此模具中也包含很多类型的标注。

在列表中标注关联到某个形状后，会自动随该形状移动，并且复制或删除该形状时，标注也会被复制或删除。

2. 批注

Visio 的批注是指用户在查看别人绘制好的文档时提出的一些阐述绘图意见的说明文字。原作者打开 Visio 绘图文档后，可根据批注内容进行修改。

要在绘图文档中插入批注，可单击"审阅"选项卡"批注"组中的"新建批注"按钮，自动插入一个批注框，在其中输入批注内容即可。另外一种添加批注的方法是：在"形状"窗格中选择"更多形状"｜"其他 Visio 方案"｜"批注"，此模具中也包含很多类型的批注。

3. 墨迹

墨迹工具的作用是记录鼠标的拖动轨迹，以方便用户对 Visio 形状进行圈选和标记操作。

要在绘图文档中绘制墨迹，可单击"审阅"选项卡"标记"组的"墨迹"按钮，如图 6-30 所示。此时光标变成了笔形状，按鼠标左键并拖动即可绘制墨迹，效果如图 6-31 所示。

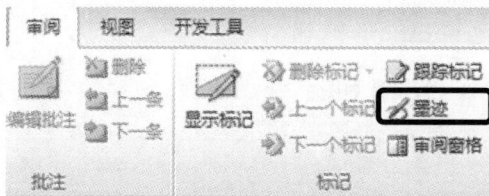

图 6-30　墨迹功能

图 6-31　墨迹效果

在单击"墨迹"按钮后，窗口上方会自动显示"墨迹书写工具｜笔"选项卡，在该选项卡内，用户可以设置笔的类型、墨迹的颜色和宽度等，如图 6-32 所示。

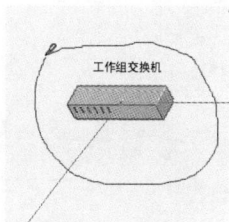

图 6-32　"笔"功能区

本 章 小 结

本章以甘特图、日程表两个例子，详细地介绍了项目管理图的画法，使读者能够熟练掌握该模板和各类模具，注意在时间分配上的合理性。

以商场网络拓扑图为例，详细地介绍了网络图的画法，使读者能够掌握网络图中的几种模板，利用它们创建各种网络设备布局。在绘制时注意各类模具的排列是否整齐。了解标注、批注和墨迹的使用。

课 后 习 题

在本练习中，制作一份施工计划图，如图 6-33 所示。

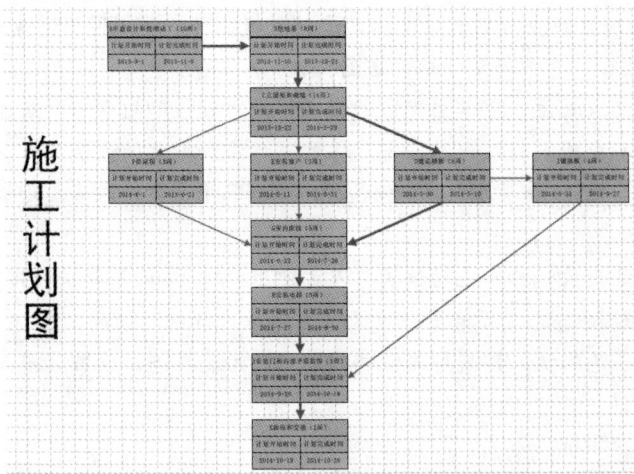

图 6-33　施工计划图

第3篇 铁路信号绘图篇

本篇主要讲述铁路信号专业中常用图表的绘制。

第 7 章 轨道电路图

轨道电路是以铁路线路的两根钢轨作为导体，用引接线连接电源和接收设备所构成的电气回路。它监督铁路线路是否空闲，自动将列车的运行和信号设备联系起来，以保证行车的安全。轨道电路是铁路信号的重要基础设备，它的性能直接影响行车安全和运输效率。

学习目标

本章主要介绍利用 Visio 2010 绘制各种站内轨道电路图的方法。通过学习，应掌握以下内容：

- 熟悉 Visio 2010 绘制轨道电路的整体设计与布局。
- 灵活运用 Visio 2010 绘图与编辑命令，使绘制的图形更加准确和美观。
- 掌握 Visio 2010 模具的创建、插入、编辑、管理与使用。
- 能够运用所学的知识解决与处理轨道电路图绘制过程中的问题。

7.1 工频交流连续式轨道电路图

工频交流连续式轨道电路又称 JZXC-480 型交流连续式轨道电路，采用工频 50 Hz 交流电源供电，以 JZXC-480 型整流继电器作为主要的接收元件，即轨道继电器。这种轨道电路结构简单，适合非电气化区段使用，是我国铁路站内轨道电路广泛应用的制式。

下面以图 7-1 所示的工频交流连续式轨道电路图为例，介绍其绘制方法。

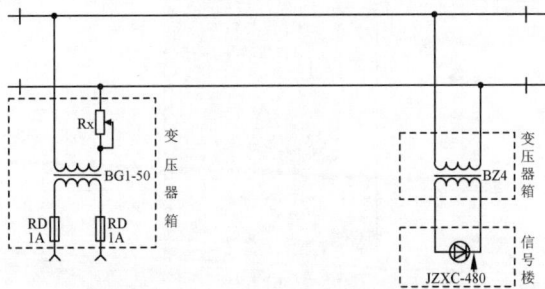

图 7-1 工频交流连续式轨道电路图

课堂实训1　绘制工频交流连续式轨道电路

轨道电路图的绘制应符合下列要求：轨道电路图中的图形、符号和名称代号应按我国现行标准规定绘制，工程设计中当需要补充新的图形、符号和名称代号时，应在该设计文件内说明。一个单元电路宜绘制在同一图中，首先配置绘图环境，其次绘制电路图。

操作步骤

1. 配置绘图环境

启动 Visio 2010 组件，在"新建"任务窗格中的"选择模板"列表中，选择"工程"选项，并在展开的列表中选择"基本电气"，单击"创建"按钮，如图 7-2 所示，即可创建一个轨道电路的绘图文档。

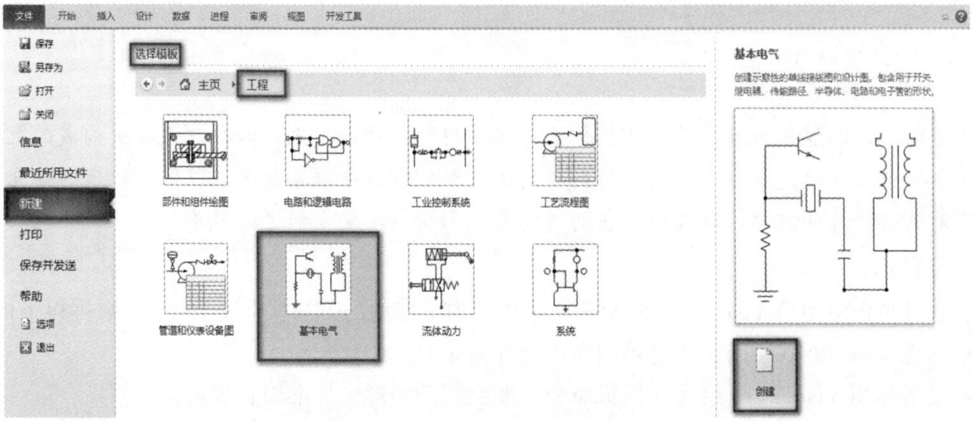

图 7-2　创建绘图文档

选择"设计"｜"页面设置"｜"纸张方向"命令，选中"横向"选项，如图 7-3（a）所示。选择"页面设置"｜"大小"命令，选中"A4"选项，如图 7-3（b）所示。

（a）

图 7-3　页面设置

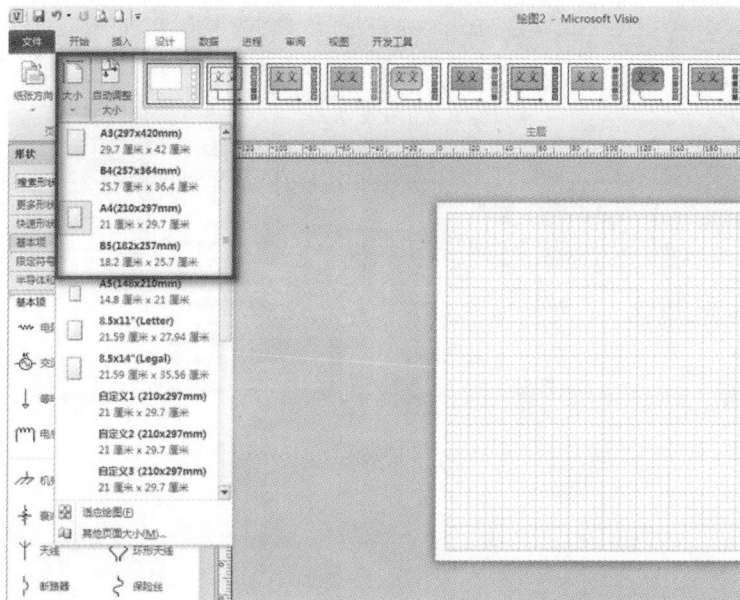

（b）

图 7-3　页面设置（续）

选择"文件"|"另存为"命令，在"另存为"对话框中的"保存位置"选择"工频交流连续式轨道电路"文件夹，在"文件名"中将新建绘图文档命名为"工频交流连续式轨道电路"，"保存类型"为"绘图"，单击"保存"按钮，如图 7-4 所示。

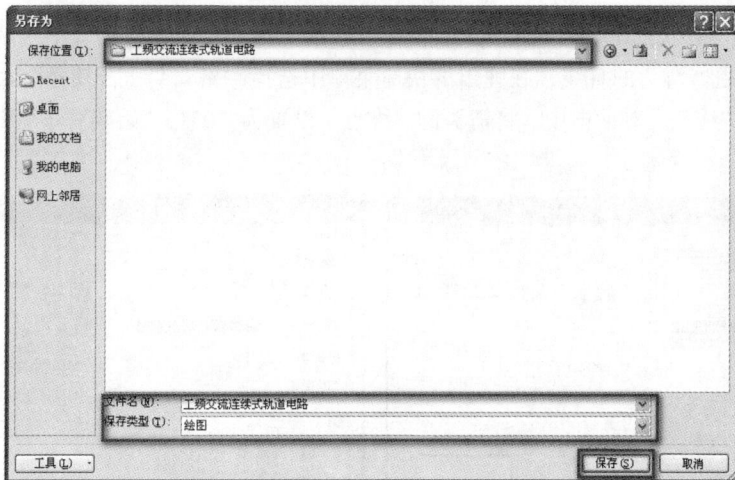

图 7-4　保存为绘图文档

2. 绘制电路图

选择"开始"|"工具"|"绘图工具"|"折线图"命令，在绘图页中拖动鼠标绘制两条平行的线段，作为轨道电路的钢轨。选中绘图页中的钢轨，选择"开始"|"排列"|"组合"|"组合"命令，将绘图页中的两条钢轨组合在一起，如图 7-5 所示。

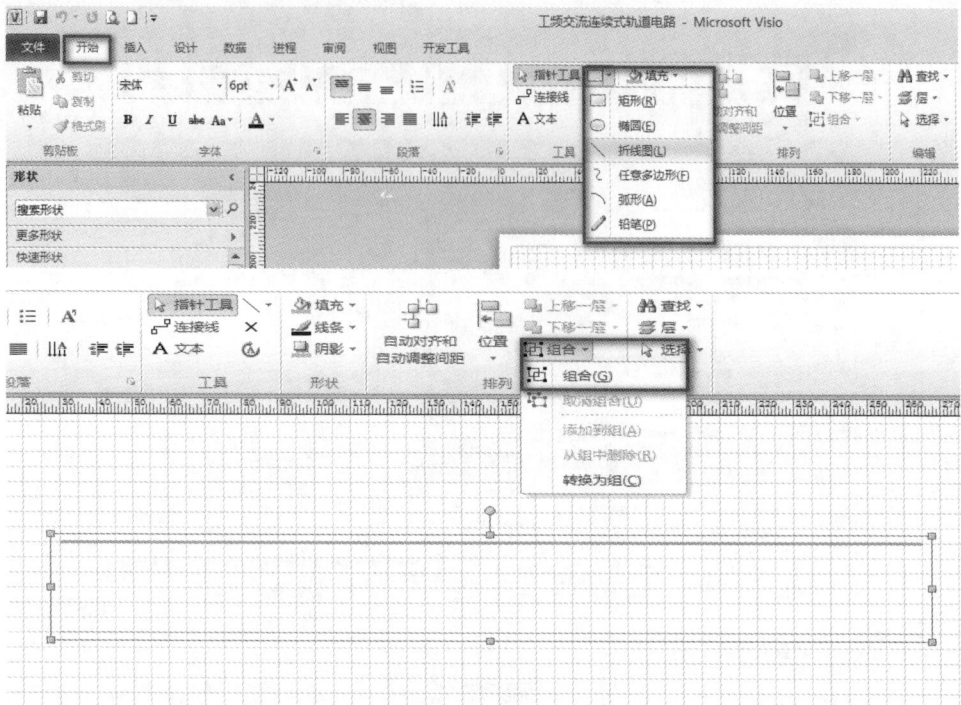

图 7-5　绘制钢轨

选中绘图页中的钢轨，选择"开始"｜"线条"｜"线条选项"命令，弹出"线条"对话框。将"虚线类型"设置为"01"，将"粗细"设置为"2½ pt"，将"颜色"设置为黑色，如图 7-6 所示。

选择"开始"｜"工具"｜"绘图工具"｜"折线图"命令，在绘图页中绘制滑动变阻器。右击表示滑动变阻器滑头的直线，在弹出的快捷菜单中选择"格式"｜"线条"命令，弹出"线条"对话框。在"线条"对话框中，将箭头的"终点"设置为"03"，"始端大小"设置为"特大"，如图 7-7 所示。

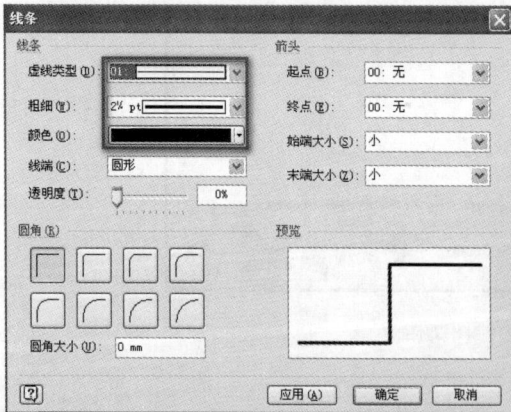

图 7-6　设置钢轨的"线条"对话框　　图 7-7　设置滑动变阻器滑头"线条"对话框

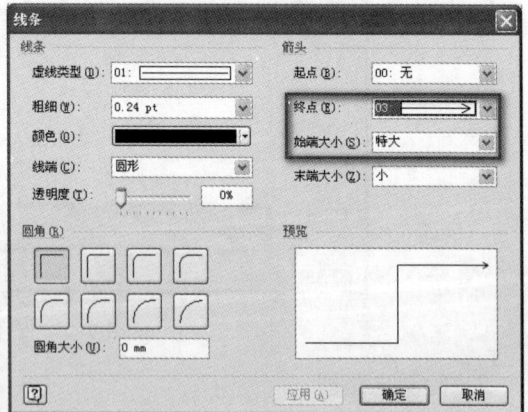

单击"形状"窗格中的"更多形状"下拉按钮，选择"工程"｜"电气工程"｜"基本项"命令，将"电感器"拖动到绘图页中，如图 7-8 所示。

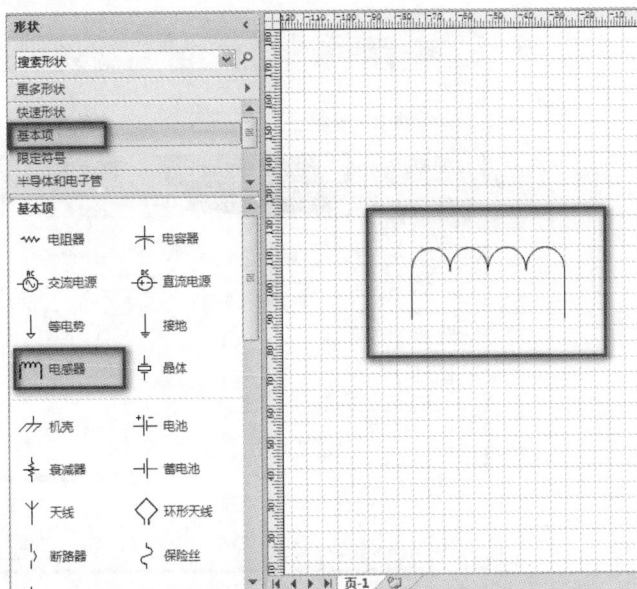

图 7-8 添加电感器

选中绘图页中的电感器，将鼠标至于旋转手柄上，当光标变为"旋转形状"时，拖动旋转手柄到适合角度即可，当光标变为"调整形状大小"时，拖动调整手柄到适合大小即可，如图 7-9 所示。

图 7-9 绘制变压器

选择"开始"｜"工具"｜"绘图工具"｜"折线图"命令，绘制轨道电路图中送电端的熔断器和电源部分。

使用绘制送电端轨道变压器的方法将受电端的轨道变压器绘制完成。单击"形状"窗格中的"更多形状"下拉按钮，选择"常规"｜"基本形状"命令，将"圆形"和"三角形"拖动到绘图页中。选中绘图页中的圆形和三角形，选择"开始"｜"形状"｜"填充"命令，将"颜色"设置为"白色"。通过调整大小和旋转操作，并利用工具中的折线图命令，绘制轨道电路受电端的继电器，如图 7-10 所示。

单击"形状"窗格中的"更多形状"下拉按钮，选择"工程"｜"电气工程"｜"传输路径"命令，将"接合点"拖动到绘图页中。右击绘图页中的接合点，选择"格式"｜"线条"命令，弹出"线条"对话框。在"线条"对话框中设置接合点的"粗细"为"4½ pt"，如图 7-11 所示。然后将接合点移动至电路图中线路的接合处。

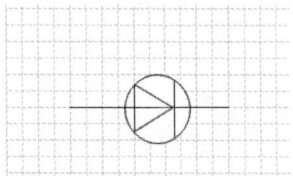

图 7-10　绘制轨道电路受电端 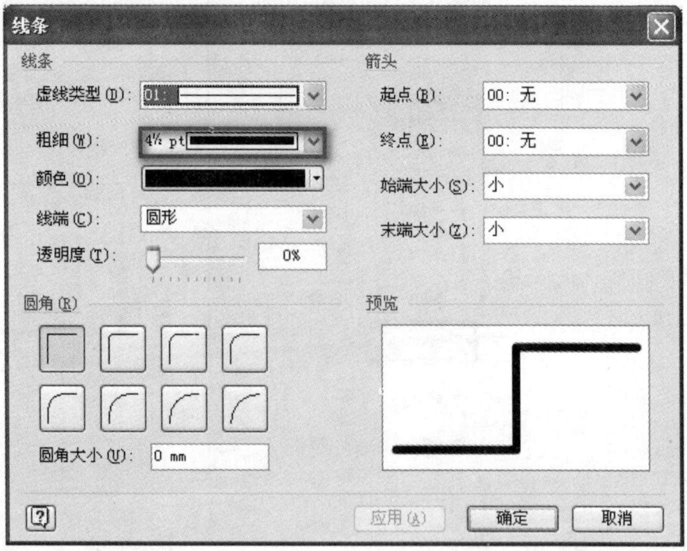　　　　　　　　　图 7-11　"线条"对话框

　　选择"开始"｜"工具"｜"绘图工具"｜"折线图"命令，绘制 3 个矩形。其中一个矩形代表送电端的变压器箱，该矩形内有送电端的熔断器、轨道变压器和限流电阻；一个矩形代表受电端的变压器箱，该矩形内有受电端的变压器；一个矩形代表信号楼，该矩形内有受电端的轨道继电器。分别选中每一个矩形，右击，在弹出的快捷菜单中选择"置于底层"｜"置于底层"的命令，这样可以保证矩形中的电路元件显示出来，如图 7-12 所示。

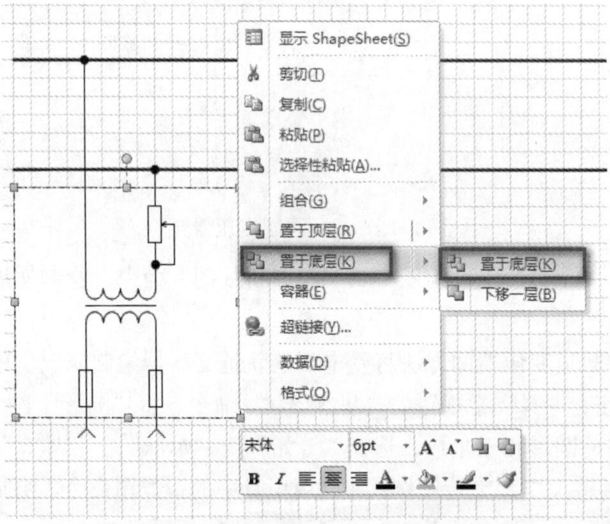

图 7-12　设置矩形置于底层

　　分别选中每一个矩形，右击，在弹出的快捷菜单中选择"格式"｜"线条"命令，弹出"线条"对话框。在"线条"对话框中，将"虚线类型"设置为"02"，如图 7-13 所示。

　　选择"开始"｜"工具"｜"文本"命令，对轨道电路图中的各个组成部分进行命名。选中绘图页中的文本，右击，在弹出的快捷菜单中选择"格式"｜"文本"命令，在"文本"对话框中，将"样式"设置为"加粗"，"字号"设置为"14"，如图 7-14 所示。

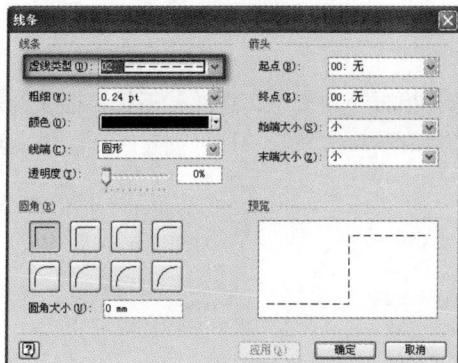

图 7-13 线条对话框

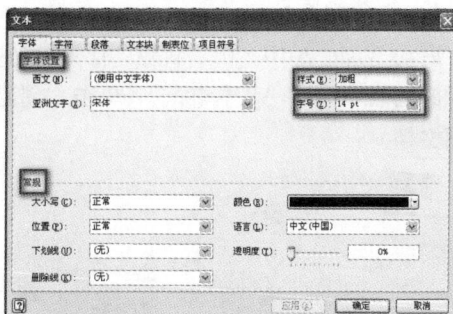

图 7-14 设置文本

7.2 一送两受轨道电路图

道岔区段轨道电路与无岔区段轨道电路的不同之处在于钢轨线路被分开产生分支，为此需增加道岔绝缘和道岔跳线，还有一送多受的问题。一送多受轨道电路设有一个送电端，在每个分支轨道电路的另一端各设一个受电端，加装道岔绝缘和道岔跳线，受电端形成并联关系。

下面以图 7-15 所示的一送两受轨道电路图为例，介绍其绘制方法。

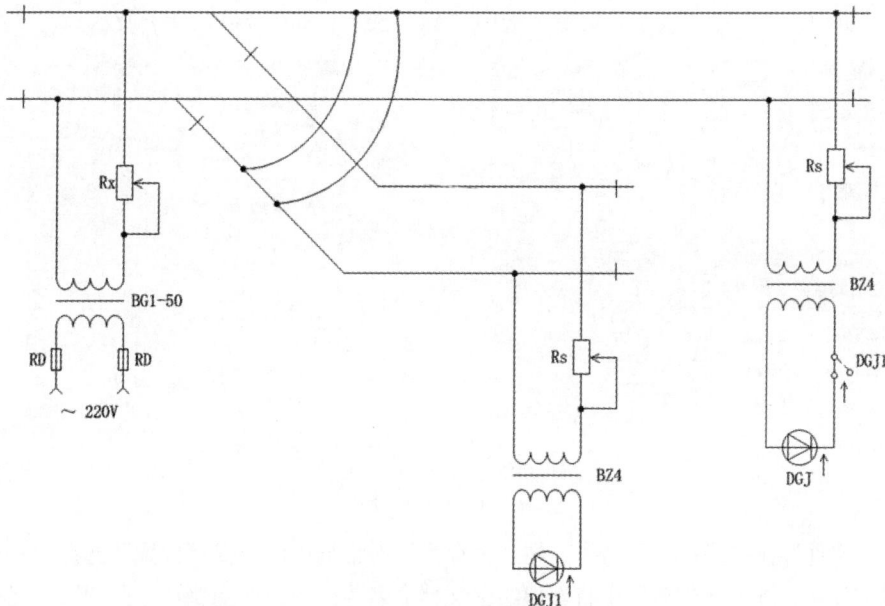

图 7-15 一送双受轨道电路图

课堂实训 2 绘制一送两受轨道电路图

首先配置绘图环境，其次绘制一送两受轨道电路图。

操作步骤

1．配置绘图环境

启动 Visio 2010，在"新建"任务窗格中的"选择模板"列表中，选择"工程"选项，并在展开的列表中选择"基本电气"，单击"创建"按钮，如图 7-16 所示，即可创建一个轨道电路的绘图文档。

图 7-16　创建绘图文档

选择"设计"｜"页面设置"｜"纸张方向"命令，选中"横向"选项，如图 7-17（a）所示。选择"页面设置"｜"大小"命令，选中"A4"选项，如图 7-17（b）所示。

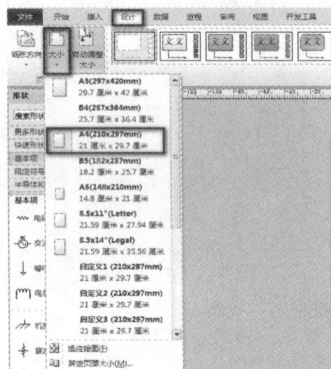

（a）　　　　　　　　　　　　　　　　　　（b）

图 7-17　页面设置

选择"文件"｜"另存为"命令，在"另存为"对话框中的"保存位置"选择"一送两受轨道电路"文件夹，在"文件名"中将新建绘图文档命名为"一送两受轨道电路图"，"保存类型"为"绘图"，单击"保存"按钮，如图 7-18 所示。

2．绘制一送两受轨道电路图

选择"开始"｜"工具"｜"绘图工具"｜"折线图"命令，在绘图页中拖动鼠标绘制 6 条两两平行的线段，作为轨道电路的钢轨，如图 7-19 所示。

图 7-18　保存绘图文档

图 7-19　绘制钢轨

由于一送两受轨道电路图中多次使用了滑动变阻器和变压器，所以可以将滑动变阻器和变压器自定义为模具，便于重复使用。

在绘图文档中，单击"形状"窗格中的"更多形状"按钮，选择"新建模具（公制）"命令，在"形状"窗格内创建一个可编辑的模具，如图 7-20 所示。

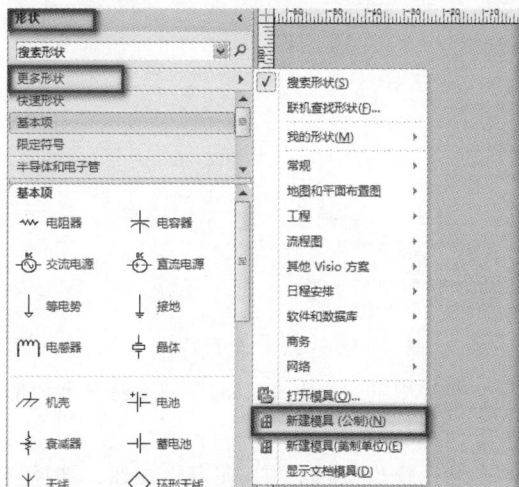

图 7-20　创建模具

选择"开始"｜"工具"｜"绘图工具"｜"折线图"命令，在绘图页中绘制滑动变阻器。选中滑动变阻器的滑头，右击，在弹出的快捷菜单中选择"格式"｜"线条"命令，弹出"线条"对话框。在"线条"对话框中，将"箭头"的"起点"设置为"03"，"始端大小"设置为"大"，如图 7-21 所示。

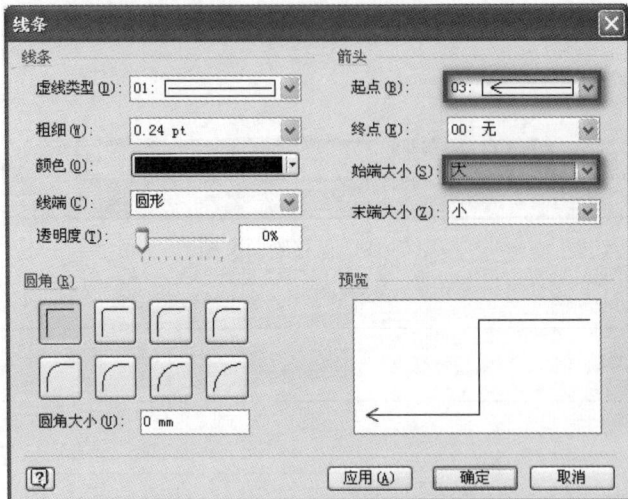

图 7-21　设置线条

选中绘图页中的滑动变阻器，选择"开始"｜"排列"｜"组合"｜"组合"命令，然后将滑动变阻器拖动到模具中。右击新建模具的标题栏，在弹出的快捷菜单中选择"另存为"命令，弹出"另存为"对话框。将滑动变阻器保存至"模具"文件夹中，文件名为"滑动变阻器"，保存类型为"模具"，如图 7-22 所示。

图 7-22　保存模具

在模具中右击形状图标，在弹出的快捷菜单中选择"重命名主控形状"命令，更改形状名称为"滑动变阻器"，如图 7-23 所示。

在绘图文档中，单击"形状"窗格中的"更多形状"按钮，选择"新建模具（公制）"命令，在"形状"窗格内创建一个可编辑的模具，如图 7-24 所示。

选择"形状"｜"更多形状"｜"工程"｜"电气工程"｜"基本项"命令，将"电感器"

拖动到绘图页中。选中绘图页中的电感器，将鼠标至于旋转手柄上，当光标变为"旋转形状"时，拖动旋转手柄到适合角度即可。选择绘图页中的电感器，当光标变为"调整形状大小"时，拖动调整手柄到适合大小即可，如图 7-25 所示。选择"开始"｜"工具"｜"绘图工具"｜"折线图"命令，在两个电感器中间绘制一条直线，代表变压器的铁芯。

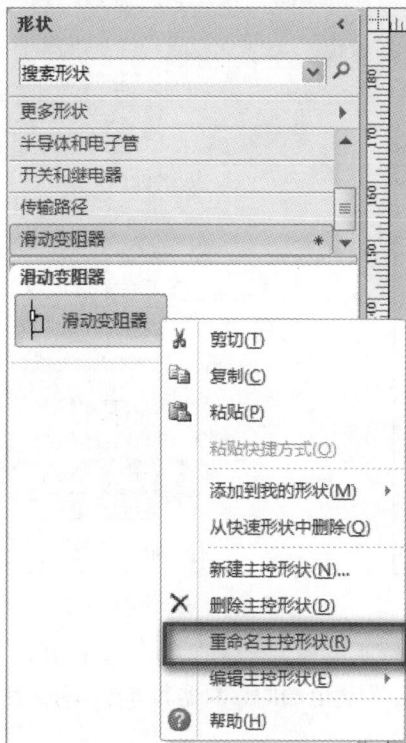

图 7-23 更改形状名称

图 7-24 创建模具

图 7-25 绘制变压器

选中绘图页中已经绘制完成的变压器，选择"开始"｜"排列"｜"组合"｜"组合"命令，然后将变压器拖动到模具中。右击新建模具的标题栏，在弹出的快捷菜单中选择"另存为"命令，弹出"另存为"对话框。将变压器保存至"模具"文件夹中，文件名为"变压器"，保存类型为"模具"，如图 7-26 所示。

在模具中右击形状图标，在弹出的快捷菜单中选择"重命名主控形状"命令，输入"变压器"，更改形状名称，如图 7-27 所示。

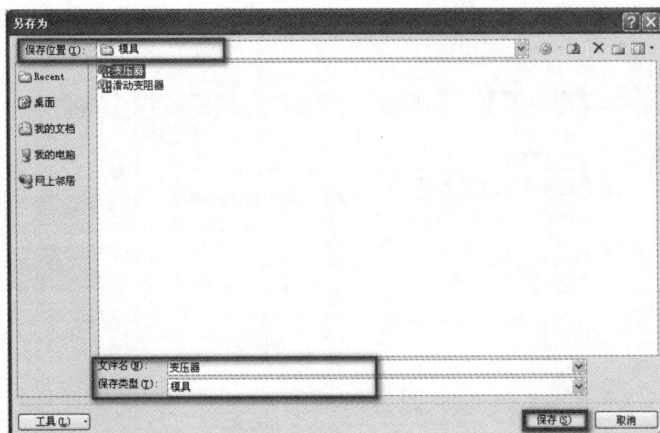

图 7-26 保存模具

图 7-27 更改形状名称

　　将模具中的滑动变阻器和变压器形状拖放到绘图页中,然后调整为合适的大小。选择"开始"|
"工具"|"绘图工具"|"折线图"命令,绘制轨道电路图中送电端的熔断器和电源部分,并将
电路图中的各个部分连接起来,如图 7-28 所示。

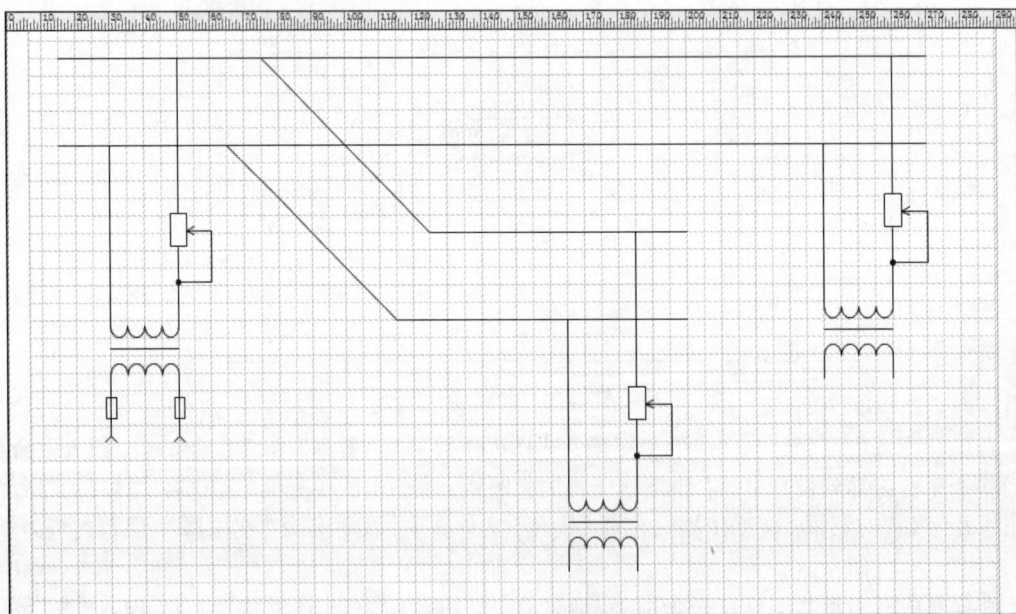

图 7-28 绘制电路图

选择"形状"｜"更多形状"｜"常规"｜"基本形状"命令,选择"圆形"和"三角形",用鼠标拖动到绘图页中。用鼠标分别右击绘图页中的圆形和三角形,在弹出的快捷菜单中选择"格式"｜"填充"命令,弹出"填充"对话框。在填充对话框中设置填充颜色,如图 7-29 所示。

选中绘图页中的圆形和三角形,通过调整大小和旋转操作,并使用工具中的折线图命令,绘制轨道电路受电端的继电器,如图 7-30 所示。

图 7-29　填充对话框

图 7-30　绘制继电器

选择"开始"｜"工具"｜"绘图工具"｜"折线图"命令,绘制一条竖线。右击该直线,在弹出的快捷菜单中选择"格式"｜"线条"命令,弹出"线条"对话框。在"线条"对话框中,设置箭头的"起点"为"03","始端大小"为"大",绘制完成继电器的状态箭头,如图 7-31 所示。

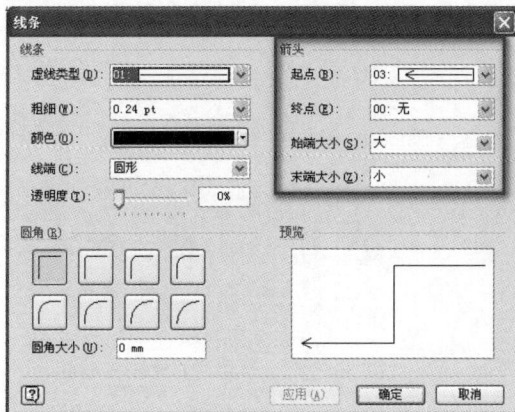

图 7-31　"线条"对话框

单击"形状"窗格中的"更多形状"下拉按钮,选择"工程"｜"电气工程"｜"传输路径"命令,将"接合点"拖动到绘图页中。右击绘图页中的接合点,在弹出的快捷菜单中选择"格式"｜"线条"命令,弹出"线条"对话框。在"线条"对话框中设置接合点的"粗细"为"4½ pt",如图 7-32 所示。然后将接合点移动至电路图中线路的接合处。

选择"开始"｜"工具"｜"文本"命令,对轨道电路图中的各个组成部分进行命名。选中绘图页中的文本,右击,在弹出的快捷菜单中选择"格式"｜"文本"命令,在"文本"对话框中,将"样式"设置为"加粗","字号"设置为"14",如图 7-33 所示。

图 7-32 设置接合点

图 7-33 文本对话框

7.3 JXW-25B 型微电子相敏轨道电路图

JXW-25B 型微电子相敏轨道电路接收器以微处理机为基础，采用数字处理技术对轨道电路信息进行分析，检出有用信息，除去干扰，完成电气化区段 25 Hz 相敏轨道电路接收功能。

JXW－25B 型微电子相敏轨道电路接收器是 JXW－25A 型的双套化产品，其两套设备中只要有一套能正常工作，就能保障系统正常运行，进一步提高了系统的可靠性；如果其中一套发生故障，能及时报警，通知维修人员进行维修，而且对其中单套设备维修时，不影响系统使用，大大方便了现场维修。

下面以图 7-34 所示的 JXW-25B 型微电子相敏轨道电路图为例，介绍其绘制方法。

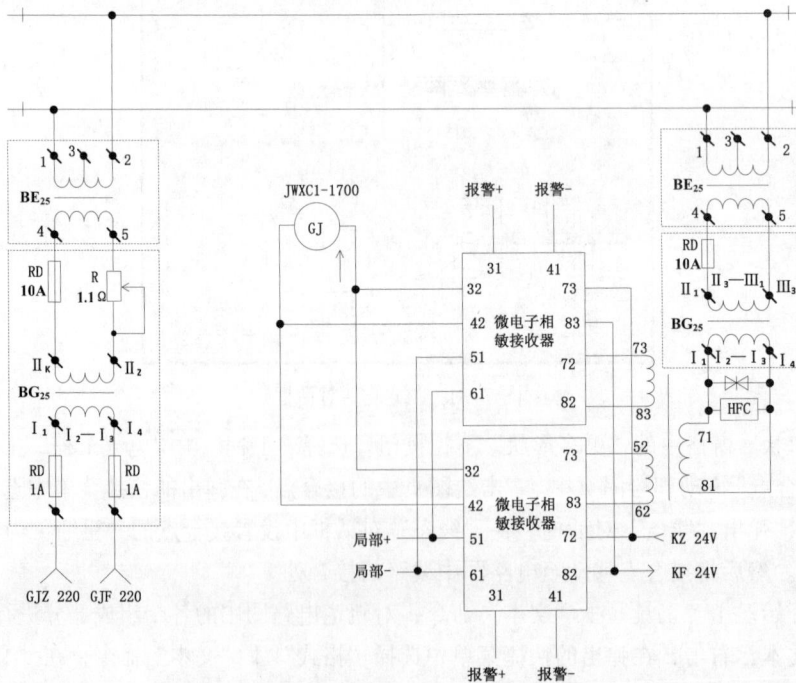

图 7-34 JXW-25B 型微电子相敏轨道电路图

课堂实训 3　绘制 JXW-25B 型微电子相敏轨道电路图

首先配置绘图环境，其次绘制 JXW-25B 型微电子相敏轨道电路图。

操作步骤

1．配置绘图环境

启动 Visio 2010 组件，在"新建"任务窗格中的"选择模板"列表中，选择"工程"选项，并在展开的列表中选择"基本电气"，单击"创建"按钮，即可创建一个轨道电路的绘图文档，如图 7-35 所示。

选择"设计"｜"页面设置"｜"纸张方向"命令，选中"横向"选项。选择"页面设置"｜"大小"命令，选中"A4"选项，如图 7-36 所示。

选择"文件"｜"另存为"命令，在"另存为"对话框中的保存位置选择"JXW-25B 型微电子相敏轨道电路"文件夹，在"文件名"中将新建绘图文档命名为"JXW-25B 型微电子相敏轨道电路"，"保存类型"为"绘图"，单击"保存"按钮，如图 7-37 所示。

图 7-35　创建绘图文档

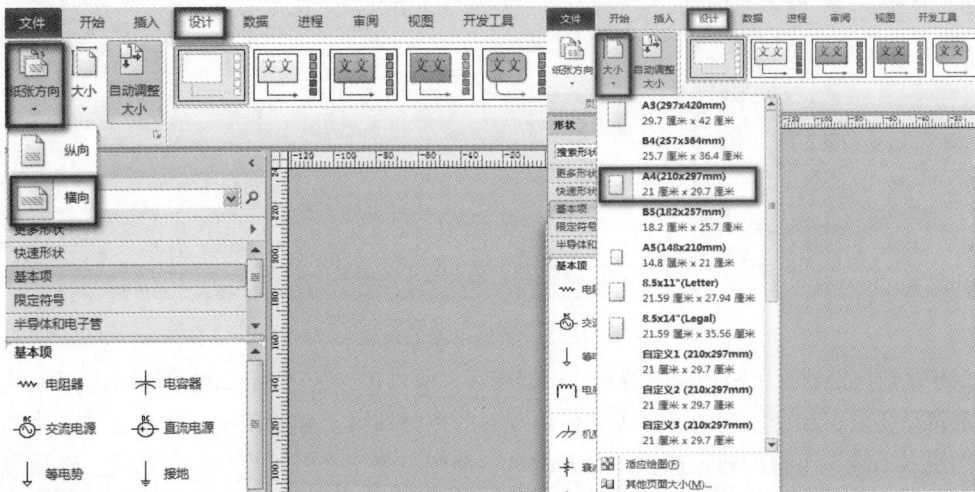

图 7-36　页面设置

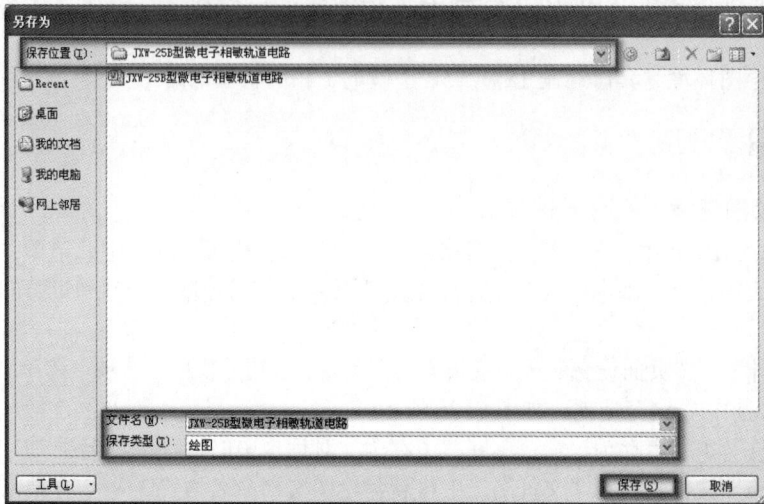

图 7-37　保存绘图文档

2．绘制 JXW-25B 型微电子相敏轨道电路图

选择"开始"｜"工具"｜"绘图工具"｜"折线图"命令，在绘图页中拖动鼠标绘制两条平行的线段，作为轨道电路的钢轨，如图 7-38 所示。

图 7-38　轨道电路的钢轨

由于之前已经建立了滑动变阻器和变压器模具，所以在绘制 JXW-25B 型微电子相敏轨道电路中的滑动变阻器和变压器时，只需要使用现有的模具即可。在绘图页中，单击"形状"窗格中的"更多形状"下拉按钮，选择"打开模具"命令，弹出"打开模具"对话框。选择滑动变阻器和变压器模具文件，单击"打开"按钮，滑动变阻器和变压器模具显示在"形状"窗格中，如图 7-39 所示。

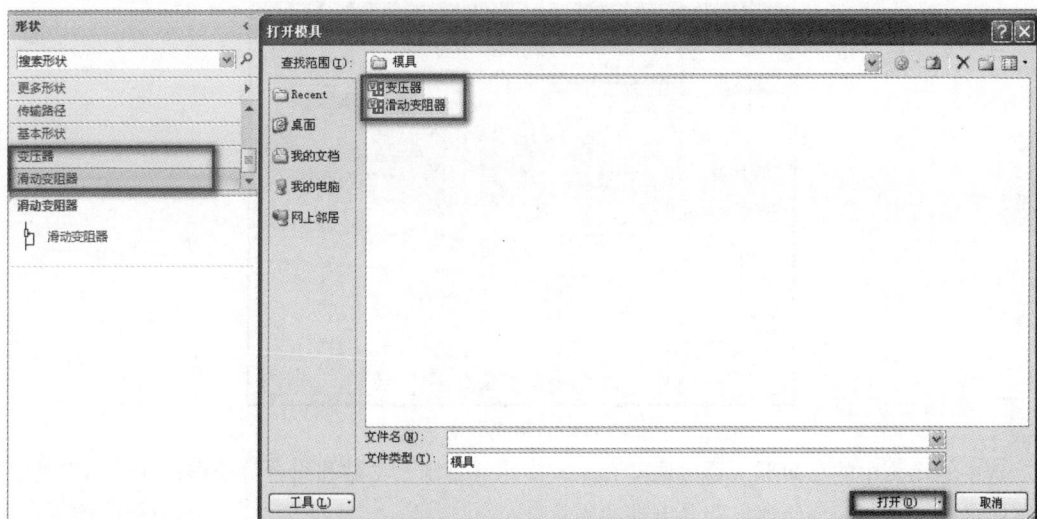

图 7-39 "打开模具"对话框

　　用鼠标将模具中的滑动变阻器和变压器形状拖放到绘图页中，然后调整为合适的大小。选择"开始"｜"工具"｜"绘图工具"｜"折线图"命令，绘制轨道电路图中熔断器和电源部分，并将电路图中的各个部分连接起来，如图 7-40 所示。

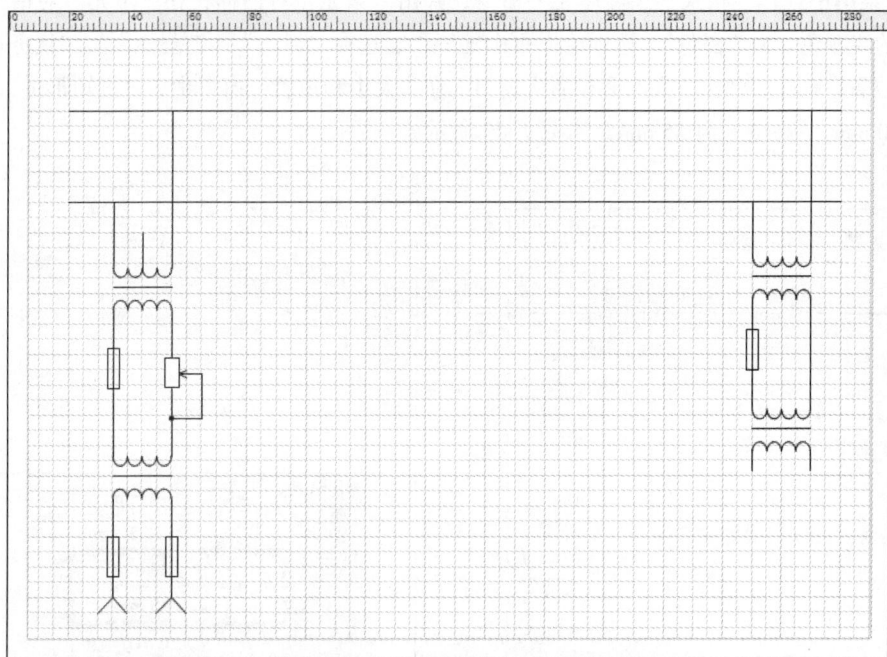

图 7-40 绘制部分轨道电路图

　　将"形状"窗格中的"基本形状"中的"三角形"拖动到绘图页中，右击绘图页中的三角形，选择"格式"｜"填充"命令，弹出"填充"对话框。在填充对话框中，将"填充"的"颜色"设置为"白色"，如图 7-41 所示。

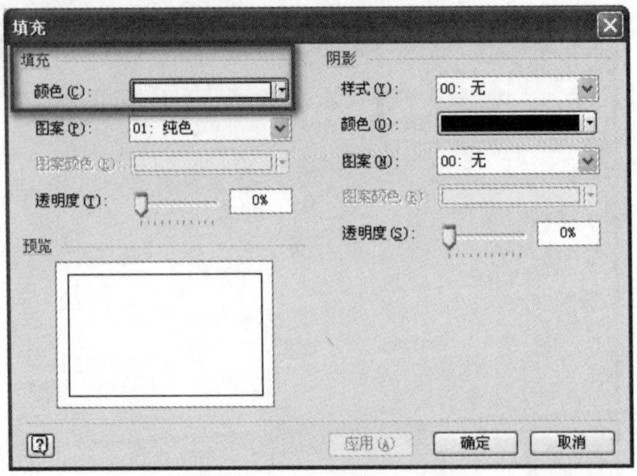

图 7-41　"填充"对话框

选中绘图页中的三角形，通过调整大小、旋转、复制、粘贴和组合等操作，并使用工具中的折线图命令，绘制完成轨道电路受电端的硒片。

选择"开始"｜"工具"｜"绘图工具"｜"折线图"命令，绘制一个矩形，选择"开始"｜"工具"｜"文本"命令，创建文本"HFC"，将"字号"设置为"14"，绘制完成轨道电路受电端的防护盒。将硒片防护盒接入轨道电路图中，如图 7-42 所示。

将"形状"窗格中的"基本形状"｜"矩形"拖动到绘图页中，右击绘图页中的矩形，在弹出的快捷菜单中选择"格式"｜"填充"命令，弹出"填充"对话框，在"填充"对话框中设置"填充"的"颜色"为"白色"。选中绘图页中的矩形，选择"视图"｜"显示"｜"任务窗格"｜"大小和位置"命令，弹出"大小和位置"窗口。在"大小和位置"窗口中，设置矩形的大小，"宽度"为 40 mm，"高度"为 55 mm，如图 7-43 所示。

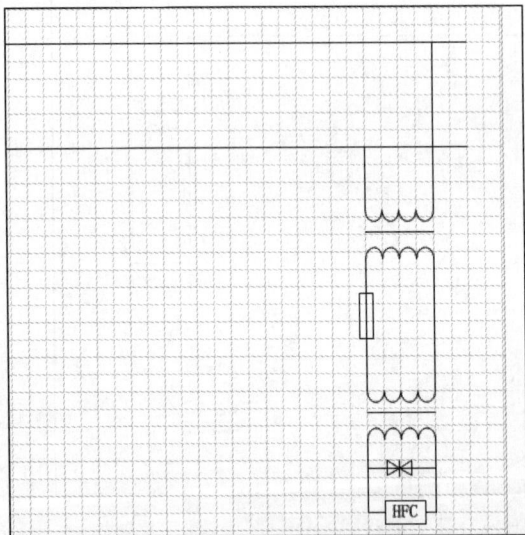

图 7-42　绘制硒片和防护盒

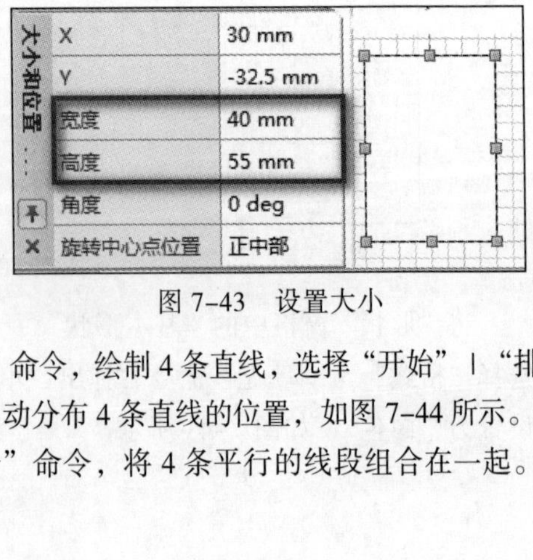

图 7-43　设置大小

选择"开始"｜"工具"｜"绘图工具"｜"折线图"命令，绘制 4 条直线，选择"开始"｜"排列"｜"位置"｜"空间形状"｜"纵向分布"命令，自动分布 4 条直线的位置，如图 7-44 所示。

选中 4 条直线，选择"开始"｜"排列"｜"组合"命令，将 4 条平行的线段组合在一起。

将线段移动至矩形的边。将"基本项"中的"电感器"拖动到绘制页中，通过旋转和调整大小，并利用工具中的折线图连接电路图，如图 7-45 所示。

图 7-44 设置直线位置

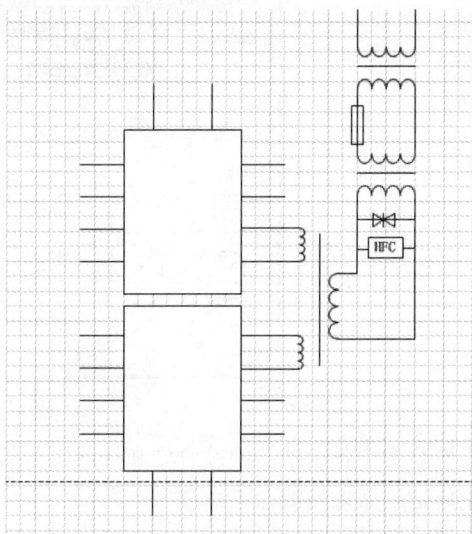

图 7-45 绘制电子接收器

将"形状"窗格中的"基本形状"｜"圆形"拖动到绘图页中，右击绘图页中的圆形，执行"格式"｜"填充"命令，弹出"填充"对话框，在"填充"对话框中设置"填充"的"颜色"为白色。对绘图页中的"圆形"进行移动和调整大小操作，选择"开始"｜"工具"｜"绘图工具"｜"折线图"命令，连接受电端电路图如图 7-46 所示。

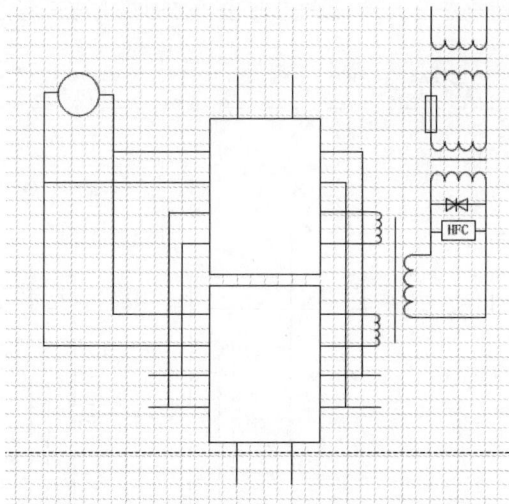

图 7-46 受电端电路连接

选择"形状"｜"更多形状"｜"工程"｜"电气工程"｜"传输路径"命令，使传输路径中的图形符号在"形状"窗格中显示。选择"接合点"，拖动到绘图页中。右击绘图页中的"接合点"，在弹出的快捷菜单中选择"格式"｜"线条"命令，弹出"线条"对话框，设置线条的"粗细"为"4½ pt"，如图 7-47 所示。

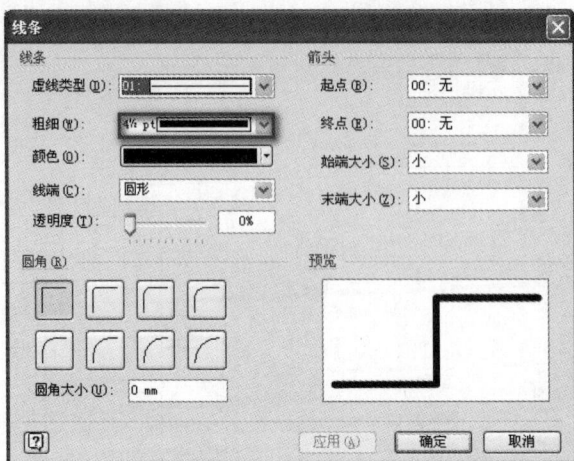

图 7-47 设置接合点

在电路图中各个线路的接合处和接线端子处绘制接合点，在变压器箱内部的接线端子处，接合点上应加一条短斜线。

选择"开始"｜"工具"｜"绘图工具"｜"折线图"命令，绘制四个矩形，其中一个矩形代表送电端的轨道变压器箱，该矩形中包括了送电端的熔断器、轨道变压器和限流电阻；一个矩形代表受电端的变压器箱，该矩形中包括了受电端的变压器和熔断器；两个矩形代表扼流变压器箱，每个矩形中包括了送电端和受电端的扼流变压器。分别选中每一个矩形，右击，在弹出的快捷菜单中选择"置于底层"｜"置于底层"命令，这样可以保证矩形中的电路元件全部显示出来，效果如图 7-48 所示。

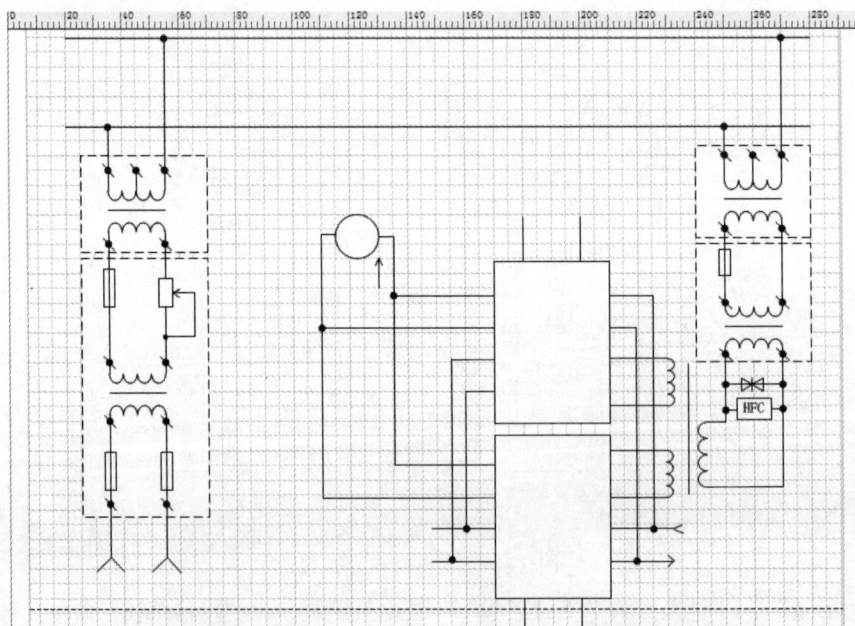

图 7-48 绘制箱盒

选择"开始"｜"工具"｜"文本"命令，在对轨道电路图中的各个组成部分进行命名。选中绘图页中的文本，右击，在弹出的快捷菜单中选择"格式"｜"文本"命令，弹出"文本"对话框，在"文本"对话框中，将"样式"设置为"加粗"，"字号"设置为"14 pt"，如图 7-49 所示。

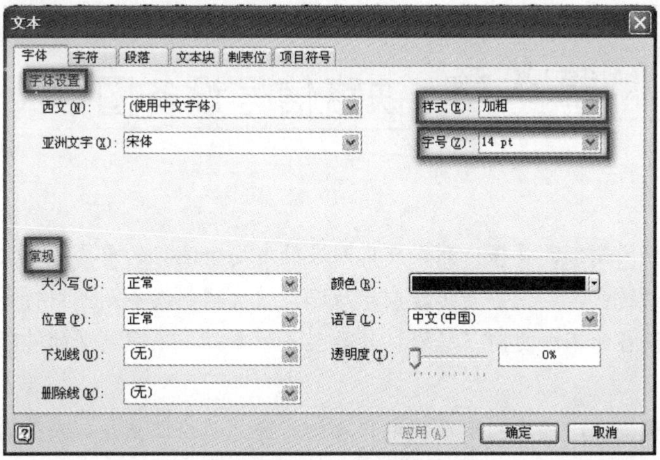

图 7-49　"文本"对话框

本 章 小 结

本章详细介绍了利用 Visio 2010 绘制常用轨道电路图的方法，主要包括工频交流连续式轨道电路图、一送两受轨道电路图和 JXW-25B 型微电子相敏轨道电路图。本章重点说明了如何使用 Visio 2010 绘制轨道电路图，主要包括轨道电路图的整体设计与布局；灵活应用 Visio 2010 绘图与编辑命令，使绘制的图形更加准确和美观；Visio 2010 模具的创建、插入、编辑、管理与使用，使绘制轨道电路图更加方便、快捷。

课 后 习 题

1. 绘制 97 型 25 Hz 相敏轨道电路图。
2. 绘制一送两受 JXW-25 B 型微电子相敏轨道电路图。

第 *8* 章 铁路信号设备图

道岔的转换和锁闭设备,是保证列车或车列在站内安全运行的重要基础设备。道岔由转辙机牵引,而转辙机又由道岔控制设备直接控制,所以,道岔控制设备是关系行车安全的关键设备。随着铁路信号技术设备的不断更新,转辙机的类型多种多样,不同类型的转辙机需要不同的道岔控制设备。

为保证铁路运输安全,满足列车及调车作业的需要,必须设置各种类型的铁路色灯信号机。信号机点灯电路控制信号机灯光显示,而信号机灯光显示直接指示列车及车列的运行,准确可靠的信号机显示能够保证车站作业安全。

车站信号设备平面布置图是根据站场线路图绘制出来的表示信号设备分布情况的图纸,在图中标明了站场线路的布置和接发车方向、信号楼的位置及集中区的划分范围、信号机的名称和设置位置、轨道区段的划分情况等。

学习目标

本章主要介绍利用 Visio 2010 软件绘制四线制道岔控制电路图、调车信号机点灯电路图和车站信号平面布置图的方法。通过学习,应掌握以下内容:

- 熟悉 Visio 2010 绘制四线制道岔控制电路图、调车信号机点灯电路图和车站信号平面布置图的整体设计与布局。
- 灵活运用 Visio 2010 绘图与编辑命令,使绘制的图形更加准确和美观。
- 掌握 Visio 2010 模具的创建、插入、编辑、管理与使用。
- 能够运用所学的知识解决与处理四线制道岔控制电路图、调车信号机点灯电路图和车站信号平面布置图绘制过程中的问题。

8.1 四线制单动道岔控制电路图的绘制

四线制单动道岔控制电路由道岔启动电路和道岔表示电路两部分组成,该电路主要应用于 ZD6 型电动转辙机。其中,启动电路是动作 ZD6 型电动转辙机转换道岔位置的电路,表示电路是正确地反映道岔位置的电路。

下面以图 8-1 所示的四线制道岔控制电路图为例,介绍其绘制方法。

课堂实训 1 绘制四线制单动道岔控制电路图

首先配置绘图环境,其次绘制模具,最后绘制四线制单动道岔控制电路图。

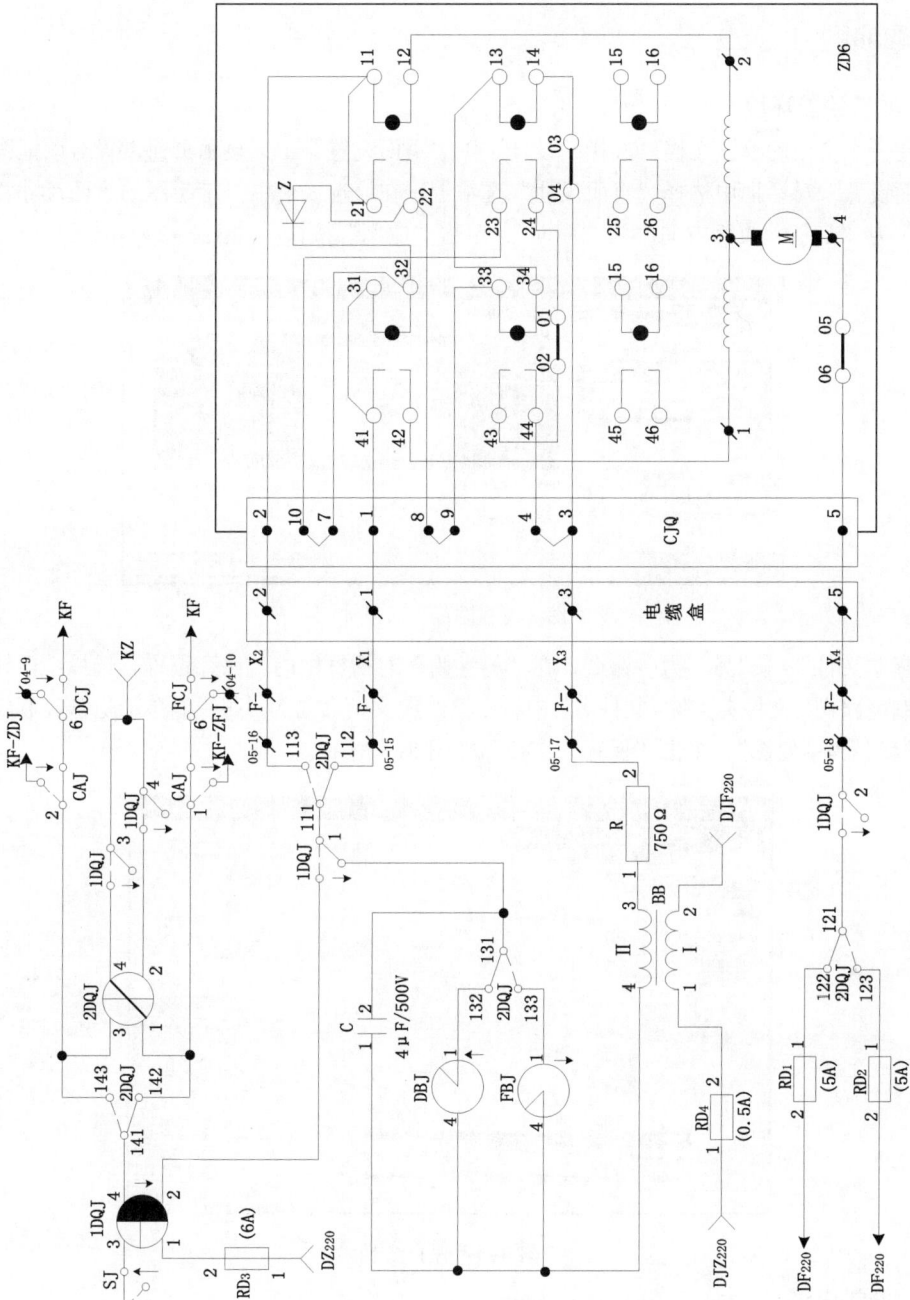

图 8-1　四线制单动道岔控制电路图

操作步骤

1．配置绘图环境

新建一个空白的绘图文档，选择"设计"｜"页面设置"｜"显示页面设置对话框"命令。在"页面设置"对话框中选择"页面尺寸"选项卡，在该选项卡中指定绘图的页面尺寸"预定义的大小"为"A3"，"页面方向"为"横向"，单击"应用"按钮，如图 8-2 所示。

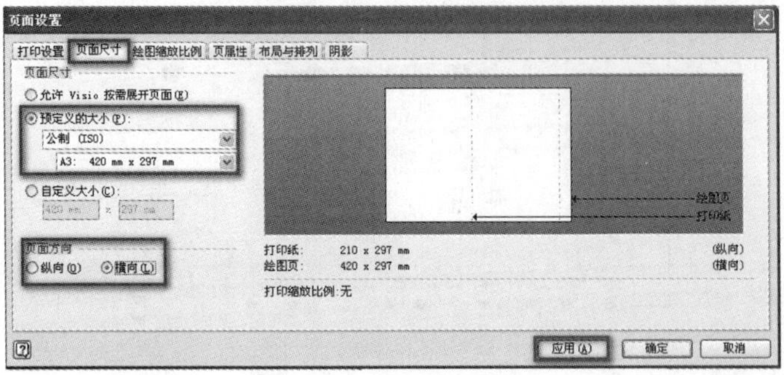

图 8-2　设置页面尺寸

选择"文件"｜"另存为"命令，在"另存为"对话框中的"保存位置"选择"四线制单动道岔控制电路图"文件夹，在"文件名"中将新建绘图文档命名为"四线制单动道岔控制电路图"，"保存类型"为"绘图"，单击"保存"按钮，如图 8-3 所示。

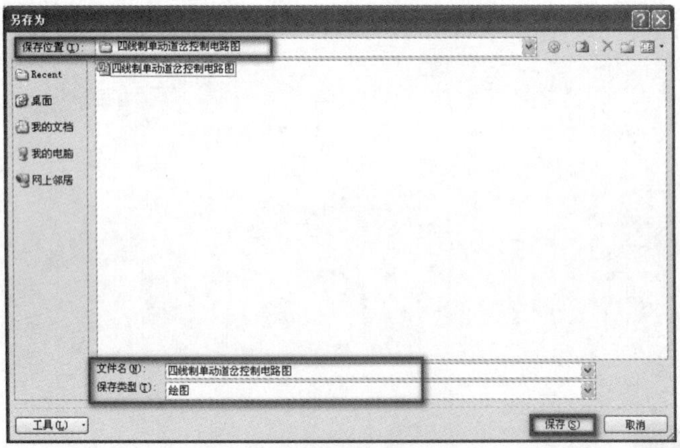

图 8-3　保存文档

2．绘制模具

由于四线制单动道岔控制电路中多次使用继电器的接点，所以可以将继电器的接点自定义为模具，方便重复使用。

在绘图文档中，单击"形状"任务中的"更多形状"按钮，选择"新建模具（公制）"命令，在"形状"窗格内创建一个可编辑的模具，如图 8-4 所示。

将"基本形状"中的"圆形"拖动到绘图页中，在绘图页中绘制三个"圆形"，分别右击绘图页中的每个"圆形"，在弹出的快捷菜单中选择"格式"｜"填充"命令，弹出"填充"对话框。在"填充"对话框中，将"填充"的"颜色"设置为"白色"，如图 8-5 所示。

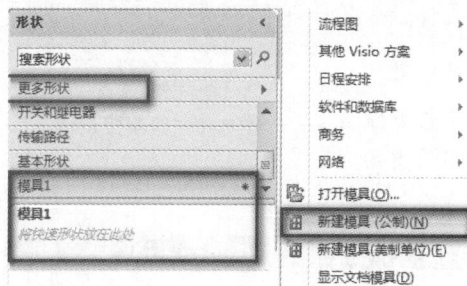

图 8-4 创建模具

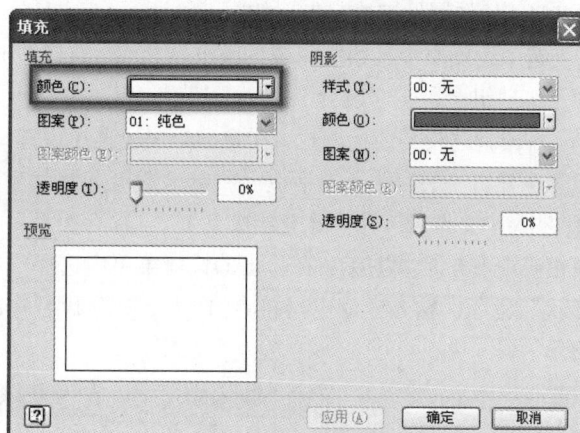

图 8-5 "填充"对话框

选择"视图"|"显示"|"任务窗格"|"大小和位置"命令，如图 8-6 所示，弹出"大小和位置"窗口。

图 8-6 执行大小和位置命令

在绘图页中分别选中三个"圆形"，并在"大小和位置"窗口中修改高度和宽度文本框中的数值分别为"2 mm"。其中一个圆形的 X 和 Y 文本框中的数值分别为"50 mm"和"150 mm"，另一个"圆形"的 X 和 Y 文本框中的数值分别为"60 mm"和"150 mm"，第三个"圆形"的 X 和 Y 文本框中的数值分别为"56 mm"和"144 mm"，如图 8-7 所示。

大小和位置 – 圆形.44 ×		大小和位置 – 圆形.45 ×		大小和位置 – 圆形.8 ×	
X	50 mm	X	60 mm	X	56 mm
Y	150 mm	Y	150 mm	Y	144 mm
宽度	2 mm	宽度	2 mm	宽度	2 mm
高度	2 mm	高度	2 mm	高度	2 mm
角度	0 deg	角度	0 deg	角度	0 deg
旋转中心点位置	正中部	旋转中心点位置	正中部	旋转中心点位置	正中部

图 8-7 设置大小和位置

选择"开始"|"工具"|"绘图工具"|"折线图"命令，绘制一条直线，将两个 Y 值相等的"圆形"连接起来，绘制两条直线，将 X 值 50 mm、Y 值 150 mm 的圆形与 X 值 56 mm、Y

值 144 mm 的圆形连接起来,如图 8-8 所示。

选中绘图页中已绘制完成的继电器接点,选择"开始"|"排列"|"组合"|"组合"命令,然后将继电器接点拖动到模具中。右击新建模具的标题栏,在弹出的快捷菜单中选择"另存为"命令,弹出"另存为"对话框。将继电器接点保存至"模具"文件夹中,"文件名"为"继电器接点1","保存类型"为"模具"。在模具中右击形状图标,在弹出的快捷菜单中选择"重命名主控形状"命令,输入"继电器接点 1",更改形状名称,如图 8-9所示。

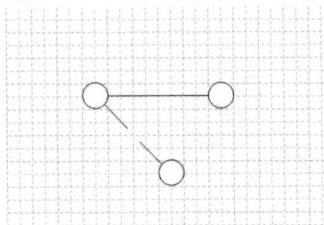

图 8-8　绘制接点

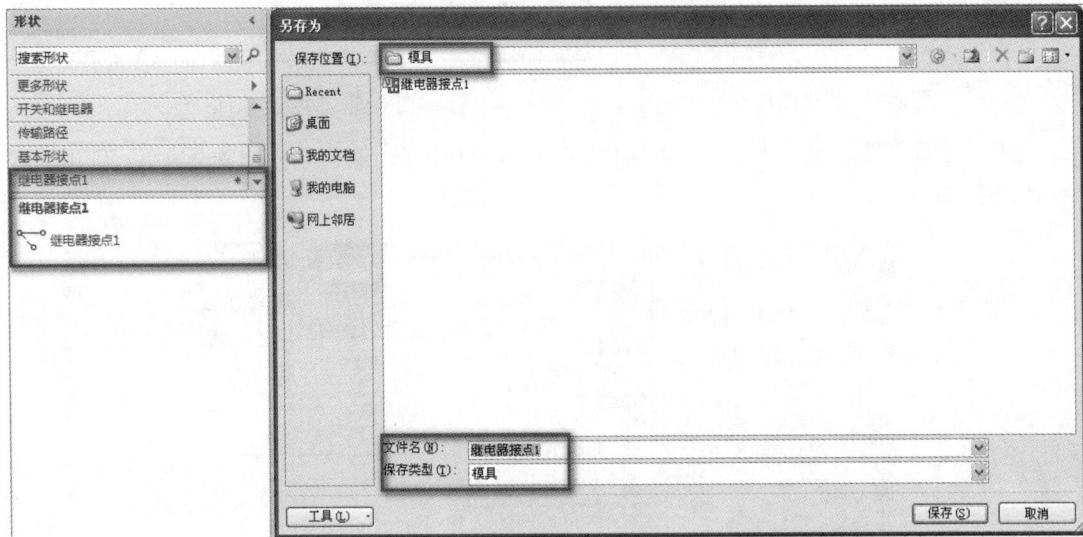

图 8-9　保存模具

利用相同的方法,自定义继电器接点 2 模具和有极接点模具,如图 8-10 所示。

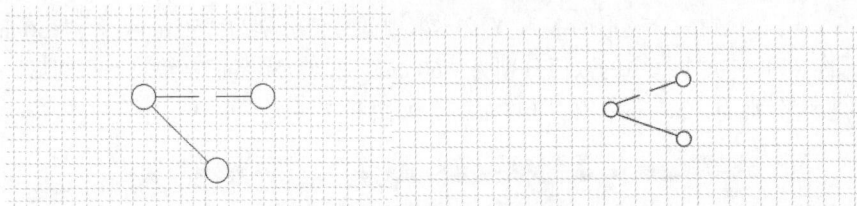

图 8-10　继电器接点

选择"开始"|"工具"|"绘图工具"|"折线图"命令,绘制一条直线。选中绘图页中的直线,选择"视图"|"显示"|"任务窗格"|"大小和位置"命令,弹出"大小和位置"窗格,修改长度文本框中的数值为"5 mm"。

右击直线,在弹出的快捷菜单中选择"格式"|"线条"命令,弹出"线条"对话框。在"线条"对话框中,将"起点"设置为"05","始端大小"设置为"中等",如图 8-11 所示。

将绘图页中带箭头的直线拖动到模具中,右击新建模具的标题栏,在弹出的快捷菜单中选择"另存为"命令,弹出"另存为"对话框。将带箭头的直线保存至"模具"文件夹中,文件名为"吸起",保存类型为"模具"。在模具中右击形状图标,在弹出的快捷菜单中选择"重命名主控形状"命令,输入"吸起",更改形状名称,如图 8-12 所示。利用相同的方法,自定义"落下"模具。

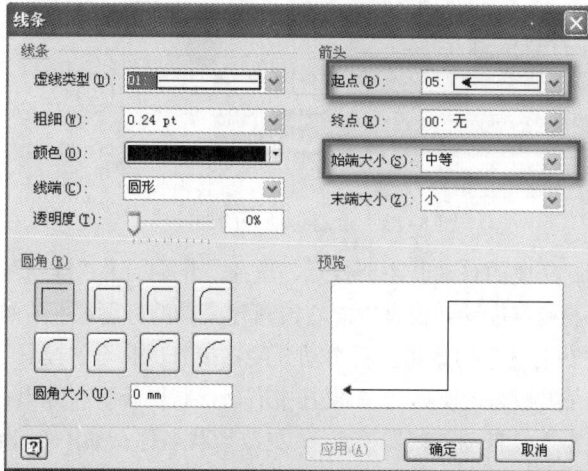

图 8-11　"线条"对话框

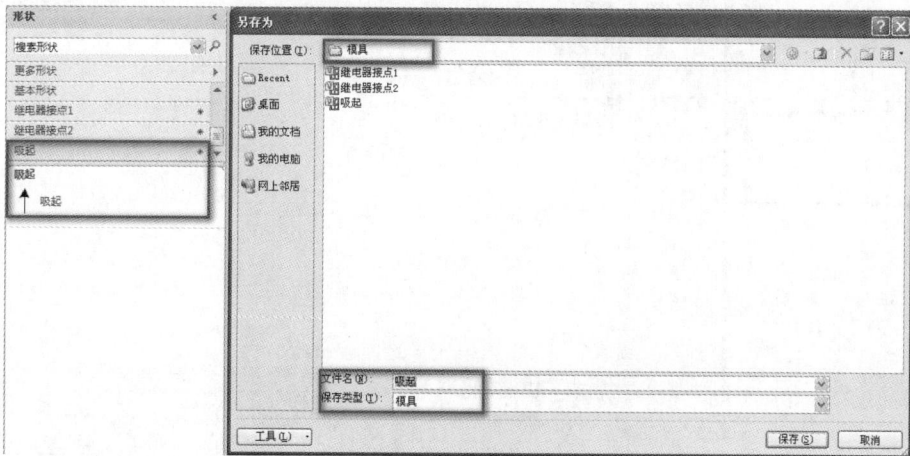

图 8-12　保存模具

在绘图文档中,单击"形状"窗格中的"更多形状"按钮,选择"新建模具(公制)"命令,创建一个空白模具。在绘图页中绘制四个"圆形",分别选中这四个"圆形",并在"大小和位置"窗口中,修改高度和宽度文本框中的数值分别为"4 mm"。其中一个圆形的 X 和 Y 文本框中的数值分别为"144 mm"和"545 mm",另一个"圆形"的 X 和 Y 文本框中的数值分别为"144 mm"和"535 mm",第三个"圆形"的 X 和 Y 文本框中的数值分别为"178 mm"和"545 mm",第四个"圆形"的 X 和 Y 文本框中的数值分别为"178 mm"和"535 mm"。在绘图页中绘制一个"圆形",在"填充"对话框中设置"圆形"的颜色为黑色,在"大小和位置"窗口中修改高度和宽度文本框中的数值分别为"4 mm",X 和 Y 文本框中的数值分别为"166 mm"和"540 mm"。选择"开始"|"工具"|"绘图工具"|"折线图"命令,将绘图页中的各个圆形连接起来,如图 8-13 所示。

图 8-13　绘制自动开闭器接点

　　选中绘图页中已绘制完成的自动开闭器接点，选择"开始"｜"排列"｜"组合"｜"组合"命令，然后将自动开闭器接点拖动到模具中。右击新建模具的标题栏，在弹出的快捷菜单中选择"另存为"命令，弹出"另存为"对话框。将自动开闭器接点保存至"模具"文件夹中，文件名为"自动开闭器接点"，保存类型为"模具"。在模具中右击形状图标，在弹出的快捷菜单中选择"重命名主控形状"命令，输入"自动开闭器接点"，更改形状名称，如图 8-14 所示。

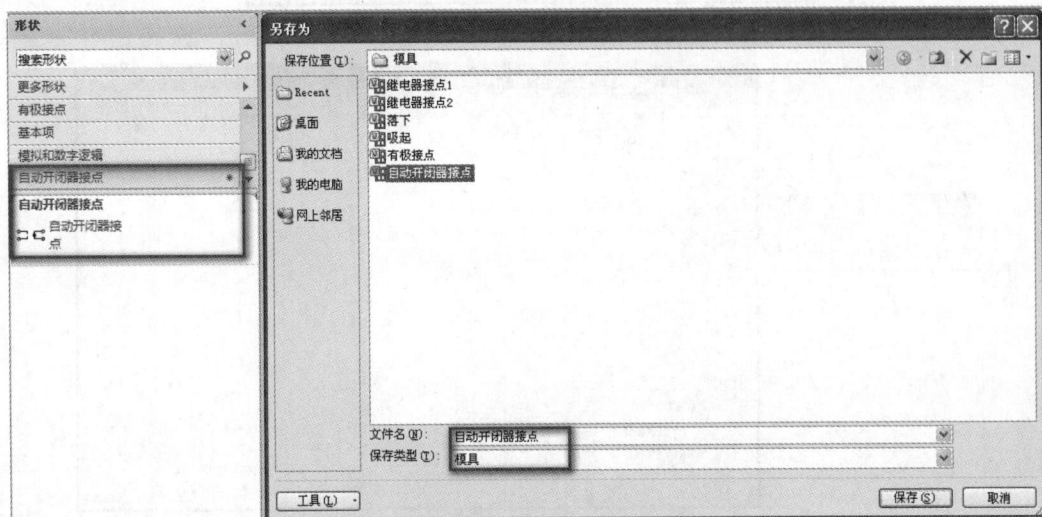

图 8-14　保存模具

3．绘制四线制单动道岔控制电路图

　　选择"开始"｜"工具"｜"绘图工具"｜"折线图"命令，在绘图页中绘制两条斜线。选择"视图"｜"显示"｜"任务窗格"｜"大小和位置"命令，弹出"大小和位置"窗口。分别选中两条斜线，设置两条斜线的大小和位置，如图 8-15 所示。

　　将模具中的"继电器接点 1"和"吸起"形状拖放到绘图页中，然后调整为合适的大小，并将电路图中的各个部分连接起来，如图 8-16 所示。

　　将"基本形状"中的"圆形"拖到绘图页中，右击绘图页中的"圆形"，在弹出的快捷菜单中选择"格式"｜"填充"命令，设置填充的颜色为"白色"。在绘图页中选中"圆形"，并在"大小和位置"窗口中，修改高度和宽度文本框中的数值分别为"14 mm"。选择"开始"｜"工具"｜"绘图工具"｜"折线图"命令，绘制一条"圆形"的直径，如图 8-17 所示。

图 8-15　绘制电源

图 8-16　绘制电路图

选中绘图页中的圆形，选择 "开发工具" ｜ "形状设计" ｜ "操作" ｜ "修剪"命令，如图 8-18 所示。

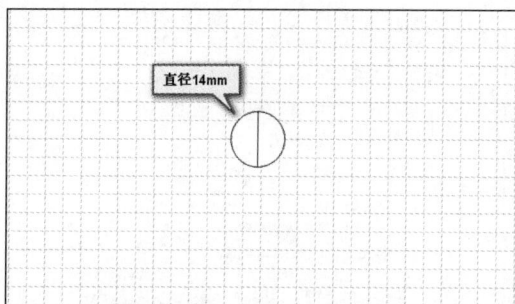

图 8-17　绘制圆形的直径

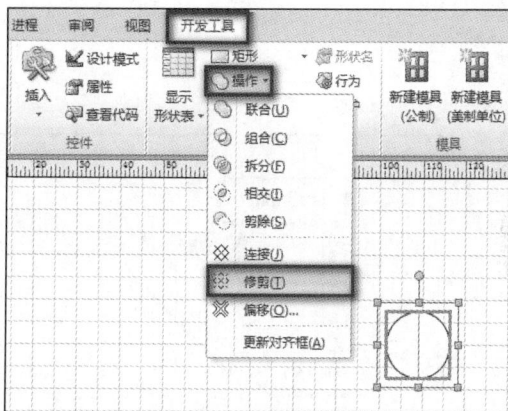

图 8-18　修剪操作

选中修剪后的圆形，利用 Shift 键与鼠标左键配合，选中圆形的右半部分，选择"开发工具"｜"形状设计"｜"操作"｜"连接"命令，如图 8-19 所示。

右击圆形的右半部分，在弹出的快捷菜单中选择"格式"｜"填充"命令，设置填充的颜色为"黑色"。选择"开始"｜"工具"｜"绘图工具"｜"折线图"命令，绘制一条直线作为半圆的半径。将模具中的落下形状拖放到绘图页中，放置于圆形的右侧，如图 8-20 所示。

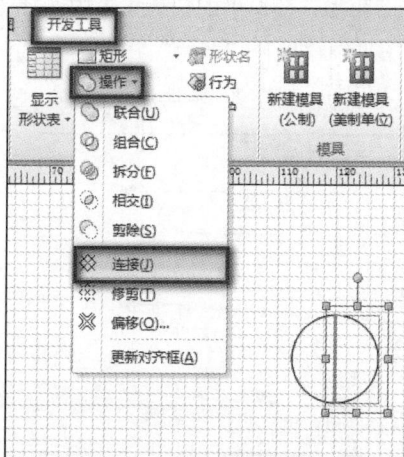

图 8-19　绘制半圆

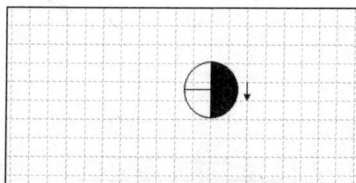

图 8-20　绘制继电器线圈

在绘图页中绘制圆形，设置圆形填充的颜色为"白色"，直径为"14 mm"。选择"开始" |
"工具" | "绘图工具" | "折线图"命令，绘制两条圆形的直径，一条直径的角度设置为–90°，
另一条直径的角度设置为45°，线条粗细设置为1½ pt，如图8-21所示。

将模具中的继电器接点2拖放到绘图页中，在绘图页中选中并选择"开始" | "排列" | "位
置" | "旋转形状" | "水平翻转"命令，如图8-22所示。

图 8-21　绘制有极继电器

图 8-22　翻转形状

将模具中的落下形状拖放到绘图页中的适当位置，选择"开始" | "工具" | "绘图工具" |
"折线图"命令，将绘图页中的各个元件连接起来，如图8-23所示。

将基本形状中的矩形拖动到绘图页中，设置绘图页中的矩形填充颜色为白色，长为12 mm、
宽为6 mm，将矩形移动至适当的位置。右击绘图页中的矩形，在弹出的快捷菜单中选择"置于底
层" | "置于底层"命令。将模具中的形状拖放到绘图页中，选择"开始" | "工具" | "绘图
工具" | "折线图"命令，将绘图页中的各个元件连接起来，如图8-24所示。

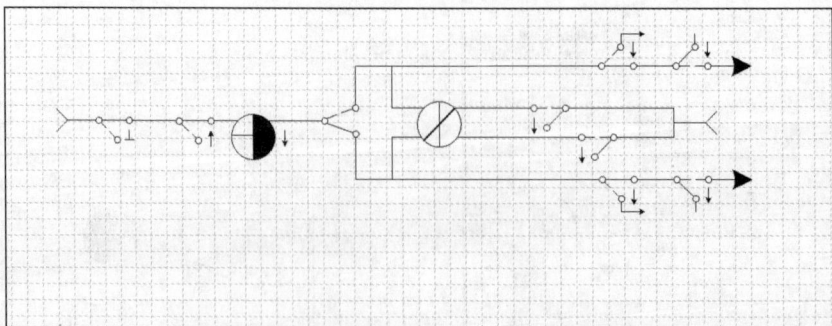

图 8-23　绘制电路图

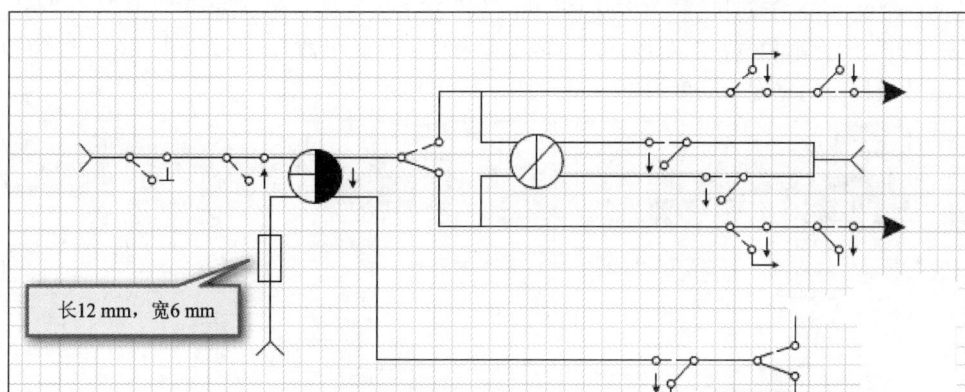

图 8-24 绘制电路图

　　选择"开始"│"工具"│"绘图工具"│"折线图"命令，在绘图页中绘制两条直线，在"大小和位置"窗格中设置直线的长度为 8 mm，选中一条直线，使两条直线之间的距离为 4 mm，如图 8-25 所示。

　　将"基本形状"中的圆形拖放到绘图页中，设置圆形的填充颜色为"白色"，直径为 14mm。在圆形中绘制两条半径，其中一条半径设置角度为 180°，另一条半径设置角度为 135°。选中圆形和两条直径，选择"开始"│"排列"│"组合"│"组合"命令，复制该形状，选择"开始"│"排列"│"位置"│"旋转形状"│"水平翻转"命令，效果如图 8-26 所示。

图 8-25 绘制电容

图 8-26 绘制偏极继电器

　　将"基本项"中的"电感器"拖动到绘图页中，选中绘图页中的"电感器"，选择"开发工具"│"形状设计"│"操作"│"修剪"命令，如图 8-27 所示。

　　删除电感器的引脚，利用 Shift 键与鼠标左键配合，选中电感器的线圈，选择"开发工具"│"形状设计"│"操作"│"连接"命令，如图 8-28 所示。

　　将"基本形状"中的"矩形"拖放到绘图页中，在"填充"对话框中设置"矩形"的颜色为白色，在"大小和位置"窗口中设置"矩形"的宽度为 20 mm、高度为 6 mm。选择"开始"│"工具"│"绘图工具"│"折线图"命令，将绘图页中的各个元件连接起来，如图 8-29 所示。

　　单击"形状"窗格中"更多形状"下拉按钮，选择"工程"│"电气工程"│"旋转设备和

机械功能"命令，将"旋转机器"｜"电刷"和"场"拖放到绘图页中。选择"视图"｜"显示"｜
"任务窗格"｜"大小和位置"命令，在绘图页中选中"旋转机器"。在"大小和位置"窗口中，
设置"旋转机器"的宽度和高度为 14 mm，如图 8-30 所示。

图 8-27　修剪电感器

图 8-28　制作线圈

图 8-29　绘制电路图

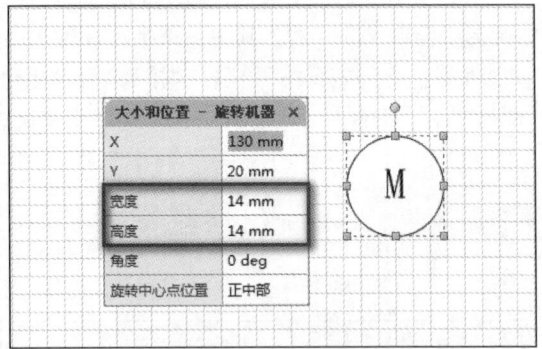

图 8-30　设置大小和位置

　　选择"视图"｜"显示"｜"任务窗格"｜"大小和位置"命令，在绘图页中选中"电刷"。
在"大小和位置"窗口中，设置"电刷"的宽度为 3 mm、高度为 4 mm，并将两个"电刷"移动
至"旋转机器"的上端的下端，右击"旋转机器"，在弹出的快捷菜单中选择"至于顶层"｜"至
于顶层"命令，效果如图 8-31 所示。

　　选择"开始"｜"工具"｜"绘图工具"｜"折线图"命令，将绘图页中的各个部分连接起
来。选中绘图页中已绘制完成的串激直流电动机，选择"开始"｜"排列"｜"组合"｜"组合"
命令，效果如图 8-32 所示。

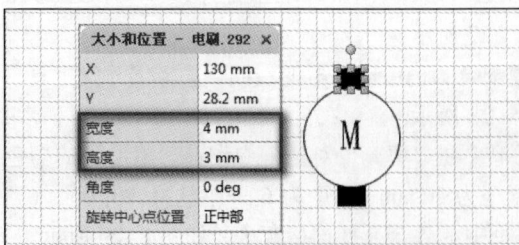

图 8-31　绘制电刷

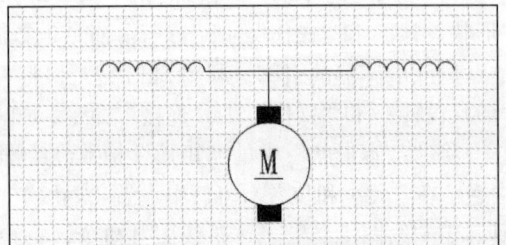

图 8-32　绘制串激直流电动机

将"基本形状"中的"三角形"拖放到绘图页中,在"填充"对话框中设置"三角形"的颜色为白色,在"大小和位置"窗口中设置"三角形"的宽度为 6 mm、高度为 6 mm、角度为-90°,如图 8-33 所示。

选择"开始"|"工具"|"绘图工具"|"折线图"命令,绘制两条直线,一条水平的直线穿过三角形,另一条垂直的直线移动至三角形的右顶点上。在"大小和位置"窗口中,将垂直的直线的长度设置为 6 mm。选中绘图页中已绘制完成的二极管,选择"开始"|"排列"|"组合"|"组合"命令,效果如图 8-34 所示。

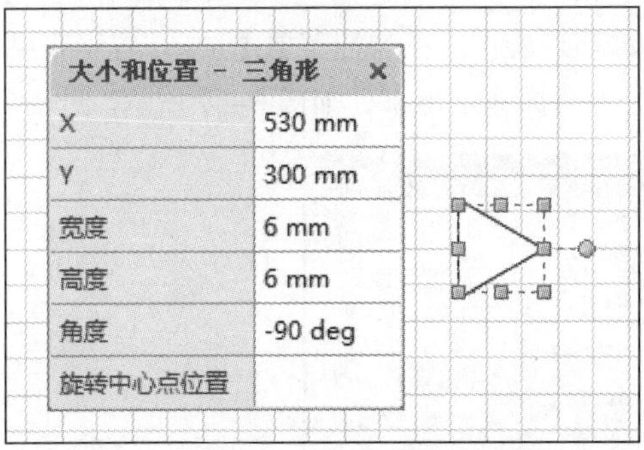

图 8-33 绘制三角形

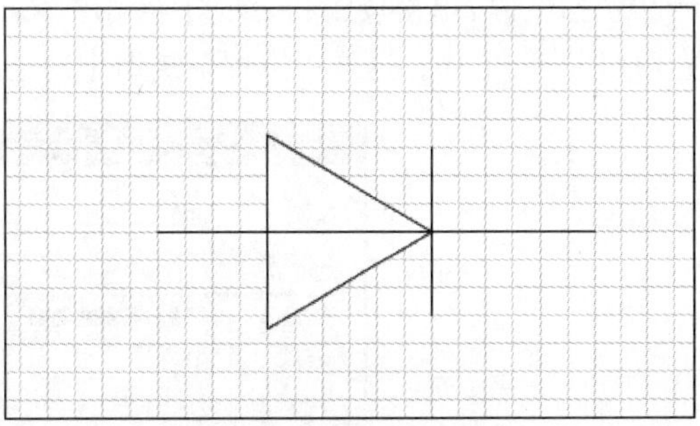

图 8-34 绘制二极管

将"基本形状"中的"矩形"拖放到绘图页中,在"填充"对话框中设置"矩形"的颜色为白色,在"大小和位置"窗口中设置"矩形"的宽度为 140 mm、高度为 180 mm,右击绘图页中的"矩形",在弹出的快捷菜单中选择"置于底层"|"置于底层"的命令。将绘图页中的串激直流电动机、二极管和模具中的自动开闭器接点拖放到矩形中,并选择"开始"|"工具"|"绘图工具"、"折线图"命令,将转辙机内部电路图绘制完成,如图 8-35 所示。

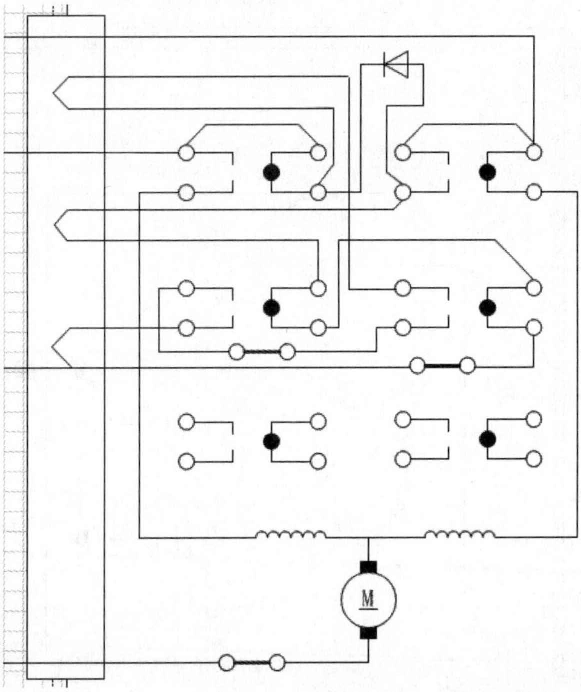

图 8-35 绘制电路图

选择"形状"|"更多形状"|"工程"|"电气工程"、"传输路径"命令，使传输路径中的图形符号在"形状"窗格中显示。选择"接合点"，拖动到绘图页中。右击绘图页中的"接合点"，在弹出的快捷菜单中选择"格式"|"线条"命令，弹出"线条"对话框，设置线条的粗细为"4½ pt"，如图 8-36 所示。

在电路图中各个线路的结合处和接线端子处绘制接合点，在变压器箱内部的接线端子处，接合点上应加一条短斜线。

选择"开始"|"工具"|"绘图工具"|"折线图"命令，绘制一个矩形代表控制台，该矩形中包括电源、道岔按钮和表示灯等元件。右击该矩形，在弹出的快捷菜单中选择"置于底层"|"置于底层"的命令，这样可以保证矩形中的电路元件全部显示出来，如图 8-37 所示。

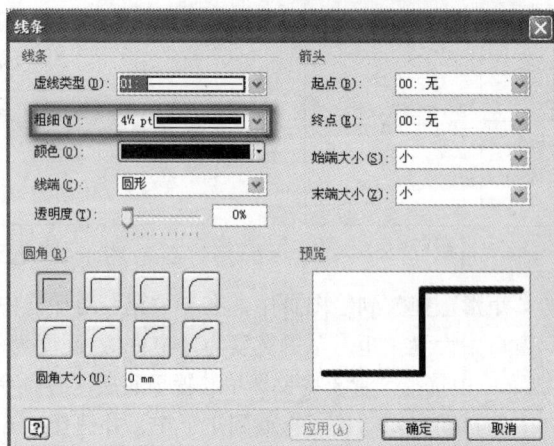

图 8-36　设置接合点

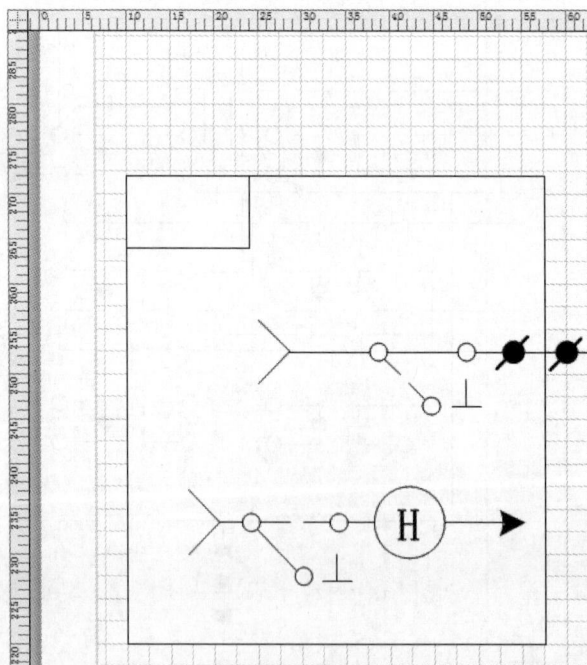

图 8-37　绘制控制台

选择"开始"｜"工具"｜"文本"命令，对轨道电路图中的各个组成部分进行命名。选中绘图页中的文本，右击，在弹出的快捷菜单中选择"格式"｜"文本"命令，弹出"文本"对话框，在"文本"对话框中，将"样式"设置为"加粗"，"字号"设置为"14 pt"，如图 8-38 所示。

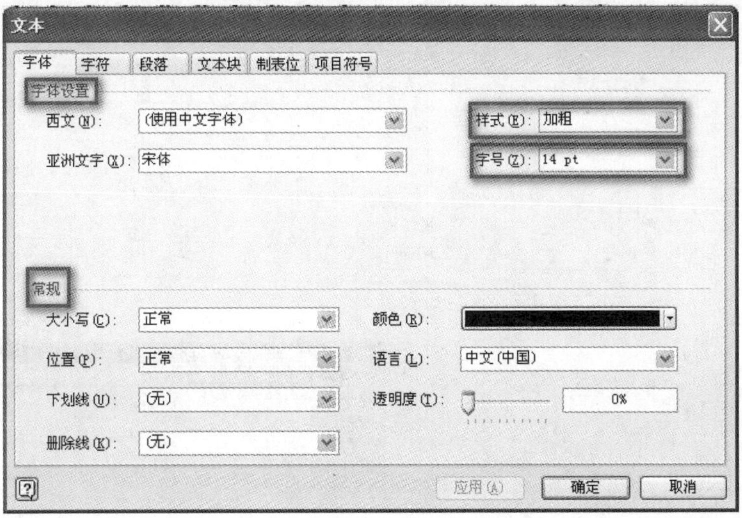

图 8-38 "文本"对话框

8.2 调车信号机点灯电路图的绘制

调车信号机的作用是防护调车进路，指示调车作业。设置调车信号机的目的是满足站内调车作业的需要。一般规模较小的中间站设置的调车信号机不多，而在规模较大的中间站、区段站、编组站调车信号机的数量很多。调车信号机的灯位配置很简单，大多数调车信号机采用一个白灯、一个蓝灯的矮型双灯机构。一般的车站，调车信号只有白灯和蓝灯显示。

下面以如图 8-39 所示的调车信号机点灯电路图为例，介绍其绘制方法。

课堂实训 2 绘制调车信号机点灯电路图

首先配置绘图环境，其次绘制调车信号机点灯电路图。

操作步骤

1. 配置绘图环境

启动 Visio 2010，在"新建"窗格中的"选择模板"列表中，选择"工程"选项，并在展开的列表中选择"基本电气"，单击"创建"按钮，即可创建一个信号机点灯电路的绘图文档。

选择"文件"｜"另存为"命令，在"另存为"对话框中的保存位置选择"调车信号机点灯电路图"文件夹，在"文件名"中将新建绘图文档命名为"调车信号机点灯电路图"，"保存类型"为"绘图"，单击"保存"按钮，如图 8-40 所示。

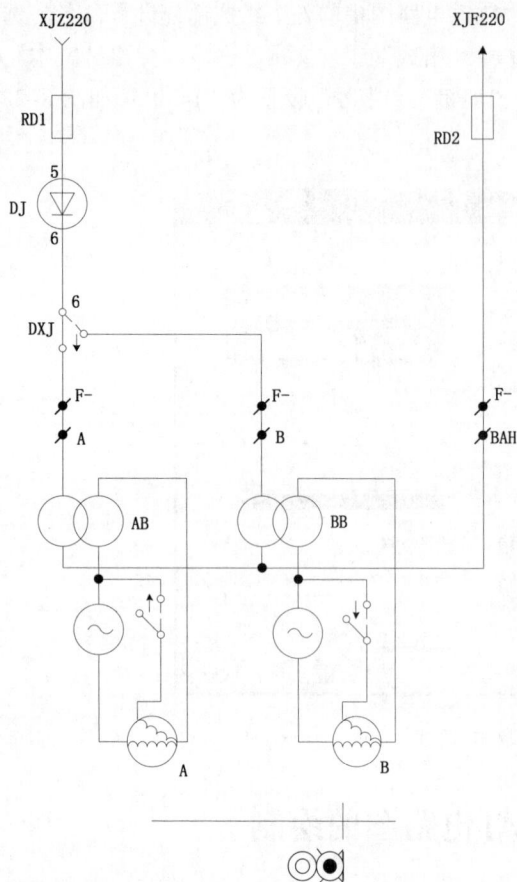

图 8-39　调车信号机点灯电路图

图 8-40　保存为绘图文档

2．绘制电路图

将"基本形状"中的"矩形"拖放到绘图页中，右击绘图页中的"矩形"，在弹出的快捷菜单中选择"格式"｜"填充"命令，弹出"填充"对话框。在"填充"对话框中，将矩形的颜色设置为"白色"，如图 8-41 所示。

图 8-41　"填充"对话框

选择"视图"｜"显示"｜"任务窗格"｜"大小和位置"命令，如图 8-42 所示，弹出"大小和位置"窗口。

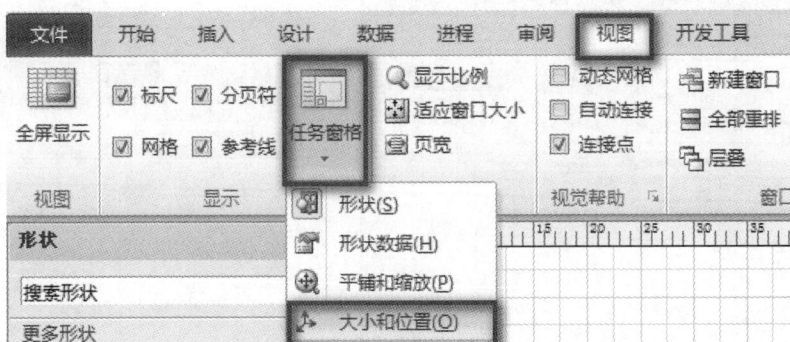

图 8-42　选择"大小和位置"命令

在"大小和位置"窗格中，设置矩形的宽度为 12 mm、高度为 6 mm，如图 8-43 所示。

选择"开始"｜"工具"｜"绘图工具"｜"折线图"命令，绘制一条将矩形一分为二的长度为 20 mm 的直线。选中绘图页中已绘制完成的熔断器，选择"开始"｜"排列"｜"组合"｜"组合"命令，如图 8-44 所示。

图 8-43　设置矩形的大小

将"基本形状"中的"圆形"和"三角形"拖放到绘图页中，分别右击绘图页中的"圆形"和"三角形"，在弹出的快捷菜单中"格式"｜"填充"命令，将圆形和三角形的颜色设置为"白色"。选择"视图"｜"显示"｜"任务窗格"｜"大小和位置"命令，设置圆形的宽度和高度为 14 mm，设置三角形的宽度和高度为 6 mm，角度为-90°。选择"开始"｜"工具"｜"绘图工具"｜"折线图"命令，绘制两条直线。其中，一条水平的直线将三角形一分为二，长度为 14 mm，另一条垂直的直线位于三角形右顶点，长度为 6 mm。选中绘图页中的三角形及直线，选择"开始"｜"排列"｜"组合"｜"组合"命令，二极管绘制完成。将绘图页中的二极管拖动到圆形的中心，选中圆形和二极管，选择"开始"｜"排列"｜"组合"｜"组合"命令，整流继电器绘制完成，如图 8-45 所示。

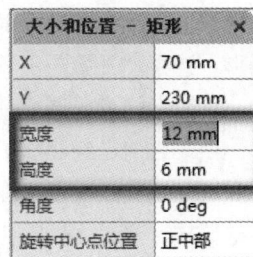

图 8-44　绘制熔断器

图 8-45　绘制整流继电器

将"基本形状"中的"圆形"拖放到绘图页中，在绘图页中绘制两个圆形，将圆形的颜色设置为"白色"，宽度和高度设置为 14 mm。右击其中任何一个圆形，在弹出的快捷菜单中选择"格式"｜"填充"命令，在"填充"对话框中，设置圆形的透明度为100%。选中透明度为100%的圆形，选择"开始"｜"排列"｜"上移一层"｜"置于顶层"命令，如图8-46所示。

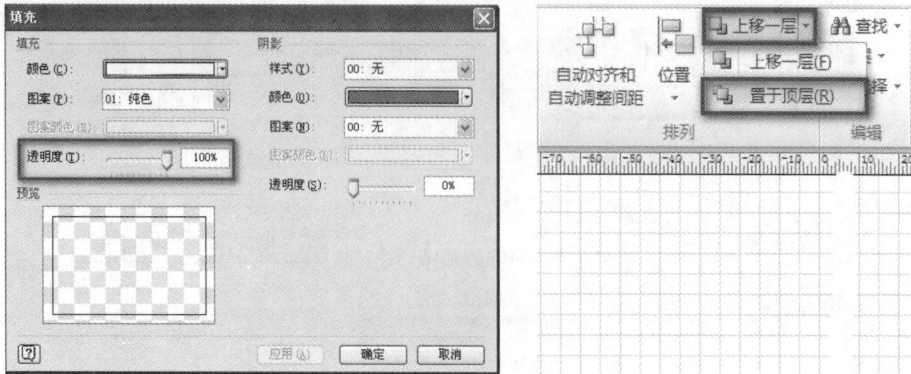

图8-46　设置圆形格式

在"大小和位置"窗口中，设置两个圆形的 Y 文本框中的数值一致，X 文本框中的数值相差 10 mm。选中两个圆形，选择"开始"｜"排列"｜"组合"｜"组合"命令，信号点灯变压器绘制完成，如图8-47所示。

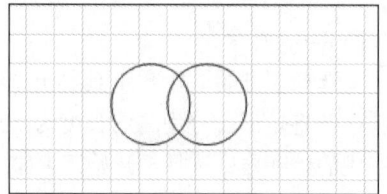

由于之前已经建立了继电器接点1、继电器接点2、落下和吸起模具，所以，在绘制调车信号机点灯电路图中的继电器接点时，只需要使用现有的模具即可。在绘图页中，

图8-47　绘制信号点灯变压器

单击"形状"任务窗格中的"更多形状"下拉按钮，选择"打开模具"命令，弹出"打开模具"对话框。选择继电器接点1、继电器接点2、落下和吸起模具文件，单击"打开"按钮，如图8-48所示，继电器接点1、继电器接点2、落下和吸起模具显示在"形状"窗格中。

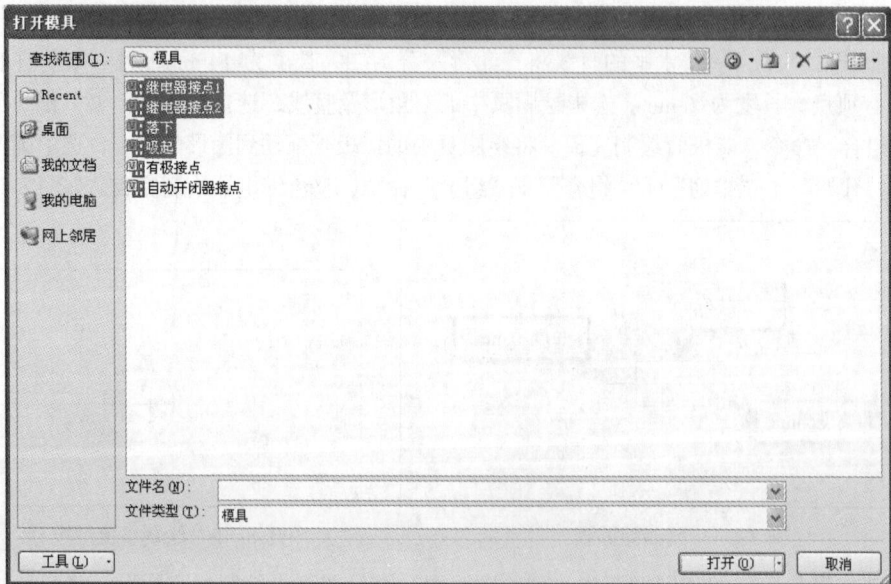

图8-48　打开模具

选择"开始" | "工具" | "绘图工具" | "折线图"命令，将绘图页中的各部分元器件连接起来，如图 8-49 所示。

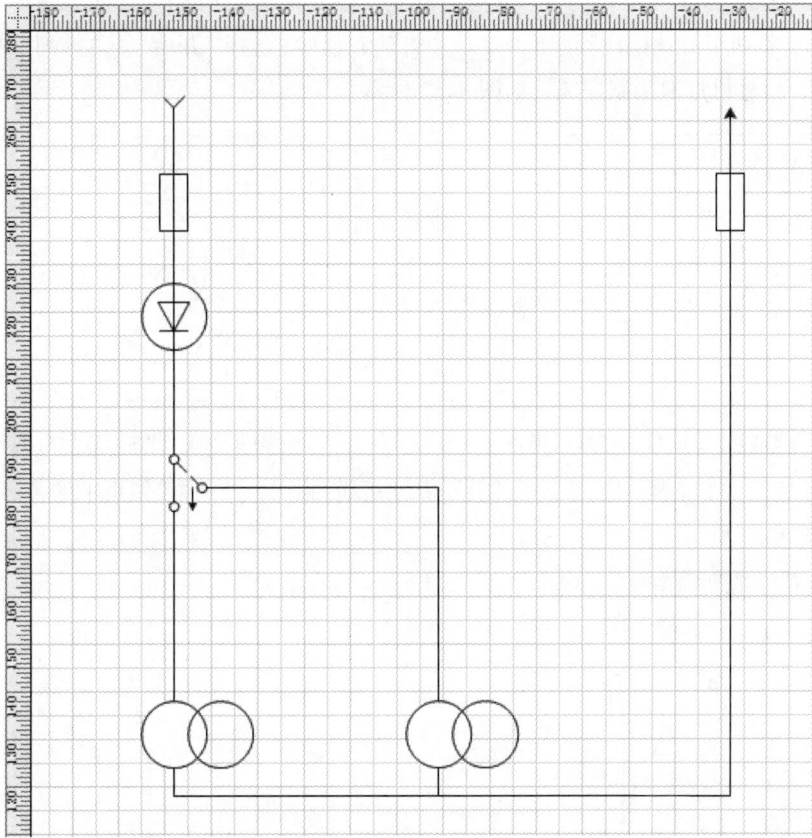

图 8-49　绘制调车信号机点灯电路

将"基本形状"中的"圆形"拖放到绘图页中，在绘图页中绘制一个圆形，将圆形的颜色设置为"白色"，宽度和高度设置为 14 mm。选择"形状" | "更多形状" | "工程" | "电气工程" | "模拟和数字逻辑"命令，使模拟和数字逻辑中的图形符号在"形状"窗格中显示。选择"信号波形"，拖动到绘图页中。右击绘图页中"信号波形"，在弹出的快捷菜单中选择"设置信号波类型"命令，弹出"形状数据"对话框。在"形状数据"对话框中，选择"类型"为"正弦波"，如图 8-50 所示。

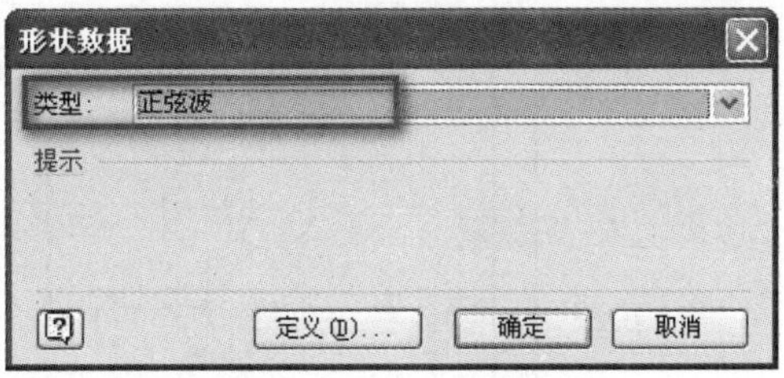

图 8-50　设置形状数据

在"大小和位置"窗口中，设置正弦波的宽度为 7 mm，高度为 2.5 mm。将正弦波拖放到圆形的中心，选中正弦波和圆形，选择"开始" | "排列" | "组合" | "组合"命令，灯丝转换继电器绘制完成，如图 8-51 所示。

在绘图页中绘制一个填充颜色为白色，宽度和高度为 14 mm 的圆形。选择"形状" | "更多

形状"︱"工程"︱"电气工程"︱"旋转设备和机械功能"命令，使旋转设备和机械功能中的图形符号在"形状"窗格中显示。选择"场"，拖动到绘图页中。选中绘图页中的场，选择"开发工具"︱"形状设计"︱"操作"︱"修剪"命令，将场拆分为两部分。通过复制、粘贴操作，绘制两个灯丝。将两个灯丝拖放到圆形中，选中灯丝和圆形，选择"开始"︱"排列"︱"组合"︱"组合"命令，信号机灯泡绘制完成，如图 8-52 所示。

图 8-51　绘制灯丝转换继电器　　　　　图 8-52　绘制信号机灯泡

选择"开始"︱"工具"︱"绘图工具"︱"折线图"命令，将绘图页中的各部分元器件连接起来，如图 8-53 所示。

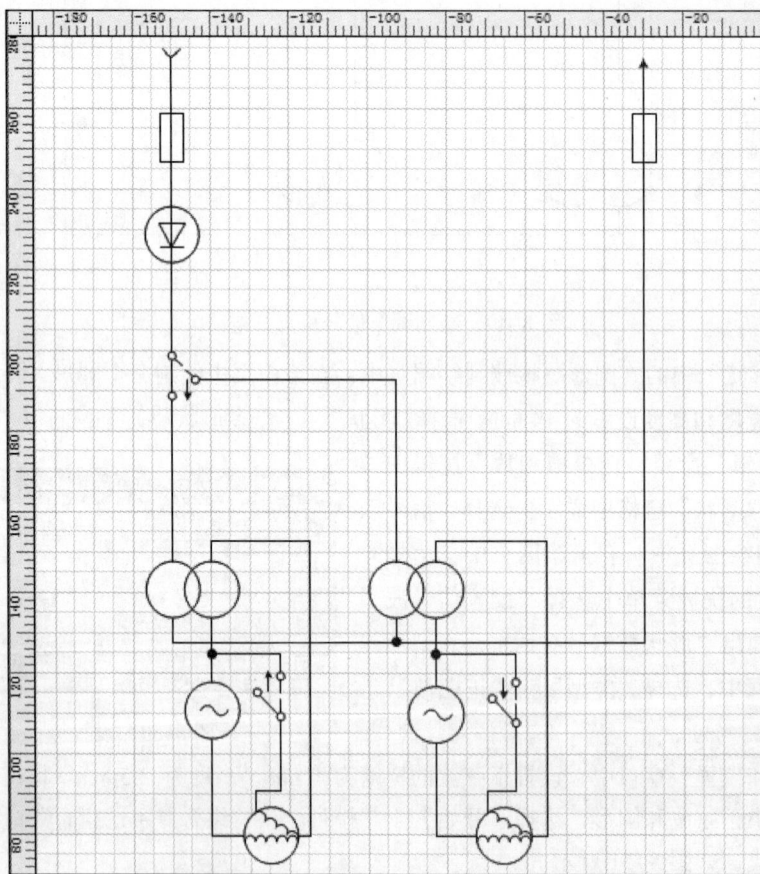

图 8-53　绘制调车信号机点灯电路

在绘图页中绘制两个填充颜色为白色，其中一个圆形的宽度和高度为 8 mm，另一个圆形的宽度和高度为 4 mm，将较小的圆形拖动至较大圆形的中心，调车信号机的白灯绘制完成。复制调车信号机的白灯，右击较小的圆形，将较小的圆形填充颜色设置为黑色，调车信号机的蓝灯绘制完成。选择"开始"｜"工具"｜"绘图工具"｜"折线图"命令，绘制四条长度为 2 mm，角度分别为 45° 和 135° 的直线，将四条直线分布到调车信号机的蓝灯周围。再绘制一条长度为 6 mm、粗细为 1pt 的直线，使该直线与蓝灯相切。选中白灯、蓝灯和直线，选择"开始"｜"排列"｜"组合"｜"组合"命令，调车信号机绘制完成，如图 8-54 所示。

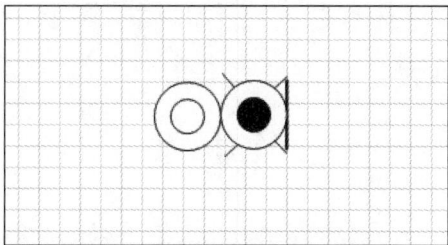

图 8-54　绘制调车信号机

选择"形状"｜"更多形状"｜"工程"｜"电气工程"｜"传输路径"命令，使传输路径中的图形符号在"形状"任务窗格中显示。选择"接合点"，拖动到绘图页中。右击绘图页中的"接合点"，在弹出的快捷菜单中选择"格式"｜"线条"命令，弹出"线条"对话框，设置线条的粗细为"4½ pt"。

在电路图中各个线路的接合处和接线端子处绘制接合点，在变压器箱内部的接线端子处，接合点上应加一条短斜线。

选择"开始"｜"工具"｜"文本"命令，在对轨道电路图中的各个组成部分进行命名。选中绘图页中的文本，右击，在弹出的快捷菜单中选择"格式"｜"文本"命令，弹出"文本"对话框，在"文本"对话框中，将"样式"设置为"加粗"，"字号"设置为"14"。

8.3　车站信号设备平面布置图的绘制

《铁路工程制图标准》（TB/T 10058—2015）中规定，绘制信号设备平面布置图时，根据不同的设计阶段和设备的繁简程度可分站绘制，也可按设计区段连续绘制，大型车站宜按车场或信号楼分别绘制，并应绘制总布置示意图；应标注站名、站中心里程、车站值班员室（或信号楼）位置及上、下行方面。上行方面应绘于左侧，下行方面绘于右侧；应标注各相关设备的类型、名称、编号及其设置处所，还应绘制设计范围内桥梁、隧道、平交道口的长（宽）度和位置；各项设备的位置以沿线路方向至车站值班员室（或信号楼）中心的举例进行标注，单位为米；改（扩）建工程的施工图宜以不同的图形符号或用附加说明表示新设、移设和拆除的设备。

下面以如图 8-55 所示的 6502 举例设计站场信号平面布置图为例，介绍其绘制方法。

课堂实训 3　绘制 6502 举例设计站场信号平面布置图

首先配置绘图环境，其次绘制模具，最后绘制站场线路。

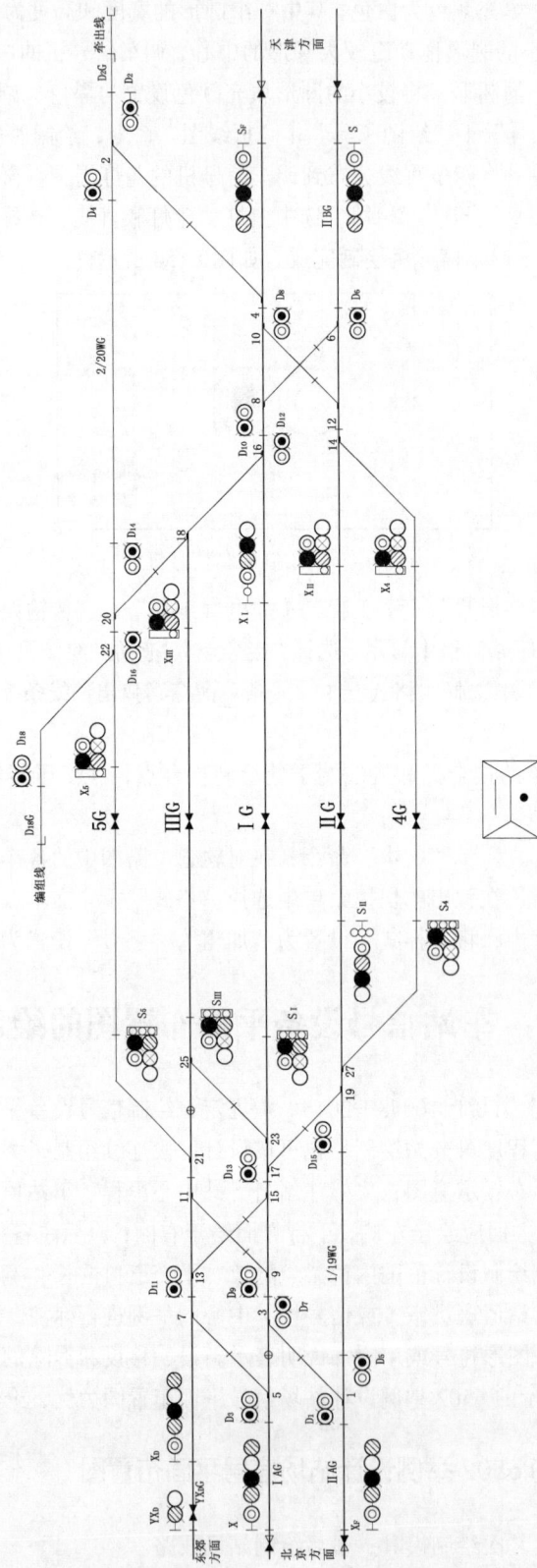

图 8-55 6502 举例设计站场信号平面布置图

操作步骤

1．配置绘图环境

启动 Visio 2010，在"新建"任务窗格中的"选择模板"列表中，选择"工程"选项，并在展开的列表中选择"基本电气"，单击"创建"按钮，即可创建一个车站信号平面布置图的绘图文档。选择"另存为"命令，在"另存为"对话框中的保存位置选择"车站信号设备平面布置图"文件夹，在"文件名"中将新建绘图文档命名为"车站信号设备平面布置图"，"保存类型"为"绘图"，单击"保存"按钮，如图 8-56 所示。

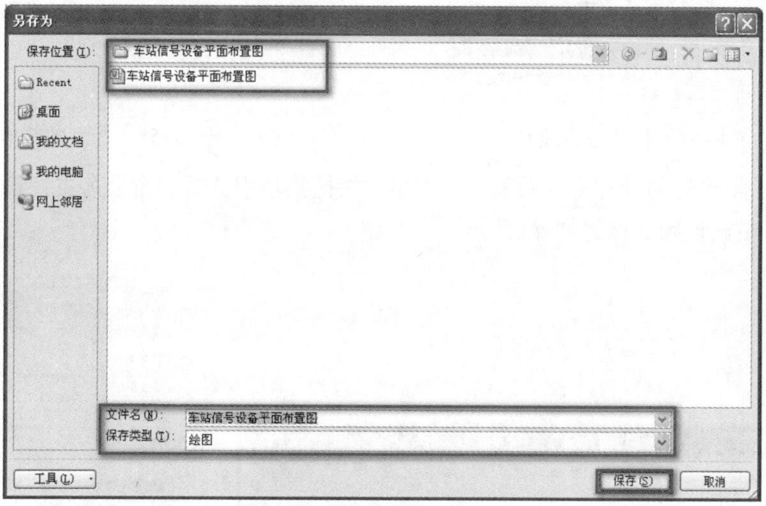

图 8-56　保存为绘图文档

2．绘制模具

根据《铁路信号图形符号》（TB/T 1122—1992）中的规定，铁路信号基本灯光颜色主要有绿、黄、红、蓝、白等五种颜色，各种颜色灯光的符号如表 8-1 所示。

表 8-1　信号基本灯光颜色

符号	 ○	⊘	 ●	 ◉	 ◎
名称	绿灯	黄灯	红灯	蓝灯	月白

车站信号设备平面布置图中主要有三种型号的色灯信号机：进站信号机、出站信号机和调车信号机，任何一种型号的信号机都使用了表 8-1 中的灯光颜色，所以可以将这些信号基本灯光颜色制作成模具。在绘制进站信号机、出站信号机和调车信号机时，只需要调用这些模具，然后绘制成各种型号的信号机，十分快捷方便。

在绘图文档中，单击"形状"任务窗格中的"更多形状"按钮，选择"新建模具（公制）"命令，创建一个可编辑的模具，如图 8-57 所示。

在绘图页中绘制一个圆形，该圆形的直径为 8 mm，填充颜色为白色，线条粗细为 1½ pt，绿灯的符号绘制完成，如图 8-58 所示。

把绘图页中绿灯的符号拖放到模具中，右击模具标题，在弹出的快捷菜单中选择"另存为"命令，在弹出的"另存为"对话框中将模具保存至模具文件夹中，如图 8-59 所示。

图 8-57　创建空白模具　　　　　　　　　　　图 8-58　绿灯的符号

在模具中右击绿灯的符号形状图表，在弹出的快捷菜单中选择"重命名主控形状"命令，如图 8-60 所示，更改形状名称为"绿灯"。

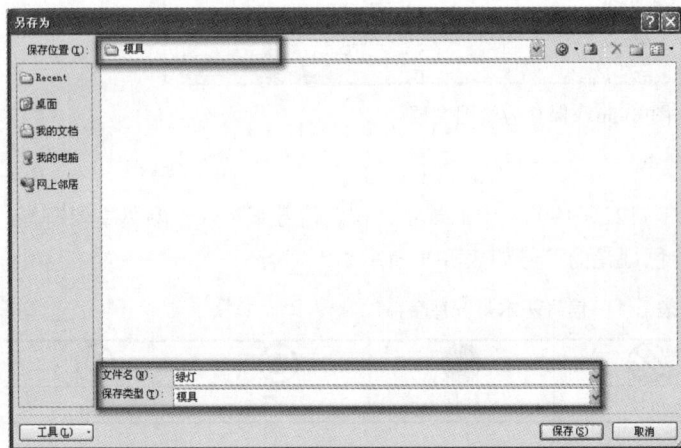

图 8-59　另存为模具　　　　　　　　　　　图 8-60　更改形状名称

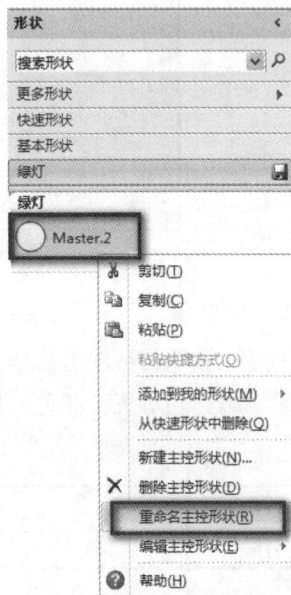

在绘图页中绘制一个圆形，该圆形的直径为 8 mm，填充颜色为白色，线条粗细为 1½ pt。选择"开始"｜"工具"｜"折线图"命令，在圆形中绘制三条粗细为 1 pt 的平行的直线，黄灯的符号绘制完成，如图 8-61 所示。

在绘图页中绘制一个圆形，该圆形的直径为 8 mm，填充颜色为黑色，线条粗细为 1½ pt，红灯的符号绘制完成，如图 8-62 所示。

在绘图页中绘制一个圆形，该圆形的直径为 8 mm，填充颜色为白色，线条粗细为 1½ pt。在该圆形中绘制另外一个圆形，该圆形的直径为 4 mm，填充颜色为黑色，线条粗细为 1 pt，蓝灯的符号绘制完成，如图 8-63 所示。

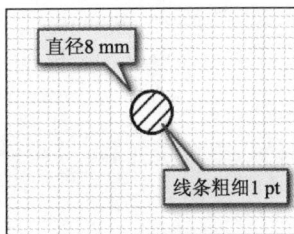

图 6-61　黄灯的符号　　　　图 8-62　红灯的符号　　　　图 8-63　蓝灯的符号

在绘图页中绘制一个圆形，该圆形的直径为 8 mm，填充颜色为白色，线条粗细为 1½ pt。在该圆形中绘制另外一个圆形，该圆形的直径为 4 mm，填充颜色为白色，线条粗细为 1 pt，白灯的符号绘制完成，如图 8-64 所示。

使用保存绿灯的符号模具的方法，将黄灯、红灯、蓝灯和白灯的符号模具保存至模具文件夹中，如图 8-65 所示。

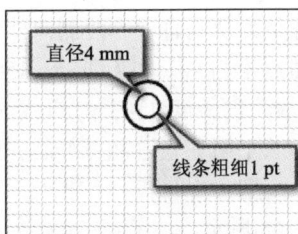

图 8-64　白灯的符号　　　　　　　　　图 8-65　保存模具

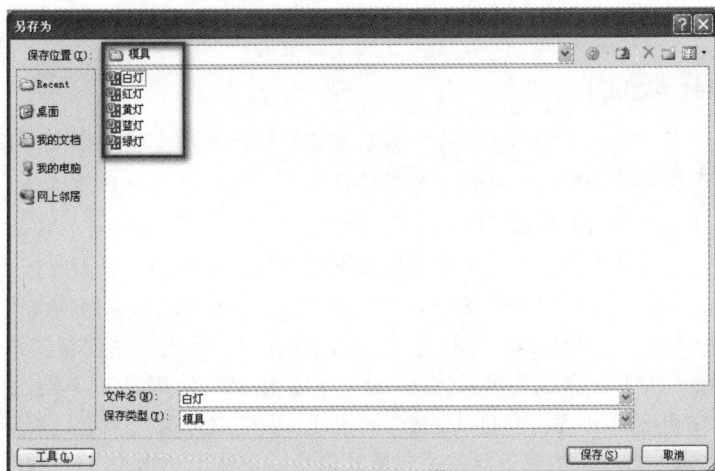

3．绘制站场线路

（1）股道的绘制

单击左侧标尺边缘，拖动至绘图区作为基础竖直辅助线，利用"偏移"工具，偏移距离设置为 200 mm，如图 8-66 所示。最终形成左、中、右三条辅助线。

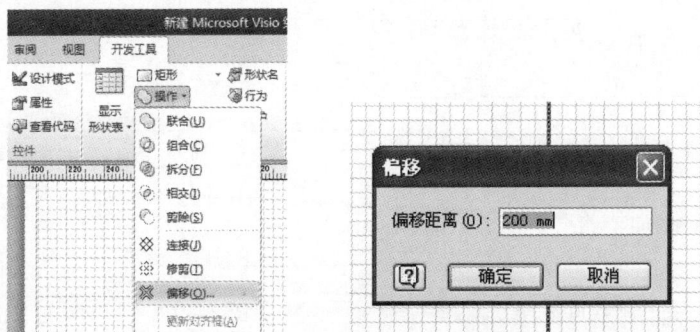

图 8-66　辅助线偏移距离设置

利用"折线图"命令绘制一条水平直线，选中直线进行偏移，偏移距离为 30 mm；选中偏移后的 3 条线再次进行偏移，偏移距离为 90 mm，删除下方的 4 条直线，最终形成 5 条相邻间距为 30 mm 的水平直线。选择"开始"｜"工具"｜"文本"命令，绘制股道编号，股道编号的字体大小为 30 pt。

根据《铁路工程制图标准》(TB/T 10058—2015) 中关于信号制图的一般规定，绘制铁路正线和站线分别采用粗实线和中实线。该站场一共有 5 条股道，其中ⅠG、ⅡG、ⅢG 是铁路正线，4G、5G 是铁路站线。将代表铁路正线的直线设置成粗细为 1½ pt 的粗实线，将代表铁路站线的直线设置成粗细为 1½ pt 的中实线。ⅠG 的位置位于图纸水平中心线上，其余股道分别位于ⅠG 的两侧。如图 8-67 所示。

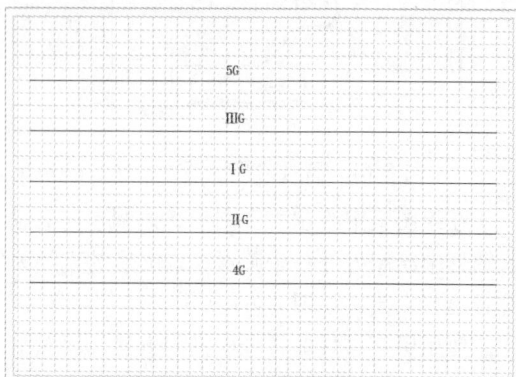

图 8-67　股道的绘制

提示

可以单击左侧标尺边缘，拖动至绘图区中水平直线的中心，作为基础竖直辅助线，利用"文本"工具沿着中间辅助线对直线进行编号，这样可以保证股道编号全部对齐。

（2）道岔的绘制

信号平面布置图并不需要按实际线路尺寸来绘制，只需要按坐标估计从垂直中心两侧向外绘制。绘制下行咽喉时，在 23#、25#道岔之后再绘制 17#、19#道岔，然后绘制 9#、11#、13#、15#、1#、3#、5#、7#、21#、27#道岔。绘制道岔时，根据道岔的布置调整股道的长度。执行"折线图"命令，绘制一条线条粗细为 1½ pt、角度为 45°的实线，该实线作为八字第一笔道岔；绘制一条线条粗细为 1½ pt、角度为-45°的实线，该实线作为八字第二笔道岔。选择"开始"｜"工具"｜"文本"命令，绘制道岔编号，道岔编号的字体大小为 18 pt，如图 8-68 所示。

绘制上行咽喉时，首先绘制 18#、20#道岔，然后绘制 10#、12#、6#、8#、2#、4#、14#、16#、22#道岔。利用绘制下行咽喉道岔的方法绘制上行咽喉的道岔，并绘制道岔编号，如图 8-69 所示。

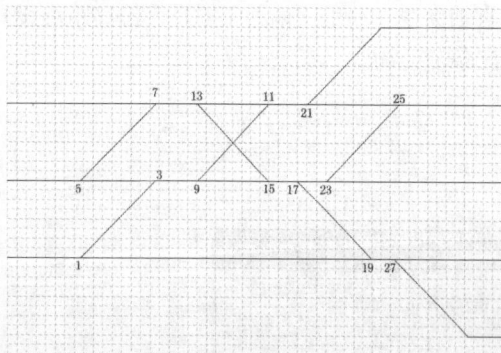

图 8-68　下行咽喉道岔的绘制

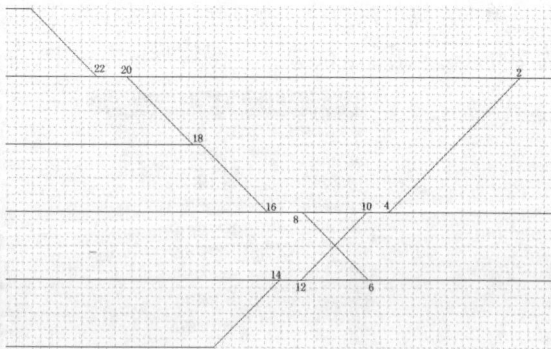

图 8-69　上行咽喉道岔的绘制

提示

道岔的命名

选中所有图形，单击"层"｜"分配层"，如图 8-70 所示，在图层名称里输入"平面图"，如图 8-71 所示。

图 8-70 分配层工具

单击"层"｜"层属性"，如图 8-72 所示，在"图层属性"对话框中将选择"锁定"复选框，取消选择"粘附"复选框，具体设置如图 8-73 所示。

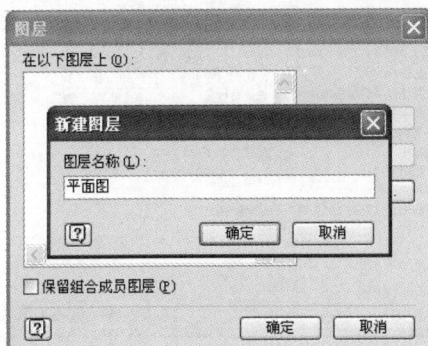

图 8-71 图层名称设置

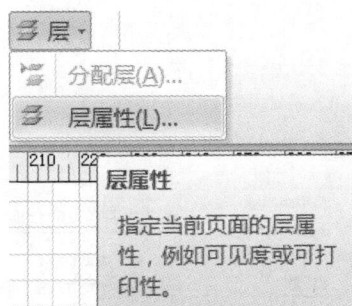

图 8-72 分配层工具

绘制一个宽度为 6 mm，高度为 3 mm 的矩形，设置矩形的填充图案为"无"，阴影为"无"；选中矩形，选择"视图"｜"加载项"｜"其他 Visio 方案"｜"排列形状"命令，如图 8-74 所示，在"排列形状"对话框中设置行间距为 4 mm，数目为 5，列间距为 7 mm，数目为 6，如图 8-75 所示；鼠标选中排列形状后的图形，利用 Ctrl +鼠标左键进行复制，最终形成如图 8-76 所示的效果图。

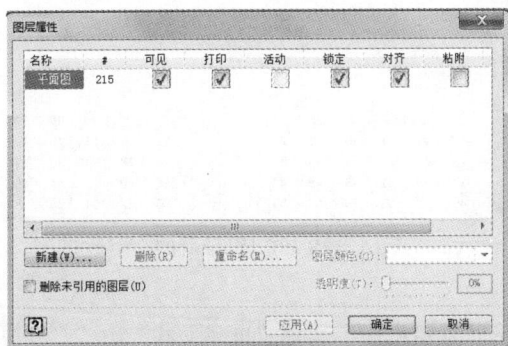

图 8-73 层属性设置

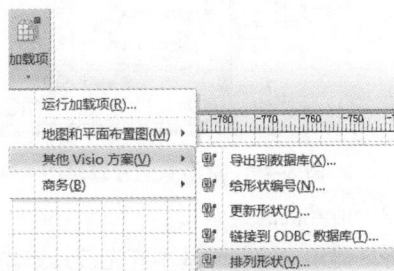

图 8-74 排列形状工具

图 8-75 "排列形状"对话框

图 8-76 批量绘制的小矩形

选择"视图"｜"加载项"｜"其他 Visio 方案"｜"给形状编号"命令，如图 8-77 所示，设置起始值为 1，间隔为 2，如图 8-78 所示。然后依次单击矩形形成如图 8-79 所示的效果图。

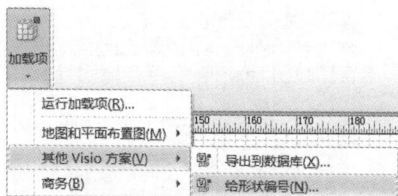

图 8-77 给形状编号工具

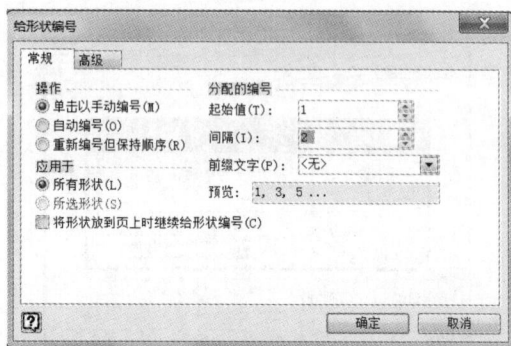

图 8-78 "给形状编号"对话框

左侧的 30 个矩形编号完毕后，以起始值为 2，间隔为 2 对右侧的 30 个矩形进行编号。编号完毕后，右击矩形，在弹出的快捷菜单中选择"格式"｜"线条"命令，设置虚线类型为无；最终形成如图 8-80 所示的效果图。

将单数的小矩形分别拖入到下行（左端）咽喉道岔叉尖的上方，道岔编号遵循由左及右的原则，将双数的小矩形分别拖入到上行（右端）咽喉道岔中心的上方，道岔编号遵循由右及左的原则。

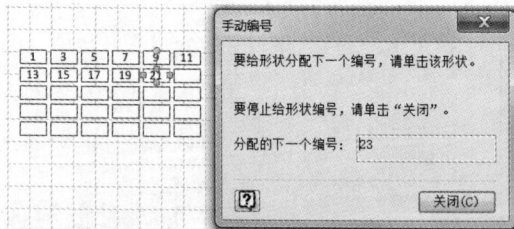

图 8-79 给形状编号效果图

1	3	5	7	9	11		2	4	6	8	10	12
13	15	17	19	21	23		14	16	18	20	22	24
25	27	29	31	33	35		26	28	30	32	34	36
37	39	41	43	45	47		38	40	42	44	46	48
49	51	53	55	57	59		50	52	54	56	58	60

图 8-80 编号后的小矩形

（3）信号机的绘制

将之前建立的信号基本灯光模具添加到"形状"窗格中，选择"更多形状"｜"打开模具"命令，打开"绿灯"｜"黄灯"｜"红灯"｜"蓝灯"和"白灯"模具，如图 8-81 所示。

将"形状"窗格中的"绿灯"｜"黄灯"｜"红灯"和"白灯"模具拖放到绘图页中，并按一定顺序排列在一起。选择"折线图"命令，绘制一条线条粗细为 1 pt、长度为 6 mm 的竖直直线，作为进站信号机的基础，绘制一条长度为 4 mm 的水平直线作为进站信号机的机柱，绘制一条长度为 2 mm 的水平直线作为进站信号机两个机构的分界。进站信号机绘制完成，如图 8-82 所示。

图 8-81　打开模具

图 8-82　进站信号机的绘制

将"形状"窗格中的"蓝灯"和"白灯"模具拖放到绘图页中，并按一定顺序排列在一起。选择"折线图"命令，绘制一条线条粗细为 1 pt、长度为 6 mm 的竖直直线，作为矮型调车信号机的基础，绘制一条长度为 4 mm 的水平直线作为高柱调车信号机的机柱。调车信号机绘制完成，如图 8-83 所示。

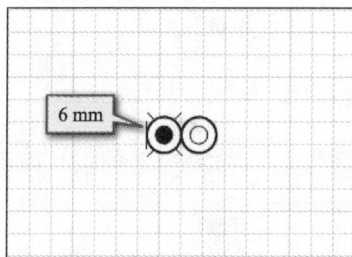

（a）矮型调车信号机

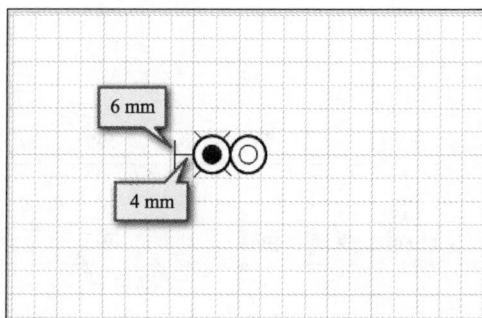

（b）高柱调车信号机

图 8-83　调车信号机的绘制

将"形状"窗格中的"绿灯"｜"黄灯"｜"红灯"和"白灯"模具拖放到绘图页中，并按一定顺序排列在一起。在绘图页中绘制一个线条粗细为 1 pt、宽度为 16 mm、高度为 4 mm 的矩形，作为矮型出站信号机的基础，在该矩形中绘制三个直径为 4 mm 的圆形，作为出站信号机的发车进路表示器。矮型出站信号机绘制完成，如图 8-84 所示。

将"形状"窗格中的"绿灯"｜"黄灯"｜"红灯"和"白灯"模具拖放到绘图页中，并按一定顺序排列在一起。选择"折线图"命令，绘制一条线条粗细为 1 pt、长度为 6 mm 的竖直直线，作为高柱出站信号机的基础，绘制一条长度为 4 mm 的水平直线作为高柱出站信号机的机柱，绘制一条长度为 2 mm 的水平直线作为高柱出站信号机两个机构的分界，绘制三个直径为 4 mm 的圆形作为出站信号机的发车进路表示器。高柱出站信号机绘制完成，如图 8-85 所示。

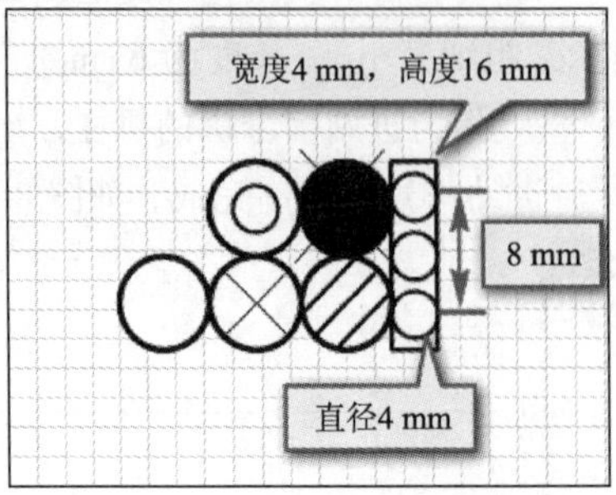

图 8-84　矮型出站信号机的绘制

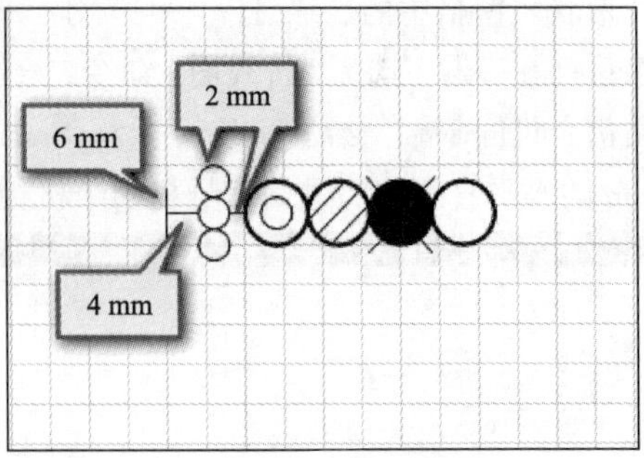

图 8-85　高柱出站信号机的绘制

将"形状"窗格中的"绿灯"和"黄灯"模具拖放到绘图页中，并按一定顺序排列在一起。选择"折线图"命令，绘制一条线条粗细为 1 pt、长度为 6 mm 的竖直直线，作为预告信号机的基础，绘制一条长度为 4 mm 的水平直线作为预告信号机的机柱。预告信号机绘制完成，如图 8-86 所示。

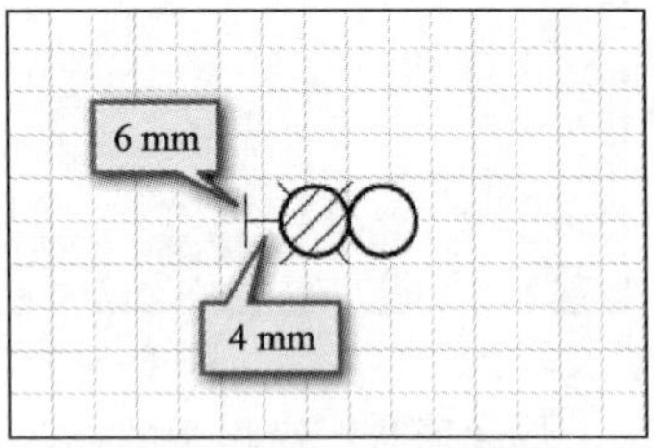

图 8-86　预告信号机的绘制

将绘制完成的进站信号机、矮型调车信号机、高柱调车信号机、矮型出站信号机、高柱出站信号机和预告信号机按坐标估计放置在线路的两侧，信号机与线路的间距为 5 mm。选择"开始" | "工具" | "文本"命令，绘制信号机编号，信号机编号的字体大小为 18 pt，如图 8-87所示。

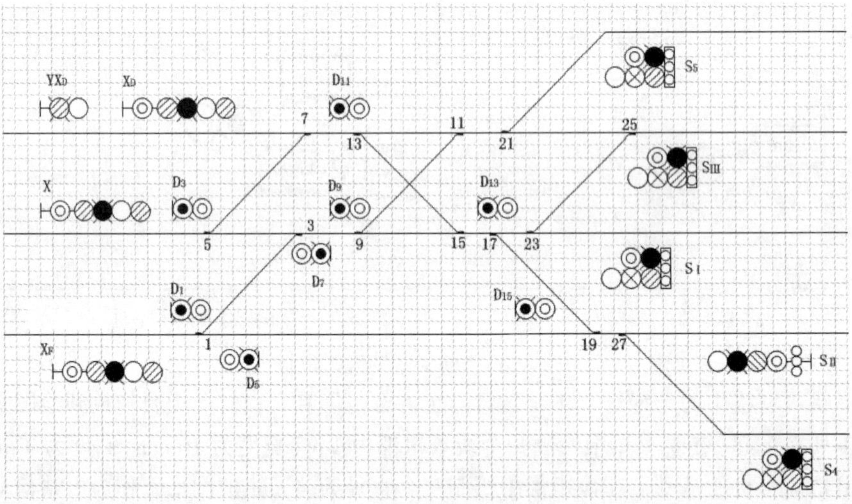

图 8-87　下行咽喉信号机设置与命名

（4）其他部分的绘制

选择"折线图"命令，绘制一条线条粗细为 1 pt、长度为 4 mm 的竖直直线，作为绝缘节符号。将绝缘节符号绘制在线路上，绝缘节符号与信号机对齐，如图 8-88 所示。

选择"开始" | "工具" | "文本"命令，绘制无岔区段轨道电路名称和线路运行方面名称，字体大小为 18 pt。选择"折线图"命令，绘制信号楼的符号。车站信号平面布置图的下行咽喉绘制结果如图 8-89 所示。

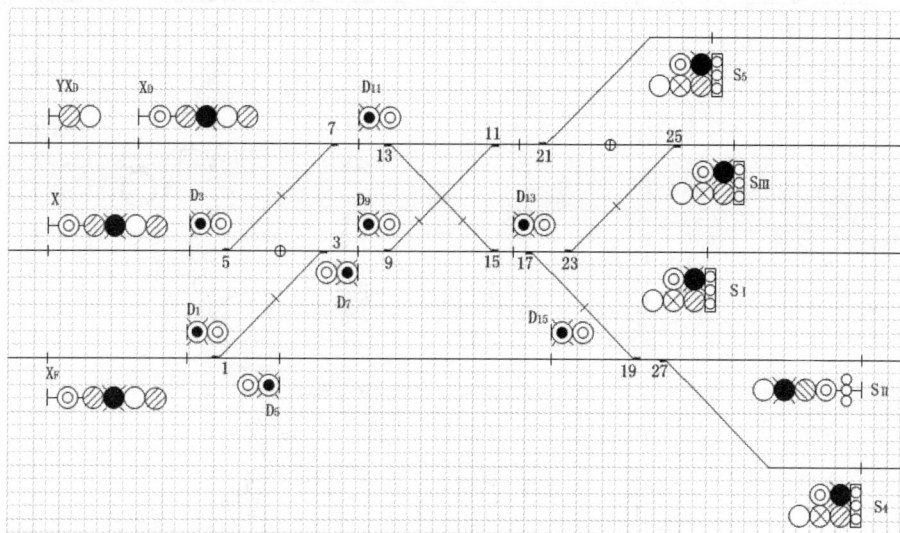

图 8-88　绝缘节的绘制

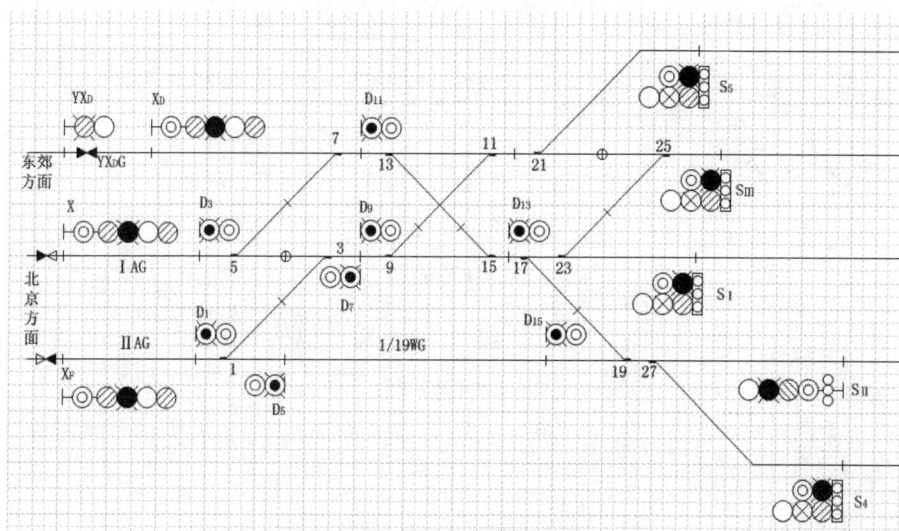

图 8-89　下行咽喉绘制结果

本 章 小 结

本章重点说明了如何应用 Visio 2010 绘制信号设备图，主要包括四线制道岔控制电路图、调车信号机点灯电路图和车站信号设备平面布置图的整体设计与布局；灵活应用 Visio 2010 绘图与编辑命令，根据铁路信号相关绘制标准，使绘制的图形更加准确和美观；Visio 2010 模具的创建、插入、编辑、管理与使用，使绘制信号设备图更加方便、快捷。

课 后 习 题

1. 绘制如图 8-90 所示的 ZYJ7 型电液转辙机单机双点牵引道岔控制电路图。

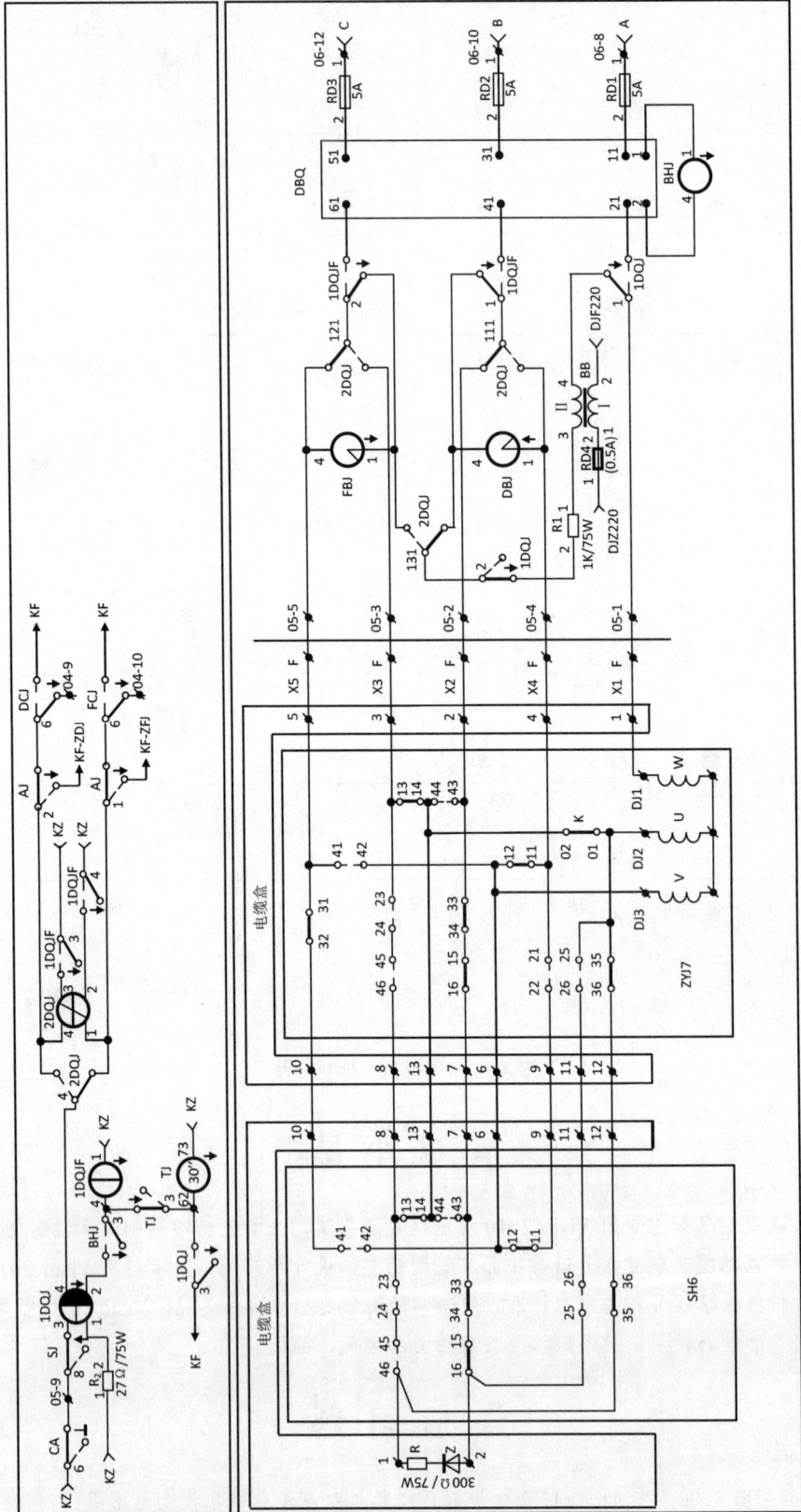

图 8–90　ZYL7 型电液转辙机单机双点牵引道岔控制电路图

2. 绘制如图 8-91 所示的进站信号机点灯电路图。

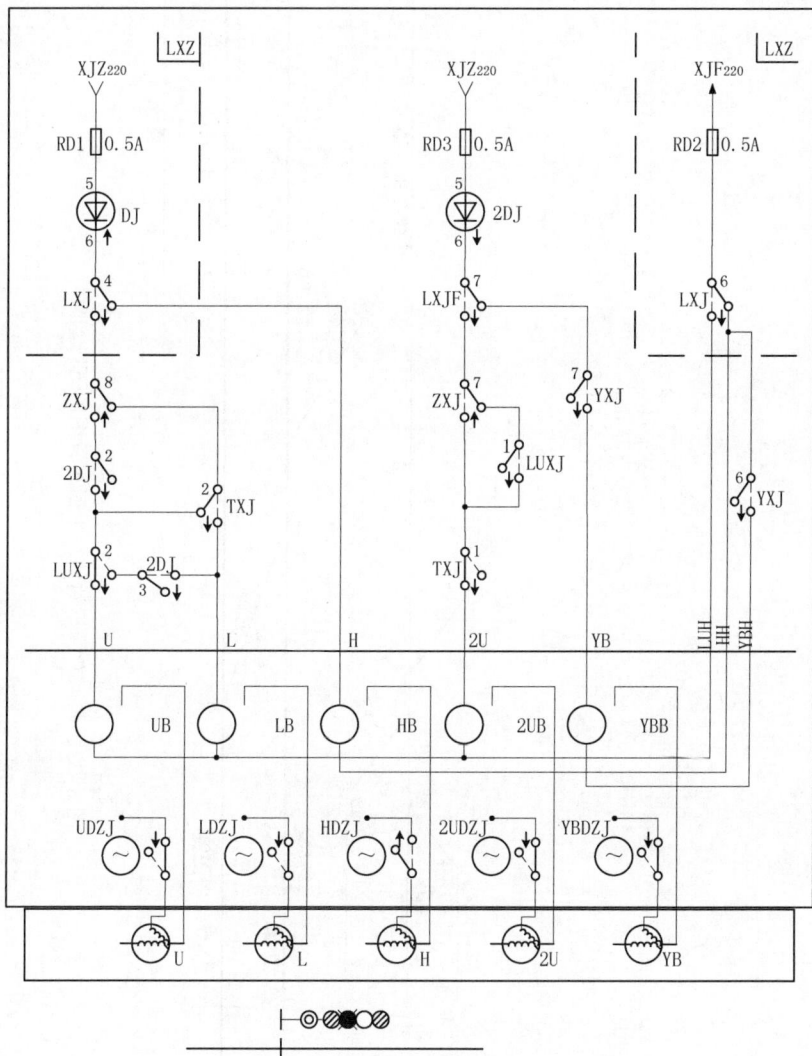

图 8-91　进站信号机点灯电路图

3. 利用绘制车站信号设备平面布置图的基本方法, 绘制如图 8-92 所示的客运专线车站信号平面布置图的下行咽喉。

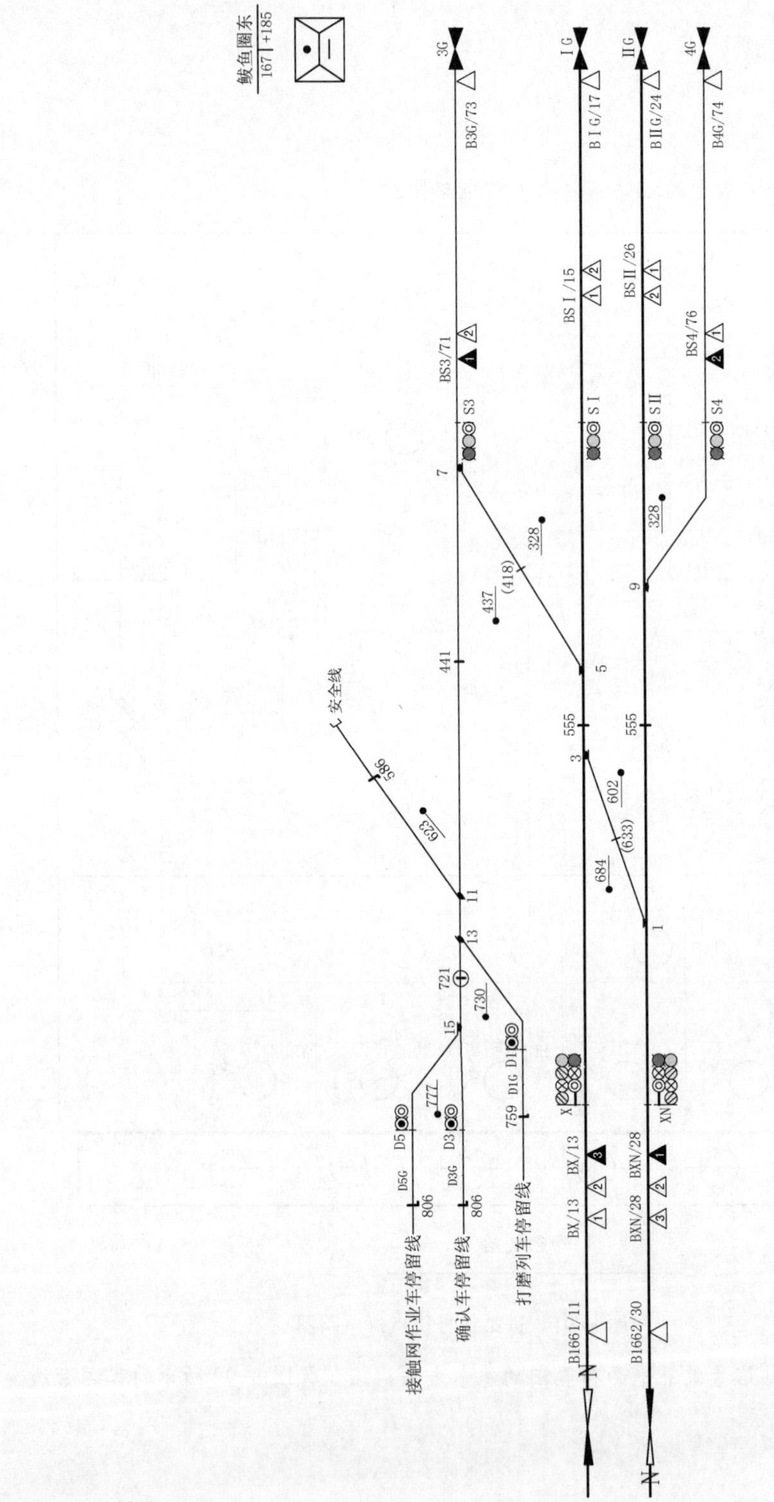

图 8-92　客运专线车站信号平面布置图的下行咽喉

第4篇 铁路运输绘图篇

本篇主要讲述铁道运输专业中常用图表的绘制。

第9章 制动设备图的绘制

铁鞋是常用的制动设备之一，主要应用于区段站，配合简易驼峰进行制动。铁鞋的制动原理是将特制的铁鞋放在溜行车组前进方向的钢轨上，向前滚动的车轮压上铁鞋后，原来轮轨间的滚动摩擦变成滑动摩擦，从而使车组尽快减速停车。

本章介绍铁鞋的俯视图和正视图的绘制。

学习目标

本章主要介绍制动设备的绘制方法。通过学习，应掌握以下内容：

- 熟练使用参考线进行绘图。
- 熟练掌握直线、虚线、弧线的绘制方法。
- 熟练使用复制、旋转工具。
- 熟练使用偏移、连接、修剪工具。

9.1 铁鞋俯视图的绘制

铁鞋是调车常用的制动工具。熟悉铁鞋正视图的绘制方法对于掌握铁鞋制动的原理、熟练应用铁鞋制动和改进铁鞋制动都有重要作用。

课堂实训1 铁鞋俯视图的绘制

铁鞋俯视图是对称图形，可用复制、旋转工具绘制对称部分，铁鞋的边线用直线绘制，中空部分需要用虚线进行绘制，除此之外还有弧线部分。铁鞋俯视图如图9-1所示。

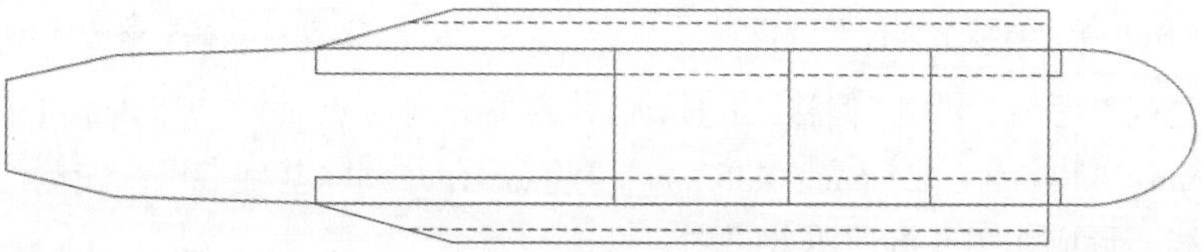

图 9-1 铁鞋俯视图

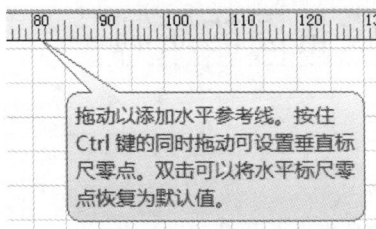 操作步骤

1．配置绘图环境

打开 Visio 2010，以"基本框图"为模板，建立新文件，双击该模板，进入绘图界面，选择"文件" | "另存为"命令，将新文件命名为"铁鞋俯视图"并保存。

2．绘制参考线

点击绘图区标尺的下缘如图 9-2 所示，若鼠标光标变为 $\updownarrow$ 时，单击左键向下拖动至绘图区，再选中左侧标尺，当光标变为 $\leftrightarrow$ 时向右拖动，使参考线相交作为基础参考线，如图 9-3 所示。

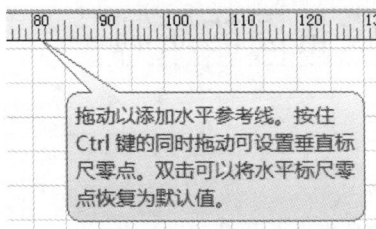

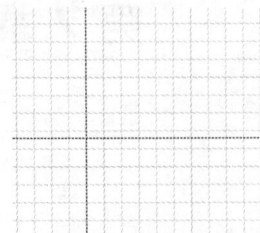

图 9-2　水平参考线位置　　　　　图 9-3　基础参考线效果图

点击竖直基础参考线"开发工具"选项卡"形状设计"中的"偏移"工具，偏移距离为 17.5 mm，如图 9-4 所示，并删除下方的参考线。

再次选中水平基础参考线，利用"偏移"工具，偏移距离分别为 27.5 mm、30 mm、40 mm、45 mm，并删除基础参考线下方的参考线，只保留上方的参考线，形成如图 9-5 所示效果图。

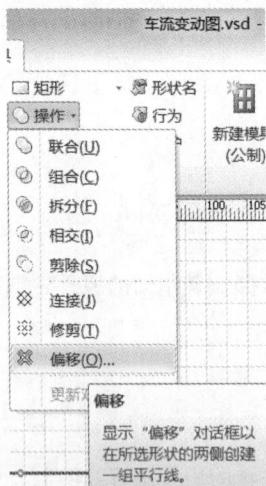

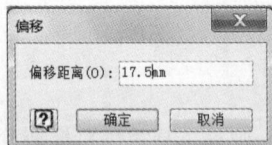

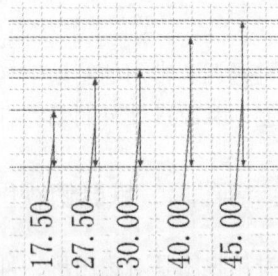

（a）　　　　　　　　　（b）

图 9-4　偏移工具位置及设置　　　　图 9-5　水平参考线偏移距离及效果

选中竖直基础参考线，利用"偏移"工具，偏移距离分别为 45 mm、125 mm、180 mm、245 mm、315 mm、372 mm、420 mm、425 mm、435 mm、480 mm，并删除基础参考线左侧的参考线，只保留右侧的参考线，形成如图 9-6 所示效果图。

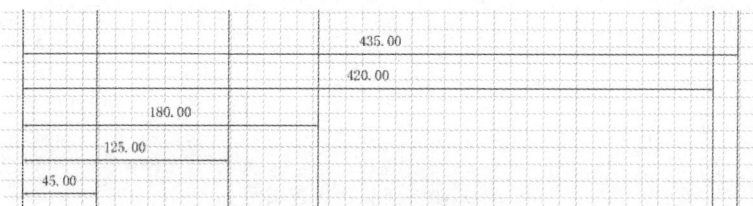

图 9-6 竖直参考线偏移距离及效果

3. 基本框图

利用"折线图"工具绘制直线。直线利用相对坐标方法表示，例如，(0, 17.5) 表示竖直基础参考线和距离水平基础参考线 17.5 mm 的参考线相交确定的点。直线是通过表示起点和终点的相对坐标来确定的，例如，((0, 0)(0, 17.5)) 表示起点 (0, 0) 终点为 (0, 17.5) 的一条直线。直线相对坐标分别为 ((0, 0)(0, 17.5))，((0, 17.5)(45, 27.5))，((45, 27.5)，(125, 30))，((125, 30)，(435, 30))，((125, 30)，(180, 45))，((180, 45)，(420, 45))，((420, 30)，(420, 45))，形成如图 9-7 所示的效果图。

图 9-7 基本直线斜线相对位置图

利用"折线图"工具绘制虚线。沿着距离基本水平参考线 40 mm 的水平参考线，画一条水平直线左侧和斜线相交右侧延伸至距离基本竖直参考线 420 mm 处。右击该水平线，在弹出的快捷菜单中选择"格式"|"线条"命令，如图 9-8 所示。在打开的"线条"对话框中设置"虚线类型"，如图 9-9 所示。最终形成如图 9-10 所示效果图。

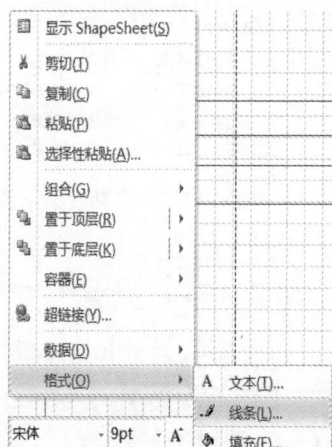

图 9-8 线条位置

图 9-9 线条属性设置

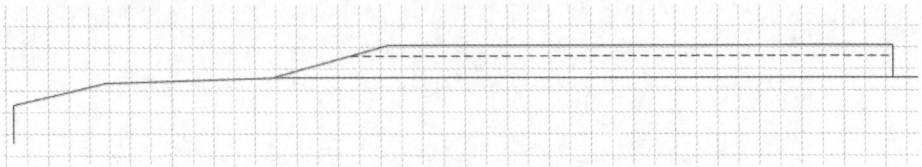

图 9-10　部分边线效果图

利用"基本形状"中的"矩形"模具，如图 9-11 所示，将模具拖入右侧绘图区。单击"视图"选项卡中"任务窗格"组中的"大小和位置"工具，如图 9-12 所示，设置宽为 300 mm，高为 10 mm，具体设置以及相对位置如图 9-13 所示。

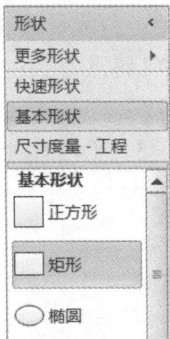

图 9-11　矩形模具的位置

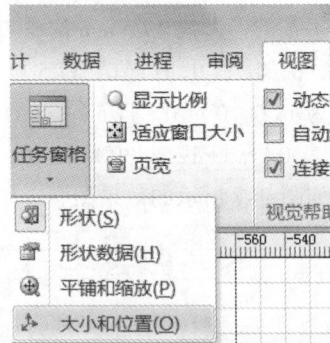

图 9-12　大小和位置工具

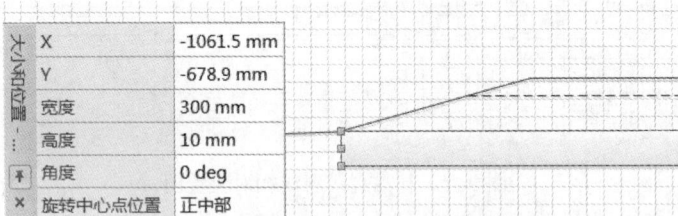

图 9-13　矩形位置及大小和位置属性设置

4．复制及旋转

选中图形，按住 Ctrl 键+鼠标左键向下拖动，进行复制。单击"开始"选项卡"位置"组中的"旋转形状" | "垂直旋转"工具，如图 9-14 所示，利用方向键调整位置使之衔接形成如图 9-15 所示的效果图。

5．弧形及虚线绘制

利用"铅笔"命令（见图 9-16）绘制弧形连接两端直线，点击弧形在大小和位置窗口中进行设置高度为 45 mm，具体设置和效果如图 9-17 所示。

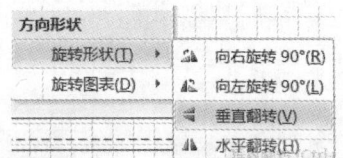

图 9-14　垂直翻转菜单位置

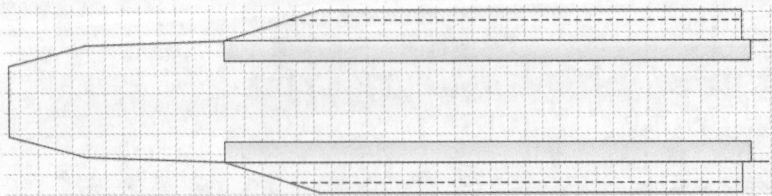

图 9-15　垂直翻转后的效果图

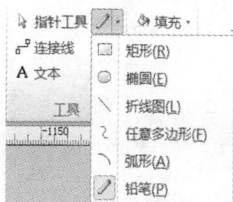

<table>
<tr><td>图 9-16　铅笔工具位置</td><td>图 9-17　弧形效果及高度设置</td></tr>
</table>

　　利用"矩形"模具绘制矩形，并通过"大小和位置"窗口设置高度为 60 mm，宽度为 175 mm，如图 9-18 所示。距离基础竖直参考线 315 mm 和 372 mm 的位置画长为 60 mm 的竖直线，其位置如图 9-19 所示。

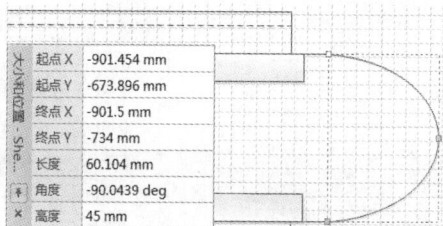

图 9-18　及大小和位置设置窗口

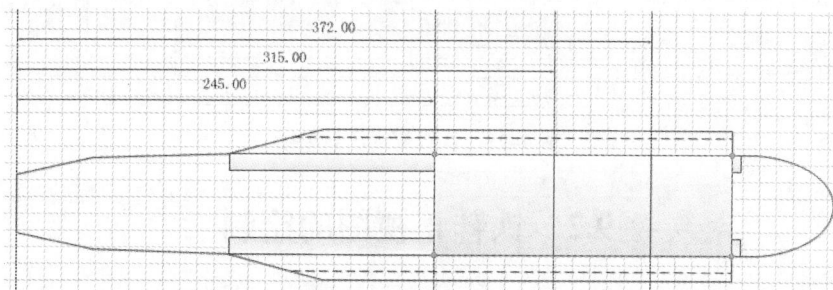

图 9-19　矩形和两条竖线的位置及效果图

　　选中图中 3 个矩形，点击"开发工具"选项卡"操作"组中的"修剪"工具进行修剪，如图 9-20 所示，右击中间矩形内部的线段，在弹出的快捷菜单中选择"格式"｜"线条"命令，如图 9-21 所示，将线型设置为"02：虚线"，具体设置如图 9-22 所示，形成如图 9-23 所示的效果图。

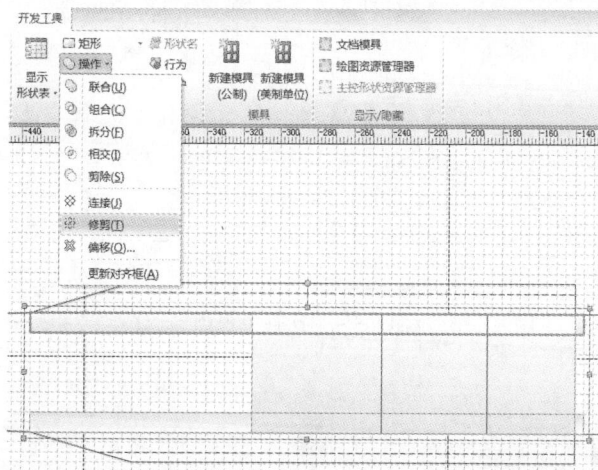

图 9-20　所选矩形及修剪工具位置

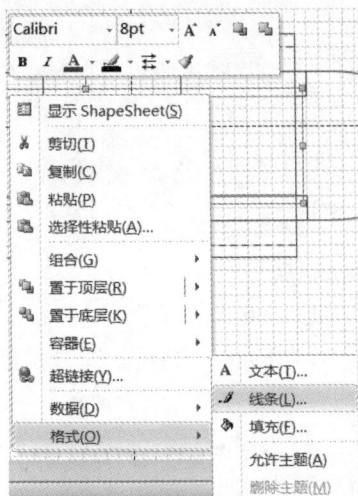

图 9-21　线条设置菜单

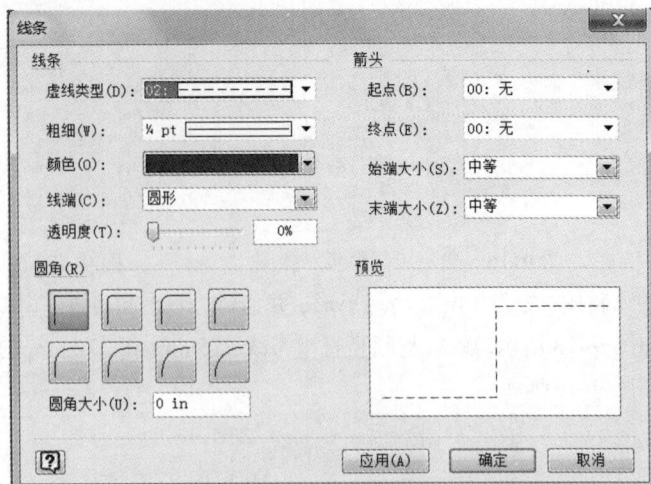

图 9-22　"线条"对话框

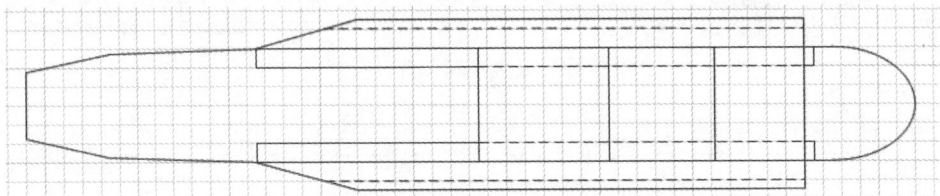

图 9-23　铁鞋俯视图效果图

9.2　铁鞋正视图的绘制

课堂实训2　铁鞋正视图

铁鞋正视图由鞋底、鞋边、鞋头和挡板构成，正视图主要边线由直线组成，除此之外还有圆角和弧线部分。铁鞋正视图如图 9-24 所示。

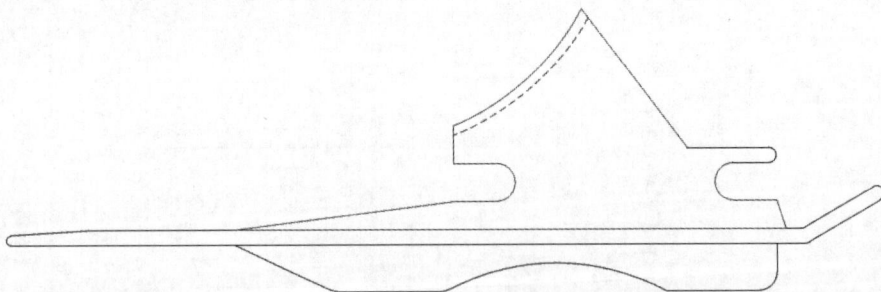

图 9-24　铁鞋正视图

操作步骤

1. 配置绘图环境

打开 Visio 2010，以"基本框图"为模板，建立新文件，双击该模板，进入绘图界面，然后

选择"文件"|"另存为"命令，将新文件命名为"铁鞋正视图"并保存。

2．绘制鞋边。

点击绘图区标尺的下缘，当鼠标光标变为 ↕ 时，单击向下拖动至绘图区，再选中左侧标尺，当光标变为 ↔ 时向右拖动，使参考线相交作为基础参考线线。点击竖直基础参考线，点击"开发工具"选项卡"操作"组中的"偏移"工具，如图 9-25 所示，偏移距离分别为 55 mm、115 mm、235 mm、295 mm，具体设置如图 9-26 所示，删除竖直基础参考线左侧的参考线；同样选择水平基础辅助进行偏移，偏移距离为 25 mm，删除水平基础参考线下方的参考线形成如图 9-27 所示的效果图。

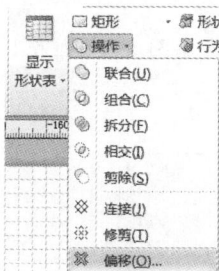

图 9-25　偏移工具

图 9-26　偏移距离设置

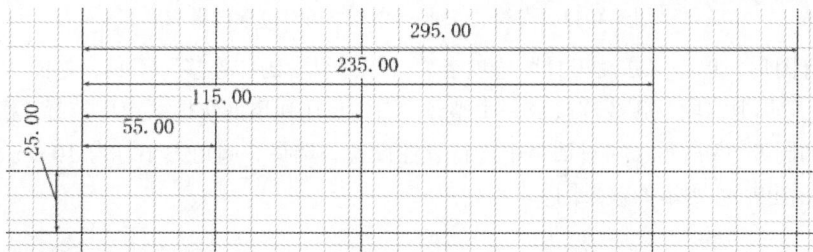

图 9-27　参考线相对位置效果图

利用"折线图"工具绘制直线，和基础参考线的相对位置关系为（（0，25）（55，0）），（（55，0）（115，0）），（（235，0）（295，0）），（（295，25）（295，0））。

利用"铅笔"工具（见图 9-28）绘制弧线，弧线的端点位于基础水平参考线和距离竖直基础参考线 55 mm 和 235 mm 两条参考线的交点。选中弧线，选择"视图"|"任务窗格"|"大小和位置"命令，如图 9-29 所示，设置弧高为 15 mm，具体设置如图 9-30 所示。选中所有图形，单击"开始"选项卡"位置"组中中的"底端对齐"工具，如图 9-31 所示，最终形成如图 9-32 所示的效果图。

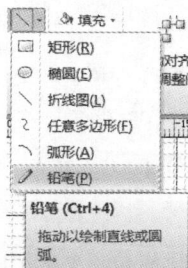

图 9-28　铅笔工具

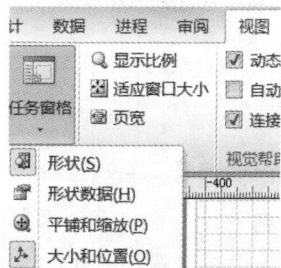

图 9-29　大小和位置工具

大小和位置属性 - She...	起点 X	-1595 mm
	起点 Y	-1035 mm
	终点 X	-1475 mm
	终点 Y	-1035 mm
	长度	120 mm
	角度	0 deg
	高度	15 mm

图 9-30　大小和位置属性设置

图 9-31　底端对齐工具

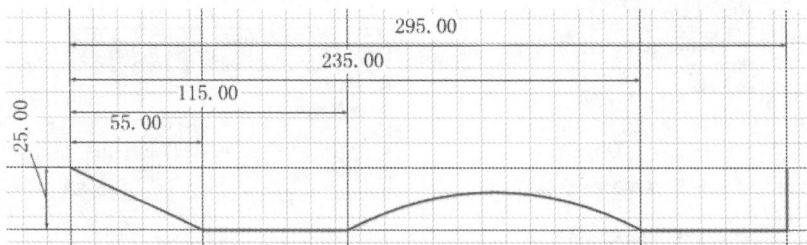

图 9-32　直线、弧线、参考线相对位置效果

选中所有图形，单击"开发工具"选项卡"操作"组中的"连接"工具，如图 9-33 所示，利用"连接"工具把线段及弧线连接成一个整体，右击，在弹出的快捷菜单中选择"格式"|"线条"命令，如图 9-34 所示，在对话框中进行属性设置，选择"圆角大小"为 10 mm，如图 9-35 所示，形成如图 9-36 所示的效果图。

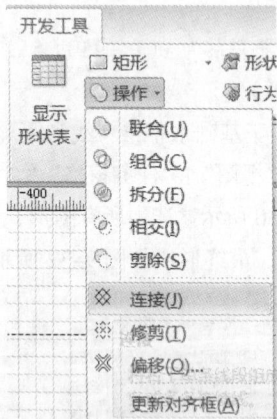

图 9-33　连接工具位置

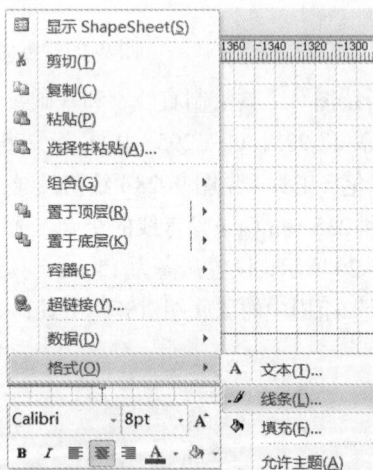

图 9-34　线条菜单

3. 鞋底的绘制

利用"偏移"和"参考线"工具绘制 4 条竖直参考线，其他 3 条参考线距离最左侧参考线的距离分别为 45 mm、435 mm、480 mm。

图 9-35　线条属性设置

图 9-36　鞋边效果图

利用"基本形状"中的"矩形"模具，绘制 3 个矩形并通过"大小和位置"工具设置矩形大小和旋转角度。具体设置为：矩形 1 宽度 480 mm，高度为 8 mm，如图 9-37 所示；矩形 2 宽度为 50 mm，高度为 10 mm，角度为 4 deg，如图 9-38 所示；矩形 3 宽度为 50 mm，高度为 8 mm，角度为 30 deg，如图 9-39 所示。

大小和位置 - 矩形...		
	X	-1524 mm
	Y	-856 mm
	宽度	480 mm
	高度	8 mm
	角度	0 deg
	旋转中心点位置	正中部

图 9-37　矩形 1 设置

大小和位置 - 矩形...		
	X	-1718 mm
	Y	-851.8756 m
	宽度	50 mm
	高度	10 mm
	角度	4 deg
	旋转中心点位置	右下部

图 9-38　矩形 2 设置

大小和位置 - 矩形...		
	X	-1307.6506
	Y	-844.0359 m
	宽度	50 mm
	高度	8 mm
	角度	30 deg
	旋转中心点位置	正中部

图 9-39　矩形 3 设置

利用方向键调整矩形位置，使矩形 1 左边和左侧参考线对齐；矩形 2 底边经过参考线和矩形 1 的交点；矩形 3 顶点在矩形 1 的底边上，具体位置如图 9-40 所示。

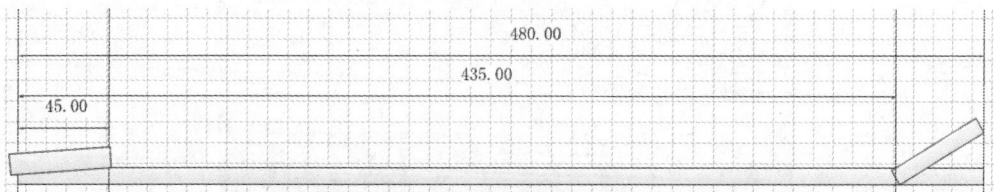

图 9-40　矩形及参考线的相对位置

选中矩形 1 和矩形 2,单击"开发工具"选项卡"操作"组中的"剪除"工具,如图 9-41 所示,选中剪除后的图形和矩形 3,单击"开发工具"选项卡"操作"组中的"修剪"工具,如图 9-42 所示,删除多余线段。

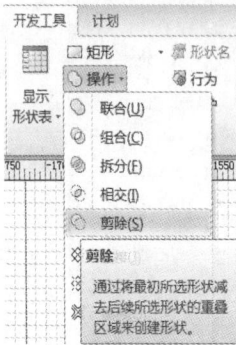

图 9-41 剪除工具　　　　　　　　　　　图 9-42 修剪工具

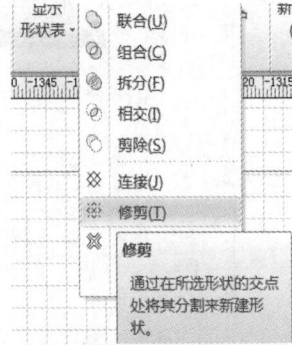

选中图形,单击"开发工具"选项卡"操作"组中的"连接"工具,如图 9-43 所示,右击边线在弹出的快捷菜单中选择"格式"|"线条"命令,如图 9-44 所示,在对话框中对线条属性进行设置,颜色为黑色,圆角大小为 5 mm,如图 9-45 所示。最终形成如图 9-46 所示的效果图。

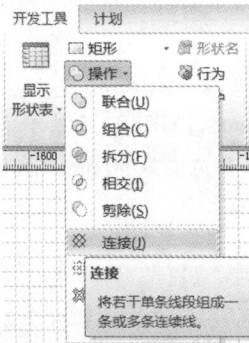

图 9-43 连接工具　　　　　　　　　　　图 9-44 线条菜单

图 9-45 "线条"对话框

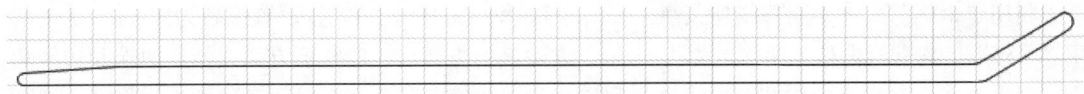

图 9-46　鞋底效果图

4．鞋头和挡板的绘制

利用"偏移"和"参考线"工具绘制。以左侧竖直线，下方水平线作为基础参考线，然后选中基础参考线进行偏移。水平参考线的偏移距离为 15 mm、43 mm、50 mm、55 mm、117 mm；竖直参考线的偏移距离为 120 mm、190 mm、247 mm、295 mm、300 mm。形成如图 9-47 所示的效果。

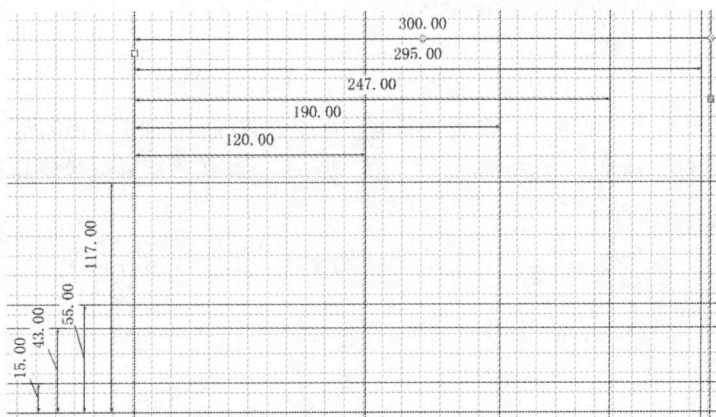

图 9-47　绘制鞋头和挡板所需参考线

利用"折线图"工具绘制直线。直线利用相对坐标方法表示，例如，（120，15）表示距离竖直基础参考线 120 mm 的参考线和距离水平基础参考线 15 mm 的参考线相交确定的点。直线是通过表示起点和终点的相对坐标来确定的，例如，（（0，0）（120，15））表示起点（0，0）终点为（120，15）的一条直线。直线相对坐标分别为，（（0，0）（120，15）），（（0，0）（300，0）），（（120，15）（120，55）），（（190，117）（247，43）），（（247，43）（295，43）），（（295，43））（295，15）），（（295，15））（300，0））。其效果如图 9-48 所示。

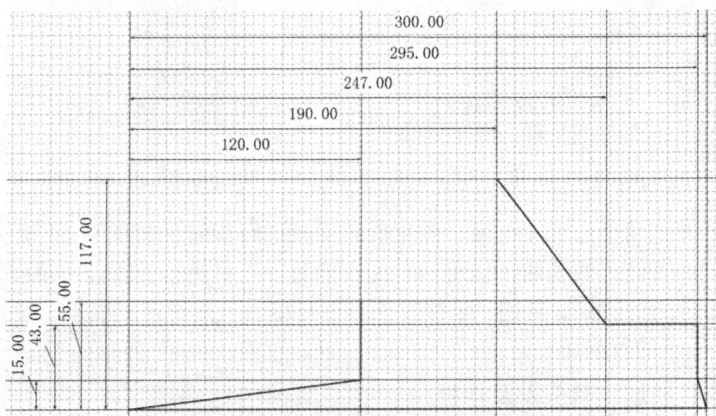

图 9-48　鞋头边线和参考线的相对位置

利用"铅笔"工具绘制弧线连接点（120，55）和点（190，117），设置弧高为8 mm。选中利用"偏移"工具进行偏移，偏移距离为5 mm，删除最上方弧线，调整下方弧线使其两端和边线相交。右击边线，在弹出的快捷菜单中选择"格式"｜"线条"命令，对线条属性进行设置，线条类型为虚线02，形成如图9-49所示的效果图。

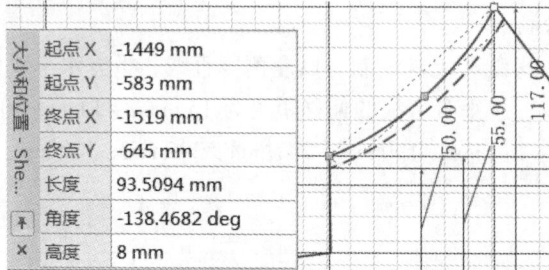

图9-49 挡板弧线绘制、设置及效果图

利用"圆形"模具绘制圆形，并设置其高度、宽度为20 mm，如图9-50所示。利用"矩形"模具绘制矩形并设置"高度"为25 mm，宽度为20 mm，并调整矩形位置使其和圆形相切，如图9-51所示。

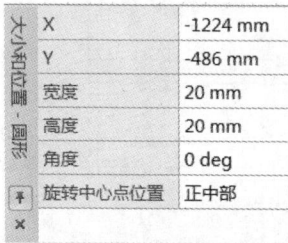

图9-50 圆形设置

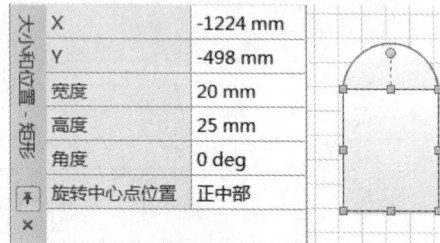

图9-51 矩形设置以及矩形和圆形相对位置

选中图形，单击"开发工具"选项卡"操作"组中的"联合"工具，如图9-52所示，按住Ctrl+鼠标左键复制拱形如图9-53所示。

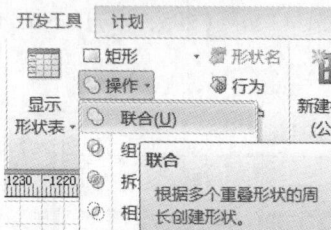

图9-52 联合工具

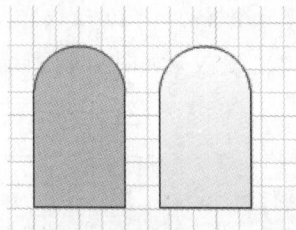

图9-53 快捷复制图形

鼠标选中拱形并拖动至参考线上方，利用旋转手柄进行旋转，如图9-54所示。

选中鞋头左侧、右侧边线和两个拱形，利用"修剪"工具进行修剪，并删除多余线段和参考线。选中右侧拱形上面的线段，利用"连接"工具进行组合，并通过"线条"设置为圆角：5，最终形成如图9-55所示的效果图。

5. 组合鞋边、鞋底、鞋头以及挡板

利用"偏移"和"参考线"工具，在鞋底左侧绘制两条竖直参考线，间距为125 mm。选中鞋

头挡板使其底边和鞋边的上侧重合，左侧移动至参考线位置。选中鞋边使其上侧和鞋底下侧重合，左侧移动至参考线位置，形成如图 9-56 所示效果图。

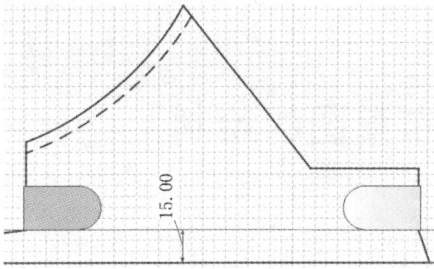

图 9-54 拱形在鞋头中的位置

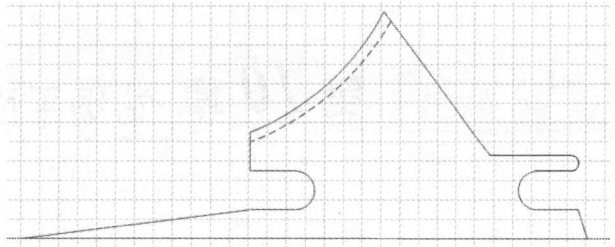

图 9-55 鞋头剪除拱形后的效果图

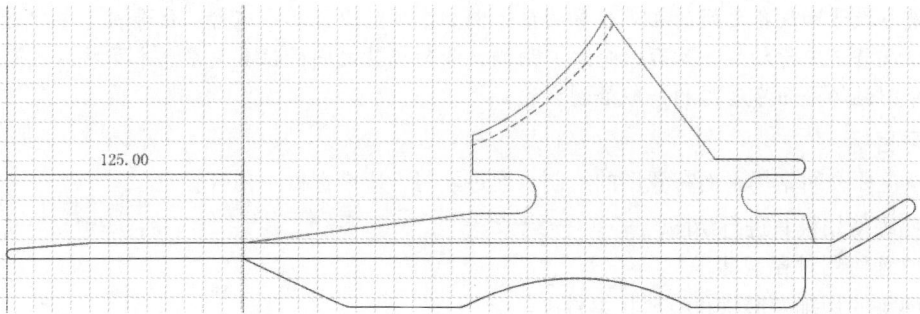

图 9-56 铁鞋正视图效果图

本 章 小 结

本章以铁鞋俯视图和铁鞋正视图为例介绍了制动设备的绘制方法。绘图一般先根据设备的尺寸绘制参考线，然后利用相对坐标的基本原理绘制边线，最后绘制圆角、弧线及其他类型的特殊形状。如果绘制过程中把设备分成若干组件，还需要按照规定组合到一起。最终形成设备图。

课 后 习 题

1. 简述铁鞋正视图绘制的方法和步骤。
2. 利用剪除工具绘制如图 9-57 所示的形状，大小不计。

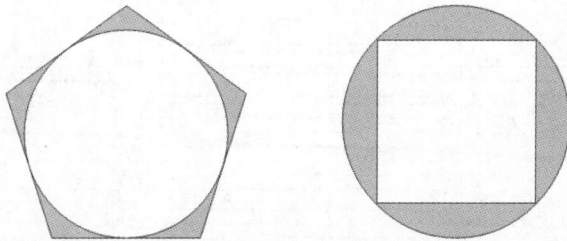

图 9-57 形状

第10章 站场平面布置图的绘制

　　站场平面布置图的绘制是铁道运输专业重要内容之一。站场平面布置图的主要作用是反映车站主要设备数量和设备之间的相对位置关系，例如，车站中线路、道岔、信号机、警冲标之间的位置，以及货场中货物线、站台、仓库、雨棚、装卸机具之间的位置关系。本章将通过两个实例来详细介绍站场平面布置图的一般绘制方法。

学习目标

本章主要介绍站场平面布置图的绘制。通过学习，应掌握以下内容：

- 熟练使用模具进行绘图。
- 熟练使用对齐工具。
- 熟练使用排列形状和给形状编号工具。
- 熟练使用大小和位置工具。

10.1　区段站平面布置图的绘制

　　区段站平面布置图主要包括线路、道岔、信号机、警冲标和站台等元素组成。区段站平面布置图对于了解车站内设备的布置和功能有重要作用。在绘图过程中需要遵循先绘制站线再绘制两端咽喉的原则。

课堂实训1　区段站平面布置图

　　区段站平面布置图是区段站站场设备布置的图解，在绘图过程中需要注意咽喉和线路之间的比例协调、美观。由于需要重复绘制、线路、道岔、信号机，在绘图过程中可采用"模具"工具和批量绘制工具绘制。样图如图 10-1 所示。

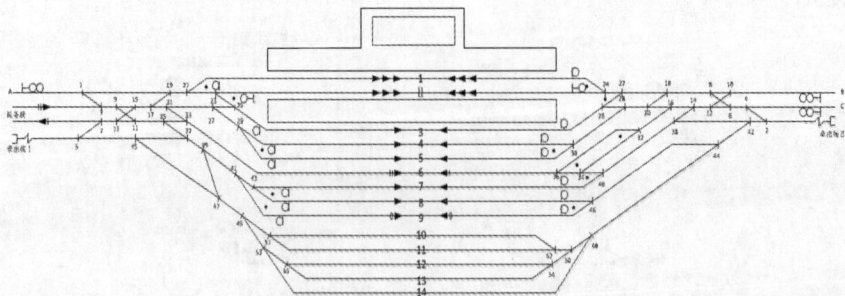

图 10-1　区段站平面布置图

操作步骤

1. 配置绘图环境

打开 Visio 2010，以"基本框图"为模板，建立新文件，双击该模板，进入绘图界面，然后选择"文件"｜"另存为"命令，将新文件命名为"区段站平面布置图"并保存。

2. 绘制模具

选择"更多形状"中"新建模具（公制）"，如图 10-2 所示，右击"模具"，在弹出的快捷菜单中选择"另存为"命令，如图 10-3 所示，将其另存为"站场图模具"。

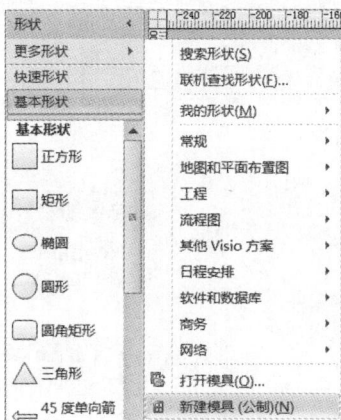

图 10-2　新建模具菜单　　　　　　　　图 10-3　新建模具另存为菜单

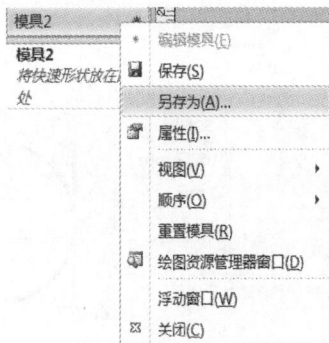

单击"视图"选项卡"任务窗格"组中的"大小和位置"工具，如图 10-4 所示，打开"大小和位置"窗口。利用基本形状里的"圆形"模具绘制圆形，并利用"大小和位置"窗口设置圆形直径为 3 mm；利用"折线图"工具在圆形的左侧绘制竖直线使之和圆形相切，并利用"大小和位置"窗格调整其长度为 3 mm。选中圆形，右击，在弹出的快捷菜单中选择"格式"｜"填充"命令，如图 10-5 所示，在"填充"对话框中设置填充颜色为白色，图案为纯色，阴影为无，如图 10-6 所示，形成如图 10-7 所示的效果图。选中所绘图形，拖入左侧"站场图模具"中，单击文件名，将其重新命名为"下行出站信号机（矮型）"，如图 10-8 所示。

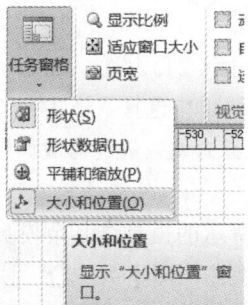

图 10-4　大小和位置窗口　　　　　　　图 10-5　填充菜单位置

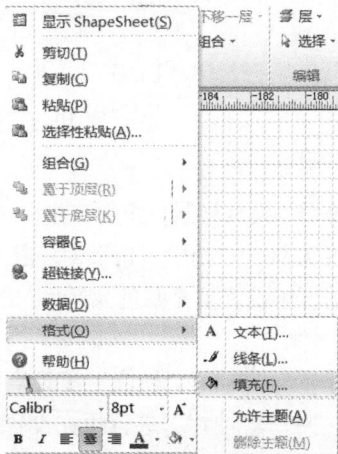

图 10-6　填充设置窗口

X	-526.8 mm
Y	163.7 mm
宽度	3 mm
高度	3 mm
角度	0 deg
旋转中心点位置	正中部

图 10-7　下行出站信号机（矮型）效果图　　　　　　图 10-8　出站信号机模具

（1）信号机模具

利用"圆形"和"折线图"工具绘制如图 10-9 所示的信号机模具。图中的横线和竖线长度为 3 mm，圆形直径（高度）为 3 mm，填充颜色为白色（纯色），无阴影。

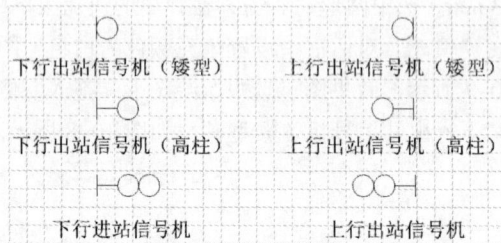

图 10-9　进出站信号机模具

（2）箭头及警冲标模具

利用"三角形"模具绘制三角形，并在"大小和位置"窗格进行设置，高度为 3 mm，宽度为 2 mm，旋转角度为 90°；选中三角形，右击，在弹出的快捷菜单中选择"格式"｜"填充"命令，在"填充"对话框中设置填充颜色为黑色，图案为纯色，阴影为无，最终形成如图 10-10 所示的效果图。

利用"三角形""圆形""椭圆"模具绘制如图 10-11 所示的模具。其余模具中的三角形设置和箭头相同。对"警冲标"进行填充设置，填充颜色为黑色，图案为纯色，阴影为无。警冲标直径为 1。椭圆高度调整为和三角形宽度相当。填充设置为，填充颜色为黑色，图案为纯色，阴影为无。

图 10-10　箭头模具

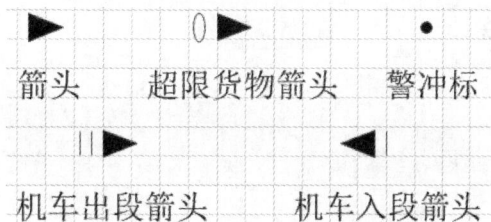

图 10-11　箭头及警冲标模具

（3）尽头线、渡线及道岔中心模具

按住 Shift 键利用"折线图"工具绘制一条水平线，单击"开发工具"选项卡"操作"组中的"偏移"工具，如图 10-12 所示，偏移距离设置为 5 mm，如图 10-13 所示。删除最下方的水平线。

图 10-12　偏移工具位置

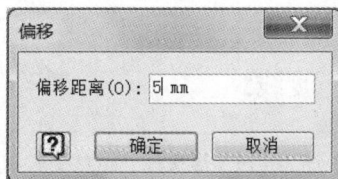

图 10-13　偏移设置

绘制两条斜线和两条水平线相交,利用大小和位置窗口设置斜线旋转角度分别为 30°和-30°。选中直线，单击"开发工具"选项卡"操作"组中的"修剪"工具，如图 10-14 所示，删除水平线上方和下方的线段。利用"折线图"绘制 4 条长为 2.4 mm 的竖直线，利用方向键移动竖直线使其中点分别移动到斜线和水平线交点处，形成如图 10-15 所示的效果图。删除水平线，拖动斜线至模具区，分别命名为"渡线 1"和"渡线 2"。

利用"折线图""大小和位置"和"修剪"工具绘制如图 10-16 所示的"尽头线"和"道岔中心"。其中道岔中心是长为 2.4 mm 的竖直线；尽头线中的竖线长在 3～4 mm 之间即可。

将上述模具分别拖入左侧模具区，并修改模具名称形成如图 10-17 所示的效果图。

3. 绘制站线

单击左侧标尺边缘，拖动至绘图区作为基础竖直参考线，利用"偏移"工具，偏移距离设置为 180 mm，如图 10-18 所示。最终形成左、中、右 3 条参考线。

图 10-14　修剪工具位置

图 10-15　渡线效果

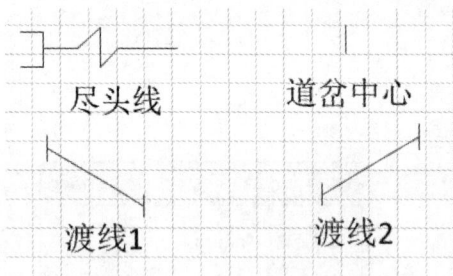

图 10-16　尽头线、道岔中心和渡线

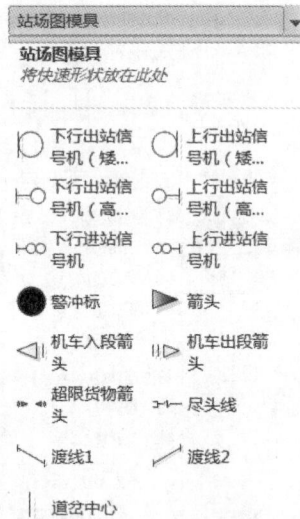

图 10-17　站场图模具

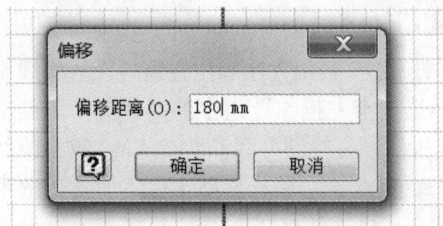

图 10-18　参考线偏移距离设置

利用"折线图"工具绘制水平直线，按住 Shift 键在左侧参考线上选择一点向右拖动至右侧参考线上。形成一条长为 360 mm 的水平直线。选中直线进行偏移，偏移距离为 5 mm；选中偏移后的 3 条线再次进行偏移，偏移距离为 15 mm，删除下方的两条直线，最终形成 7 条相邻间距为 5 mm的水平线。利用"文本"给沿着中间参考线对直线进行编号，自上而下依次编号为 10、11、12、13、14。单击上侧标尺向下拖动至直线 14 下方的位置，形成如图 10-19 所示的效果图。

选中这 7 条水平线，利用"偏移"工具进行偏移，偏移距离为 37 mm，对水平参考线上方新产生的 7 条水平线进行编号，自上而下依次为 3、4、5、6、7、8、9，形成如图 10-20 所示的效果图。

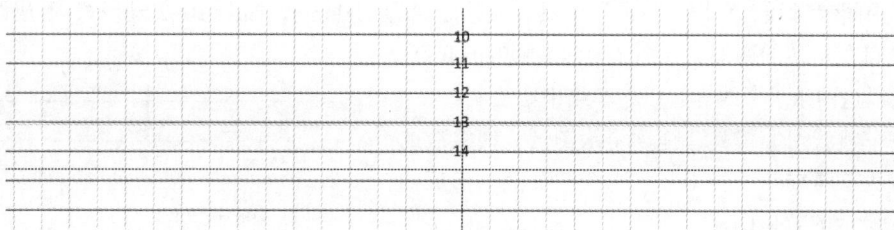

图 10-19　7 条水平线的位置及效果图

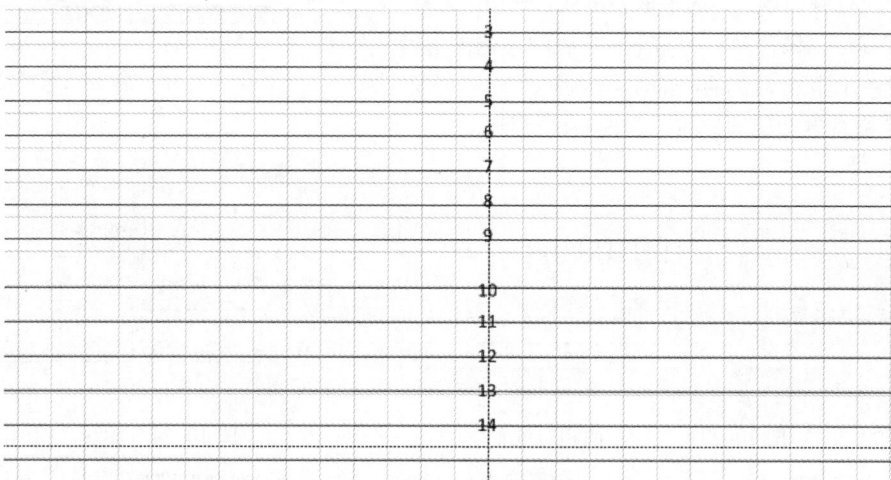

图 10-20　偏移 37 后的效果图

选中编号为 3 的水平线，利用"偏移"工具进行偏移，偏移距离为 3 mm。选中编号为 12、13、14 的水平线，利用"偏移"工具进行偏移，偏移距离为 65 mm，对水平参考线上方，新产生的 4 条水平线中的上面两条进行编号，自上而下依次为 1、Ⅱ，并删除水平参考线下方的所有直线。形成如图 10-21 所示的效果图。

图 10-21　站线效果图

4. 绘制左端咽喉

单击中间参考线，利用"偏移"工具，偏移距离为 150 mm，如图 10-22 所示，形成两条新的参考线分布在车站的两端，分别作为两端咽喉的起点。绘制咽喉以这两条参考线为起点向车站中心绘制。

选中"渡线 1"模具，拖动至绘图区，使渡线的一侧端点为参考线与编号为Ⅱ水平线的交点。形成如图 10-23 所示的效果图。

利用"参考线"工具，绘制新的竖直参考线，使其经过渡线右侧的端点。选中该参考线，利用"偏移"工具进行偏移，偏移距离为 7 mm，删除左侧的参考线，形成一个距离为 7 的间隔，再利用"渡线 1"和"渡线 2"模具继续绘制渡线，如图 10-24 所示。

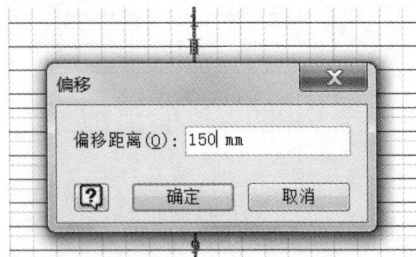

图 10-22 中间参考线偏移距离

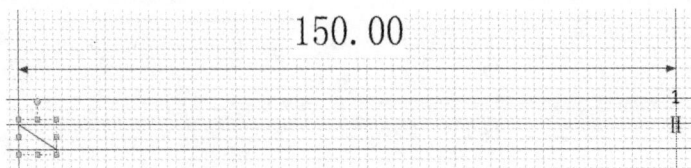

图 10-23 渡线 1 的相对位置

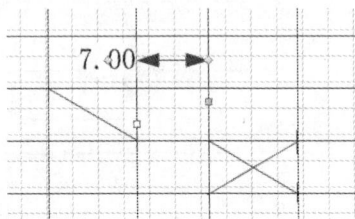

图 10-24 渡线之间的间隔距离

渡线之间的距离为 7 mm，由左向右绘制，若"渡线 1"和"渡线 2"模具不适合，则利用"折线图"工具绘制 30° 或-30° 的斜线，如图 10-25 所示。

图 10-25 左端咽喉渡线基本布置

单击最下方斜线，利用"偏移"工具在斜线下方绘制一条与之平行的斜线，偏移距离为 5 mm。单击中间的斜线，利用"偏移"工具在线下方距离为 5 mm 处绘制与之平行的斜线，斜线上方距离 10 mm、15 mm 处绘制与之平行的斜线，如图 10-26 所示。

选中斜线和站线，利用"修剪"工具，进行修剪并删除多余线段，形成如图 10-27 所示的效果图。

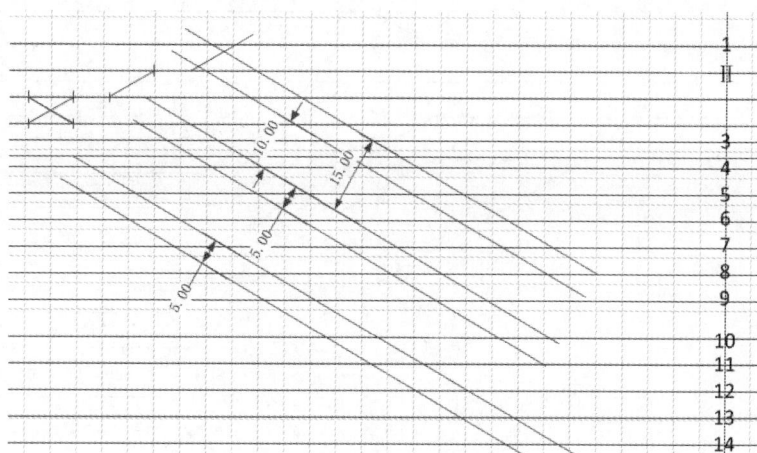

图 10-26　左端咽喉其余渡线布置

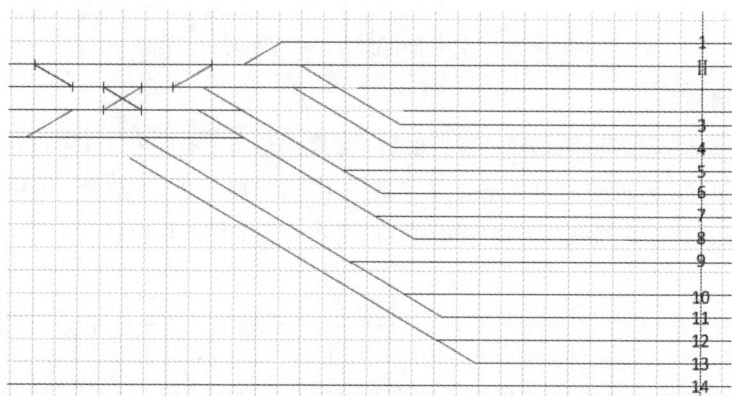

图 10-27　剪切并删除多余线段后的效果图

利用"折线图"工具绘制 4 条斜线，并利用"大小和位置"工具设置旋转角度。具体位置及效果如图 10-28 所示。1、2、3 位置的直线旋转角度为-50°，4 位置所在直线旋转角度为-70°。利用"修剪"工具进行修剪并删除多余线段，形成如图 10-29 所示的效果图。

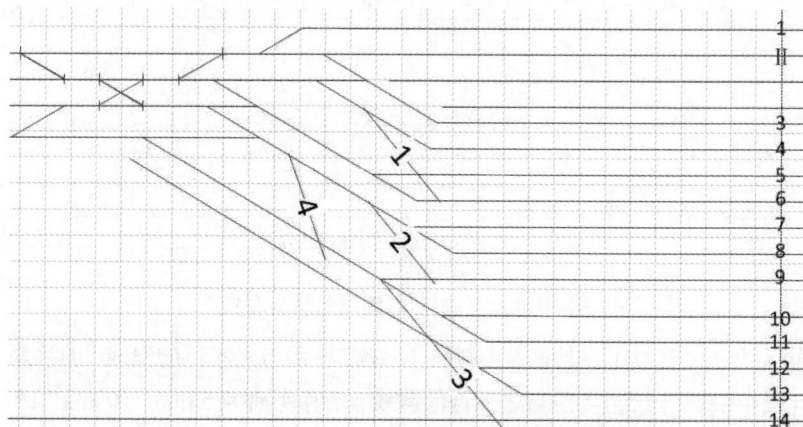

图 10-28　4 条斜线的位置及效果

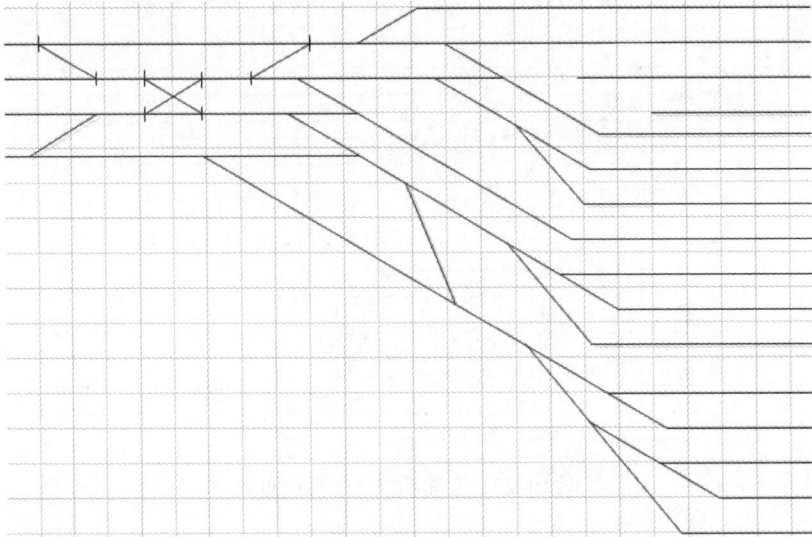

图 10-29　左端咽喉道岔及渡线布置效果图

5. 绘制右端咽喉

绘制左端咽喉的原理和左端相同，首先绘制一条距离车站中心参考线 150 mm 的参考线，由右向左逐步铺画。道岔之间的距离为 7 mm，若"渡线 1"和"渡线 2"不适合，则用倾斜角度-150°（30°）或-30° 的斜线作为渡线。右端咽喉渡线的基本布置如图 10-30 所示。

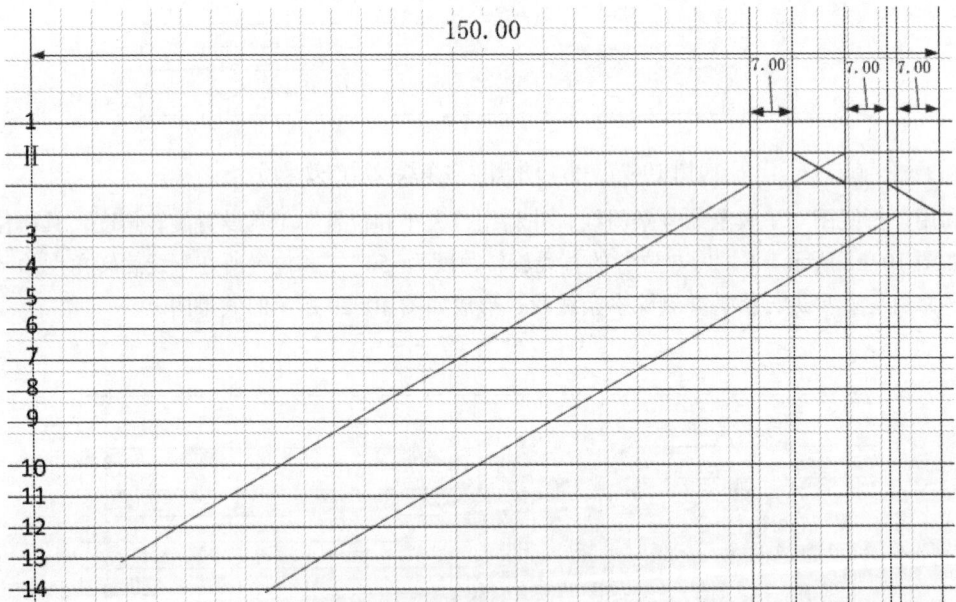

图 10-30　右端咽喉渡线的基本布置

利用"偏移"工具，选择下方的斜线（斜线 1）绘制一条与之平行的斜线，偏移距离为 10 mm。选择上方的斜线（斜线 2）绘制 4 条与之平行的斜线，偏移距离为 5 mm、10 mm、15 mm、20 mm。形成如图 10-31 所示的效果图。

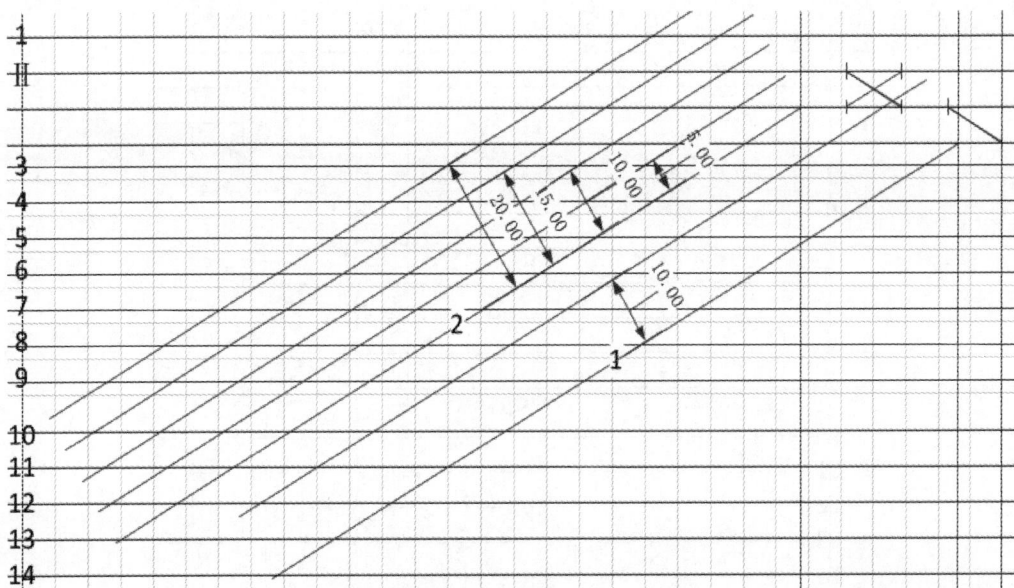

图 10-31　右端咽喉其余渡线的基本布置

　　利用"修剪"工具进行修剪，并删除多余线段。右端咽喉比较复杂，修剪分成两个阶段，第一阶段修剪站线 3~9，站线 3 和站线 4 保留部分有两处，最终形成如图 10-32 所示的效果图；第二阶段修剪站线 1、Ⅱ等其他直线，最终形成如图 10-33 所示的效果图。

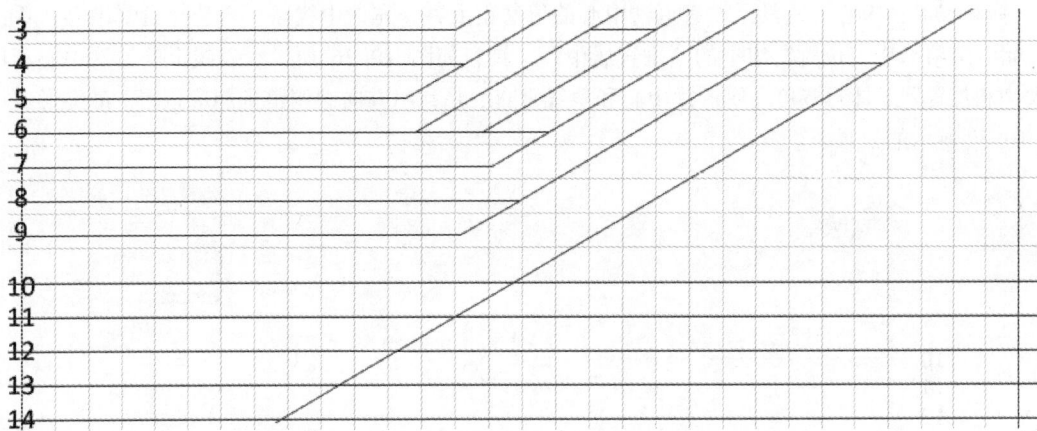

图 10-32　站线 3~9 对应的咽喉及渡线布置

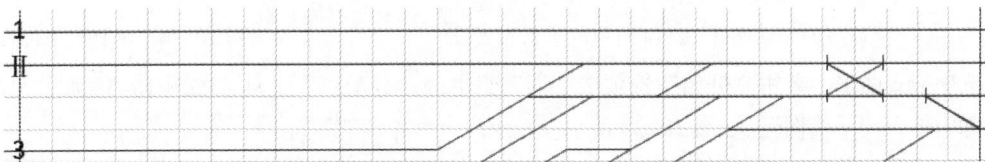

图 10-33　站线 1、Ⅱ对应的咽喉及渡线布置

　　利用"折线图"工具，绘制站线 1、站线 10~14 所对应的渡线，渡线的具体位置如图 10-34 所示。

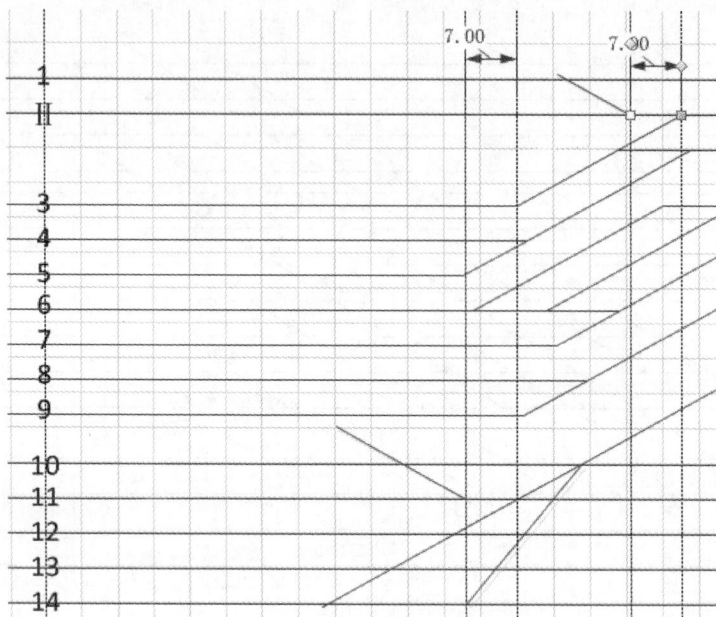

图 10-34 站线 1、Ⅱ对应的咽喉及渡线布置

利用"修剪"工具，进行修剪并删除多余线段，最终形成如图 10-35 所示的效果图。

6. 绘制其他元素

（1）绘制道岔中心和添加道岔号

拖动"道岔中心"模具至没有道岔中心的道岔正上方，先选中线路，再选择道岔中心，单击"开始"选项卡中"位置"组中的"垂直居中"工具，如图 10-36 所示。斜线上的道岔中心利用"大小和位置"工具调整角度使道岔中心和斜线垂直，并利用方向键调整到相应位置。最终形成如图 10-37 所示的效果图。

图 10-35 站线 10-14 对应的道岔布置

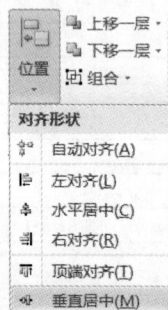

图 10-36 垂直居中位置

选中所有图形，单击"开始"选项卡"层"组中的"分配层"工具，如图 10-38 所示，在图层名称中输入"平面图"，如图 10-39 所示。

单击"开始"选项卡"层"组中的"层属性"，如图 10-40 所示，在"图层属性"对话框中，取消选择"锁定"复选框，选择"粘附"复选框，具体设置如图 10-41 所示。

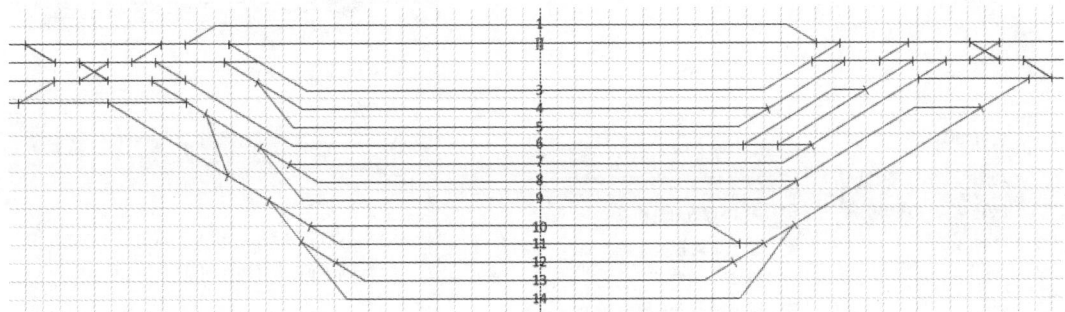

图 10-37　道岔中心效果图

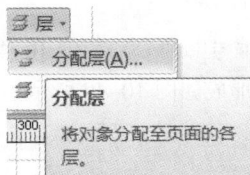

图 10-38　分配层位置

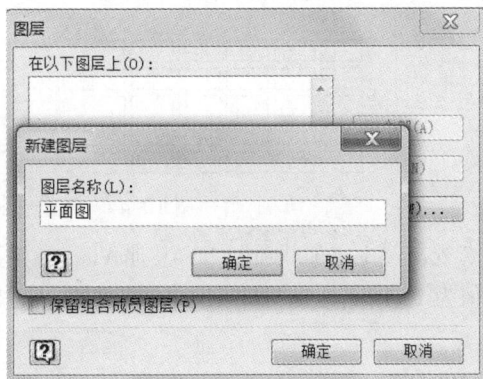

图 10-39　图层名称设置

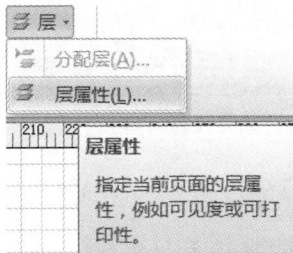

图 10-40　层属性位置

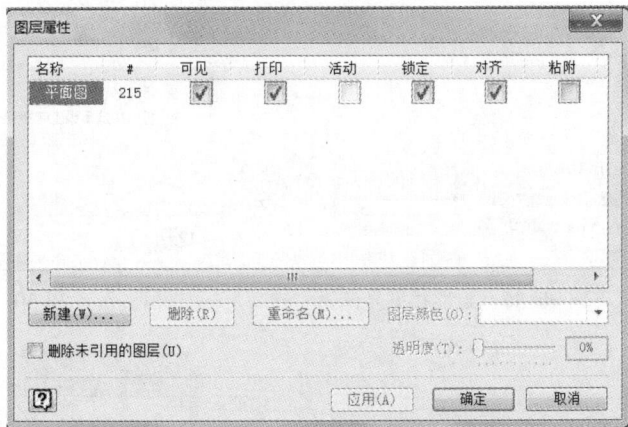

图 10-41　"图层属性"对话框

利用"矩形"模具绘制矩形，并利用大小和位置设置其宽度为 6 mm，高度为 3 mm；右击矩形，在弹出的快捷菜单中选择"格式"｜"填充"命令，在对话框中设置填充图案为无，阴影为无；选中矩形，单击"视图"选项卡"加载项"组"其他 Visio 方案"中"排列形状"工具，如图 10-42 所示，在"排列形状"对话框设置行间距为 4 mm，数目为 5，列间距为 7 mm，数目为 6，如图 10-43 所示；选中排列形状后的图形利用 Ctrl +左键进行复制，最终形成如图 10-44 所示的效果图。

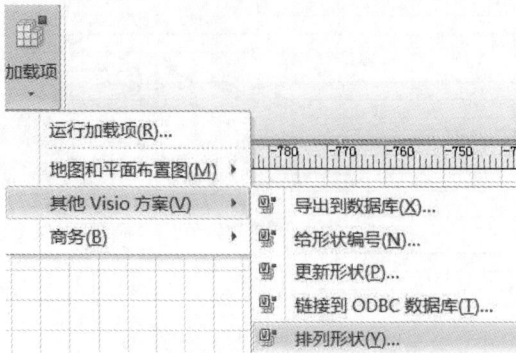

图 10-42　排列形状位置

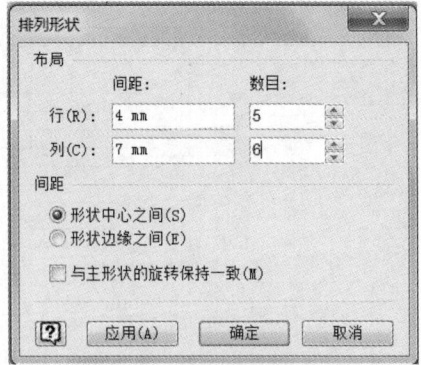

图 10-43　排列形状设置窗口

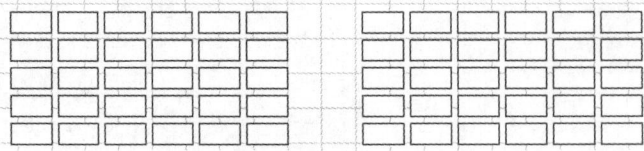

图 10-44　批量绘制的小矩形

选择"视图"｜"加载项"｜"其他 Visio 方案"｜"给形状编号"命令，如图 10-45 所示，设置起始值为 1，间隔为 2，如图 10-46 所示。然后依次单击矩形，形成如图 10-47 所示的效果图。

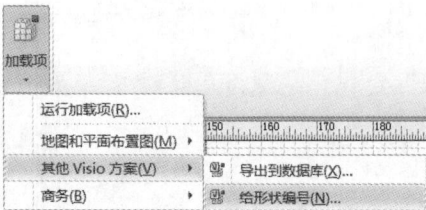

图 10-45　给形状编号位置

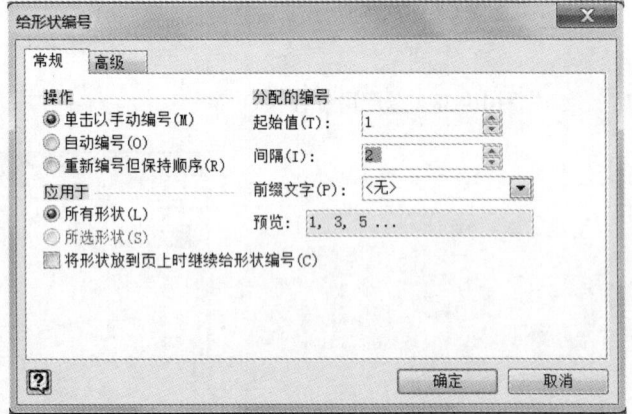

图 10-46　给形状编号设置窗口

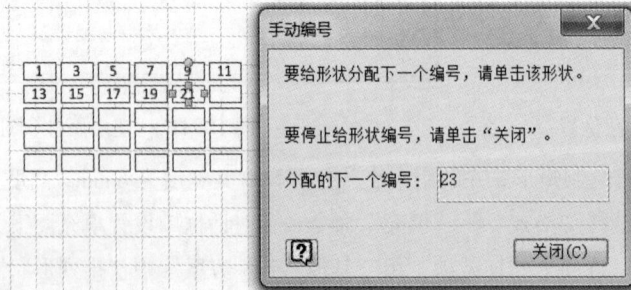

图 10-47　给形状编号效果图

左侧的 30 个矩形编号完毕后，以起始值为 2、间隔为 2 mm，对右侧的 30 个矩形进行编号。编号完毕后，右击矩形，在弹出的快捷菜单中选择"格式"｜"线条"命令，设置虚线类型为无；最终形成如图 10-48 所示的效果图。

1	3	5	7	9	11		2	4	6	8	10	12
13	15	17	19	21	23		14	16	18	20	22	24
25	27	29	31	33	35		26	28	30	32	34	36
37	39	41	43	45	47		38	40	42	44	46	48
49	51	53	55	57	59		50	52	54	56	58	60

图 10-48 编号后的小矩形

将单数的小矩形分别拖入到左端咽喉道岔中心的上方，道岔编号遵循由左及右、由主到次的原则，具体编号如图 10-49 所示。

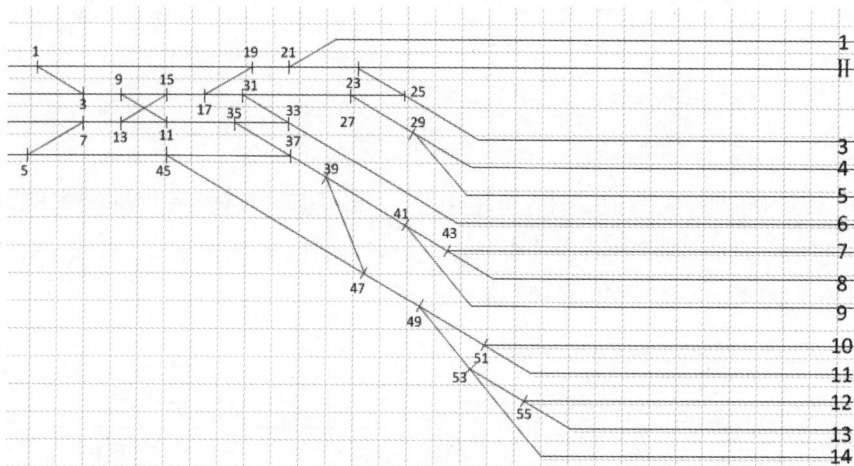

图 10-49 左端咽喉道岔编号

将双数的小矩形分别拖入到右端咽喉道岔中心的上方，道岔编号遵循由右及左、由主到次的原则，具体编号如图 10-50 所示。

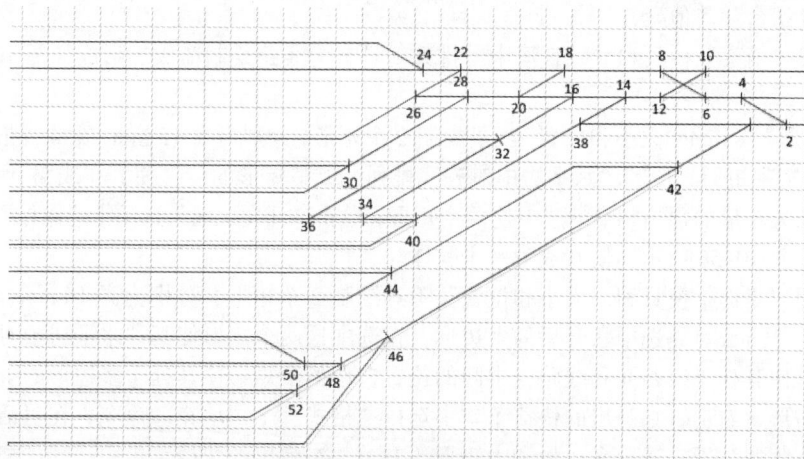

图 10-50 右端咽喉道岔编号

（2）绘制警冲标和信号机

利用"警冲标"和"出站信号机"模具，绘制两端咽喉的出站信号机，左端咽喉的出站信号机绘制在相应线路的下方，2 道为高柱信号机，如图 10-51 所示；右端咽喉的出站信号机绘制在相应线路的上方，2 道为高柱信号机，如图 10-52 所示。

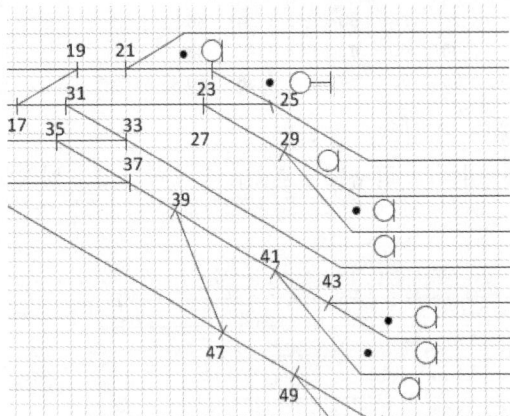

图 10-51　左端咽喉出站信号机和警冲标布置

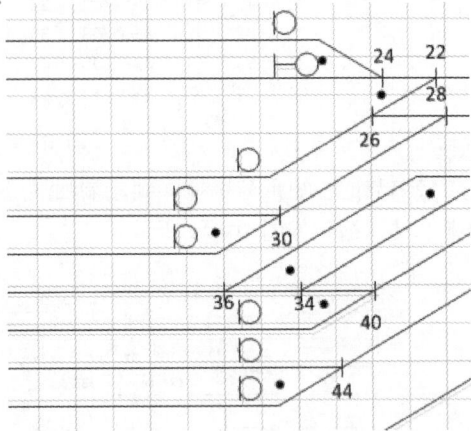

图 10-52　右端咽喉出站信号机和警冲标布置

利用"进站信号机""机车出入段箭头"、"尽头线"模具，绘制机车出入段线、牵出线和进站信号机，具体绘制如图 10-53 和图 10-54 所示。

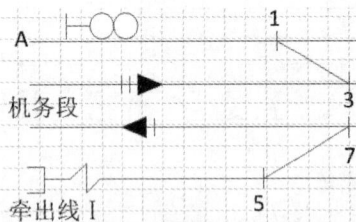

图 10-53　左端进站信号机及牵出线

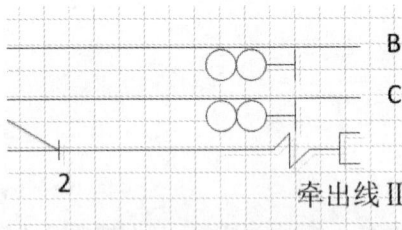

图 10-54　右端进站信号机及牵出线

（3）绘制站台和其他元素

利用各种"箭头"模具和"垂直居中"排列工具，为线路绘制箭头，形成如图 10-55 所示的效果图。

利用"矩形"模具和"大小和位置"工具绘制 2 个矩形，分别为高 15 mm，宽 45 mm；高 8 mm，宽 126 mm；选中矩形，使其"水平居中对齐"排列，调整矩形的位置使其在线路 1 的上方，小矩形的底边和大矩形的顶边相交。选中这两个矩形，单击"开发工具"选项卡"操作"组中的"联合"工具，如图 10-56 所示，使其成为一个整体。

再次利用"矩形"模具和"大小和位置"工具绘制 2 个矩形，分别为高 10 mm、宽 36 mm；高 8 mm、宽 126 mm。先选中联合后的多边形，在选中这两个矩形使其"水平居中对齐"排列，调整较大矩形使其处于线路 Ⅱ 和线路 3 中间的位置，调整小矩形使其处于多边形的上部。选中多边形和两个矩形，右击，在弹出的快捷菜单中选择"格式"｜"填充"命令，在对话框中设置填充图案为无，阴影为无；选中多边形和大矩形，右击，在弹出的快捷菜单中选择"格式"｜"线条"命令，在对话框中设置粗细为 1 pt。最终形成如图 10-57 所示的效果图。

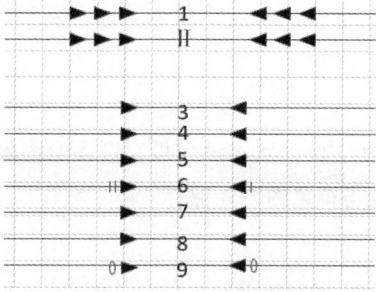

图 10-55 线路使用图例

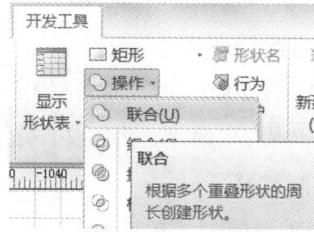

图 10-56 联合位置

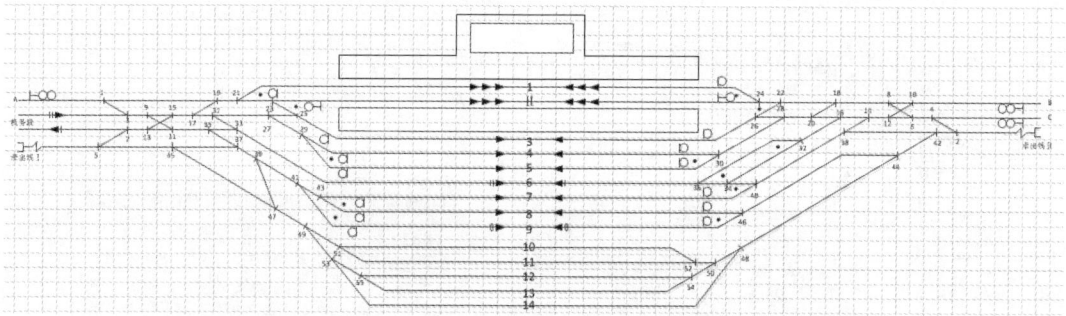

图 10-57 区段站平面布置图

选中所有图形选择"开始"选项卡下"层"组"分配层"工具中"新建图层",在图层名称里输入"图例"。

10.2 货场布置图的绘制

货场示意图由货物线、站台、雨棚、仓库等元素构成。货场示意图的绘制对于了解货场设备的布置、货场设计都有重要作用。

课堂实训 2 尽端式货场布置图

货场示意图由许多线路、站台仓库组成,在绘制过程中可以通过"模具"工具进行绘制。样图如图 10-58 所示。

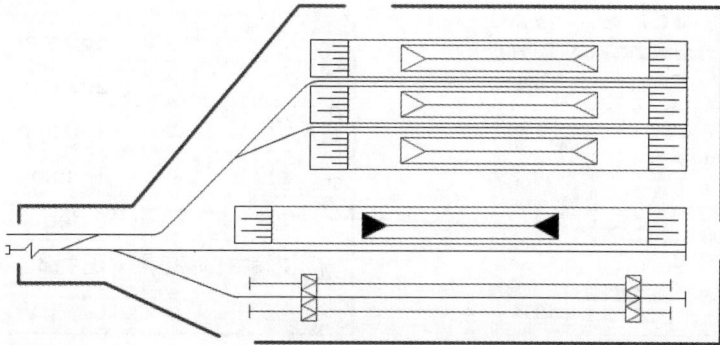

图 10-58 尽端式货场布置图

![操作步骤]

1．配置绘图环境

打开 Visio 2010，以"基本框图"为模板，建立新文件，双击该模板，进入绘图界面，选择"文件"|"保存"命令，将新文件命名为"尽端式货场布置图"并保存。

2．绘制模具

移动至左侧单击"更多形状"中"新建模具"，如图 10-59 所示，右击"模具"，在弹出的快捷菜单中选择"另存为"命令，如图 10-60 所示，输入"货场模具"。

图 10-59　新建模具菜单

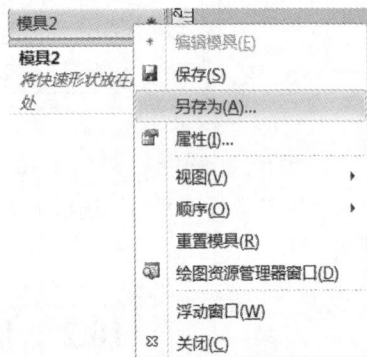

图 10-60　模具另存为菜单

拖动"矩形"模具至右侧绘图区，单击"视图"选项卡"任务窗格"组中"大小和位置"工具，如图 10-61 所示，设置宽为 130，高为 7，具体设置以及相对位置如图 10-62 所示。拖动"三角形"模具至右侧绘图区，利用"大小和位置"窗格调整大小及旋转角度，宽度为 14.64，3 mm高度为 16.25，旋转为-90°。利用 Ctrl+左键复制三角形，设置旋转角度为 90°。形成如图 10-63所示的效果图。

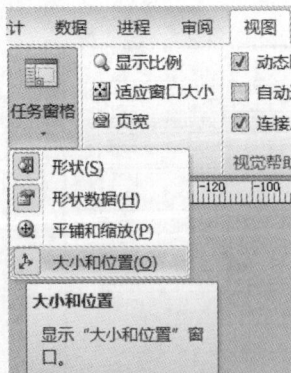

图 10-61　"大小和位置" 位置

图 10-62　"大小和位置"窗口

选中矩形在选中两个三角形，单击"开始"选项卡"位置"组中的"底端对齐"工具，如图 10-64 所示，选中矩形，再选中旋转-90°的三角形单击，单击"开始"选项卡"位置"组中的"左端对齐"；选中矩形，再选中旋转 90° 的三角形单击，单击"开始"选项卡"位置"组中的"右端对齐"；把图形全部选中，右击，在弹出的快捷菜单中选择"填充"命令，在对话框中设置填充颜色为"白色"，如图 10-65 所示。

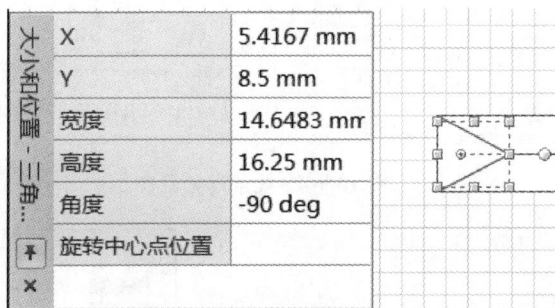

大小和位置 - 三角…	X	5.4167 mm
	Y	8.5 mm
	宽度	14.6483 mm
	高度	16.25 mm
	角度	-90 deg
	旋转中心点位置	

图 10-63　三角形设置及相对位置　　　　图 10-64　底端对齐

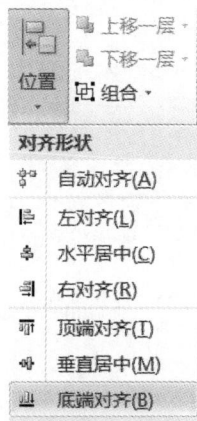

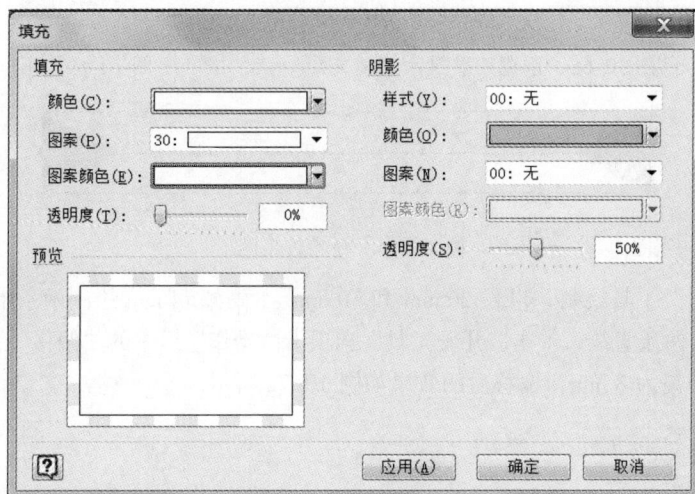

图 10-65　填充属性设置

利用"连接线"工具，如图 10-66 所示将三角形的两个顶点连接，右击，在弹出的快捷菜单中选择"线条"命令，在对话框中设置线条终点为"无"，如图 10-67 所示，形成如图 10-68 所示的效果图。将该图形拖入左侧单击文件名命名为"雨棚"，如图 10-69 所示。

拖动"雨棚"模具至右侧绘图区，选中图形中图形中"三角形"，设置"填充"颜色为"黑色"，阴影为"无"，形成如图 10-70 所示效果图。将该图形拖入左侧"货场模具"中，命名为"仓库"。

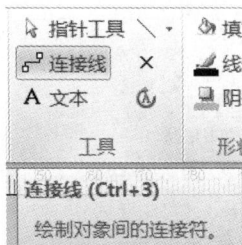

图 10-66 连接线位置   图 10-67 线条设置窗口

图 10-68 雨棚效果图   图 10-69 雨棚模具效果图

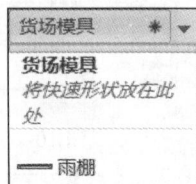

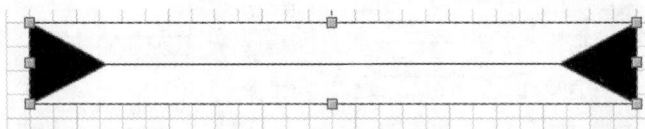

图 10-70 仓库效果图

利用"折线图"工具绘制，以长 20 mm 和 10 mm、间距为 4 mm 绘制两条水平直线，并设置为左端对齐。选中两条直线，单击"开发工具"选项卡"操作"组中的"偏移"工具，如图 10-71 所示，设置偏移距离为 8 mm，偏移后的效果如图 10-72 所示。

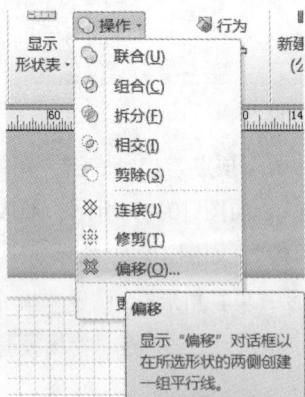

图 10-71 偏移位置   图 10-72 偏移后的效果

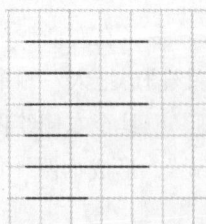

利用"矩形"模具绘制矩形并通过大小和形状进行设置，高度为 24 mm，宽度为 25 mm。设置填充图案为无，阴影为无。利用方向键调整矩形的位置使最上侧的线和矩形的上边线重合，先选中矩形，再选中其余线段，单击"开始"选项卡"位置"组中的"左对齐"工具，形成如图 10-73 所示的效果图。

选中矩形和线段单击"开发工具"选项卡"操作"组中"连接"工具，如图 10-74 所示。设置线条颜色为黑色。选中图形拖入"货场模具"窗口，命名为"右侧边坡"，将右边坡模具拖入绘图区，利用旋转手柄旋转 180°，拖入"货场模具"窗口，命名为"左侧边坡"。

图 10-73　连接位置　　　　　图 10-74　矩形设置及边坡效果图

利用"矩形"模具绘制矩形，并通过"大小和位置"窗口设置矩形，高度为 30 mm，宽度为 10 mm，利用"折线图"工具绘制斜线，形成图 10-75 所示的效果图。将该图形拖入左侧"货场模具"窗口，命名为"门吊"，如图 10-76 所示 。

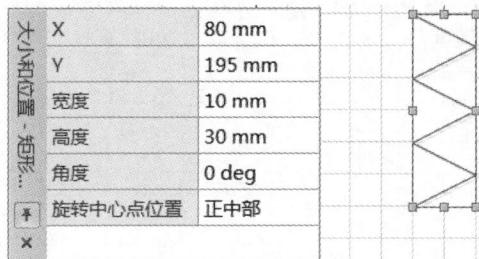

图 10-75　门吊效果图　　　　　图 10-76　货场模具

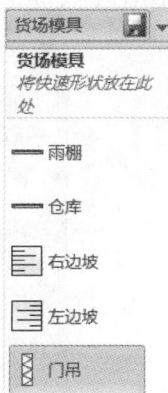

3．绘制货物线

利用"参考线"，绘制一条水平参考线和一条竖直参考线作为基础参考线，利用"偏移"工具对基础参考线进行偏移，删除基础水平参考线下方和基础数值参考线左侧的参考线，形成如图 10-77 所示参考线。水平参考线的偏移距离分别为 30 mm、40 mm、110 mm、140 mm；数值参考线的偏移距离为 70 mm、100 mm、150 mm、200 mm、450 mm。

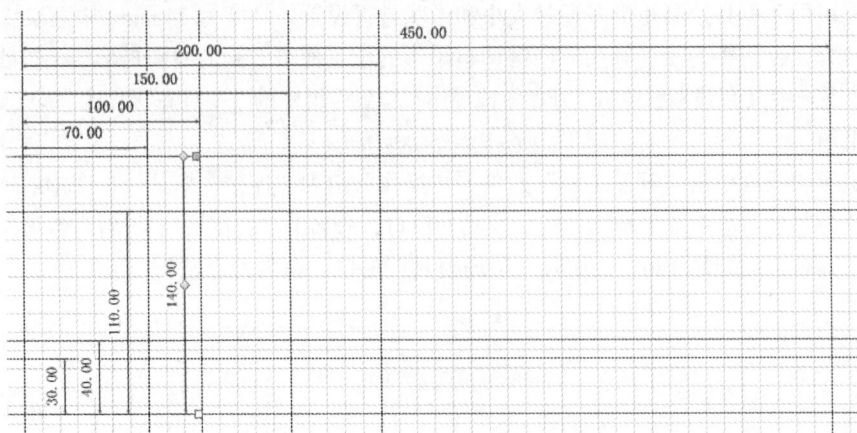

图 10-77 参考线及其相对位置

利用"折线图"工具绘制直线。直线利用相对坐标方法表示，例如，（120，40）表示距离竖直基础参考线 120 mm 和距离水平基础参考线 40 mm 的参考线相交确定的点。直线是通过表示起点和终点的相对坐标来确定的，例如，（（0，40）（120，40））表示起点（0，40）终点为（120，40）的一条直线。直线相对坐标分别为（（0，40）（120，40）），（（120，40）（200，140）），（（200，140）），（450，140）），（（200，110），（450，110）），（（0，30），（450，30）），（（70，30），（150，0）），（（150，0），（450，0））；过参考线 150 和斜线的交点和（200，110）画直线，在左侧两条距离为 70 的参考线之间绘制角度约 30° 的斜线和两条直线相交。在水平直线的右侧绘制短竖线。选中直线，单击"开发工具"选项卡"操作"连接，利用"连接"工具进行连接。选中直线，右击，在弹出的快捷菜单中选择"线形"命令，在对话框中设置颜色为"黑色"，圆角设置为 12 mm，如图 10-78 所示，形成如图 10-79 所示的效果图。

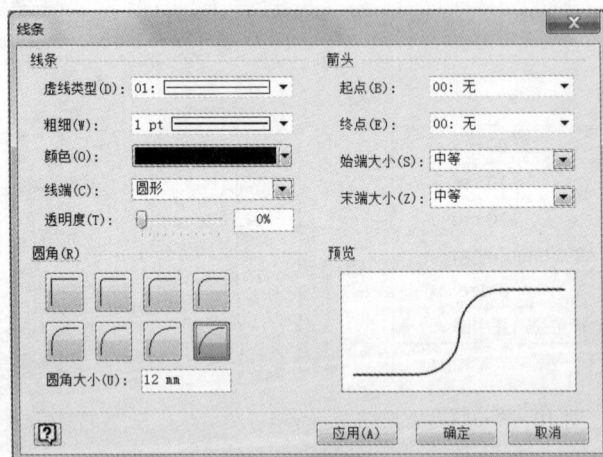

图 10-78 线形设置窗口

4．绘制站台雨棚仓库、边坡、门吊等

利用"矩形"模具，绘制矩形并利用"大小和位置"窗口调整大小，矩形分别为高 24 mm、宽 250 mm，利用 Ctrl+左键进行复制 4 次，并拖动到线路的两侧。选中最下方的矩形，设置宽为

300 mm。先选中线路，再选中矩形，单击"开始"选项卡"位置"组中的"右对齐"工具。

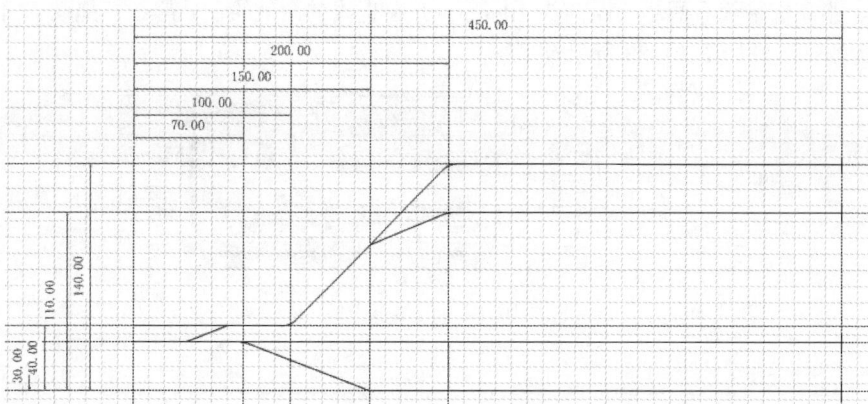

图 10-79　货物线效果图

利用"左边坡"模具，拖动至矩形的上方，先选中矩形，再选中"左边坡"，单击"开始"选项卡"位置"组中的"底端对齐"工具，再单击"开始"选项卡"位置"组中的"左对齐"。同理，拖动"右边坡"模具至矩形的上方进行底端对齐和右对齐，形成如图 10-80 所示效果图。

图 10-80　货物站台效果图

利用"雨棚"模具，拖动至较小矩形的上方，先选中矩形，再选中"雨棚"，单击"开始"选项卡"位置"组中的"垂直居中"工具，再单击"开始"选项卡"位置"组中的"水平居中"工具。同理，拖动"仓库"模具至矩形拖动至矩形的上方进行垂直居中和水平居中，形成如图 10-81 所示效果图。

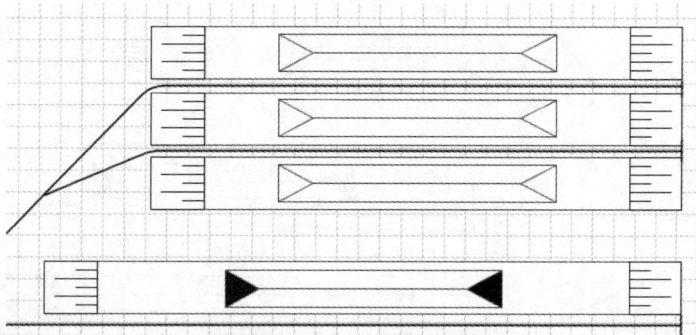

图 10-81　仓库雨棚效果图

利用"参考线""偏移"和"折线图"工具绘制 2 条长为 280 mm 的直线，距离货物线为 9（见图 10-82），距离货物线右侧尽头距离为 10 mm，并在直线的两侧绘制短竖线。拖动"门吊"模具至竖线的两侧，形成如图 10-83 所示效果图。

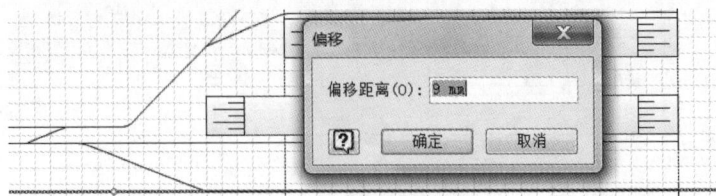

图 10-82　门吊参考线

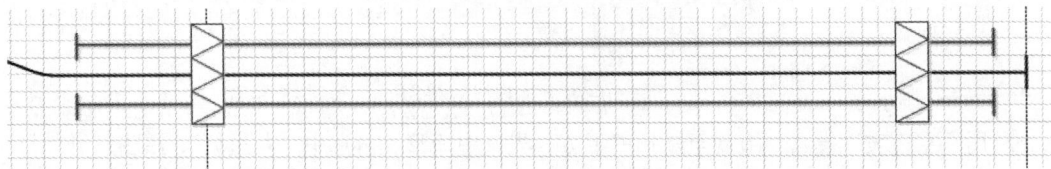

图 10-83　门吊效果图

利用"折线图"工具和"剪修"工具绘制如图 10-84 所示的图形作为货场牵出线。

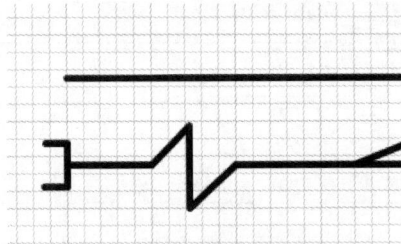

图 10-84　货场牵出线

利用"折线图"工具绘制直线，距离所绘图形约 20 mm 左右，在上方、下方、右侧留有开口，并设置线条粗细为 6 pt。形成如图 10-85 所示效果图。

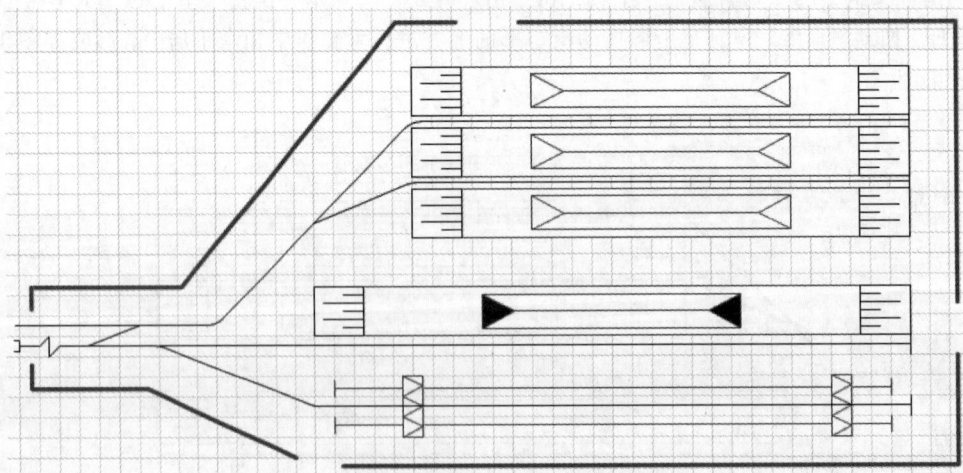

图 10-85　尽端式货场布置图

本 章 小 结

本章以区段站平面布置图和货场布置图为例介绍了站场绘制方法。绘图一般先绘制模具，然后绘制线路，最后绘制相应的图例组件。如果绘制的图形过于复杂而且层次分明，可利用"图层"工具辅助绘图。

课 后 习 题

1. 简述区段站平面布置图的方法和步骤。

2. 利用绘制站场平面布置图的基本方法绘制如图 10-86 所示的中间站布置图。其中，图例中的信号机中的圆形直径为 3 mm,短线长度为 3 mm;警冲标圆形直径为 1 mm;三角形高度为 3 mm、宽度为 2 mm; 渡线和水平线的夹角为 30°; 线间距为 5 mm; 道岔之间的距离为 7 mm; 道岔中心长为 2.4 mm; 站台大小自拟。站台边线粗细为 1 pt。

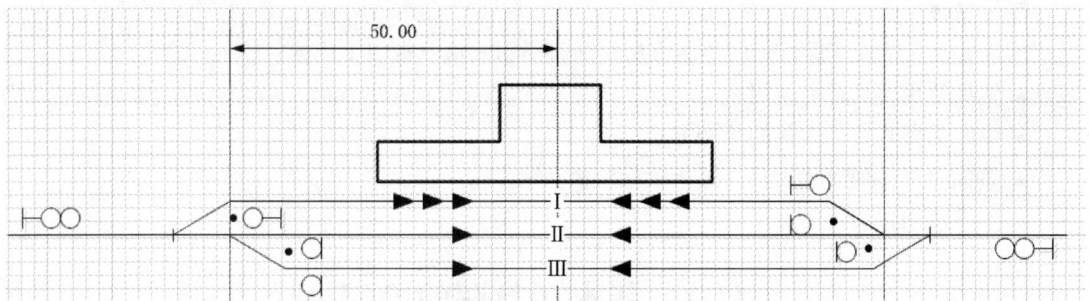

图 10-86　中间站布置图

第11章 列车运行图的绘制

列车运行图是行车组织工作的基础，列车必须按照列车运行图规定的时刻有序运行。列车运行图运用坐标原理，表示各次列车在各站到达、出发或通过及列车在区间运行的情况，是列车运行的图解形式。

本章介绍基本运行图和列车运行实际图的绘制。

学习目标

本章主要介绍列车运行图的绘制方法。通过学习，应掌握以下内容：

- 熟练使用模具进行绘图。
- 熟练掌握直线、虚线的绘制方法。
- 熟练使用排列形状工具，进行批量绘制。
- 熟练使用偏移、修剪工具。

11.1 基本运行图的绘制

基本运行图是用于表示列车在铁路区间运行及在车站到发或通过时刻的技术文件。绘制列车运行图对于运行图应用和运行图设计都有重要作用。

课堂实训1 绘制单线非平行运行图

列车运行图是列车运行的时间与空间关系的图解，它是表示列车在各区间运行及在各车站停车或通过状态的二维线条图。样图如图 11-1 所示。

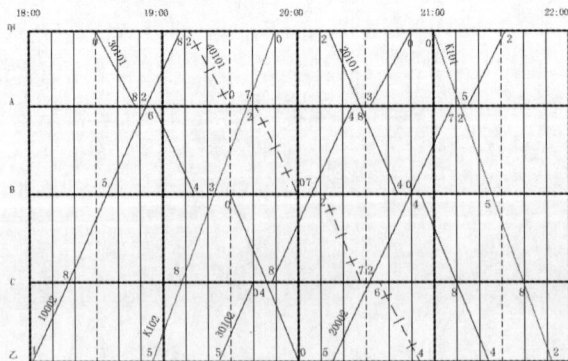

图 11-1 单线非平行运行图

操作步骤

1. 配置绘图环境

打开 Visio 2010，以"基本框图"为模板，建立新文件，双击该模板，进入绘图界面，然后选择"文件"｜"保存"命令，将新文件命名为"单线非平行运行图"并保存。

2. 绘制时间线

在绘图窗口，利用"折线图"命令绘制一条竖直线作为基础，选中该直线，单击"开发工具"选项卡"操作"组中的"偏移"工具，连续偏移 3 次，偏移距离为 10、20、30，形成如图 11-2 所示的效果图。

右击两侧竖直线，在弹出的快捷菜单中选择"格式"｜"线条"命令，如图 11-3 所示，设置"粗细"为 2¼ pt，具体设置如图 11-4 所示。右击中间竖线，在弹出的快捷菜单中选择"格式"｜"线条"命令，在对话框中设置"虚线类型"为 02，最终形成如图 11-5 所示效果图。

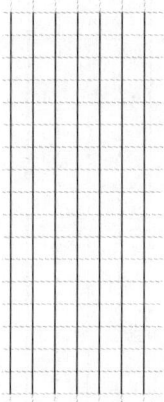

图 11-2 7 条竖直平行线

图 11-3 线条下拉菜单

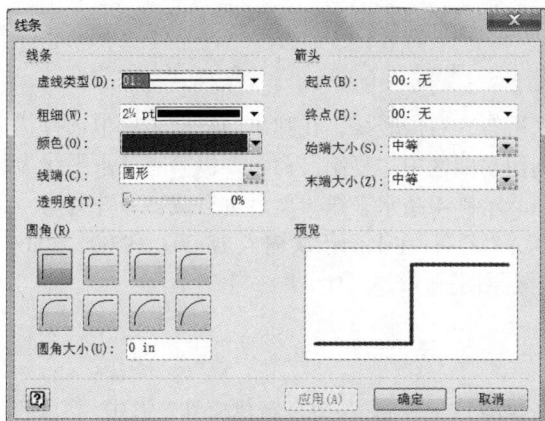

图 11-4 两侧竖线设置对话框

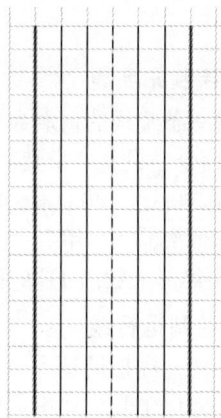

图 11-5 小时时间线效果图

选中右侧的六条线，选择"视图"｜"加载项"｜"其他 Visio 方案"｜"排列形状"命令，如图 11-6 所示，具体设置为布局：行间距为 0 mm、数目为 1 mm，列间距为 10 mm、数目为 4 mm，"间距"选择"形状与边缘之间"，如图 11-7 所示。最终形成如图 11-8 所示的效果图。

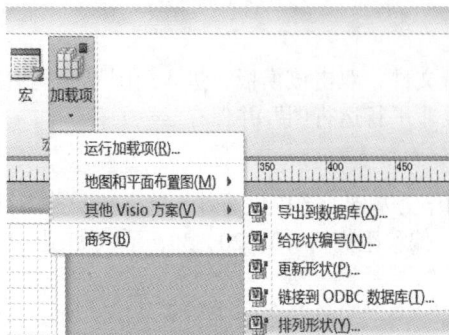

图 11-6　排列形状下拉菜单

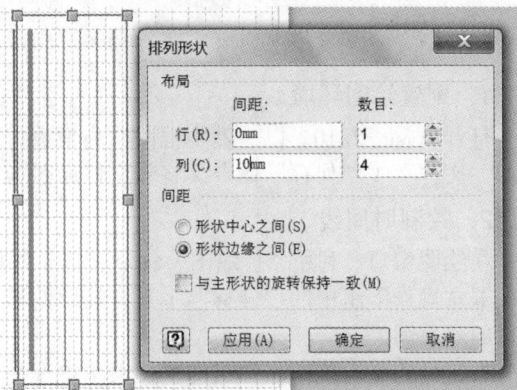

图 11-7　"排列形状"对话框

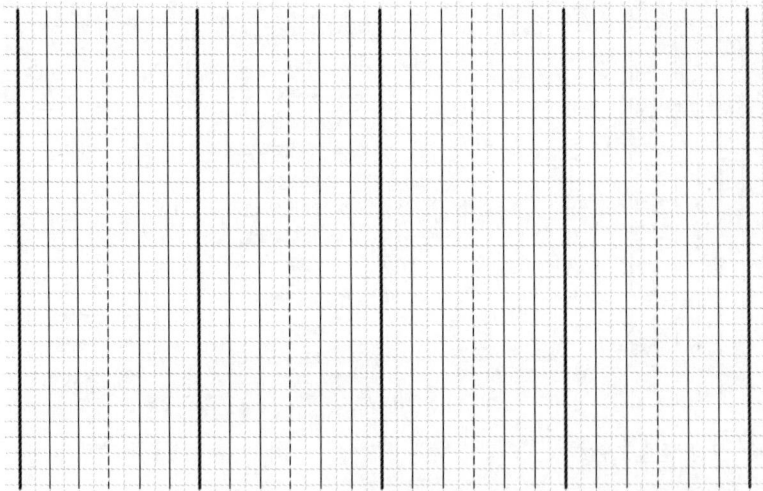

图 11-8　时间线效果图

3. 绘制站名线

以第一条竖线的顶端为顶点画一条水平线，右击竖线，在弹出的快捷菜单中选择"格式"｜"线条"命令，设置"粗细"为 2¼ pt；利用功能区中"复制"命令，以第一条水平线为起始，间距分别为 34 mm、40 mm、40 mm、36 mm 复制 4 条水平线。然后进行裁剪，并利用"文本"工具在左侧依次输入"甲"、"B"、"C"、"D"、"乙"；在上侧依次输入 18:00、19:00、20:00、21:00、22:00，最终形成如图 11-9 所示的站名线效果图。

4. 绘制运行线

（1）建立线形模具

单击左侧工具栏"更多形状"中"新建模具（公制）"命令新建模具，右击"模具"，在弹出的快捷菜单中选择"另存为"命令，命名为"运行线"并保存。形成如图 11-10 所示效果图。

利用"折线图"工具绘制长 2.5 mm、5 mm、5 mm、2.5 mm 的水平线和长度为 5 mm 的 2 条竖线，排列成如图 11-11 所示的线形，中间间隔为 2.5 mm。选中图形拖入左侧运行线模具窗口；单击模具，命名为"摘挂列车运行线"，如图 11-12 所示。

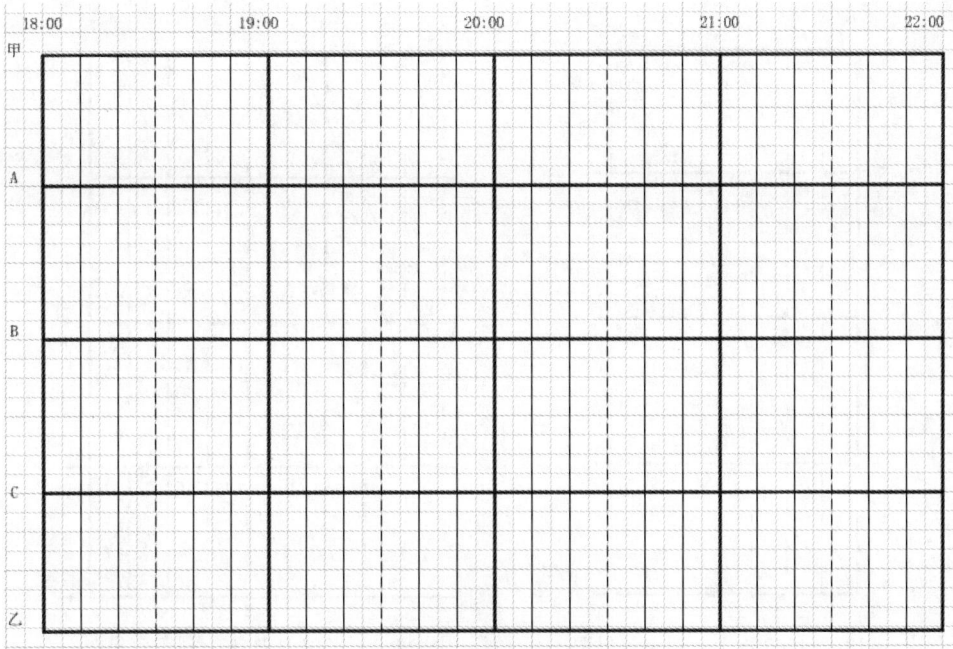

图 11-9　站名线效果图

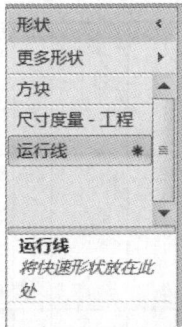

图 11-10　运行线模具窗口　　图 11-11　摘挂列车运行线　　图 11-12　摘挂列车运行线模

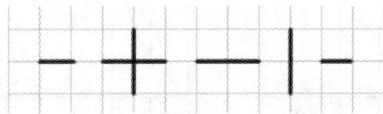

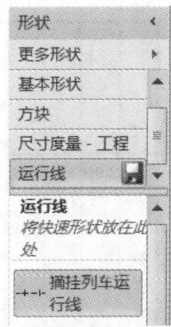

（2）绘制普通列车运行线

绘制列车运行线利用坐标原理，先确定起点和终点，然后绘制直线。

上行列车 11002 次起点为（18:01 乙）（站名线为乙站，时间线为 18:01 的位置），终点为（19:08 甲），利用"折线图"命令连接（18:01 乙）、（19:08 甲）两个点。利用"文本"工具在横线与斜线相交的钝角上，自下而上依次输入 1、8、5、2、8，在乙和 C 之间斜线上输入 11002；形成如图 11-13 所示的效果图。

下行列车 30101 次列车运行线分成三段，利用"折线图"命令画出（（18:30 甲），（18:48 A））、（（18:56 A），（19:14 B））、（（19:30 B），（20:00 乙））。在斜线与横线相交的钝角依次输入 0、8、6、4、0、4、0；在第一条横线的下侧、斜线的上方输入 30101，如图 11-14 所示。

采用同样的方法绘制 30102 次、20002 次、20101 次、K102 次、K101 次的运行线，并设置 K102 次、K101 次线型为红色，形成如图 11-15 所示的效果图。

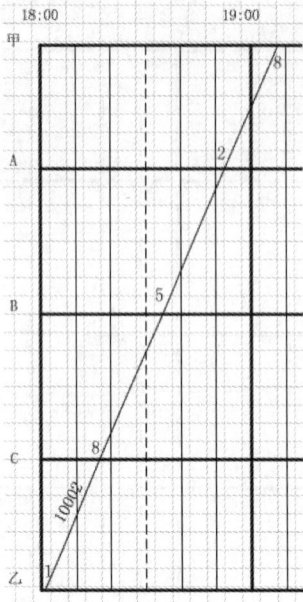

图 11-13　11002 次上行列车效果图　　　　图 11-14　30101 次下行列车效果图

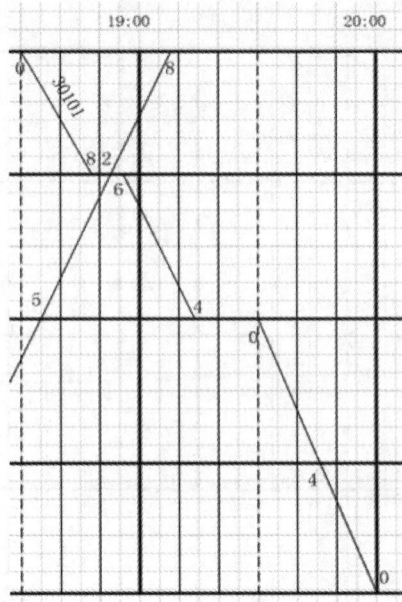

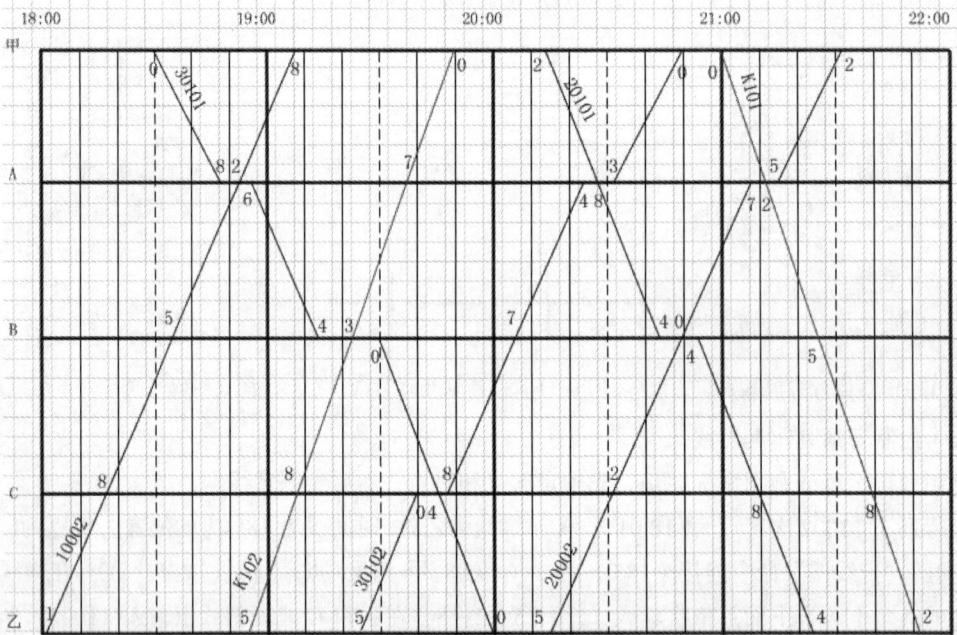

图 11-15　普通列车运行线效果图

（3）绘制摘挂列车运行线

连续拖动摘挂列车运行线模具，使之并排在一起，单击"开发工具"选项卡"操作"组中的"组合"工具，如图 11-16 所示，形成如图 11-17 所示的形状。

将摘挂列车运行线拖至甲-A 两条直线之间，并调整旋转角度使其一端大致指向（19:12 甲），另一端大致经过（19:30 A）；选中摘挂列车运行线，单击"大小和位置"命令，如图 11-18 所示，利用键盘方向键调整摘挂列车运行线，并在"大小和位置"窗口调整角度，使运行线指向起点和终点，具体设置如图 11-19 所示。

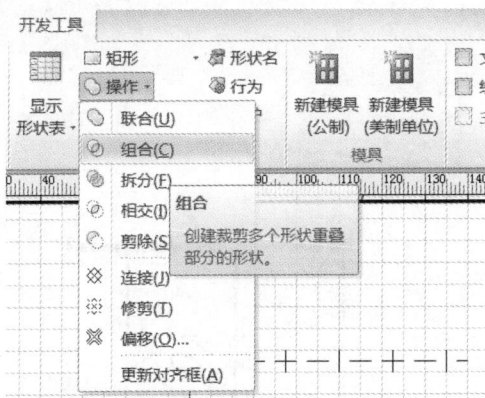

图 11-16　"组合"命令

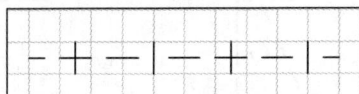

图 11-17　摘挂列车运行线

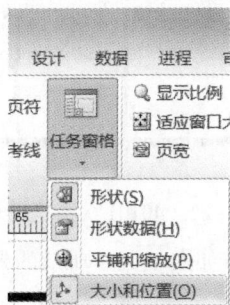

图 11-18　"大小和位置"命令

图 11-19　"大小和位置"窗口

鼠标放置在左侧标尺上，鼠标变为↔时，单击并拖动参考线至 19:30 的位置，单击参考线设置参考线线条属性，虚线类型为 01，颜色为黑色，具体设置如图 11-20 所示。

图 11-20　参考线线条属性设置

　　选中参考线和摘挂列车运行线，利用"修剪"命令（见图 11-21），删除多余线段，选中运行线，利用"组合"命令进行组合。利用"文本"工具在相应位置输入"2""0""40101"。形成如图 11-22 所示的效果图。

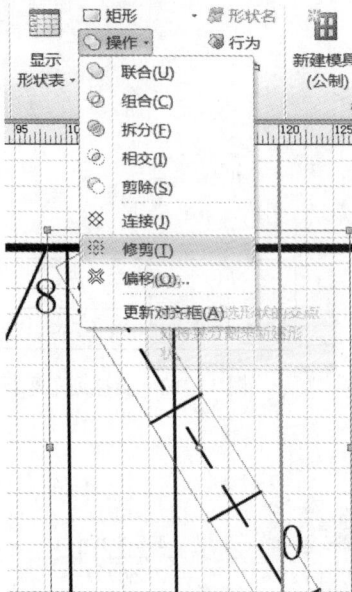

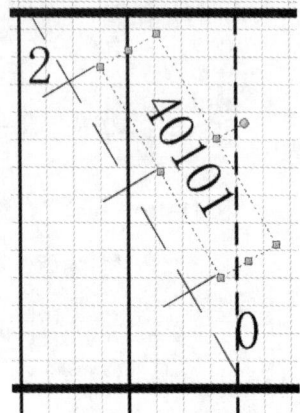

图 11-21　"修剪"命令　　　　　　图 11-22　40101 次摘挂列车运行线

　　采取同样方式绘制其余区间的摘挂列车运行线，最终形成如图 11-23 所示的效果图。

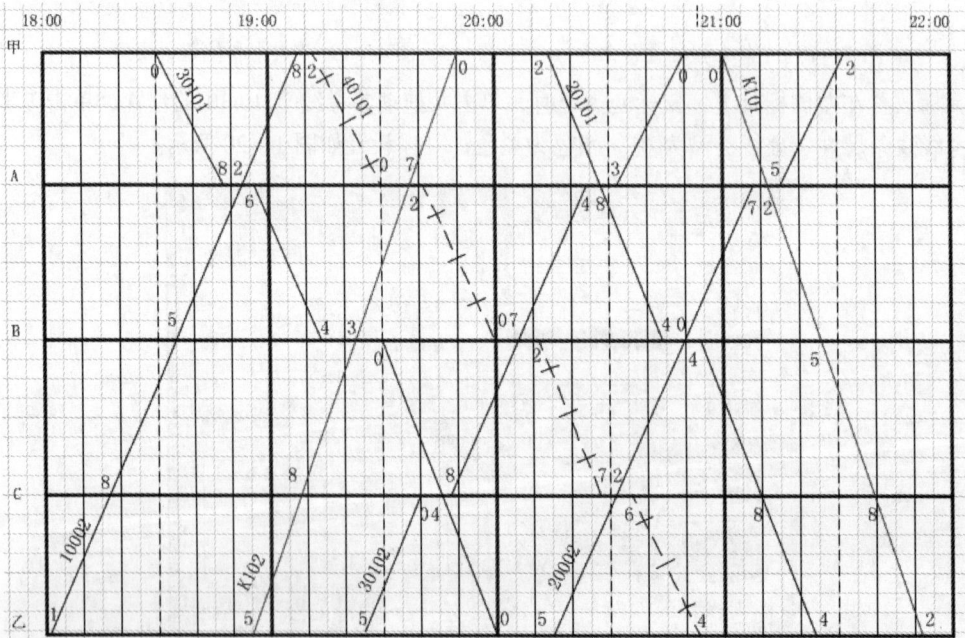

图 11-23　单线非平行列车运行图

11.2　列车运行实际图绘制

列车运行实际图是记载一个区段内列车实际情况，以及列车相关事项的图表。

课堂实训2　列车运行实际图

列车运行实际图一般采用十分格运行图，有关列车运行、列车运行整理符号应按规定填绘在规定图表内。样图如图 11-24 所示。

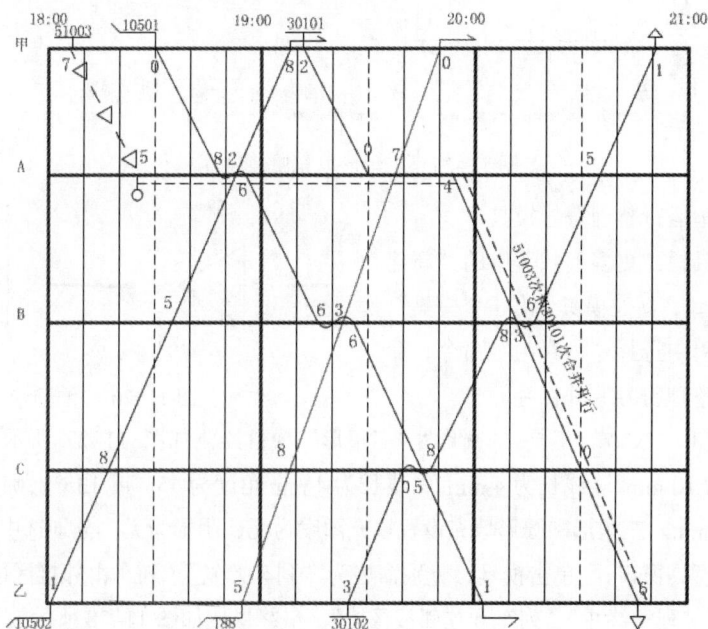

图 11-24　列车运行实际图

操作步骤

1. 配置绘图环境

打开 Visio 2010，以"基本框图"为模板，建立新文件，双击该模板，进入绘图界面，然后选择"文件"|"保存"命令，将新文件命名为"列车运行实际图"并保存。

2. 绘制模具

（1）绘制运行线模具

单击左侧"更多形状"中"新建模具（公制）"命令建立模具，右击"模具"，在弹出的快捷菜单中选择"另存为"命令，命名为"运行线"并保存。

利用基本形状中的"三角形"模具，绘制边长为 4 的三角形，右击"三角形"在弹出的快捷菜单中选择"填充"命令，图案设置为无，如图 11-25 所示；利用"折线图"工具绘制长 2.5 mm、5 mm、2.5 mm 的水平线，三角形和水平线排列成如图 11-26 所示形状，中间间隔为 2.5 mm。选中图形，拖入左侧"运行线模具"窗口；单击模具，将其命名为"单机运行线"。

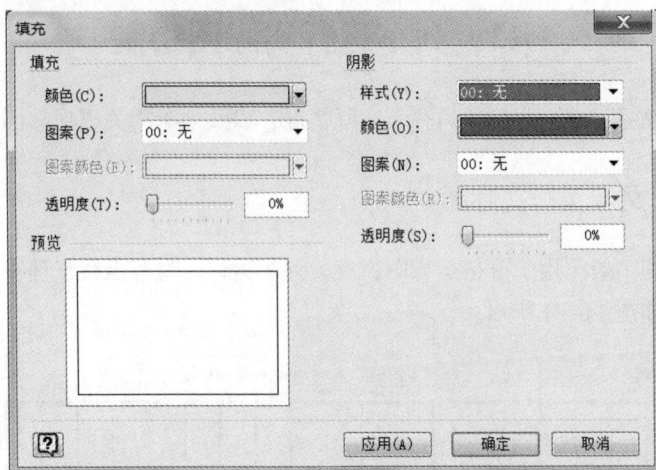

图 11-25　三角形填充属性设置

（2）绘制列车运行整理符号模具

单击左侧工具栏"更多形状"中的"新建模具（公制）"命令，新建模具，右击"模具"，在弹出的快捷菜单中选择"另存为"命令，命名为"列车运行整理符号"并保存。

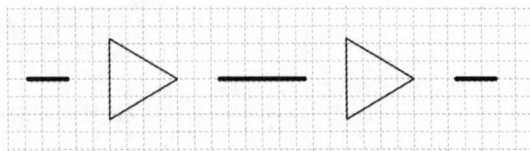

图 11-26　单机运行线

利用"折线图""文本"工具，"圆形""三角形"模具绘制如图 11-27 所示列车运行整理符号，其中直线长为 10 mm，竖线长为 4 mm，斜线长为 4 mm 角度为 45° 或 135°，圆形直径为 3 mm，三角形边长为 3 mm。三角形和圆形填充设置填充图案为无，阴影为无。分别选中图形拖入左侧列车运行整理符号模具窗口；单击模具，分别命名为"列车始发""列车由邻接区段转来""列车在中间站临时停运""列车终止""列车开往邻接区段"。最终形成如图 11-28 所示效果图。

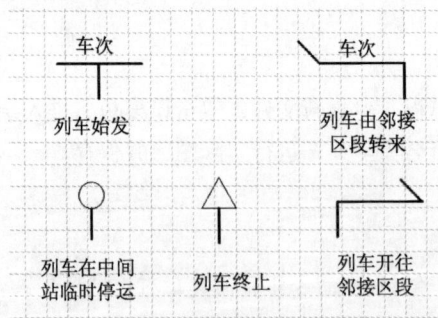

图 11-27　列车运行整理符号

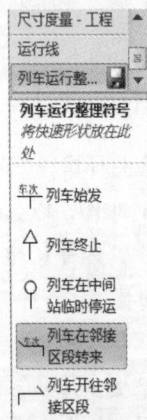

图 11-28　运行整理符号模具

3. 列车运行实际图

（1）绘制列车运行图

利用"折线图"命令，绘制长 2.5 mm、5 mm、5 mm、2.5 mm 的水平线和长度为 5 mm 的两条竖线，排列成如图 11-29 所示的列车运行图框架。竖线间距为 10，横线间距分别为 34 mm、40 mm、40 mm、36 mm。粗线条：粗细为 2.25 pt；虚线：虚线类型为 02。斜线利用坐标原理进行绘制，起点和终点由时间线和站名线的交点来确定。

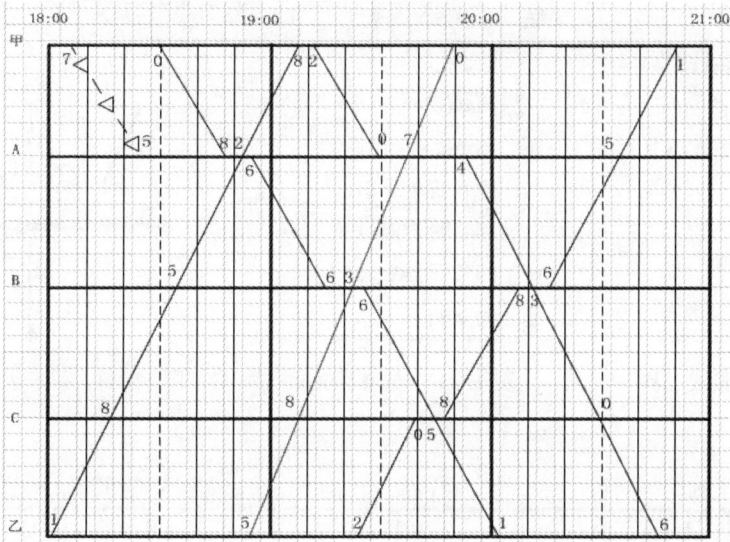

图 11-29　列车运行图框架

利用"列车运行整理符号"模具"水平翻转"命令，在运行图的上方和下方添加列车运行整理符号在指定位置，如图 11-30 所示。

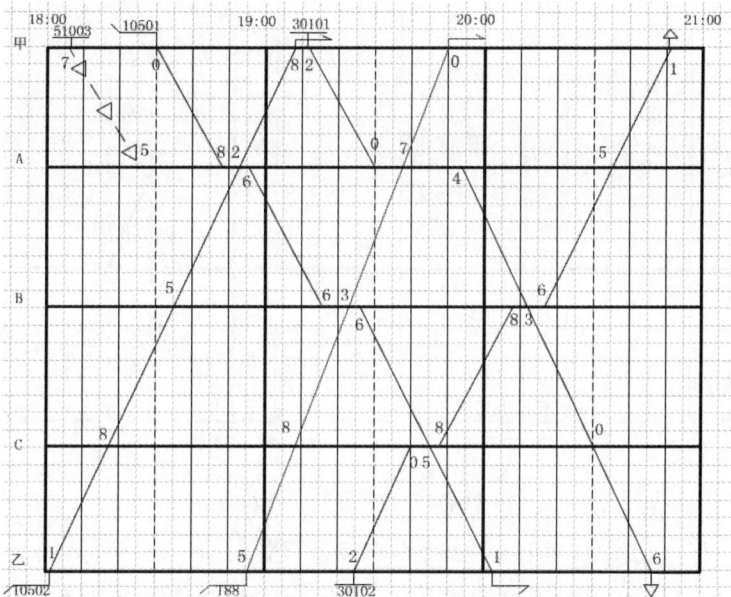

图 11-30　添加列车运行整理符号

利用如图 11-31 所示"连接线"命令，连接斜线和水平线的交点，右击连接线，在弹出的快捷菜单中选择"曲线连接线"命令，如图 11-32 所示。调整曲率，形成如图 11-33 所示列车让行整理符号示意图。利用同样方法，绘制其他列车的让行整理符号，如图 11-34 所示。

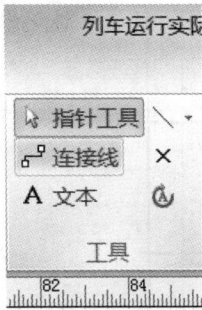

图 11-31 连接线工具   图 11-32 连接线菜单   图 11-33 列车让行整理符号

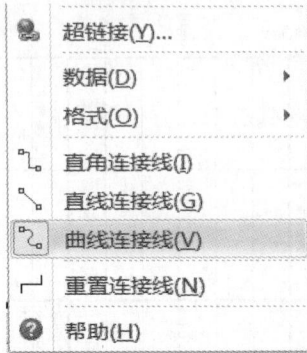

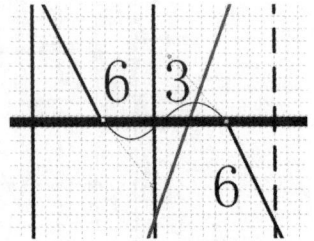

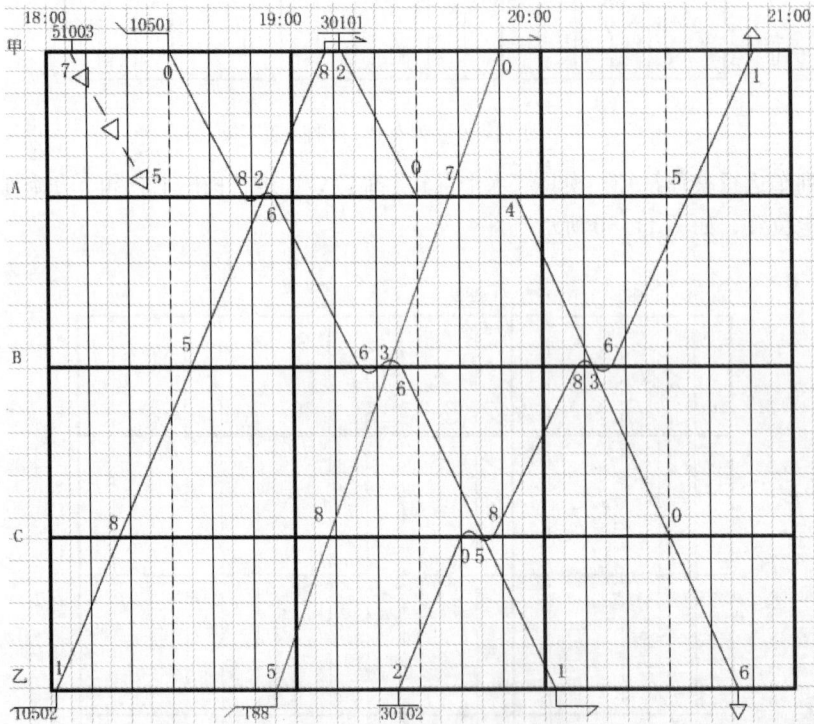

图 11-34 列车让行整理符号

利用"折线图""文本"工具和"中间站临时停运"模具绘制合并运行列车运行整理符号，拖动"中间站临时停运"模具至单机运行线下方，并进行旋转，在粗直线下方绘制一条水平线和一条斜直线，将直线设置成 02 类型的虚线；利用"文本"工具写"51003 次和 30101 次合并开行"，并调整旋转角度使其和斜线平行。最终形成如图 11-35 和图 11-36 所示的效果图。

第12章 技术作业图表的绘制

技术作业图表是指挥运输生产的工具，主要包括车流变动图、车站技术作业图表等。它的绘制原理是把车数的位置和数量的变化以及设备的运用情况反映到图表上。本章介绍车流变动图和车站技术作业的绘制。

学习目标

本章主要介绍技术作业图表的绘制。通过学习，应掌握以下内容：

- 熟练使用各种阴影类型。
- 熟练掌握参考线绘图的方法。
- 熟练使用模具工具。
- 熟练使用定义数据形状工具。

12.1 车流变动图的绘制

车流变动图是确定区段管内摘挂列车开行方案的工具，根据区段管内重、空车流情况进行绘制。

课堂实训1 绘制甲—乙区段车流变动图

车流变动图反映了区段内摘挂车流的状况，主要由不同背景填充的矩形组成。样图如图12-1所示。

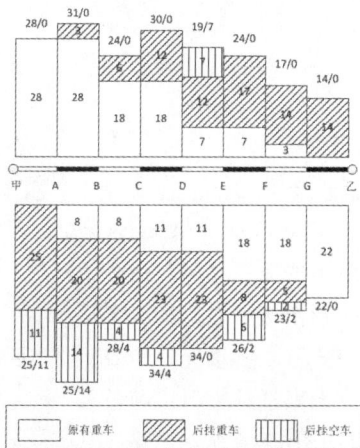

图 12-1 甲-乙区段车流变动图

操作步骤

1. 配置绘图环境

打开 Visio 2010，以"基本框图"为模板，建立新文件，双击该模板，进入绘图界面，然后选项"文件"｜"保存"命令，将新文件命名为"甲—乙区段车流变动图"并保存。

2. 绘制模具

拖动左侧模具窗口里的"矩形"模具至绘图窗口（见图 12-2）绘制矩形，并利用大小和位置工具（见图 12-3）设置矩形的宽度为、10 高度为 1，右击，在弹出的快捷菜单中选择"格式"｜"填充"命令，如图 12-4 所示，在对话框中设置填充颜色为白色，图案选择"01：纯色"，阴影样式为无。具体设置对话框如图 12-5 所示。

图 12-2 矩形模具　　图 12-3 大小和位置工具　　图 12-4 填充对话框所在位置

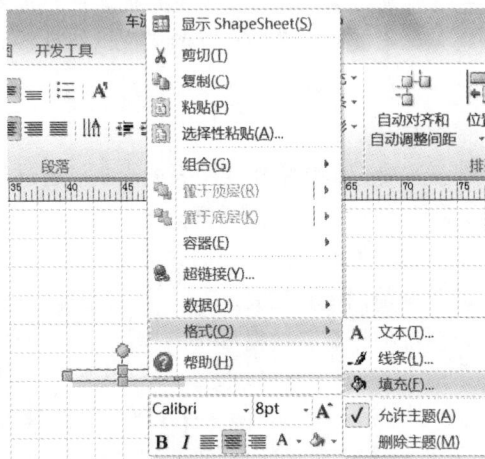

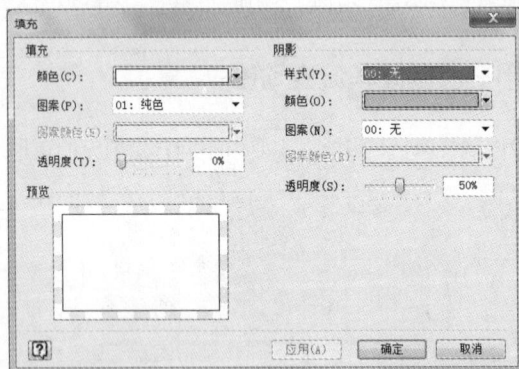

图 12-5 "填充"对话框

右击矩形，在弹出的快捷菜单中选择"复制"命令，并拖动第二个矩形使其和第一个矩形衔接。右击第二个矩形，在弹出的快捷菜单中选择"格式"｜"填充"命令，在对话框中设置填充颜色为黑色，图案选择"01：纯色"，阴影的图案选择"00：无"，效果如图 12-6 所示。

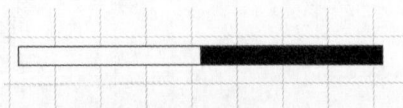

图 12-6 轨道线路单元

单击左侧工具栏"更多形状"中的"新建模具（公制）"，如图 12-7 所示，建立新模具，单击"模具",将其另存为"车流变动图",如图 12-8 所示。

图 12-7 "新建模具（公制）"命令

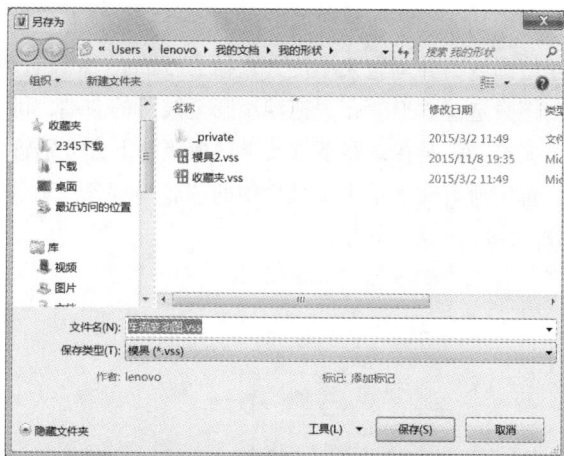

图 12-8 "另存为"对话框

选中绘图区的两个矩形,拖至左侧模具窗口,单击模具名重命名为"轨道线路",如图 12-9 所示。

拖动左侧模具窗口里的"矩形"模具至绘图窗口,绘制宽为 10 长为 10 的正方形,右击,在弹出的快捷菜单中选择"格式"|"填充"命令,在对话框中设置,填充颜色选择白色、图案选择"01：纯色",阴影的图案选择"00：无"。利用"文本"工具在正方形的中心 输入 10。选中绘图区的正方形,拖至左侧模具窗口,单击模具名重命名为"阴影类型 1"。

图 12-9 模具重命名

拖动"阴影类型 1"模具至绘图窗口,右击,在弹出的快捷菜单中选择"格式"|"填充"命令,在对话框中设置填充颜色选择黑色、图案选择 02,阴影的图案选择"00：无"。选中绘图区的正方形,拖至左侧模具窗口,单击模具名重命名为"阴影类型 2"。具体设置如图 12-10 所示。

拖动"阴影类型 1"模具至绘图窗口,右击,在弹出的快捷菜单中选择"格式"|"填充"命令,在对话框中设置填充颜色选择黑色、图案选择 07,阴影的图案选择"00：无",具体设置如图 12-11 所示。选中绘图区的正方形,拖至左侧模具窗口,单击模具名重命名为"阴影类型 3",如图 12-12 所示。

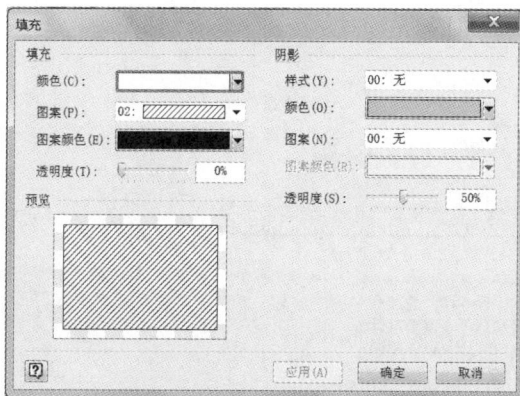

图 12-10 阴影类型 2 属性设置

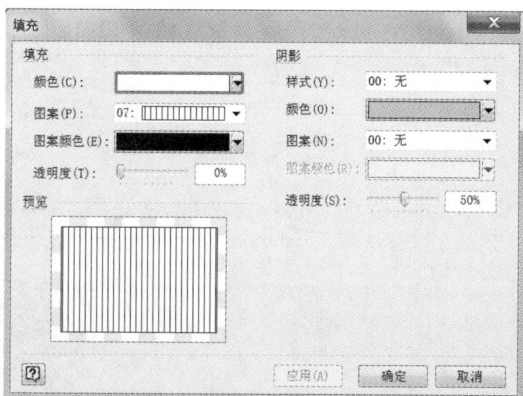

图 12-11 阴影类型 3 属性设置

3．甲—乙区段车流变动图

连续拖动 4 次"轨道线路"模具至绘图区，并使其连接在一起排成一条直线；拖动"圆形"模具至绘图区，并调整大小使其直径为 3 mm，并设置填充颜色为白色、图案选择"01：纯色"，阴影的图案选择"00：无"；拖动小圆至线路的左端，利用"复制"工具在线路右端绘制同样的圆；利用"文本"工具在线路下方及黑白衔接处下方分别输入"甲""A""B""C""D""E""F""G""乙"；选中所有文字单击工具栏中的"底端对齐"工具（如图 12-13 所示）对文本进行对齐，形成如图 12-14 所示的效果图。

图 12-12　车流变动图模具效果图　　　　图 12-13　底端对齐下拉菜单位置

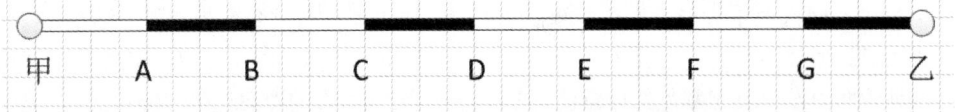

图 12-14　甲—乙区段线路示意图

单击绘图区标尺的下缘，如图 12-15 所示，当鼠标光标变为↕时，单击左键向下拖动至距离"甲—乙区段线路示意图"5 mm 左右的高度处。单击参考线，利用"开发工具"选项卡中的"偏移"工具（见图 12-16），偏移距离为 28 mm（见图 12-17）；拖动"阴影类型 1"模具至甲-A 上方，调整宽度使其上下两边和参考线一致，利用"文本"工具在阴影中心输入"28"，阴影上方输入 28/0；删除多余参考线，形成如图 12-18 所示的效果图。

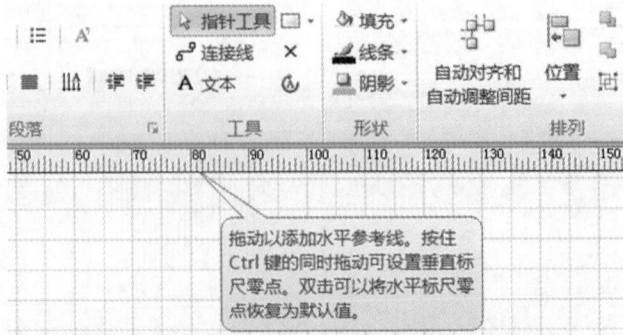

图 12-15　水平参考线位置

图 12-16　偏移下拉菜单位置　　　　　　图 12-17　偏移距离对话框

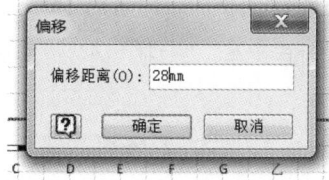

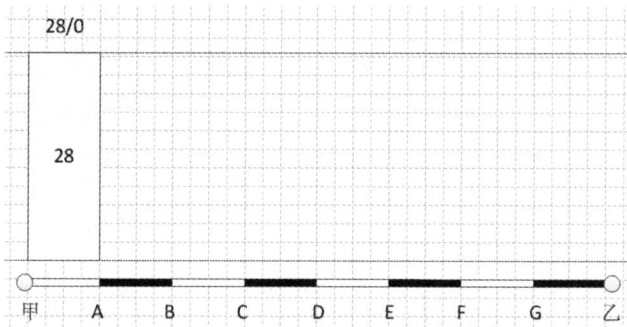

图 12-18　甲–A 区间下行车流变动图

单击参考线 1，利用"开发工具"选项卡的"偏移"工具进行偏移，偏移距离为 28；拖动"阴影类型 1"模具至 A–B 上方，调整宽度使其宽度和参考线 2 一致，利用"文本"工具在阴影中心输入"28"；单击参考线 2 利用"偏移"工具偏移，偏移距离为 3 mm；拖动"阴影类型 2"模具至"阴影类型 1"上方，调整宽度使其宽度和参考线 3 一致，利用"文本"工具在阴影中心输入"3"；阴影上方输入 31/0；删除多余参考线，形成如图 12-19 所示的效果图。

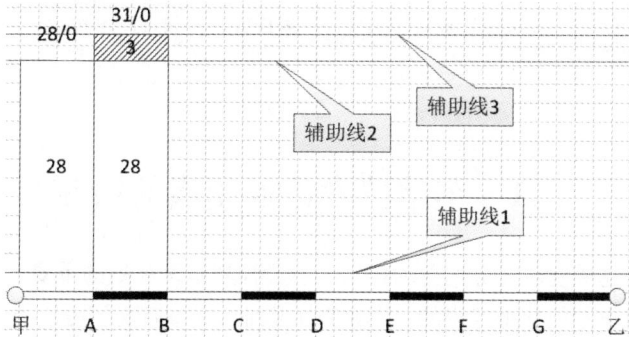

图 12-19　A–B 区间下行车流变动图

采取同样的方式绘制其余区间的车流变动图，甲–乙"阴影类型 1"的宽度分别为 28 mm、28 mm、18 mm、18 mm、7 mm、7 mm、3 mm；甲–乙"阴影类型 2"的宽度分别为 3 mm、6 mm、12 mm、12 mm、17 mm、14 mm、14 mm；甲–乙"阴影类型 3"的宽度为 7；乙–甲"阴影类型 1"的宽度分别为 22 mm、18 mm、18 mm、11 mm、11 mm、11 mm、8 mm、8 mm；乙–甲"阴影类

型2"的宽度分别为 5 mm、8 mm、23 mm、23 mm、20 mm、20 mm、25 mm；乙−甲"阴影类型2"的宽度分别为 2 mm、6 mm、4 mm、4 mm、14 mm、11 mm。

利用"矩形"模具在车流变动图的下方绘制长为 80 mm、宽为 10 mm 的矩形，右击，在弹出的开解菜单中选择"格式"|"填充"命令，填充图案选择"00：无"，阴影：图案选择"00：无"。依次拖入"阴影类型1""阴影类型2""阴影类型3"，间隔约为 20 mm；利用"文本"依次输入"原有重车""后挂重车""后挂空车"；形成如图 12-20 所示的效果图。

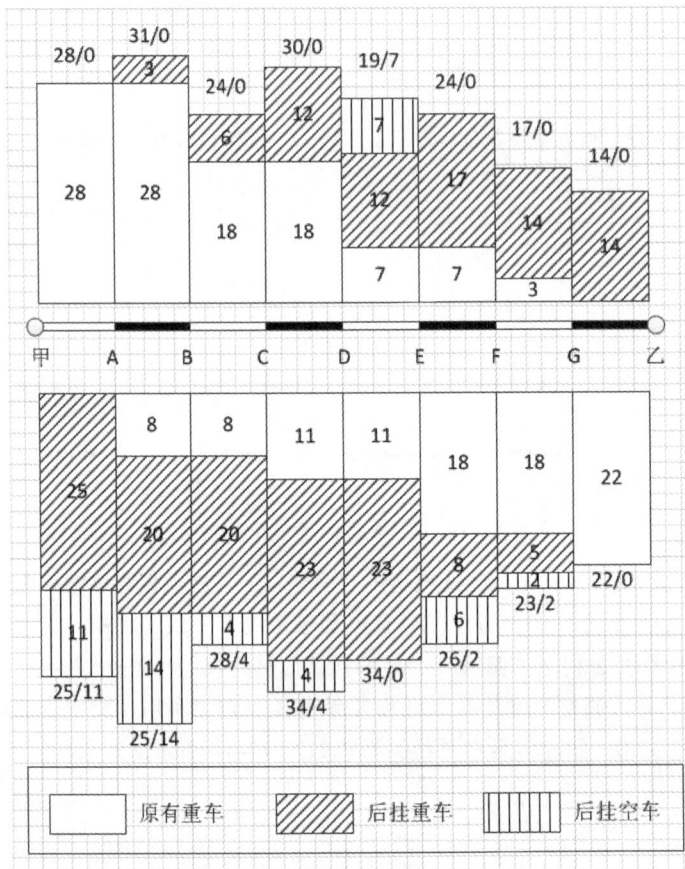

图 12-20　甲−乙区段车流变动图

12.2　车站技术作业图表的绘制

车站作业计划是完成运输任务的行动计划，阶段计划是班计划的重要组成部分，而阶段计划是通过填画车站技术作业图标来实现的。车站技术作业图表是车站调度员用以编制阶段计划和调度指挥的工具。

课堂实训2　绘制车站作业计划图表

车站技术作业图表的绘制主要是在技术作业图表内绘制指定的信息、符号。样图如图 12-21 所示。

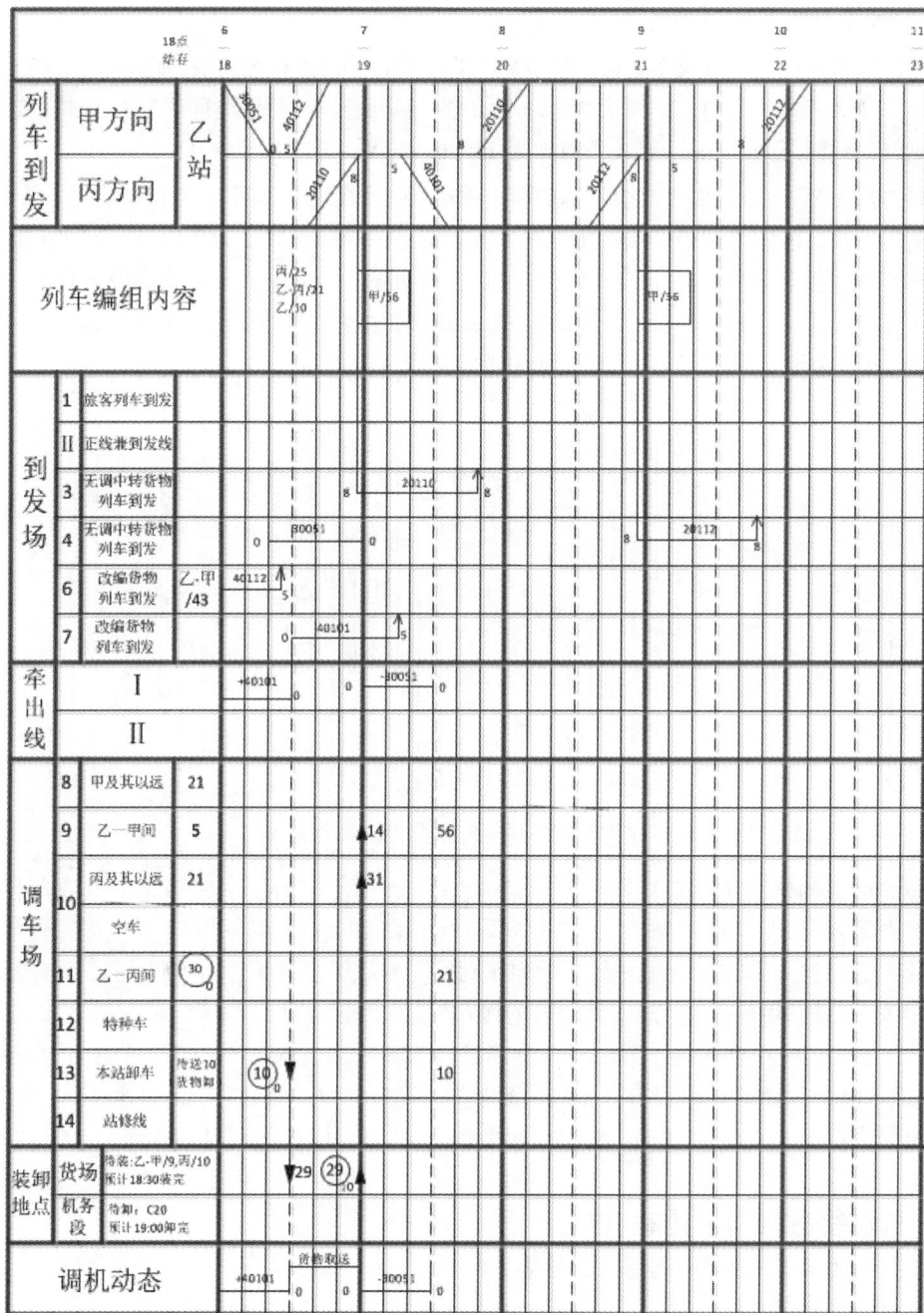

图 12-21 车站技术作业图表

操作步骤

1. 配置绘图环境

打开 Visio 2010，以"基本框图"为模板，建立新文件，双击该模板，进入绘图界面，然后选择"文件"|"保存"命令，将新文件命名为"车站作业计划图表"并保存。

2．绘制车站作业计划表格

在绘图窗口，利用"折线图"命令绘制两条长 260 mm 的平行竖直线，线间距为 45 mm，然后单击第二条竖直线，利用"排列形状"命令结合"绘制列车运行图时间线"的基本方法绘制竖线，绘制时间线间距为 5 mm。粗线条粗细为 2¼ pt；虚线：虚线类型为 02。

利用"折线图"命令连接竖直线下侧的两个端点，在该直线上侧间隔 20 mm 绘制一条平行线。单击上侧水平线，利用"排列形状"命令设置行间距为 10 mm，数目为 24 mm；删除由上至下数第 5 条水平线；选中由左侧至右第一条竖线，间隔 10 mm、5 mm、20 mm 依次做竖直线；选中由上至下第 1、2、4、5、11、13、21、23、24 条水平线和由左至右第 2、3、4 条竖直线，设置线条粗细为 2¼ pt；并利用"剪切"命令形成如图 12-22 所示效果图。

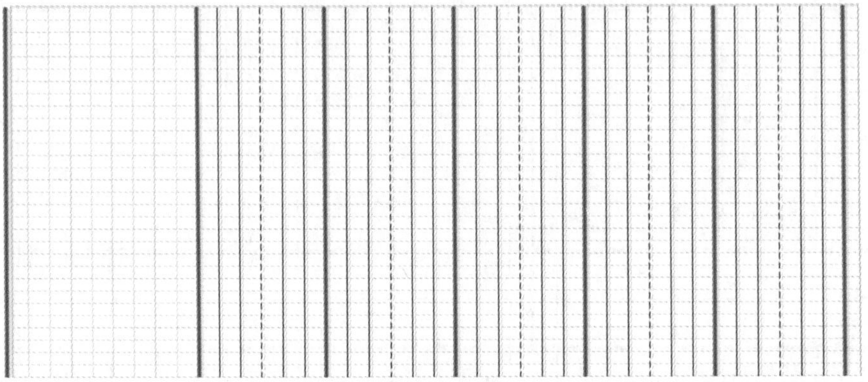

图 12-22　设置线型及粗细效果图

在表格的上侧相应位置输入"18点结存""$\frac{6}{18}$""$\frac{7}{19}$""$\frac{8}{20}$""$\frac{9}{21}$""$\frac{10}{22}$""$\frac{11}{23}$"；在左侧相应位置输入"列车到发""甲方向""丙方向""乙站""列车编组内容""到发场""1""旅客列车到发""Ⅱ""正线兼到发线""3""无调中转货物列车到发""4""无调中转货物列车到发""6""改编货物列车到发""乙—甲/43、7、改编货物列车到发""牵出线""Ⅰ""Ⅱ""调车场""8""甲及其以远""21"9"乙—甲间""5""10""丙及其以远""21""空车""11""乙—丙间""30""12""特种车""13""本站卸车""待送：10（货物卸）""14""站修线""装卸地点""货场""待装：丙/10""乙—甲/9 预计 18:30 装完""机务段""待卸：C20 预计 19:00 卸完""调机动态"，如图 12-23 所示。

3．绘制车站作业计划具体内容

通过坐标原理，横轴表示设备，纵轴表示时间，进行绘制。

（1）无调中转列车的绘制

利用"折线图"在"甲方向""丙方向"右侧绘制斜线，和中间水平线交点为（18：58 乙）和（19：48 乙）位置，过左侧交点做竖直线，向下延伸至"到发场""3道"，以该竖线下侧的端点为起点向右侧绘制长 25 的折线。在竖线的左侧对应"列车编组内容"绘制正方形，右击，在弹出的快捷菜单中选择"格式"｜"填充"命令，并设置填充图案为"无"，单击折线，选择"格式"｜"线条"命令设置箭头终点为 03。利用"文本"工具在图中相应位置输入 20110、8、甲/56 等；形成如图 12-24 所示效果图。

			18点结存	6〔18〕	7〔19〕	8〔20〕	9〔21〕	10〔22〕	11〔23〕
列车到发	甲方向	乙站							
	丙方向								
列车编组内容									
到发场	1	旅客列车到发							
	II	正线兼到发线							
	3	无调中转货物列车到发							
	4	无调中转货物列车到发							
	6	改编货物列车到发	乙-甲/43						
	7	改编货物列车到发							
牵出线	I								
	II								
调车场	8	甲及其以远	21						
	9	乙—甲间	5						
	10	丙及其以远	21						
		空车							
	11	乙—丙间	30						
	12	特种车							
	13	本站卸车	待送10 货物卸						
	14	站修线							
装卸地点	货场		待装:乙-甲/9,丙/10 预计18:30装完						
	机务段		待卸:C20 预计19:00卸完						
调机动态									

图 12-23　车站作业计划表格图

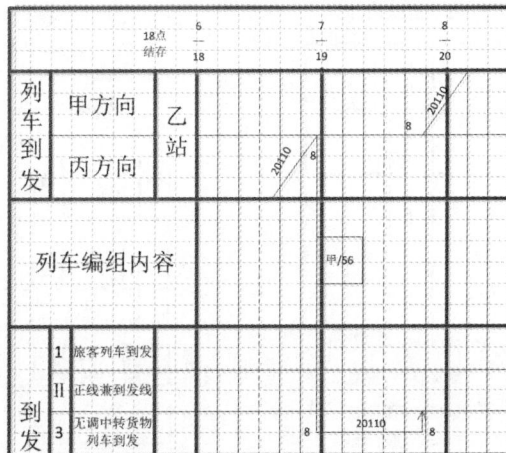

			18点结存	6〔18〕	7〔19〕	8〔20〕
列车到发	甲方向	乙站				8 20110
	丙方向			20110 8		
列车编组内容					甲/56	
到发	1	旅客列车到发				
	II	正线兼到发线				
	3	无调中转货物列车到发		8	20110 8	

图 12-24　无调中转列车 20110 次效果图

选中"列车到发"栏中的两条斜线和"到发线 3 道"中的直线，右击直线，在弹出的快捷菜单中选择"数据"|"定义数据形状"命令，如图 12-25 所示。

在对话框中对数据形状进行设置，在"标签"文本框中中输入"作业种类"，"类型"选择"字符串"；单击 "新建"按钮，然后设置"标签"为"占用到发线"，"类型"为"数值"。具体设置如图 12-26 所示。

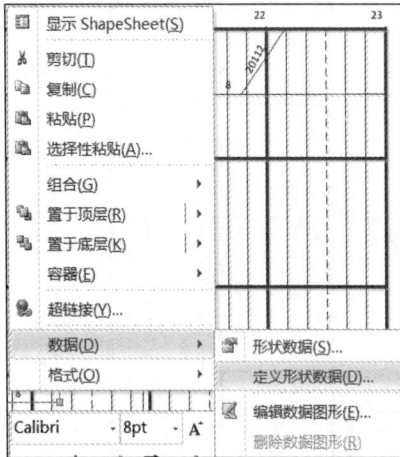

图 12-25 "定义形状数据"命令

图 12-26 "定义形状数据"对话框

选中"列车到发"栏中的两条斜线和"到发线 3 道"中的直线，选择"数据"|"形状数据"命令，如图 12-27 所示。

设置车次为 20110，作业种类为无调中转，占用到发线为 3。最终形成如图 12-28 所示的效果图。

（2）编组始发列车的绘制

拖动竖直参考线至 18:30（距离 $\frac{6}{18}$ 下方粗线右侧 15）、19:15 处，利用"折线图"在"调机动态"和"牵出线Ⅰ"18:00 处向右侧绘制长 15 的水平线；在 11 "乙丙间"30 上画圆圈右下角写 0，在 18:00 处上画竖直线至"牵出线"；在"7 改编货物列车到发"18:30 处向右侧绘制长 22.5 的折线，右击折线，在弹出的快捷菜单中选择"格式"|"线条"命令设置"箭头终点"为"03"；在"丙方向"绘制斜线起点（19:15 乙），利用"文本"在图中相应位置输入 40101、0、5 等；形成如图 12-29 所示效果图。

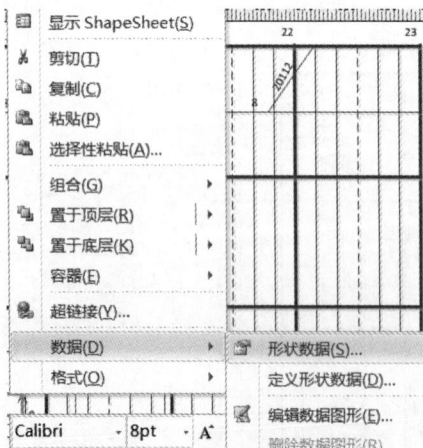

图 12-27 形状数据菜单

图 12-28 形状数据设置效果图

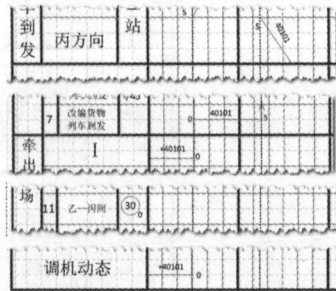

图 12-29 编组 40101 次效果图

右击"列车到发""到发线""牵出线Ⅰ""调车机动态"栏中 40101 次相关的线条，选择"数据"｜"定义数据形状"命令进行设置。车次为数值；作业种类为字符串；占用股道为数值，编组内容为字符串，具体设置如图 12-30 所示。在"形状数据"窗口中输入，车次为 40101，作业种类为编组，占用到发线为 7，编组内容为乙-甲/30，如图 12-31 所示。

（3）到达解体

利用"折线图"在"调机动态""牵出线Ⅰ"19:00 处向右侧绘制长 15 的水平线；在 18:30 绘制一条竖直线起点 13 道"本站卸车"终点"货场"，单击竖线，右击，在弹出的快捷菜单中选择"格式"｜"线条"命令，在对话框中设置箭头起点和终点为 03。在 19:00 处绘制两条竖直线，第一条起点"货场"终点 10 道"丙及其已远"，第二条起点 10 道终点 9 道；单击竖线 1，选择"格式"｜"线条"命令，设置箭头起点和终点为 03，单击竖线 2，选择"格式"｜"线条"命令，在对话框中设置箭头终点为 03。利用"文本"在图中相应位置输入⑩、㉙、29、31、14、"货场取送"等；形成如图 12-32 所示效果图。

选中刚刚在"列车到发"、"到发线"、"牵出线Ⅰ"、"调车机动态"栏中 30051 次相关的线条，右击，在弹出的快捷菜单中选择"数据"｜"定义数据形状""设置：车次为数值；作业种类为字符串；占用到发线为数值；编组内容为字符串。在形状数据窗口中输入，车次为 30051，作业种类为解体，占用到发线为 4，编组内容为丙/25 乙-丙/21 乙/10，如图 12-33 所示。

图 12-30　编组始发列车形状数据设置

图 12-31　编组形状数据设置

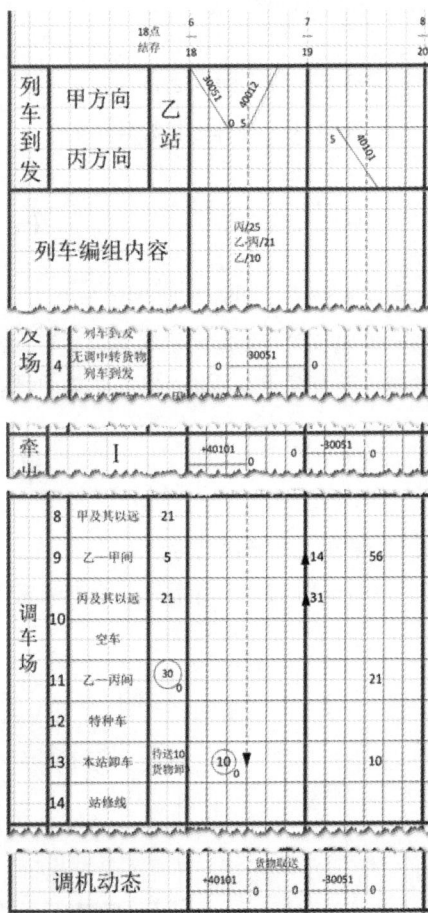

图 12-32　解体 30051 次效果图

（4）货场取送

利用"折线图"在"调机动态"18:30 处向右侧绘制长 15 mm 的水平线；在 18:30 绘制一条竖直线，起点为 13 道"本站卸车"，终点为"货场"，右击，设置箭头起点和终点为 03。在 19:00 处绘制两条竖直线，第一条起点为"货场"，终点为 10 道"丙及其已远"，第二条起点为 10 道，终点为 9 道；单击竖线 1，选择"格式"｜"线条"命令，在对话框中设置箭头起点和终点为 03，单击竖线 2，设置箭头终点为 03。利用"文本"在图中相应位置输入⑩₀、㉙₁₀、29、31、14、"货场取送"等；形成如图 12-34 所示效果图。

图 12-33　解体形状数据设置

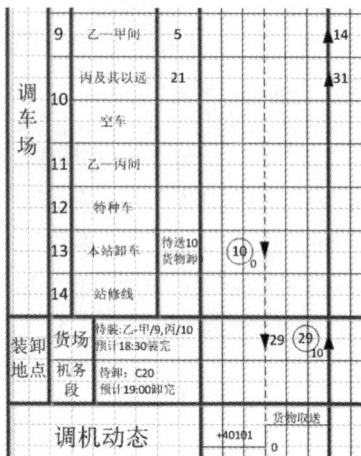

图 12-34　货场取送效果图

本 章 小 结

本章以车流变动图和车站技术作业图表为例介绍了技术作业图表绘制方法。技术作业图表图形绘制一般比较简单，但是涉及的数据信息较多，因此在绘制的过程中尽量采用批量绘制的方法。涉及数据较多时应采用 Visio 中的数据管理工具进行处理。

课 后 习 题

1. 简述车流变动图的方法和步骤。
2. 绘制如图 12-35 所示的部分车流变动图。

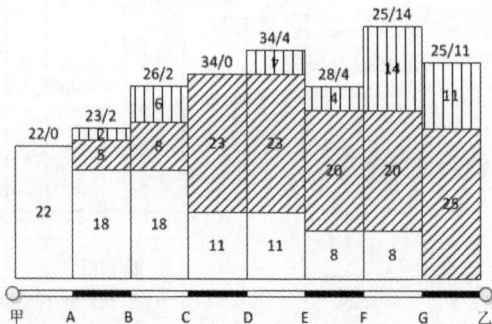

图 12-35　部分车流变动图

第5篇　铁路供电绘图篇

本篇主要讲述铁道供电专业中常用图表的控制。

第*13*章　铁道供电工程图绘制

铁道供电工程图是一类重要的电气工程图，主要包括外线工程图、内线工程图、牵引供电工程图。外线工程指室外电源供电线路，包括架空电力线路、电缆电力线路等。内线工程指室内动力、照明电气线路及其他线路。牵引供电工程主要指接触网线路工程，本章将通过四个实例详细介绍铁道供电工程图的一般绘制方法。

学习目标

- 掌握杆塔安装图的绘制。
- 掌握支柱绝缘子的绘制。
- 掌握间接三相四线制电度表接线图的绘制。
- 掌握五跨绝缘锚段关节平面布置图的绘制。

13.1　杆塔安装三视图的绘制

在输电工程的架空线路中，杆塔是必不可少的电气设施，将它埋设在地下，装上横担和绝缘子，导线固定在绝缘子上，以实现电能的传输。下面以如图 13-1 所示的杆塔安装三视图为例，介绍其绘制方法。

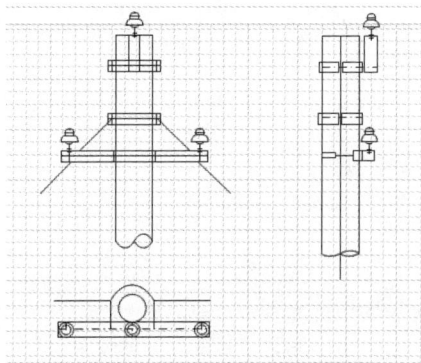

图 13-1　杆塔安装三视图

首先配置绘图环境，其次绘制三视图投影区域效果图，然后依次绘制绝缘子图块、主视图、俯视图、左视图。

操作步骤

1. 绘图环境设置

打开 Visio 2010，以"基本电气图"为模板，建立新文件，双击该模板，进入如图 13-2 所示绘图界面，然后选择"文件" | "保存"命令，将新文件命名为"杆塔安装三视图"并保存，如图 13-3 所示。

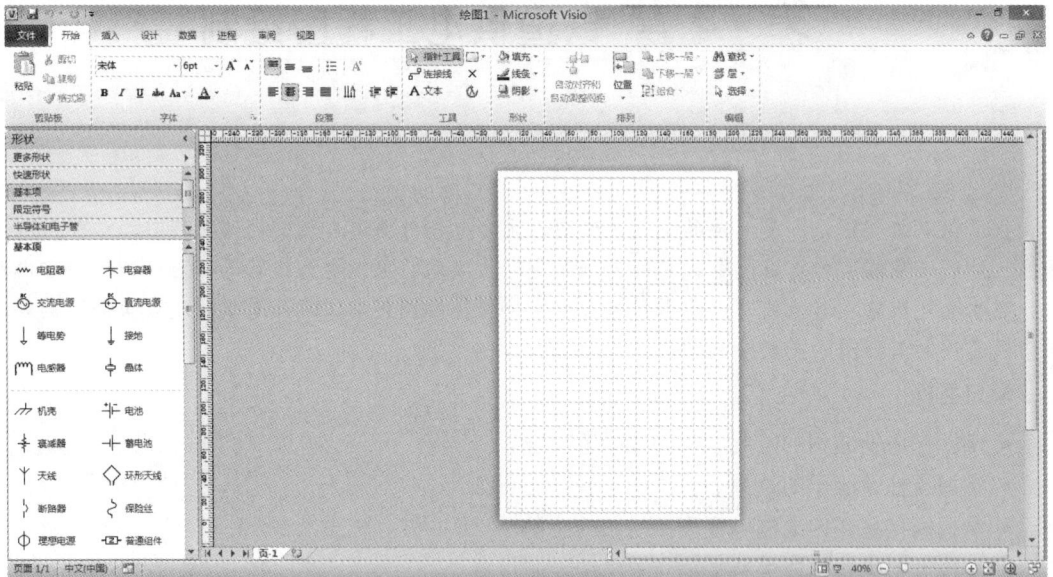

图 13-2　绘图界面

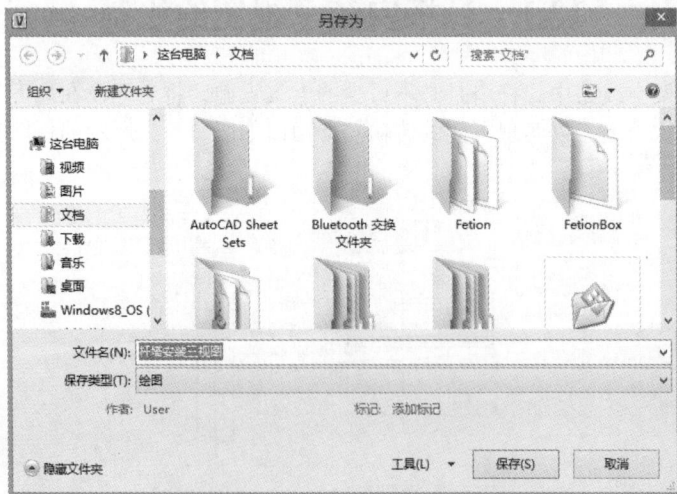

图 13-3　"另存为"对话框

2．绘制三视图投影区域效果图

在绘图窗口"开始"选项卡中，利用"折线图"命令绘制一条水平线，然后用剪贴板中的"复制"命令，以第一条水平线为起始，间距分别为 120 mm、30 mm、30 mm、140 mm、30 mm、30 mm、90 mm、30 mm、30 mm、625 mm、85 mm、30 mm、30 mm，复制 13 条水平线。绘制一条竖直线，然后用"剪贴板"组中的"复制"命令，以第一条竖直线为起始，间距分别为 50 mm、230 mm、60 mm、85 mm、85 mm、60 mm、230 mm、50 mm、350 mm、85 mm、85 mm、60 mm、355 mm，复制 13 条竖直线。选中所有水平线和竖直线，利用"开发工具"选项卡中"形状设计"组"操作"下拉菜单中的"裁剪"命令，如图 13-4 所示，进行裁剪，形成如图 13-5 所示的三视图投影区域效果图。

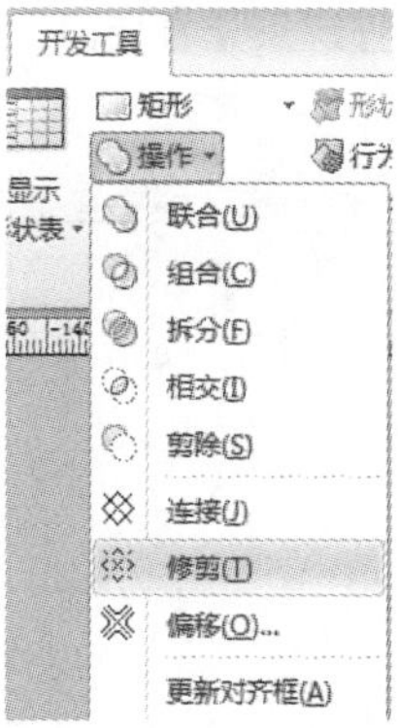

图 13-4　选择修剪命令

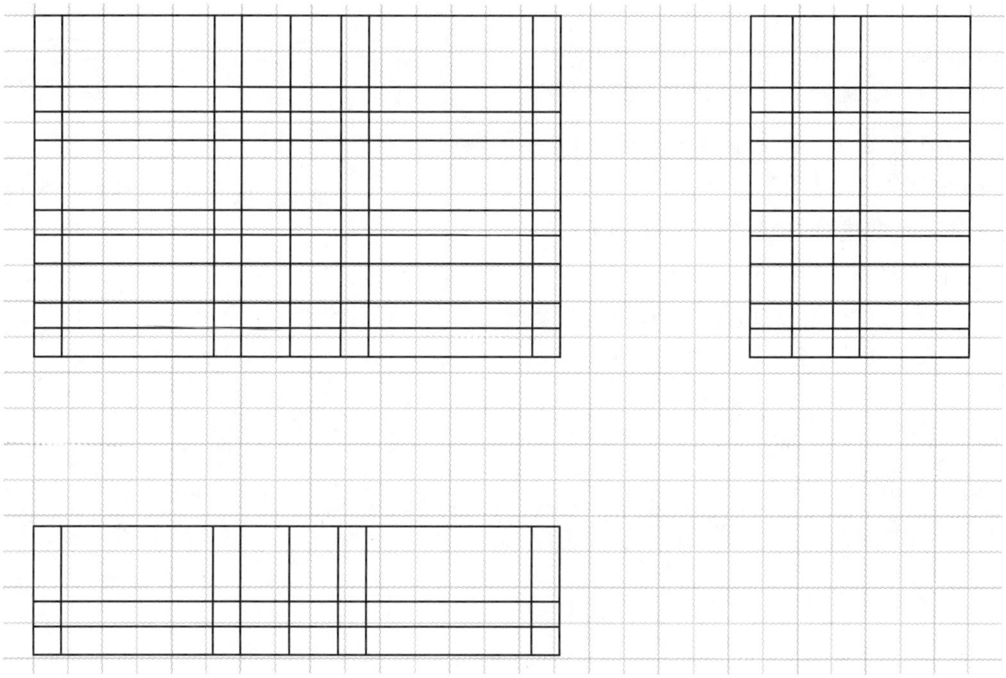

图 13-5　三视图投影区域效果图

3．绘制绝缘子

① 利用"折线图"命令绘制一条竖直线，长度为 11 mm，以竖直线下端为起点，向左绘制长度为 1 mm 的水平直线，然后利用"剪贴板"组中的"复制"命令，依次向上绘制水平直线 1~6，间距分别为 0.5 mm、1.5 mm、2.5 mm、0.8 mm、3 mm、1.2 mm，然后将 4、5、6 三条水平线分别向左拉伸 2.3 mm、0.3 mm、0.3 mm，如图 13-6 所示。

② 利用"折线图"命令绘制如图 13-7 所示倾斜直线，这条倾斜直线以水平线 3 左端为起点，与水平线 3 成 135°，与水平线 4 相交的点为终点。

③ 利用"弧形"命令绘制如图 13-8 所示的圆弧，这段圆弧以水平线 4 的左端为起点，水平线 5 的左端为终点。

④ 利用"折线图"命令绘制以水平线 5 和水平线 6 左端作为起点和终点绘制一条竖直线，并将这条竖直线向上拉伸 0.5 mm，如图 13-9 所示。

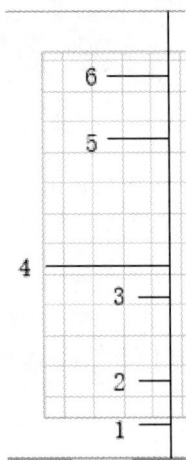

图 13-6　绘制直线　　图 13-7　绘制倾斜直线　　图 13-8　绘制圆弧　　图 13-9　绘制直线

⑤ 利用"弧形"命令绘制如图 13-10 所示的圆弧。

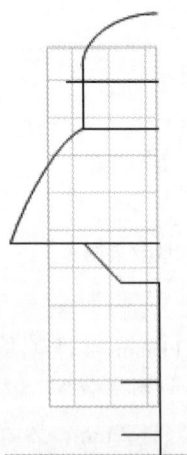

⑥ 利用"开发工具"选项卡中"形状设计"组"操作"下拉菜单中的"裁剪"命令，将 13-10 所示的图形裁剪成如图 13-11 所示的图形。

⑦ 首先将图 13-11 中的图形全部选中，然后选择排列栏中的"组合" | "组合"命令，如图 13-12 所示。然后，对组合后的图形进行复制，选中复制后的图形，选择"位置" | "旋转形状" | "水平翻转"命令，如图 13-13 所示。

图 13-10　绘制圆弧　　图 13-11　裁剪图形　　图 13-12　形状组合　　图 13-13　图形水平翻转

⑧ 将水平翻转的图形和原来的图形组合成如图 13-14 所示的图形。

⑨ 利用"椭圆"命令绘制一小圆，小圆半径为 0.25 mm，效果如图 13-15 所示。

⑩ 选中小圆，利用形状栏中的"填充"下拉菜单，选中"黑色"，效果如图 13-16 所示。

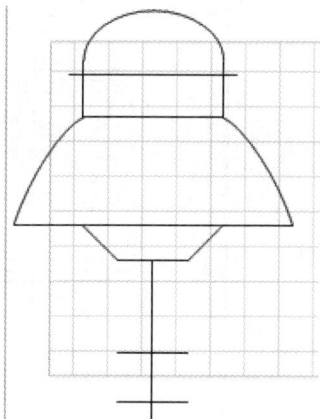

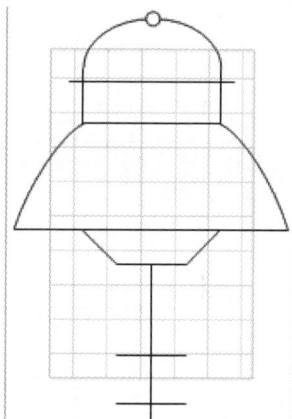

图 13-14　合成图　　　　　　　　　图 13-15　绘制小圆

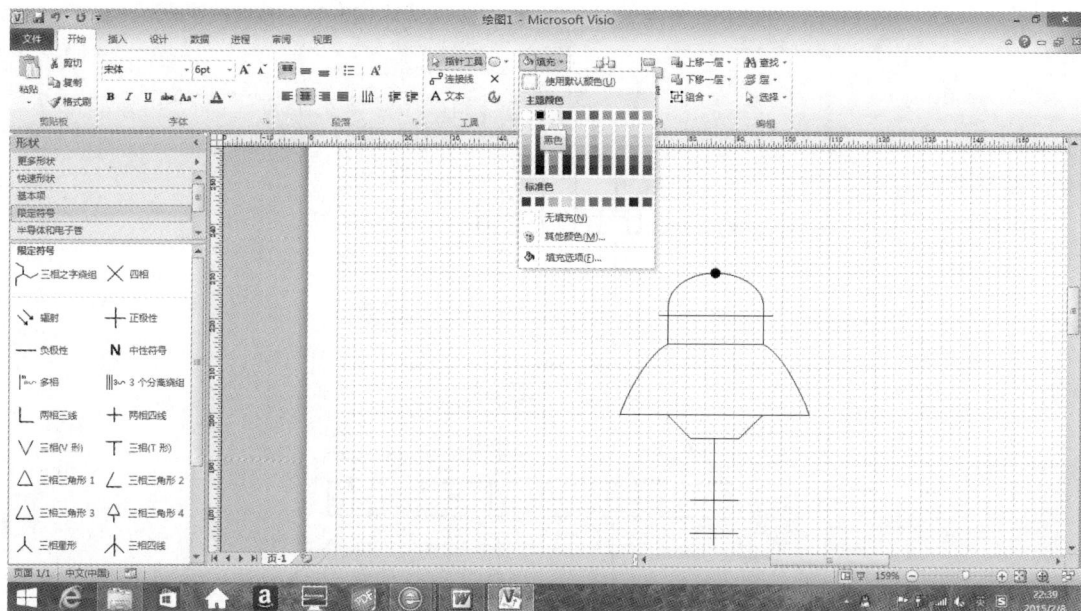

图 13-16　小圆填充

4．绘制主视图

① 利用"开发工具"选项卡中"形状设计"组"操作"下拉菜单中的"裁剪"命令，将图 13-5 中主视图投影效果图修剪成如图 13-17 所示，得到主视图轮廓线。

② 将图 13-17 中矩形 1 左竖边右偏移 7 mm，右竖边向左偏移 7 mm，然后裁剪，将电杆轮廓线拉伸在电杆轮廓线底端画三段圆弧，效果如图 13-18 所示。

③ 添加绝缘子及拉线到相应位置，其中拉线与竖直方向成 45°，效果如图 13-19 所示，得到杆塔安装主视图。

5．绘制俯视图

① 利用"开发工具"选项卡中"形状设计"组"操作"下拉菜单中的"裁剪"命令，将图 13-5 中俯视图投影效果图修剪成图 13-20 所示的结果，得到俯视图轮廓线。

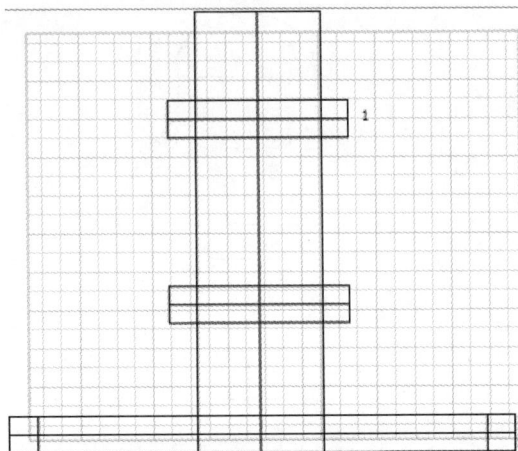

图 13-17　主视图轮廓线

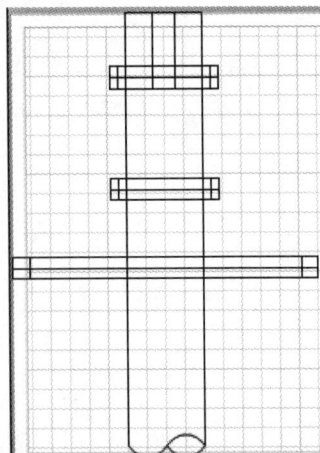

图 13-18　裁剪拉伸图形

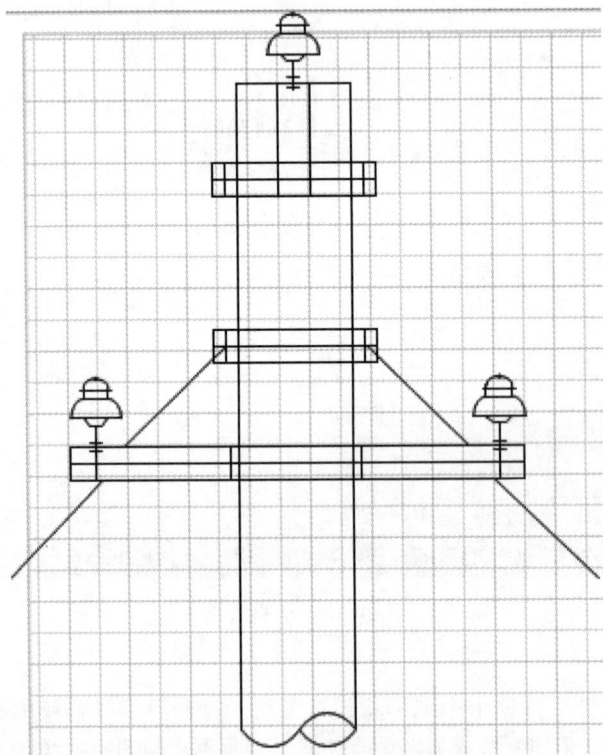

图 13-19　杆塔安装主视图

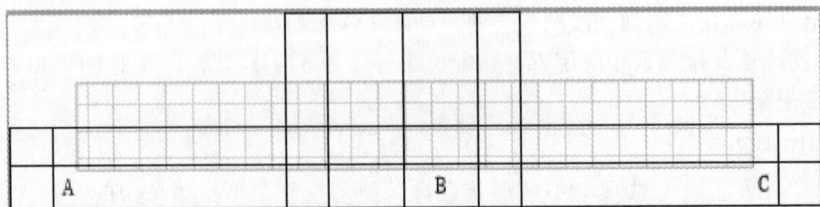

图 13-20　俯视图轮廓线

② 利用"椭圆"命令,以 A、B、C 三个点为圆心分别画三个圆环,圆环内圆半径为 1.6 mm、外圆半径为 2.7 mm,如图 13-21 所示。

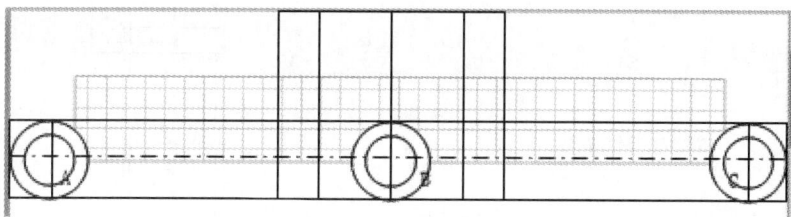

图 13-21 绘制圆环

③ 利用"椭圆"和"弧形"命令,绘制一个半圆弧和一个圆,半圆弧半径为 9.5 mm,圆的半径为 6 mm,如图 13-22 所示。

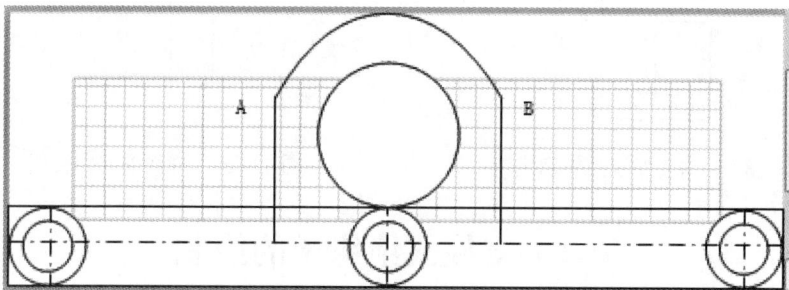

图 13-22 绘制圆和圆弧

④ 利用"折线图"命令,以 A、B 两点为起点绘制两段水平线,如图 13-23 所示,得到杆塔安装俯视图。

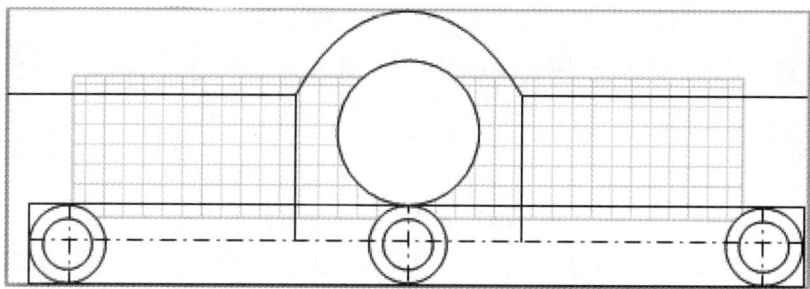

图 13-23 电杆安装俯视图

6. 绘制左视图

利用"开发工具"选项卡中"形状设计"组"操作"下拉菜单中的"裁剪"命令,将图 13-5 中的左视图投影效果图裁剪出左视图轮廓线,如图 13-24 所示。将图 13-24 中最左边竖直线和左边数第三条竖直线向下延伸 300 mm,再利用"弧线"命令,绘制三段圆弧,构成杆塔低端。然后利用"矩形"命令,画出五个矩形块,矩形块长为 5.5 mm,宽为 3.5 mm,分别放在合适的位置,最后添加绝缘子及拉线,效果如图 13-25 所示,得到杆塔杆安装左视图。

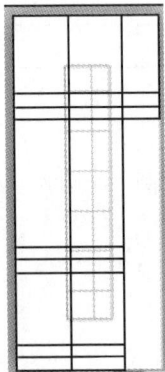

图 13-24　左视图轮廓线

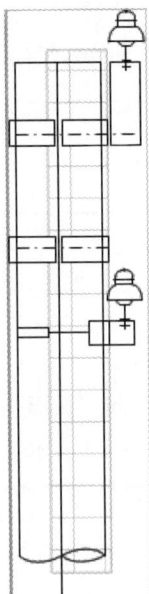

图 13-25　杆塔安装左视图

13.2　支柱式绝缘子的绘制

架空电力线路的导线是利用绝缘子和金具连接在杆塔上的,绝缘子必须具备良好的绝缘性能、一定的机械强度及足够的抗御化学杂质侵蚀的能力。绝缘子按结构分为支柱绝缘子、套管绝缘子、悬式绝缘子和防污型绝缘子。下面以支柱绝缘子为例,介绍绝缘子的绘制过程,其外形如图 13-26 所示。

首先配置绘图环境,然后绘制绝缘子底座和上部分。

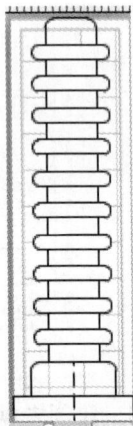

图 13-26　支柱绝缘子

操作步骤

① 打开 Visio 2010,以"基本电气图"为模板,建立新文件,双击该模板,进入绘图界面,然后选择"文件"|"保存"命令,将新文件命名为"支柱绝缘子"并保存,在打开的"另存为"对话框中,如图 13-27 所示。

② 在绘图界面,利用"折线图"命令,绘制一条竖直中心线,长度为 90 mm,然后右击这条中心线,在弹出的快捷菜单中选择"格式"|"线条"命令,如图 13-28 所示,弹出"线条"对话框,如图 13-29 所示,单击"虚线类型"下拉按钮,选择"03",然后单击"确定"按钮,将竖直中心实线变成竖直中心虚线,如图 13-30 所示。

③ 利用"矩形"命令,画一长为 70 mm、宽为 10 mm 的矩形框,将其移到中心线上,然后利用"排列"组中的"置于底层"命令,将矩形框至于最底层,如图 13-31 所示。

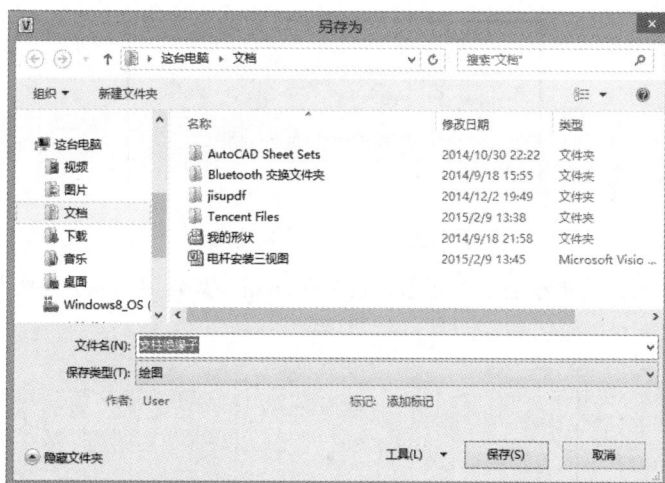

图 13-27　"另存为"对话框

图 13-28　调出线条编辑窗口

图 13-29　"线条"对话框

图 13-30　绘制中心虚线

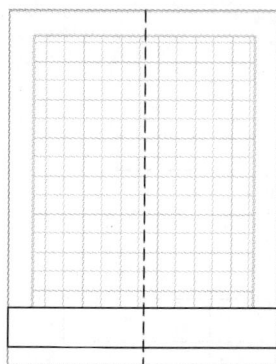

图 13-31　绘制、移动矩形

④ 利用"折线图"命令,绘制一条水平线长度为 50 mm,两条竖直线长度为 20 mm,然后利用"排列"组中的"组合"下拉菜单中的"组合"命令,将三条线组合成如图 13-32 所示图形,并将其移动到中心线上,如图 13-33 所示。

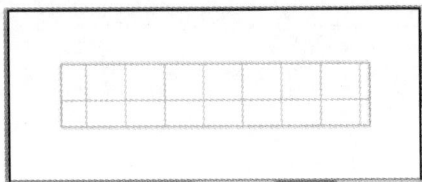

图 13-32　线条组合

⑤ 利用步骤③的方法再绘制一个矩形，长为 30 mm，宽为 10 mm，并将其移动到中心线上，如图 13-34 所示。

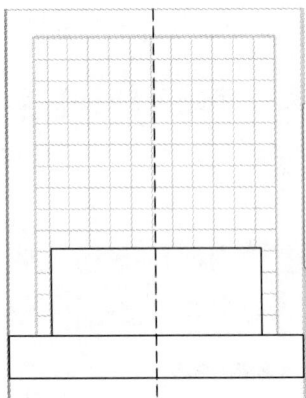

图 13-33　绘制、移动矩形

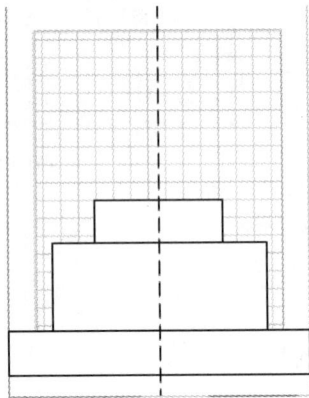

图 13-34　绘制、移动矩形

⑥ 利用步骤③的方法再绘制一个矩形，长为 45 mm，宽为 8 mm，并将其移动到中心线上，如图 13-35 所示。

⑦ 选中图 13-35 中最上面的矩形，利用"形状"组中的"线条"下拉菜单，打开"线条"对话框，如图 13-36 所示。选中"圆角"选项组中的第三个，将其进行圆角处理，圆角处理后的图形如图 13-37 所示

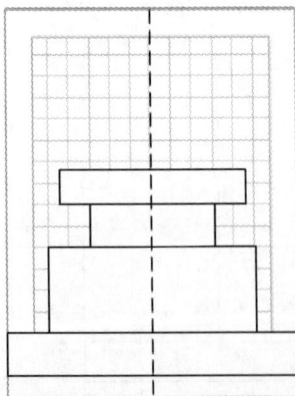

图 13-35　绘制、移动矩形

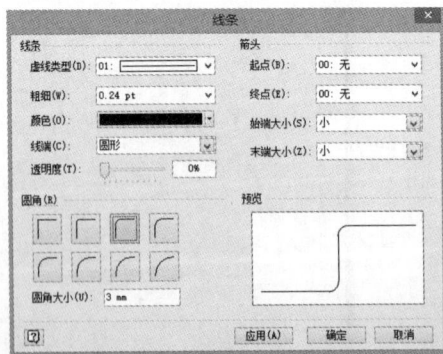

图 13-36　"线条"对话框

⑧ 选中步骤④中的组合图形，按照步骤⑦弹出"线条"对话框，选中"圆角"选项组中的第 5 个，将其进行圆角处理，圆角处理后的图形如图 13-38 所示。

⑨ 如图 13-39 所示，选中对象，然后选择"视图"｜"加载项"｜"其他 Visio 方案"｜"排

列形状"命令，弹出"排列形状"对话框，如图 13-40 所示，行数目为 10，列数目为 1，然后单击"确定"按钮，形成如图 13-41 所示的阵列图。

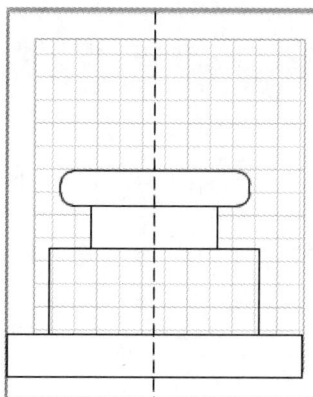

图 13-37　圆角处理 1

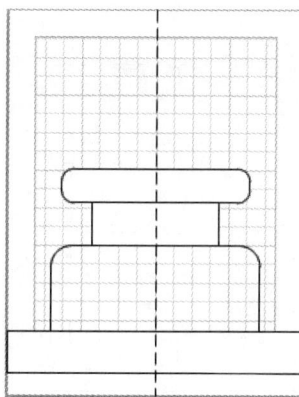

图 13-38　倒角处理 2

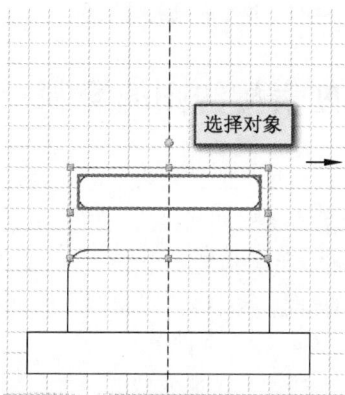

图 13-39　选中阵列对象

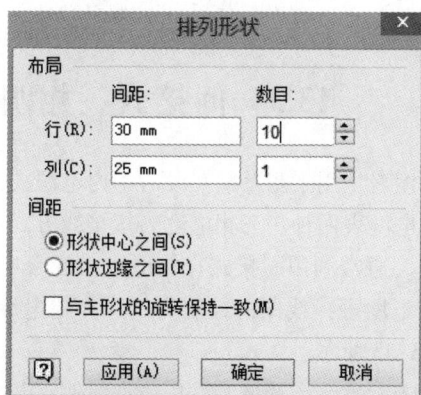

图 13-40　"排列形状"对话框

⑩ 利用"折线图"命令，绘制一条长度为 30 mm 的水平线，两条长度为 15 mm 的竖直线，然后利用"排列"组中的"组合"下拉菜单中的"组合"命令，将三条线组合成如图 13-42 所示图形，并将其移动到中心线上，如图 13-43 所示。

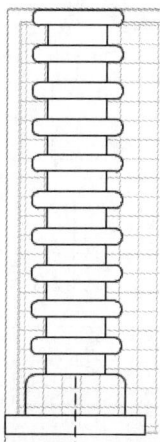

图 13-41　阵列

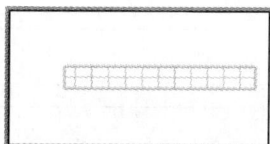

图 13-42　线条组合

⑪ 按照步骤⑦，将图 13-43 中最上面的组合图形进行圆角处理，得到支柱绝缘子的最终效果图，如图 13-44 所示。

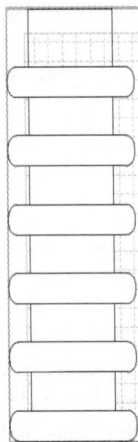

图 13-43 绘制矩形图   图 13-44 绝缘子最终效果图

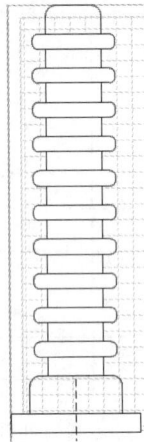

13.3 间接式三相四线制电度表接线图的绘制

电度表是用来测量某一段时间内电源提供电能或负载消耗电能的仪表。电度表有单相电度表和三相电度表两种。三相电度表按接线方式不同，可分为直接式和间接式两种。在电流比较大的电路中，通常利用间接式三相电度表配合电流互感器测量负载消耗的电能，本节以间接式三相四线制电度表接线图的绘制为例，介绍电度表接线图的绘制。间接式三相四线制电度表接线图如图 13-45 所示。

首先配置绘图环境，然后依次绘制三相电度表内部接线图、电流互感器、三相电力线路，最后连线。

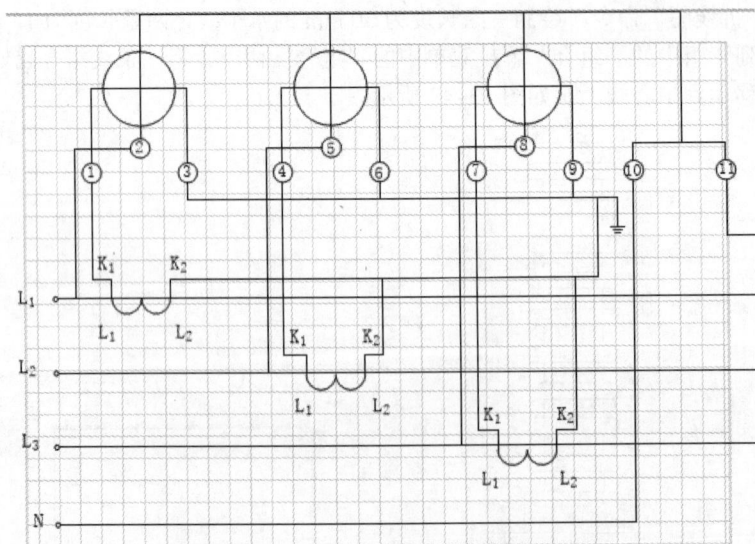

图 13-45 间接式三相四线制电度表接线图

操作步骤

① 打开 Visio 2010，以"基本电气图"为模板，建立新文件，双击该模板，进入绘图界面，然后选择"文件"｜"保存"命令，将新文件命名为"间接式三相四线制电度表接线图"并保存，如图 13-46 所示。

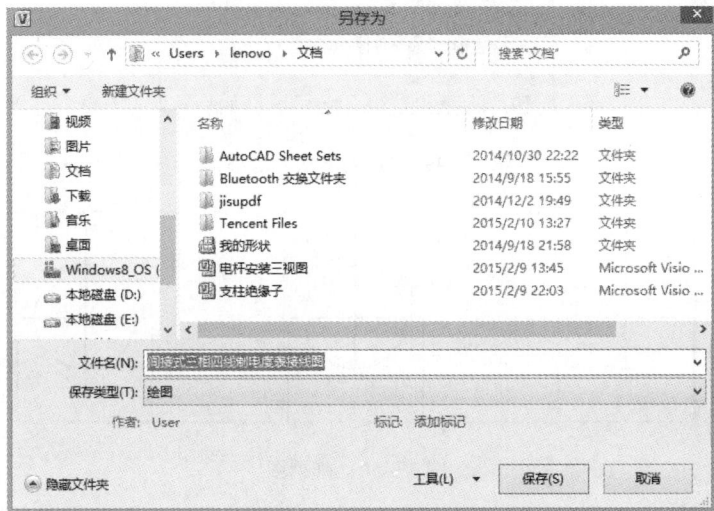

图 13-46　"另存为"对话框

② 利用"椭圆"命令，绘制一半径为 7.5 mm 的圆，再利用"折线图"命令，绘制一长度为 20 mm 的水平线、两条长度为 15 mm 的竖直线，如图 13-47 所示。

③ 利用的"折线图"命令，绘制一条长度为 20 mm 的竖直线，如图 13-48 所示。

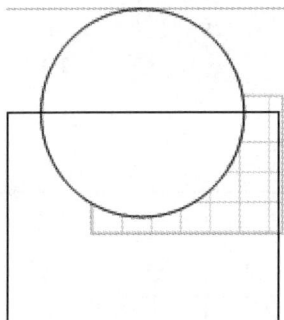

图 13-47　绘制圆与折线

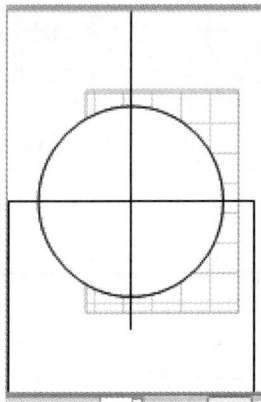

图 13-48　绘制竖直线

④ 选中图 13-48 所示图形，然后选择"视图"｜"加载项"｜"其他 Visio 方案"｜"排列形状"命令，弹出"排列形状"对话框，如图 13-49 所示，设置行"数目"为 1，列"间距"为 40 mm，列"数目"为 3，然后单击"确定"按钮，形成如图 13-50 所示的阵列图。

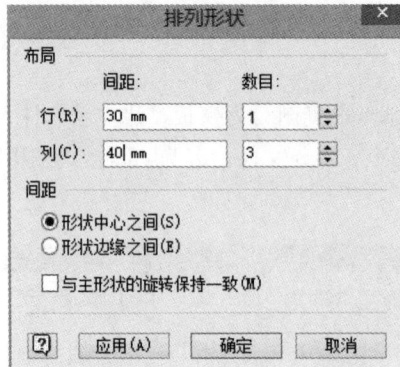

图 13-49 "排列形状"对话框

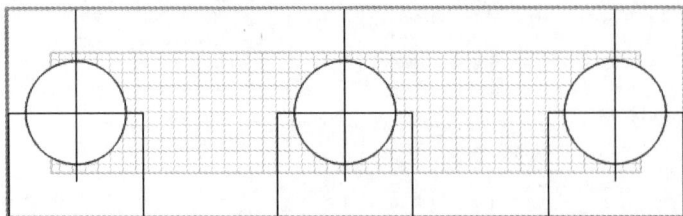

图 13-50 阵列图

⑤ 利用"椭圆"命令，绘制 11 个半径为 4 mm 的小圆，然后从左到右依次在小圆内输入 1~11 十一个阿拉伯数字，如图 13-51 所示。

⑥ 利用"折线图"命令绘制折线，如图 13-52 所示，这就是三相电度表内部接线图。

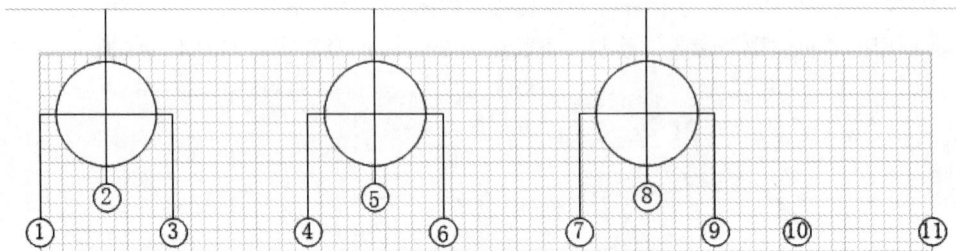

图 13-51 绘制小圆

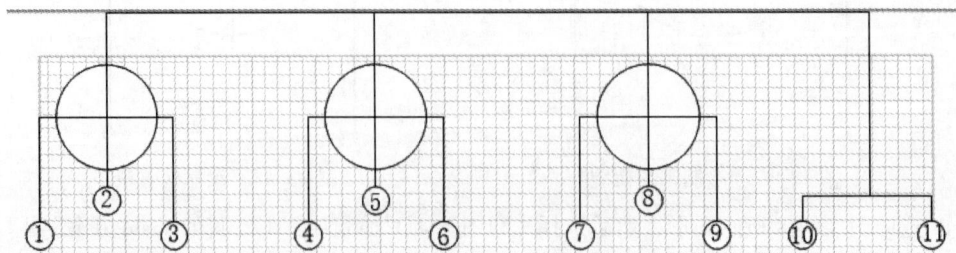

图 13-52 三相电度表内部接线图

⑦ 利用"折线图"命令，绘制一条水平线，选中这条水平线，利用"复制"命令，依次复制两条水平线，间距是 15 mm，在三条线的左端分别绘制三个小圆，半径是 0.5 mm，利用"文本"工具为三条水平线命名，如图 13-53 所示，这就是三相电力线路。

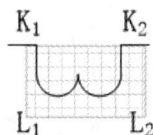

⑧ 利用"弧线"命令，绘制两个半径为 3 mm 的圆弧，然后利用"折线图"命令，绘制折线，利用"文本"工具，添加如图 13-54 所示所示的文本，这就是电流互感器接线图。

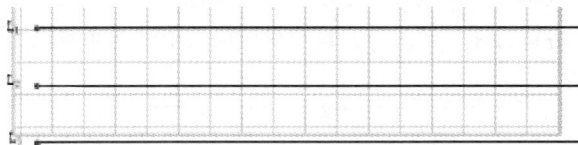

图 13-53　三相电力线路　　　　　　　图 13-54　电流互感器接线图

⑨ 利用"复制"命令，在三相电力线路中合适的位置放置电流互感器，如图 13-55 所示。

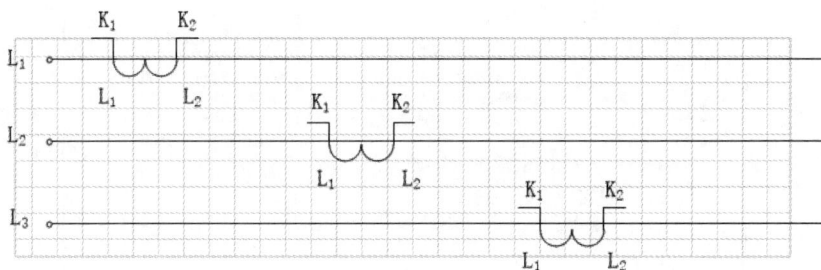

图 13-55　电流互感器和三相电力线路

⑩ 从形状窗格中的快速形状区域中，拖动 ↓ 接地 符号到绘图区域里，将图 13-52 和图 13-55 连接起来，并画出零线 N，得到间接式三相四线制电度表接线图，如图 13-45 所示。

13.4　五跨绝缘锚段关节平面布置图的绘制

锚段关节是指锚段与锚段之间的衔接部分。根据锚段关节所用跨距数，锚段关节可分为四、五、六、七、八跨锚段关节。根据锚段与锚段之间是否电气绝缘，锚段关节可分为绝缘锚段关节和非绝缘锚段关节。新建高速铁路，绝缘锚段关节与非绝缘锚段关节普遍采用五跨的形式。本节就以五跨绝缘锚段关节平面布置图的绘制为例，介绍锚段关节平面布置图的绘制过程。五跨绝缘锚段关节平面布置图如图 13-56 所示。

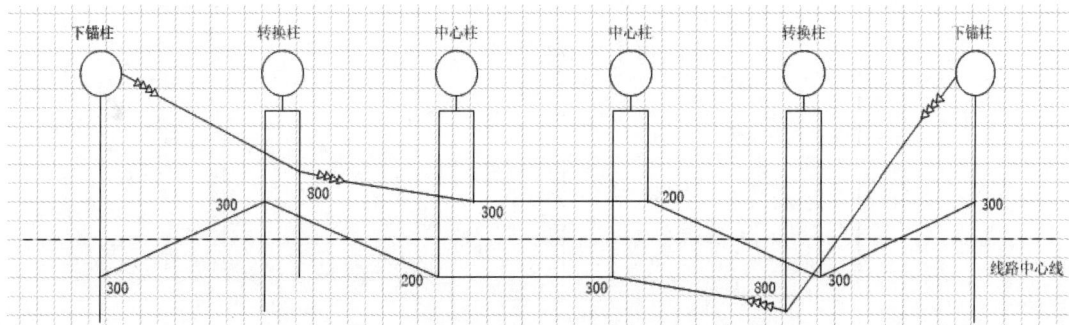

图 13-56　五跨绝缘锚段关节平面布置图

首先配置绘图环境，然后依次绘制线路中心线、下锚柱、转换柱、中心柱、绝缘子串、接触线，最后进行标注和文字说明。

操作步骤

① 打开 Visio 2010，以"基本电气图"为模板，建立新文件，双击该模板，进入绘图界面，然后选择"文件"|"保存"命令，将新文件命名为"五跨绝缘锚段关节平面布置图"并保存，如图 13-57 所示。

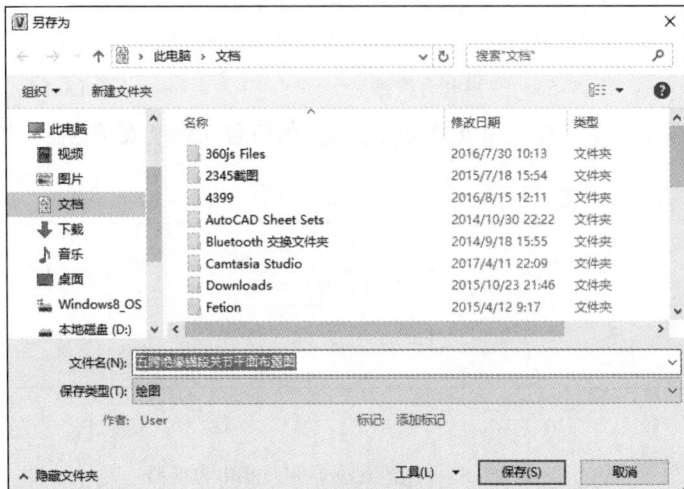

图 13-57　"另存为"对话框

② 利用"椭圆"命令，绘制一半径为 3 mm 的圆，再利用"折线图"命令，绘制一条长度为 30 mm 的竖直线，构成如图 13-58 所示的下锚柱平面图。

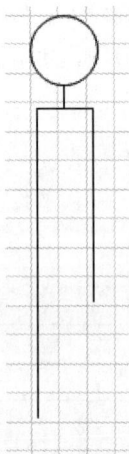

③ 利用"椭圆"命令，绘制一半径为 3 mm 的圆，再利用"折线图"命令，绘制折线，构成如图 13-59 所示的转换柱平面图。

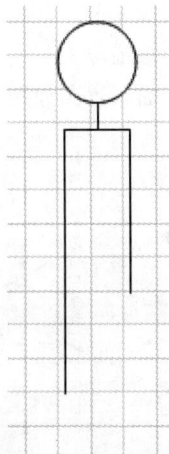

④ 利用"椭圆"命令，绘制一半径为 3 mm 的圆，再利用"折线图"命令，绘制折线，构成如图 13-60 所示的中心柱平面图。

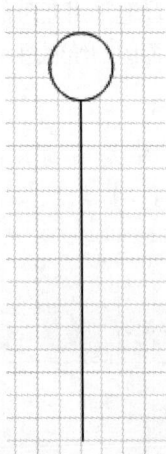

图 13-58　下锚柱平面图　　　图 13-59　转换柱平面图　　　图 13-60　中心柱平面图

⑤ 利用"折线图"命令，画一条水平直线，单击选中此水平直线，右击，在弹出的快捷菜单中选择"格式"｜"线条"命令，弹出"线条"对话框，在"虚线类型"中选择第 2 种线型，如图 13-61 所示，单击"确定"按钮，将实线水平线变成虚线水平线，得到线路中心线。

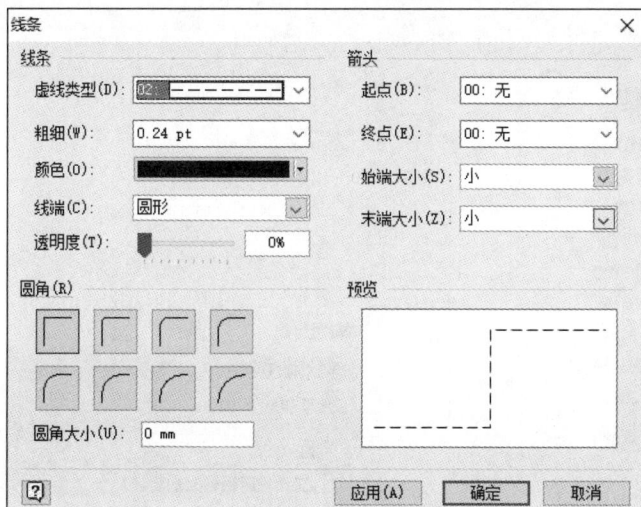

图 13-61　"线条"对话框

⑥ 利用"折线"命令，绘制三角形，再利用"复制"命令，复制 3 个相同的三角形，然后叠加在一起，选中 4 个三角形，右击，在弹出的快捷菜单中选择"组合"｜"组合"命令，如图 13-62 所示，将 4 个三角形进行组合，得到如图 13-63 所示的绝缘子串。

图 13-62　"组合"命令

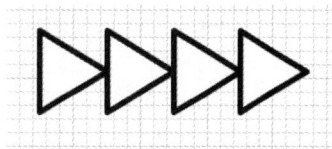

图 13-63　绝缘子串

⑦ 利用"复制"命令，分别复制下一组锚柱、转换柱、中心柱和四组绝缘子串，选中所有下锚柱、转换柱、中心柱，利用"文件"选项卡中的"排列"栏，单击"位置"下拉按钮，弹出如图 13-64 所示菜单，选择"顶端对齐"命令，将下锚柱、转换柱、中心柱顶端对齐。再选中所有下锚柱、转换柱、中心柱，利用"文件"选项卡中的"排列"栏，单击"位置"下拉按钮，选择"间距选项"选项，弹出如图 13-65 所示"间距选项"对话框。在对话框中，水平距离设置为

25 mm，取消选择"二者使用相同的间距"复选框，单击"确定"按钮。使下锚柱、转换柱、中心柱水平间距相等。将四组绝缘子串和线路中心线放在如图 13-66 所示的位置。

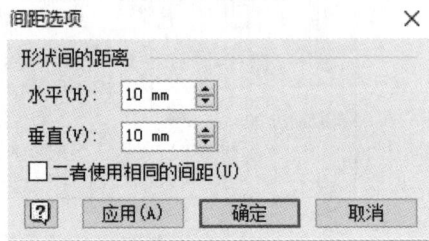

图 13-64　顶端对齐　　　　　图 13-65　"间距选项"对话框

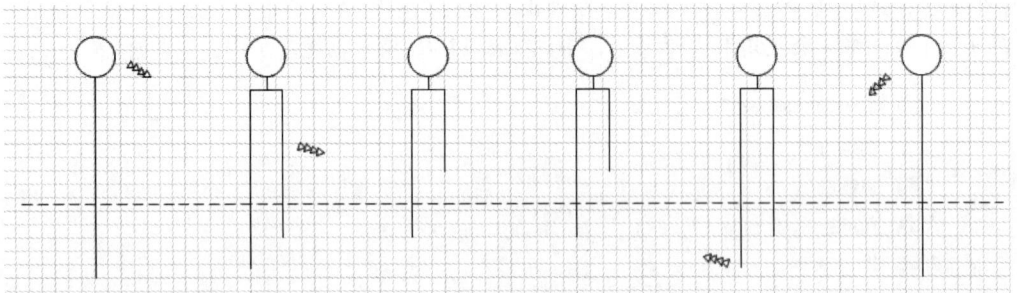

图 13-66　下锚柱、转换柱、中心柱、绝缘子串、线路中心布置图

⑧ 在图 13-66 基础上，利用"折线"命令和"文本框"命令，画出接触线，添加标注和文字说明，得到如图 13-67 所示五跨绝缘锚段关节平面布置图。

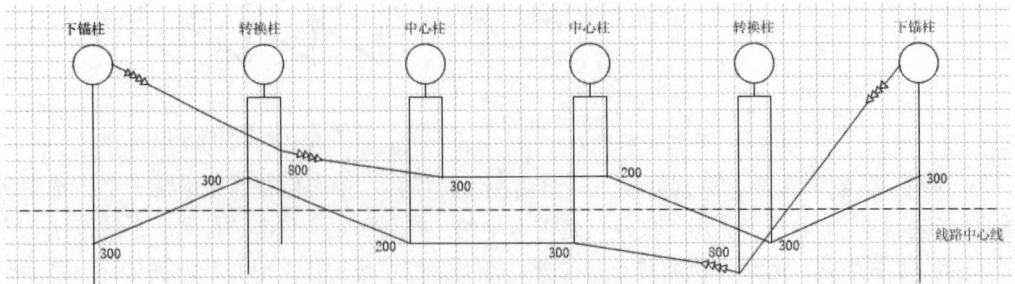

图 13-67　五跨绝缘锚段关节平面布置图

本 章 小 结

　　本章内容主要介绍了杆塔安装图、支柱绝缘子、间接三相四线制电度表接线图、五跨绝缘锚段关节平面图绘制时常用的基本步骤、方法、技巧。读者可根据课后习题强化绘制铁道供电工程类图的操作方法，达到举一反三、熟能生巧的效果。

课 后 习 题

1. 绘制如图 13-68 所示跌落式熔断器示意图。

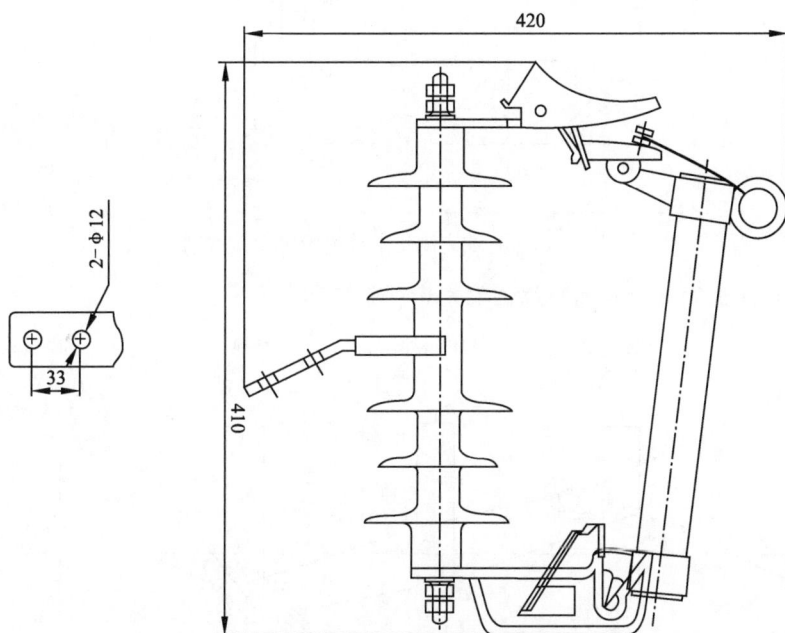

图 13-68　跌落式熔断器示意图

2. 绘制如图 13-69 所示三表法测量三相电路有功功率原理图。

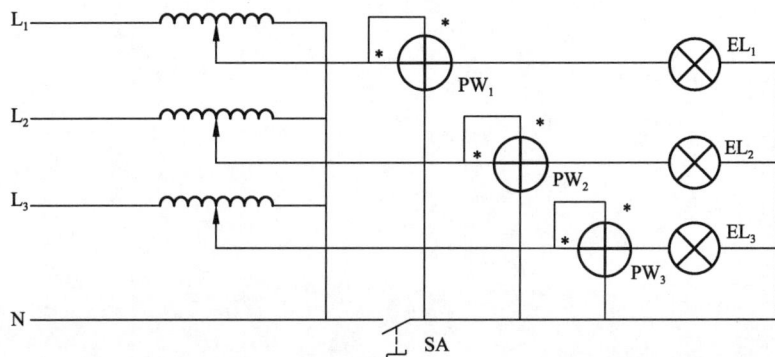

图 13-69　三表法测量三相电路有功功率原理图

3. 绘制如图 13-70 所示兆欧表测量电缆绝缘电阻接线图。

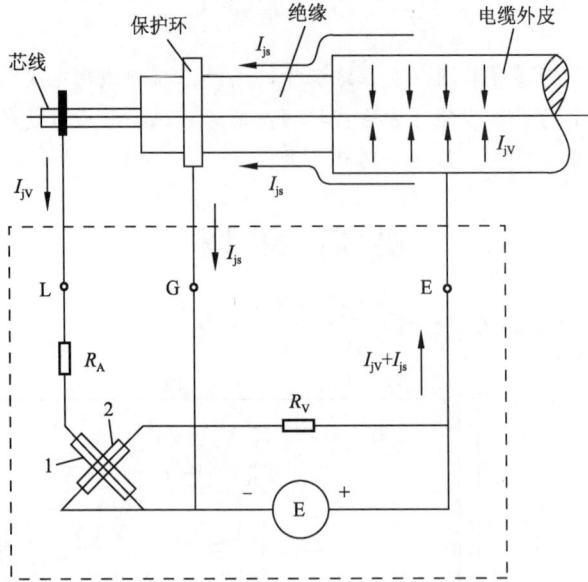

图 13-70　兆欧表测量电缆绝缘电阻接线图

4. 绘制如图 13-71 所示四跨绝缘锚段关节平面布置图。

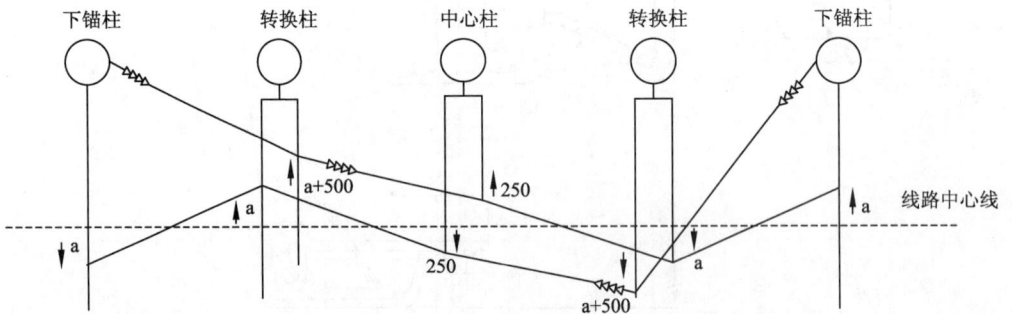

图 13-71　四跨绝缘锚段关节平面布置图

第 *14* 章 电路图绘制

电路图是最常见、应用最为广泛的一类电气线路。在工业领域和日常生活中，模拟电子和数字电子电路图都是最为重要的电气工程图。本章将列举三个与日常生活有着紧密联系的调频电路、定时器电路及单片机电路。通过本章的学习，读者能够掌握电路图的绘制方法，能够利用 Visio 2010 绘制一般电路图。

学习目标
- 掌握调频器电路原理图的绘制。
- 掌握 C7555 定时器原理图的绘制。

14.1 调频器电路原理图的绘制

调频器电路是使受调波的瞬时频率随调制信号而变化的电路。调频器广泛用于调频广播、电视伴音、微波通信、锁相电路和扫频仪等电子设备。图 14-1 所示为某调频器电路原理图，本节将介绍此图的绘制方法。

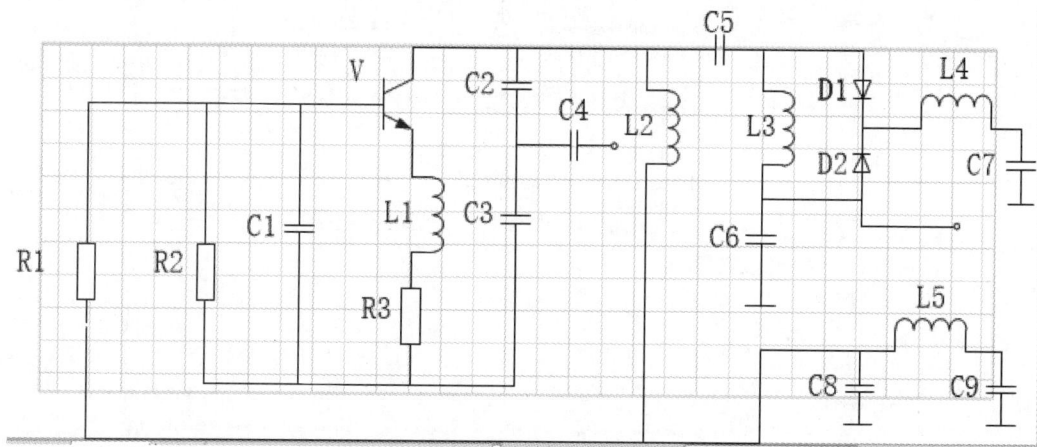

图 14-1　调频器电路原理图

首先配置绘图环境，在形状窗口中依次调入电容、二极管、电感，绘制三极管、电阻元件，然后对这些元件进行排列，最后连线，添加注释文字。

操作步骤

① 打开 Visio 2010，以"基本电气图"为模板，建立新文件，双击该模板，进入如图 14-2 所示绘图界面，然后选择"文件"｜"保存"命令，将新文件命名为"调频器电路原理图"并保存，如图 14-3 所示。

图 14-2　绘图界面

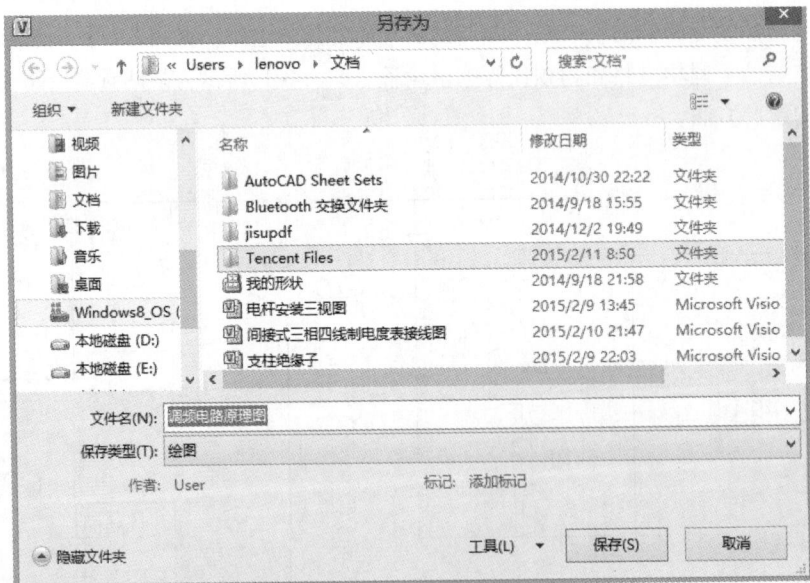

图 14-3　"另存为"对话框

② 利用"形状"窗格中的"基本项模具"和"半导体和电子管模具"插入电感、电容、二极管。

③ 绘制电阻元件。利用"矩形"命令，绘制一个长为 7.5 mm、宽为 2.5 mm 的矩形框。然后利用"折线图"命令，在矩形框的两边绘制长度为 3 mm 的水平线，如图 14-4 所示，这就是电阻符号。

④ 选中图 14-4 所示电阻符号，利用"排列"栏中的"组合"下拉菜单中的"组合"命令，将电阻符号进行组合，如图 14-5 所示。

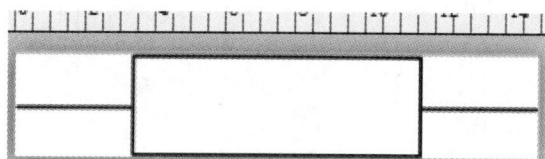

图 14-4　电阻符号

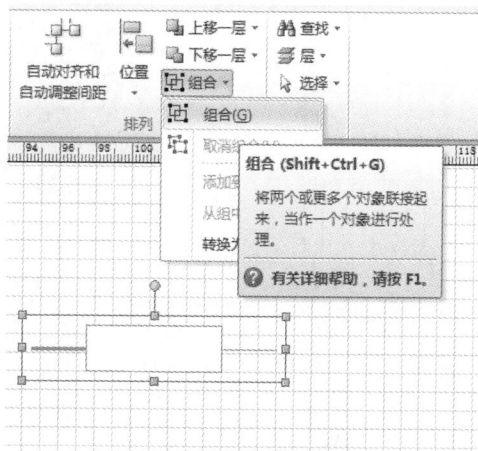

图 14-5　"组合"命令

⑤ 绘制三极管。利用"折线图"命令，绘制一长为 7 mm 的竖直线；在竖直线上确定一点，这点距上端为 2 mm，以这点为起点，绘制斜线，长度为 4.5 mm，与水平方向夹角为 26°；在竖直线上再确定一点，这点距下端为 2 mm，以这点为起点，绘制斜线，长度为 4.5 mm，与水平方向夹角为-26°；以竖直线中点为起点，绘制水平直线，长度为 4 mm，如图 14-6 所示。

⑥ 利用"折线图"命令，以斜线 1 的右端点为起点，向上绘制长度为 4 mm 的竖直线；以斜线 2 的右端点为起点，向下绘制长度为 4 mm 的竖直线，选中斜线 2，右击，在弹出的快捷菜单中选择"格式"|"线条"命令，弹出"线条"对话框，如图 14-7 所示，箭头选项组中的"终点"一栏选择 13 号箭头形状。最终得到三极管符号如图 14-8 所示。

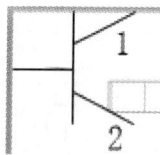

图 14-6　绘制直线与斜线

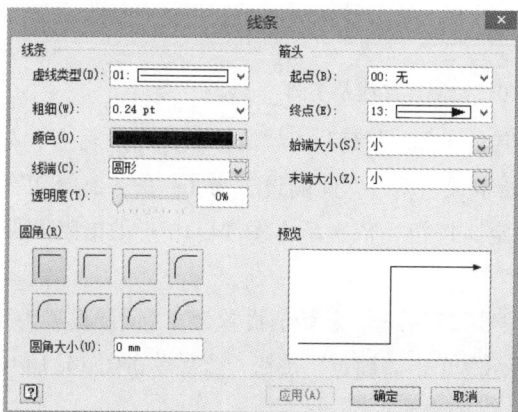

图 14-7　"线条"对话框

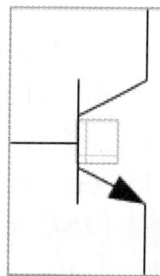

图 14-8　三极管符号

⑦ 利用步骤④的方法，将三极管进行组合。

⑧ 在"基本项"和"半导体和电子管"模具库中，拖动"电容器""电感器""二极管"模具到绘图区，用"复制"和"旋转"命令，将电阻、电容、电感、二极管、三极管分别放置到如图 14-9 所示的位置。

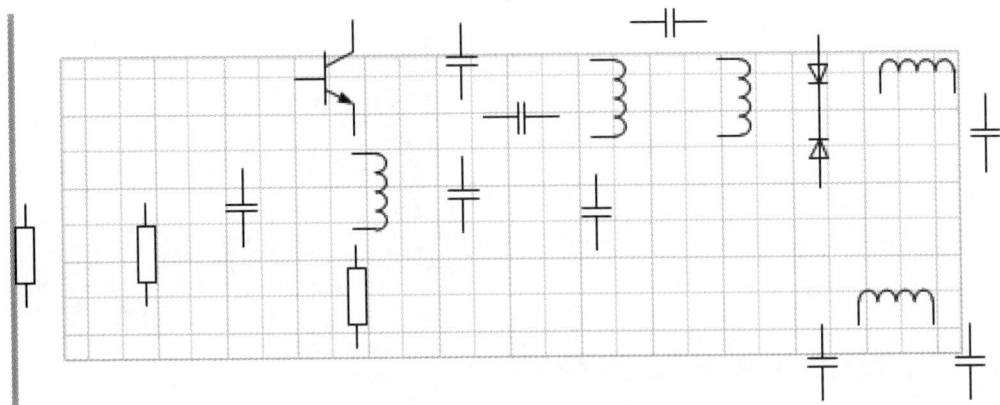

图 14-9　放置器件

⑨ 利用"折线图"命令，将图 14-9 中的器件连接在一起，再利用"椭圆"命令绘制两个半径为 0.8 的圆，形成如图 14-10 所示图形。

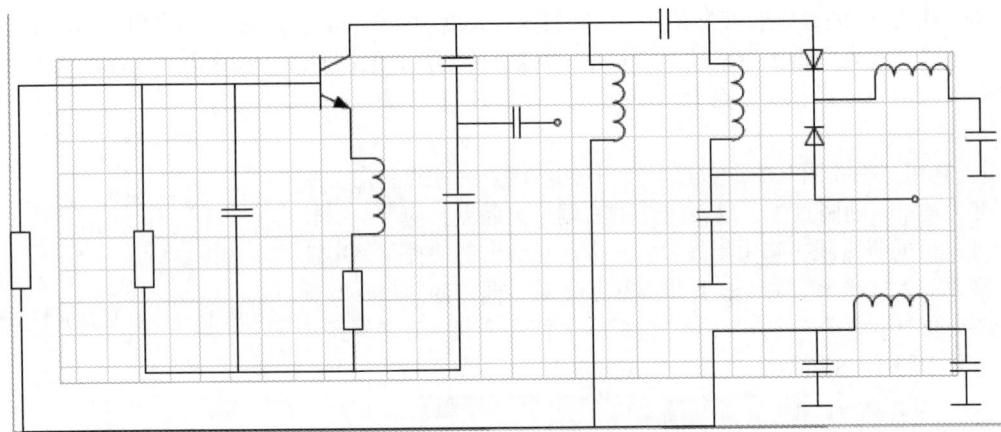

图 14-10　绘制连接线及小圆

⑩ 选择"视图"｜"加载项"｜"其他 Visio 方案"｜"给形状编号"命令，如图 14-11 所示。弹出"给形状编号"对话框，起始值设置为 1，间隔设置为 1，在"前缀文字"选项中输入"R"，如图 14-12 所示，单击"确定"按钮，依次单击图 14-10 中的电阻元件，为电阻元件编号。

⑪ 用步骤⑩的方法，弹出"给形状编号"对话框，起始值设置为 1，间隔设置为 1，在"前缀文字"选项中输入"C"，如图 14-13 所示，单击"确定"按钮，依次单击图 14-10 中的电容元件，为电容元件编号。

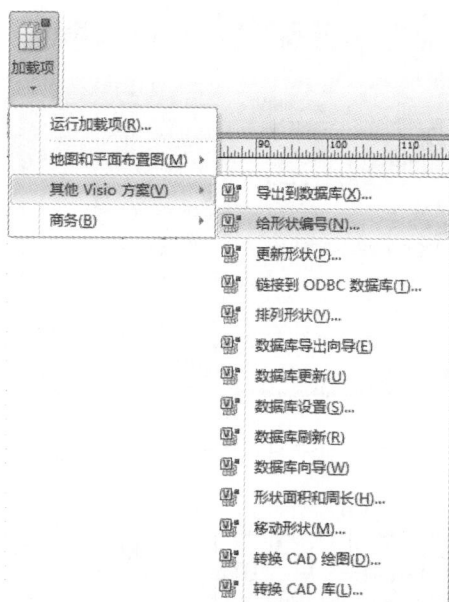

图 14-11　调出形状编号对话框

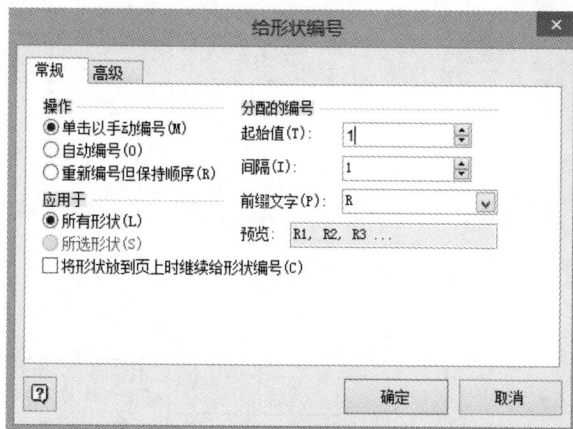

图 14-12　电阻元件编号对话框

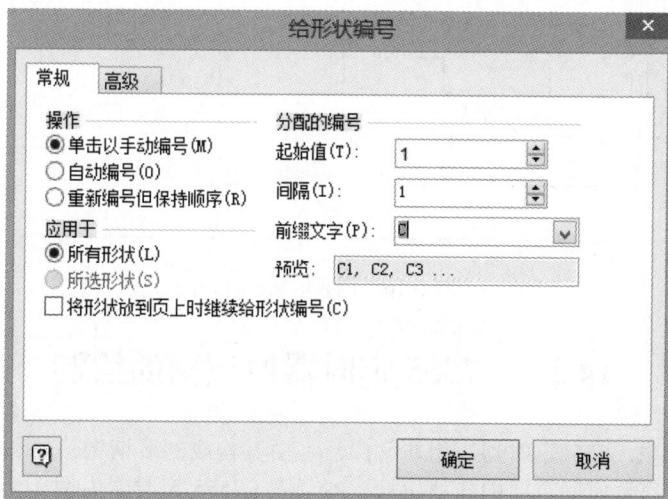

图 14-13　电容元件编号对话框

⑫ 用步骤⑩的方法，弹出"给形状编号"对话框，起始值设置为 1，间隔设置为 1，在"前缀文字"选项中输入"L"，如图 14-14 所示，单击"确定"按钮，依次单击图 14-10 中的电感元件，为电感元件编号。

⑬ 用步骤⑩的方法，弹出"给形状编号"对话框，起始值设置为 1，间隔设置为 1，在"前缀文字"选项中输入"D"，如图 14-15 所示，单击"确定"按钮，依次单击图 14-10 中的二极管元件，为二极管元件编号。

⑭ 在"开始"选项卡中的"工具"组中单击 **A 文本** 按钮，为图 14-10 中的三极管添加符号"V"，最后得到调频电路原理图如图 14-16 所示。

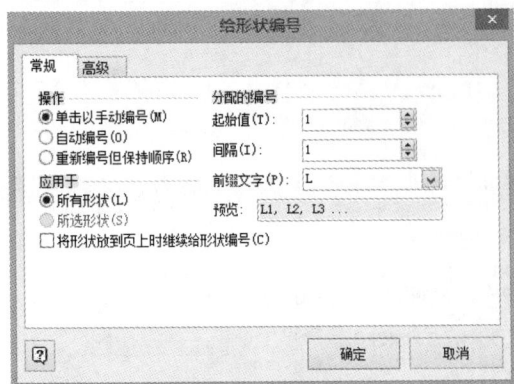

图 14-14　电感元件编号对话框　　　　图 14-15　二极管元件编号对话框

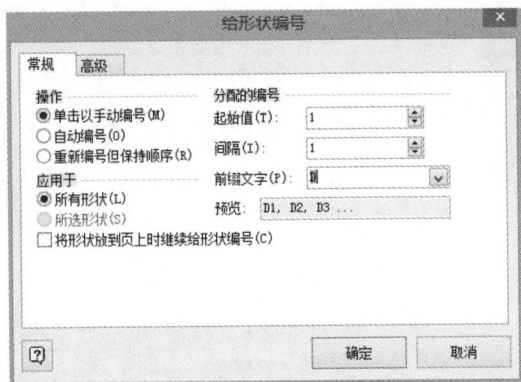

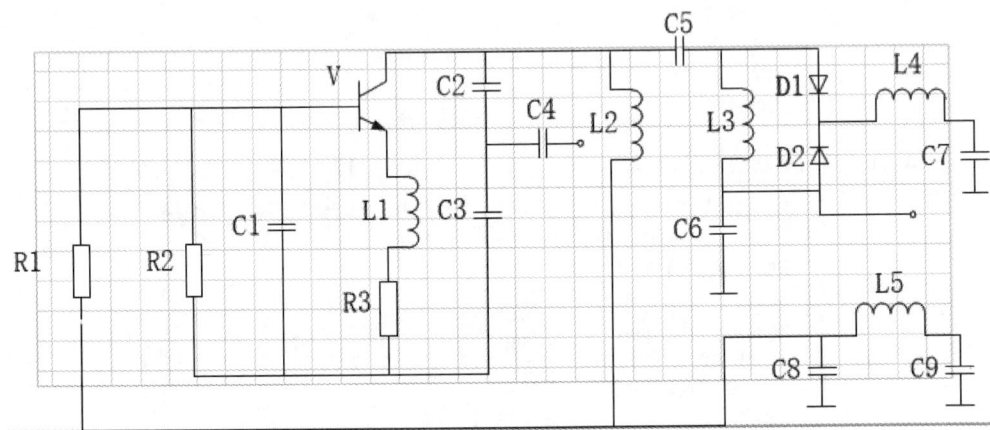

图 14-16　调频电路原理图

14.2　C7555 定时器原理图的绘制

数字电子技术中，555 定时器应用非常广泛，由其构成的多谐振荡器、单稳态触发器和施密特触发器可产生符合实际需要的各种信号。本节以 C7555 定时器为例，介绍其内部原理图的绘制。

首先配置绘图环境，依次绘制电阻元件、电压比较器、RS 触发器、两输入或非门、反相器、电阻元件，在形状窗口插入 MOSFET 开关管，然后对这些元件进行排列，最后连线并添加注释文字。

🖥 操作步骤

① 打开 Visio 2010，以"基本电气图"为模板，建立新文件，双击该模板，进入如图 14-17 所示绘图界面，然后选择"文件"｜"保存"命令，将新文件命名为"C755 定时器内部原理图"并保存，如图 14-18 所示。

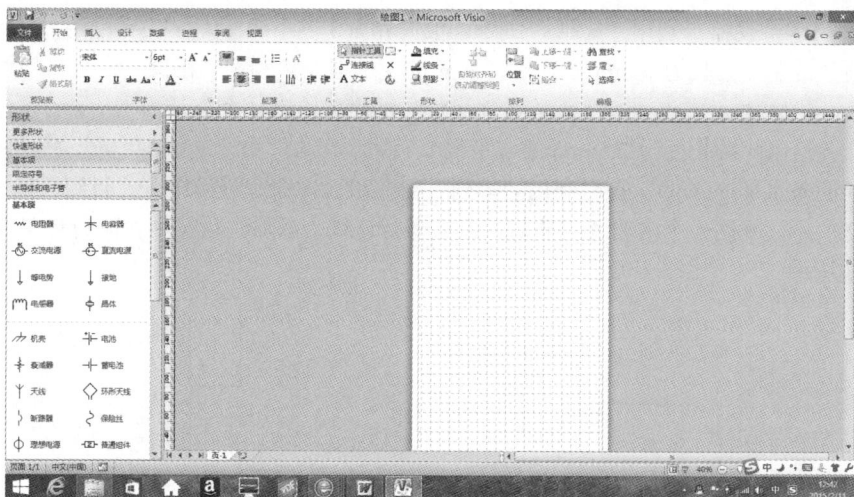

图 14-17 绘图界面

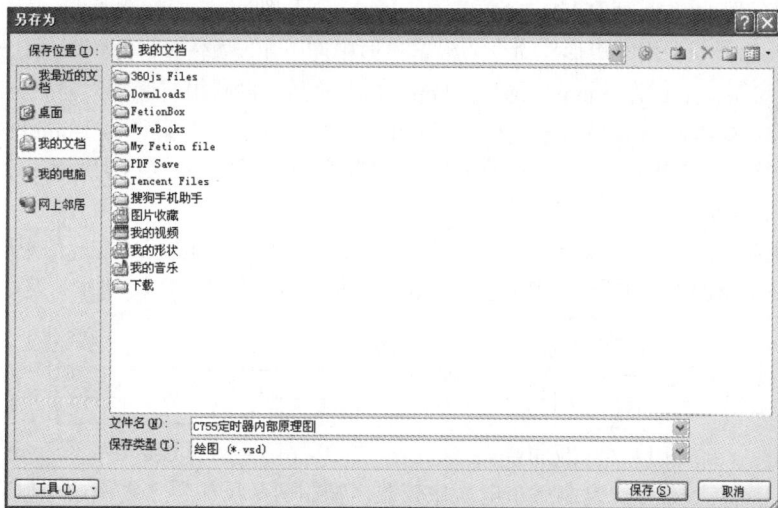

图 14-18 "另存为"对话框

② 绘制电压比较器。利用"矩形"命令,根据界面中左下角 **宽度: 20 mm** **高度: 25 mm** **角度: 0 deg**
元件尺寸显示栏,绘制一个长为 20 mm、宽为 25 mm 的矩形框。利用"折线图"命令(见图 14-19),
绘制三条水平线,长度为 10 mm,将两条水平线放置在矩形框的左边,一条水平线放置在矩形框
的右边,这样就画出电压比较器的外形,如图 14-20 所示。利用"文本"命令,给电压放大器添加
输入端、输出端符号,利用"椭圆"和"折线图"命令,绘制运算放大器符号,最后得到完整的
电压比较器图形如图 14-21 所示。

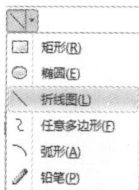

图 14-19 折线图命令

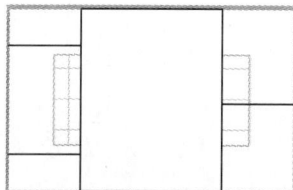

图 14-20 电压比较器器外形

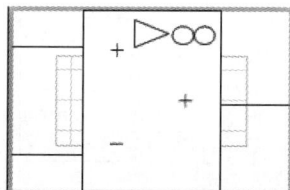

图 14-21 电压比较器图形符号

③ 绘制 RS 触发器。利用"矩形"命令，根据界面中左下角 宽度: 6 mm 高度: 10 mm 角度: 0 deg 元件尺寸显示栏，绘制一个长为 6 mm、宽为 10 mm 的矩形框。再利用"椭圆"命令，根据界面中左下角 宽度: 1 mm 高度: 1 mm 角度: 0 deg 元件尺寸显示栏，绘制一个直径为 1 mm 的圆。利用"折线图"命令，绘制两条长度为 2.5 mm 的水平线。利用"文本"命令，添加"&"符号。然后将矩形框、圆、两条水平线、"&"符号利用"排列"组"组合"命令进行组合，得到两输入与非门，如图 14-22 所示。复制一个两输入与非门，然后进行连线，添加注释符号，得到基本 RS 触发器，如图 14-23 所示。

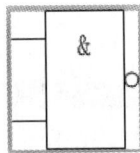

图 14-22　两输入与非门

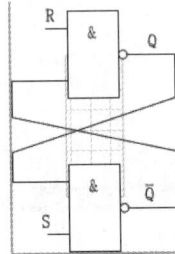

图 14-23　RS 触发器

④ 绘制反相器。利用"矩形"命令，根据界面中左下角 宽度: 6 mm 高度: 10 mm 角度: 0 deg 元件尺寸显示栏，绘制一个长为 6 mm、宽为 10 mm 的矩形框。再利用"椭圆"命令，根据界面中左下角 宽度: 1 mm 高度: 1 mm 角度: 0 deg 元件尺寸显示栏，绘制一个直径为 1 mm 的圆。利用"折线图"命令，绘制一条长度为 2.5 mm 的水平线。将矩形框、圆、水平线利用排列组中的"组合"命令进行组合，添加注释符号，得到如图 14-24 所示的反相器。

⑤ 绘制电阻元件。利用"矩形"命令，绘制一个长为 7.5 mm、宽为 2.5 mm 的矩形框。然后利用"折线图"命令，在矩形框的两边绘制长度为 3 mm 的水平线，如图 14-25 所示，这就是电阻符号。

图 14-24　反相器

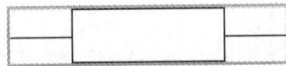

图 14-25　电阻元件

⑥ 利用"复制"命令，复制一个电压比较器，复制两个反相器，复制两个电阻，从"形状"窗格中的半导体和电子管库中调出 MOSFET 开关管，分别放置在如图 14-26 所示位置。

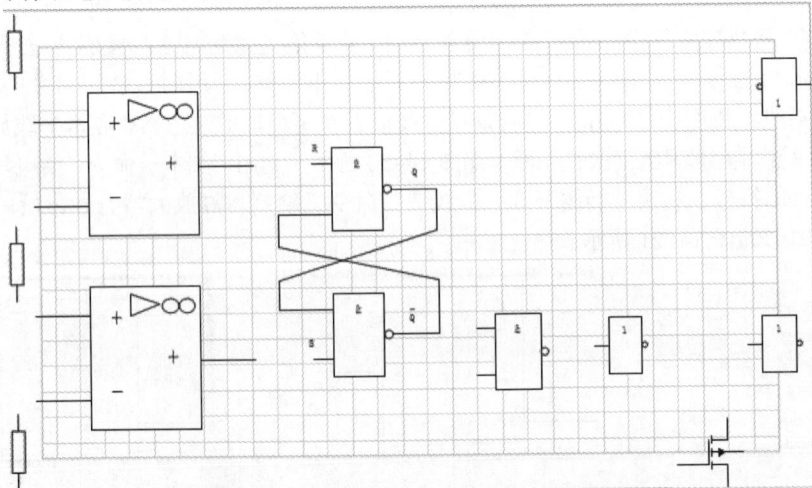

图 14-26　放置元件

⑦ 利用"折线图"命令,将图 14-26 中的元件连接起来,利用"矩形"命令绘制一矩形,单击选中此矩形,再右击,在弹出的快捷菜单中选择"格式"｜"线条"命令,弹出"线条"对话框,在"虚线类型"中选择第 2 种线型,如图 14-27 所示,单击"确定"按钮,将实线矩形变成虚线矩形。选中虚线矩形框,右击,在弹出的快捷菜单中选择"置于底层"｜"置于底层"命令,如图 14-28 所示,将虚线矩形置于底层。在"开始"选项卡中的"工具"功能区组中单击 A 文本按钮,为图 14-26 中的元件添加注释文字,得到 C755 定时器内部原理图,如图 14-29 所示。

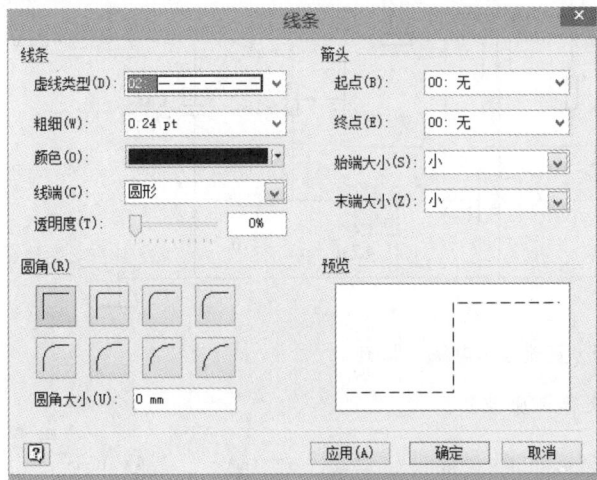

图 14-27　"线条"对话框

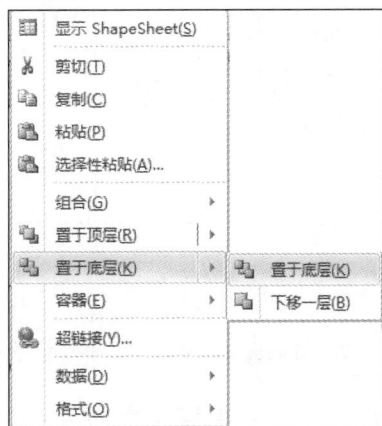

图 14-28　将虚线矩形框置于底层

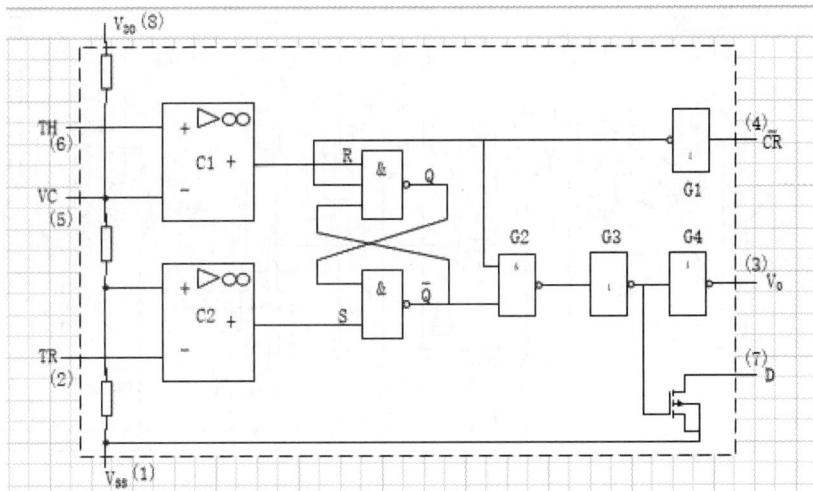

图 14-29　C755 定时器内部原理图

本 章 小 结

本章主要介绍了调频器电路原理图、C7555 定时器原理图绘制时常用的基本步骤、方法、技巧。读者可根据课后练习强化绘制模拟电子类和数字电子类电路图操作方法,达到举一反三、熟能生巧的效果。

课 后 习 题

1. 绘制如图 14-30 所示直流稳压电源电路图。

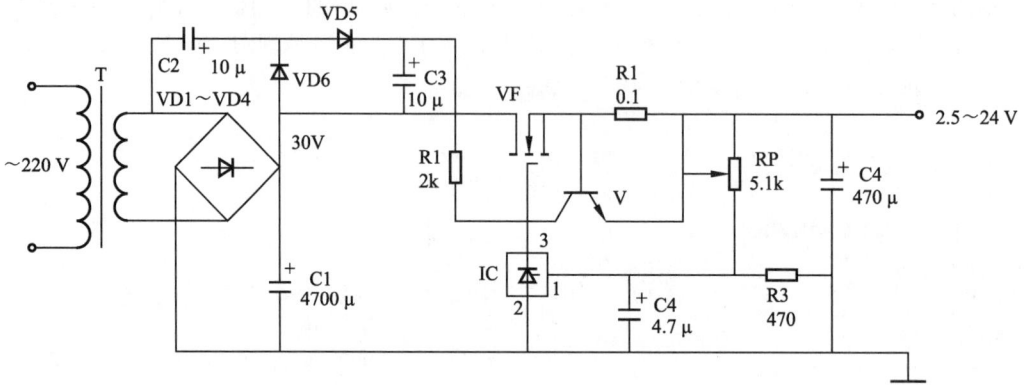

图 14-30　直流稳压电源电路图

2. 绘制如图 14-31 所示七管半导体收音机原理图。

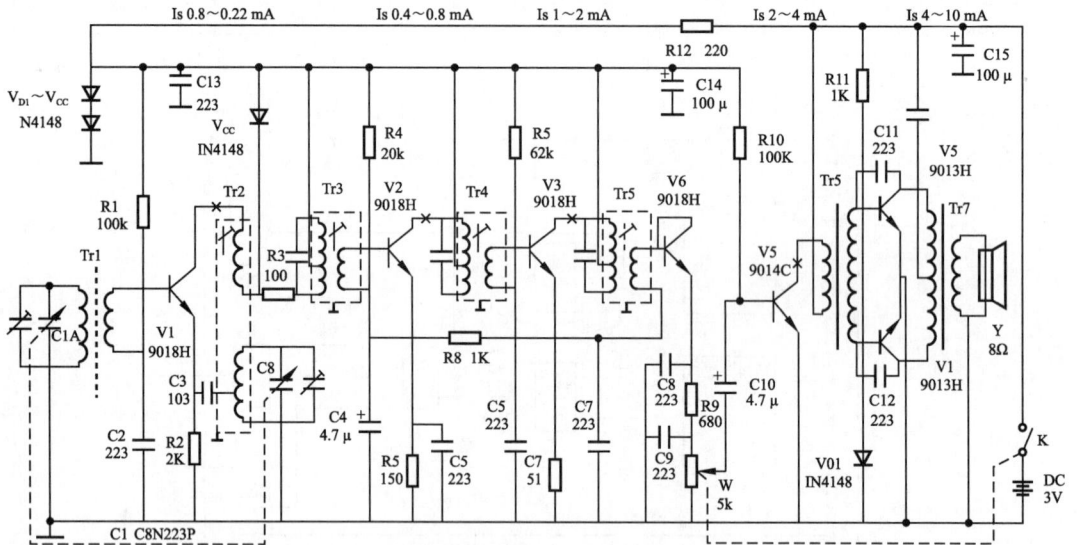

图 14-31　七管半导体收音机原理图

3. 绘制如图 14-32 所示节能灯电路图。

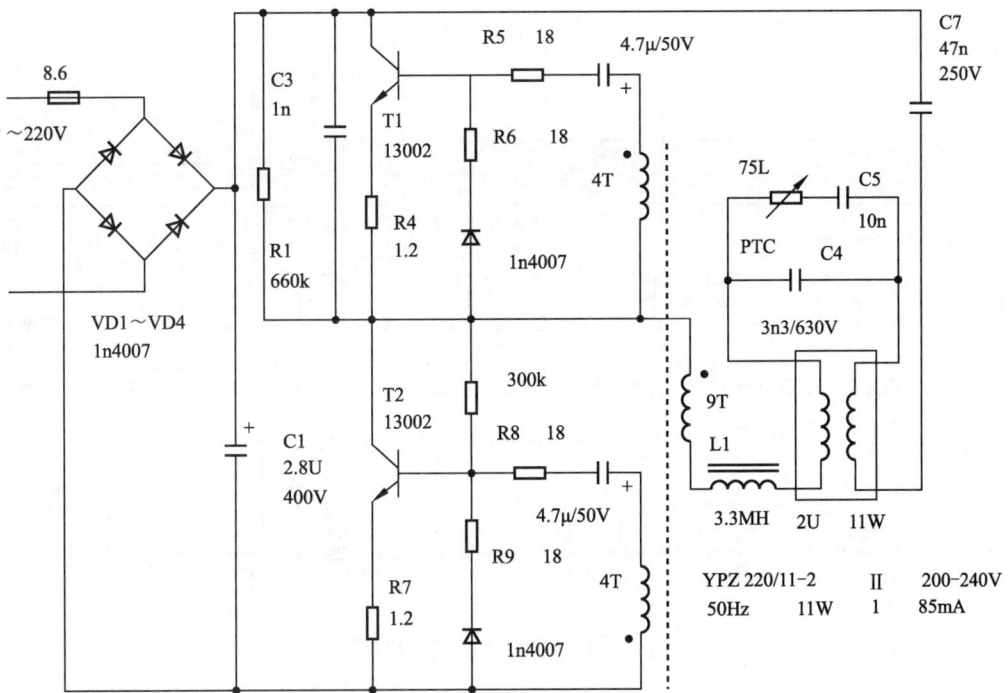

图 14-32　节能灯电路图

4. 绘制如图 14-33 所示正弦信号发生器电路图。

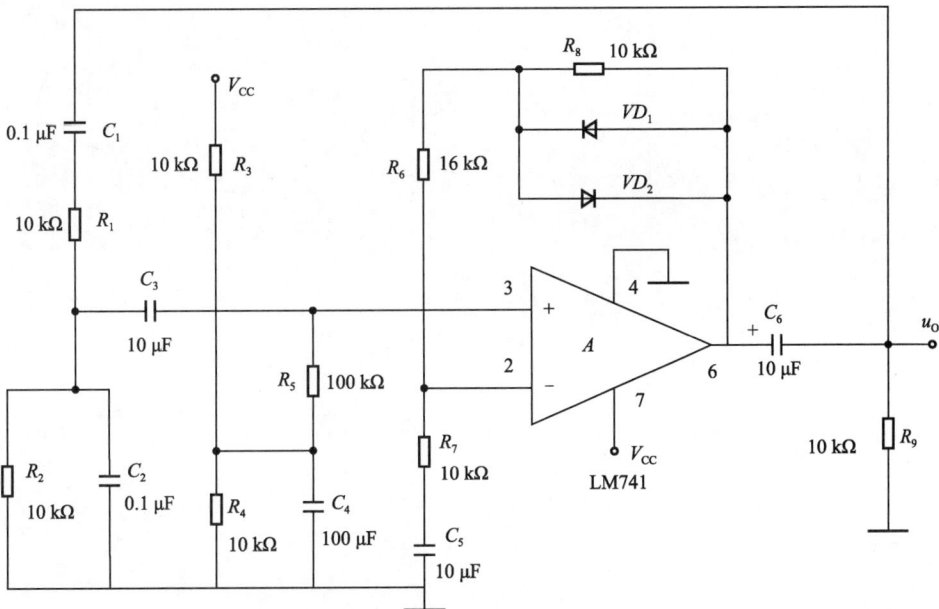

图 14-33　正弦信号发生器电路图

5. 绘制如图 14-34 所示 mf47 型万用表原理图。

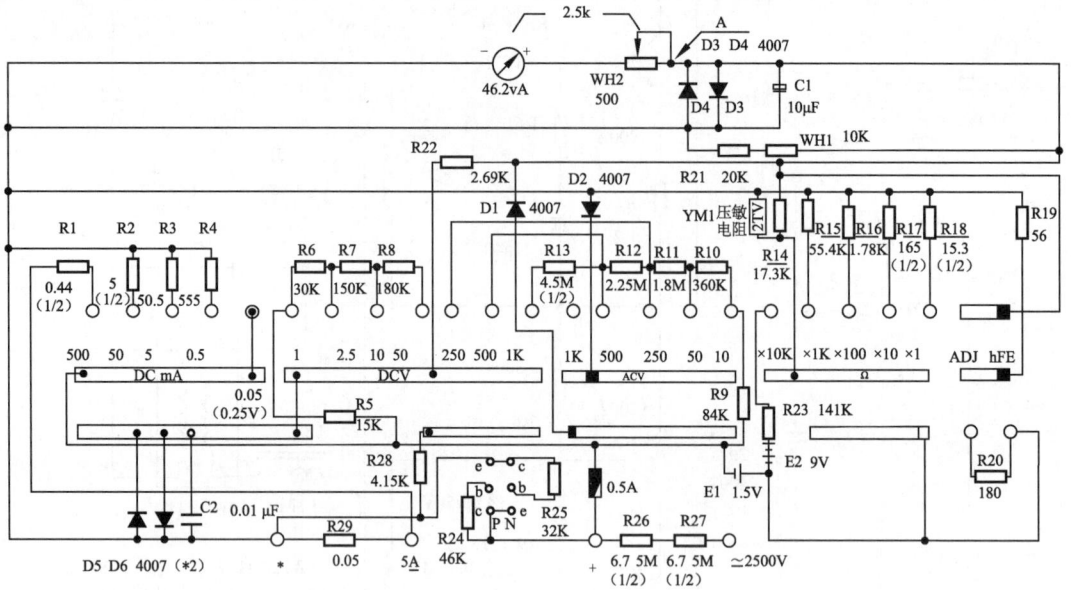

图 14-34　mf47 型万用表原理图

第*15*章 电机与电气控制图绘制

正确识读与绘制电机与电气控制图是电气工程技术人员必须掌握的技能。其中，电机控制原理图在工矿企业里最为常见，目前，可编程控制（PLC）在工业领域应用权为广泛，已经成为工业控制领域必不可少的设备。通过本章的学习，读者可以掌握一般电机控制原理图的绘制。

学习目标
- 掌握并励直流电动机串电阻启动与能耗制动控制原理图的绘制。
- 掌握 PLC 控制的电动机正反转原理图的绘制。

15.1 并励直流电动机串电阻启动与能耗制动原理图的绘制

直流电动机按励磁方式分为他励、并励、串励和复励四种。并励直流电动机在实际生产中应用较为广泛，且在运行性能和控制线路上与他励直流电动机接近。并励直流电动机常用的启动方法是电枢回路串联电阻启动，而其制动方法通常是能耗制动。本节以并励直流电动机串联电阻启动与能耗制动控制原理图为例介绍其绘制方法。

首先配置绘图环境，在形状窗口绘制并励直流电动机电枢绕组和励磁绕组，启动和制动电阻、复合按钮、直流继电器线圈及触点、时间继电器线圈及触点、熔断器、双联刀开关，然后对这些元件进行排列，最后连线并添加注释文字。

操作步骤

① 打开 Visio 2010，以"基本电气图"为模板，建立新文件，双击该模板，进入如图 15-1 所示绘图界面，然后选择"文件"｜"保存"命令，将新文件命名为"并励直流电动机串电阻启动与能耗制动原理图"并保存，如图 15-2 所示。

② 绘制励磁绕组和电枢绕组。在"形状"窗格，用如图 15-3 所示操作方式调出"变压器和绕组"库，然后将"电感器"元件拖入到绘图区，选中电感元件，单击电感元件一端黄色的菱形块，向上移动，使菱形块和正方形块重合，另一端用同样的方法移动，得到如图 15-4 所示的电感元件。复制一个形如 15-4 所示的电感元件，将两个电感元件连接在一起，得到直流电动机励磁绕组。利用"椭圆"命令，绘制一个直径为 10 mm 的圆，然后利用"文本框"命令，在圆中添加直流电机符号 Ｍ ，得到电枢绕组如图 15-5 所示。

图 15-1 绘图界面

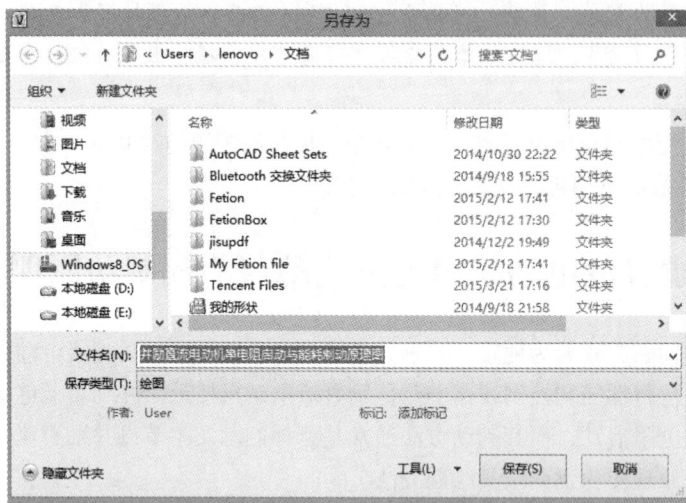

图 15-2 "另存为"对话框

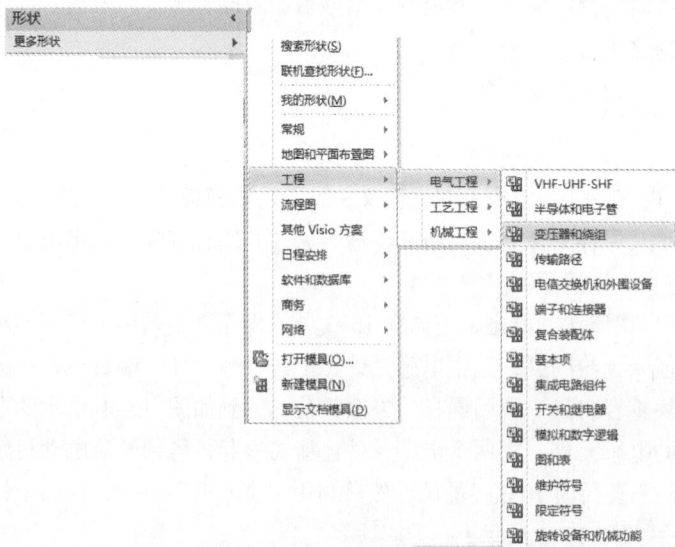

图 15-3 调出"变压器和绕组"库

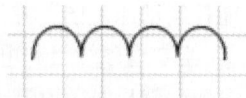

图 15-4 处理后的电感元件

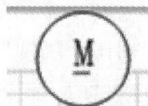

图 15-5 电枢绕组

③ 绘制启动和制动电阻。利用"矩形"命令，绘制一个长为 7.5 mm、宽为 2.5 mm 的矩形框。然后利用"折线图"命令，在矩形框的两边绘制长度为 3 mm 的水平线，如图 15-6 所示，得到电阻符号。

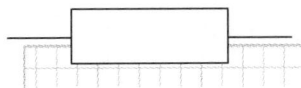

④ 绘制复合按钮。利用"折线图"命令，绘制如图 15-7 所示的复合按钮。

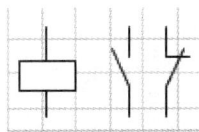

⑤ 绘制直流接触器线圈和触点。利用工具栏中的"矩形"和"折线图"命令，绘制直流接触器线圈和动合触点，如图 15-8 所示。

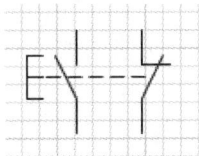

图 15-6　电阻　　　　　图 15-7　复合按钮　　　图 15-8　直流接触器线圈和触点

⑥ 绘制时间继电器线圈和触点。利用"矩形"和 "折线图"命令，绘制时间继电器线圈，利用"折线图"和"弧形"命令，绘制延时闭合动合触点和延时断开动断触点。时间继电器和触点如图 15-9 所示。

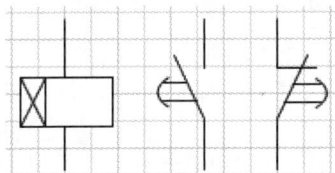

⑦ 绘制熔断器。利用"矩形"和"折线图"命令，绘制如图 15-10 所示的熔断器。

⑧ 用如图 15-11 操作方式调出"开关和继电器"库，然后将"DPSP"元件拖入到绘图区，得到如图 15-12 所示的双联刀开关。

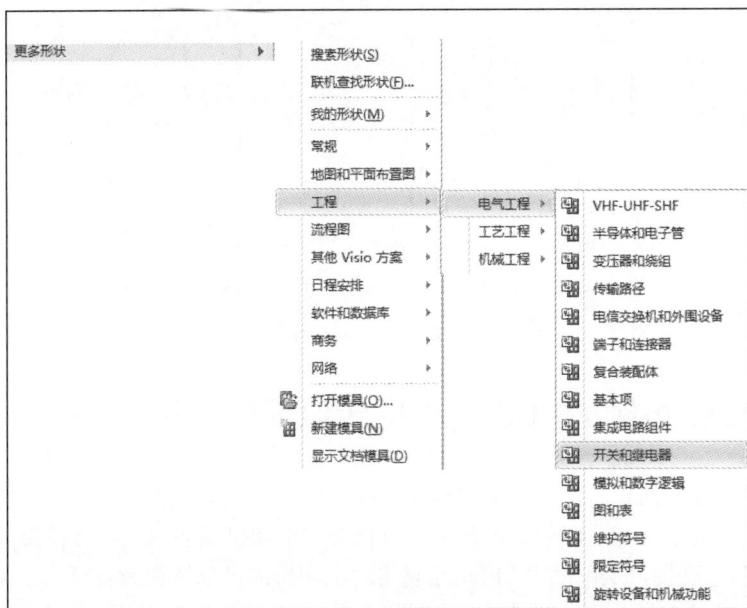

图 15-9　时间继电器线圈和触点　　　　　图 15-10　熔断器

图 15-11　调出"开关和继电器"库　　　　　图 15-12　双联刀开关

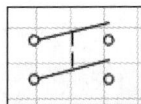

⑨ 利用"复制"命令，复制一个熔断器、一个电阻、两个直流接触器线圈线圈、五个直流接触器动合触点，一个时间继电器线圈，从左到右，将上述元件放置在如图 15-13 所示的位置。

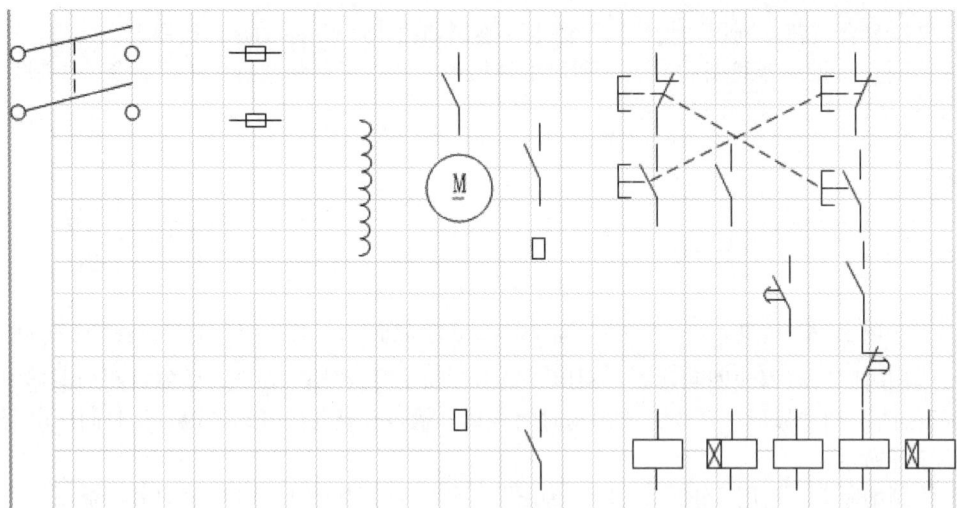

图 15-13　放置元件

⑩ 利用"折线图"命令，将图 15-13 中的元件连接起来，再利用"文本"命令添加注释符号，得到并励直流电动机串电阻启动与能耗制动控制原理图如图 15-14 所示。

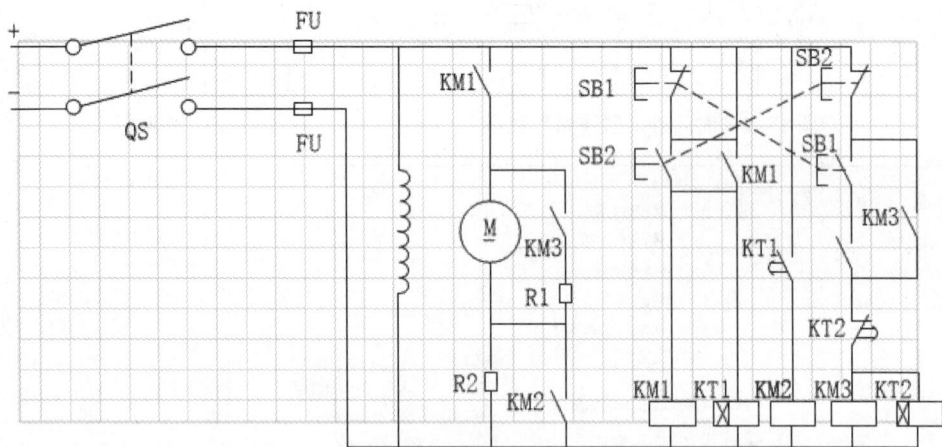

图 15-14　并励直流电动机串电阻启动与能耗制动控制原理图

15.2　PLC 控制的电动机正反转原理图绘制

许多生产机械要求运动部件能向正、反两个方向运动，如机床工作台的前进与后退；万能铣床主轴的正转与反转；起重机的上升与下降等，这些生产机械要求电动机能实现正反转控制。与普通的接触器实现的电动机正反转控制相比，用 PLC 控制实现电动机的正反转控制精度高、速度快、稳定性强、线路简单、维护方便。本节以 PLC 控制的电动机正反转原理图为例介绍其绘制方法。

首先配置绘图环境，在形状窗口先绘制三相电动机主电路，然后绘制控制电路，最后添加注释文字。

操作步骤

① 打开 Visio 2010，以"基本电气图"为模板，建立新文件，双击该模板，进入如图 15-15 所示绘图界面，然后选择"文件"｜"保存"命令，将新文件命名为"PLC 控制的电动机正反转原理图"并保存，如图 15-16 所示。

图 15-15　绘图界面

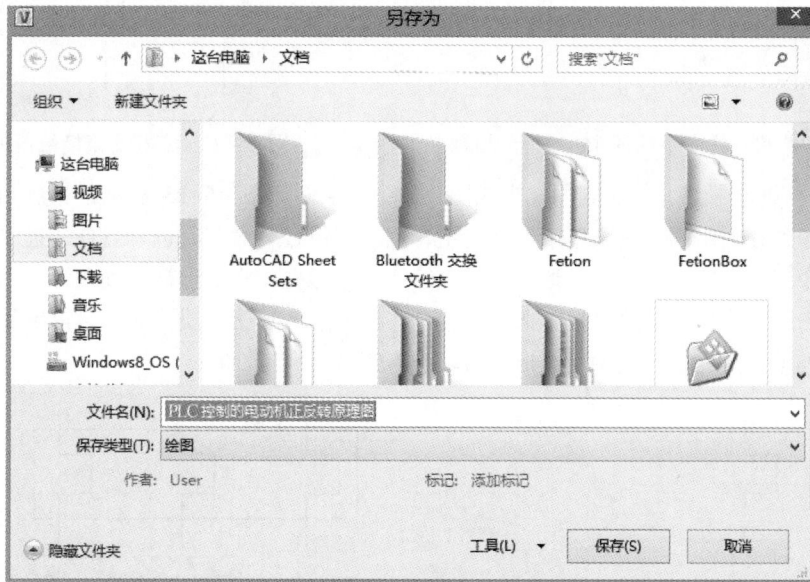

图 15-16　"另存为"对话框

② 绘制主电路。主电路包括三相刀开关、熔断器、交流接触器主触点、三相热继电器、三相电动机。绘制三相刀开关，利用"折线图"命令，绘制如图 15-17 所示的图形，选中图形，右

击，在弹出的快捷菜单中选择"组合"|"组合"命令，将图形进行组合，然后利用"复制"命令，复制两个组合图形，再利用"折线图"命令，绘制一条水平直线，选中此水平线，右击，在弹出的快捷菜单中选择"组合"|"线条"|"虚线"命令中的第三种线形。然后再用快捷菜单中选择"组合"|"组合"命令，绘制如图 15-18 的三相刀开关。

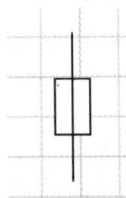

③ 绘制熔断器。利用"矩形"和"折线图"命令，绘制如图 15-19 所示的熔断器。

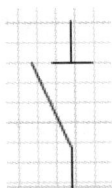

图 15-17 单相刀开关   图 15-18 三相刀开关   图 15-19 熔断器

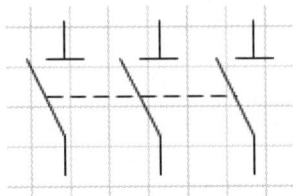

④ 绘制三相交流接触器主触点。利用"折线图"命令，绘制如图 15-20 所示形状。再利用"弧形"命令，绘制一小半圆弧，然后将圆弧放置在合适的位置，选中图 15-20 中的形状和小圆弧，右击，在弹出的快捷菜单中选择"组合"|"组合"命令，得到如图 15-21 所示的单相触点。然后利用"复制"命令，复制两个组合图形，再利用"折线图"命令，绘制一条水平直线，选中此水平线，右击，在弹出的快捷菜单中选择"线条"|"虚线"命令中的第三种线形。然后再用快捷菜单中的"组合"|"组合"命令，绘制如图 15-22 所示的三相交流接触器主触点。

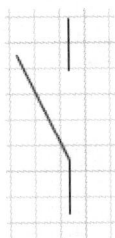

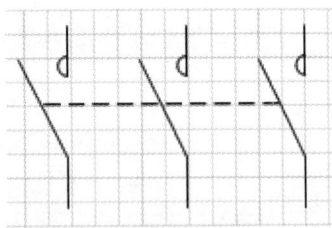

图 15-20 单相开关   图 15-21 单相触点   图 15-22 三相交流接触器主触点

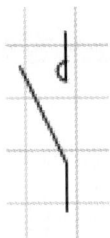

⑤ 绘制热继电器热元件。利用"折线图"命令，绘制如图 15-23 所示单相热元件。将其全部选中，右击，在弹出的快捷菜单中选择"组合"|"组合"命令，进行组合，选中组合后的形状，复制两个组合形状。利用"矩形"命令，绘制一矩形框，将矩形框放置在合适的位置，选中矩形框，右击，在弹出的快捷菜单中选择"置于底层"|"置于底层"命令，得到如图 15-24 所示的三相热继电器热元件，选中所有形状对其进行组合。

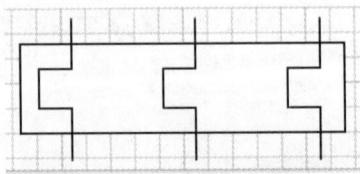

图 15-23 单相热元件   图 15-24 三相热继电器热元件

⑥ 绘制三相星形接线交流电动机。利用"椭圆"命令，绘制一圆，再利用"折线图"命令，绘制三相电机绕组。最后，利用"文本"命令，添加交流电机符号 ^{M}，得到如图 15-25 所示的三相星形接线交流电动机，选中所有形状，右击，在弹出的快捷菜单中选择"组合"|"组合"

命令，对其进行组合。

⑦ 利用"复制"命令，复制两个熔断器、一个三相交流接触器主触点，然后将步骤②～⑦所绘制的元件用"折线图"命令连接起来，然后利用"文本"命令，添加注释符号，得到如图 15-26 所示的 PLC 控制的电动机正反转主电路。

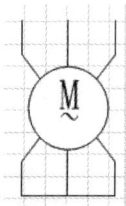

图 15-25　三相星形接线交流电动机　　　图 15-26　PLC 控制的电动机正反转主电路

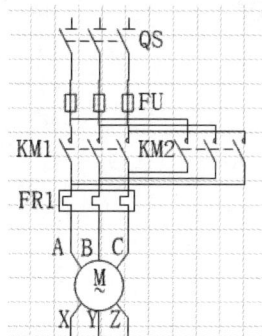

⑧ 绘制控制电路。首先绘制 PLC 模块和继电器转换模块，利用"矩形"命令，绘制两个矩形框，长为 20 mm、宽为 35 mm，其中一个矩形框为 PLC 模块，另一个矩形框为继电器转换模块。利用"折线图"命令，为 PLC 模块添加三个输入端、两个输出端、一个电源输入端和一个电源输出端。利用"文本"命令，添加端子符号。利用"折线图"命令，为继电器转换模块添加两个输入端、两个输出端、一个电源输入端和两个公共端。利用"文本"命令，添加端子符号。图 15-27 所示即为 PLC 模块和继电器转换模块。

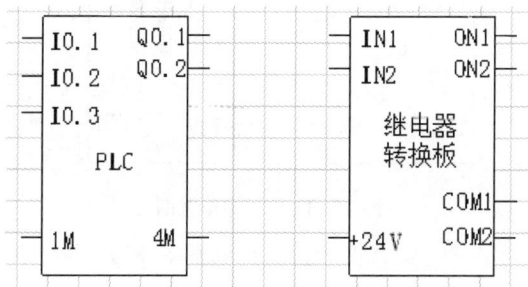

图 15-27　PLC 模块和继电器转换模块

⑨ 绘制两个交流接触器线圈。利用"矩形"命令，绘制两个矩形框，长为 2.5 mm、宽为 3 mm，再利用"折线图"命令，绘制两条长为 1.5 mm 的水平线，将两条水平线分别放置在两矩形框的两边，图 15-28 所示即为交流接触器线圈。

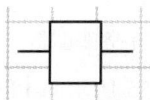

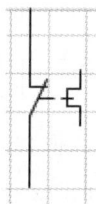

⑩ 绘制热继电器触点。利用"折线图"命令绘制如图 15-29 所示的热继电器触点。

图 15-28　交流接触器线圈　　　　图 15-29　热继电器触点

⑪ 如图 15–30 所示，在形状窗口的开关和继电器元件库中调出 3 个手动开关元件，放置在合适的位置。按照如图 15–31 和图 15–32 所示的操作，在形状窗口的基本项元件库中调出一个理想电源元件和一个交流电源元件，放置在合适的位置。将步骤⑧～⑪所绘制的元件放置在如图 15–33 所示的位置。

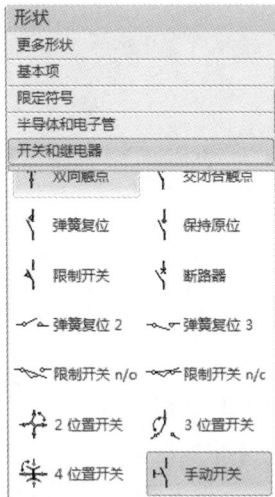

图 15–30 调用手动开关元件	图 15–31 调用理想电源元件	图 15–32 调用交流电源元件

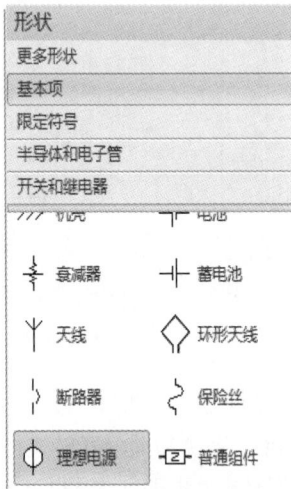

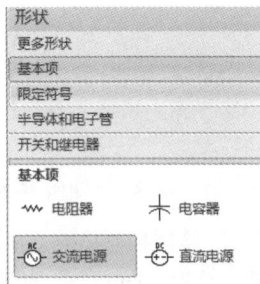

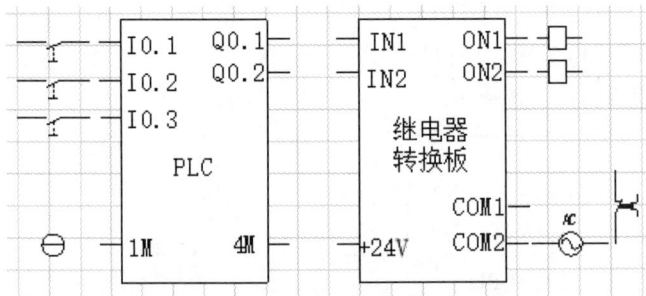

图 15–33 元件布置图

⑫ 利用"折线图"命令将图 15–33 图中的元件和端子连接起来，再利用"文本"命令，添加注释符号，得到如图 15–34 所示 PLC 控制的电动机正反转控制电路。

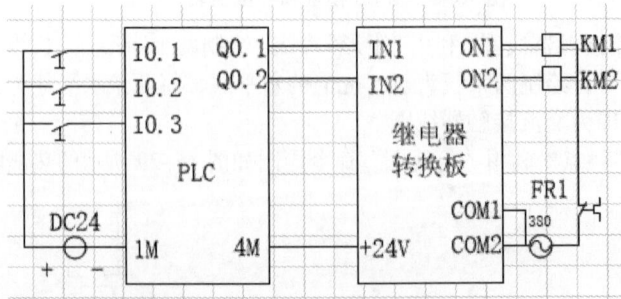

图 15–34 PLC 控制的电动机正反转控制电路

⑬ 将图 15–26 和图 15–34 放置在一起就得到如图 15–35 所示的 PLC 控制的电动机正反转原理图。

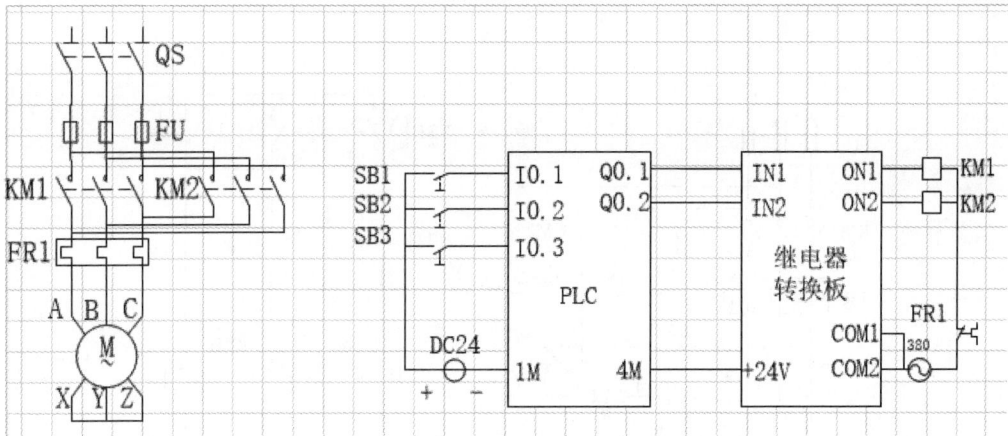

图 15-35　PLC 控制的电动机正反转原理图

本 章 小 结

　　本章主要介绍了并励直流电动机串电阻启动与能耗制动控制原理图、PLC 控制的电动机正反转原理图绘制时常用的基本步骤、方法、技巧。读者可根据课后练习强化绘制电机与电气控制类电路图操作方法，达到举一反三、熟能生巧的效果。

课 后 习 题

1. 绘制如图 15-36 所示三相电机正反转控制原理图。

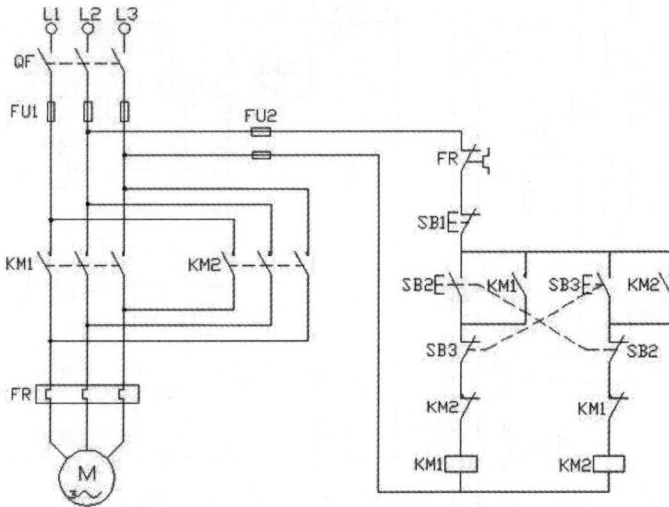

图 15-36　三相电机正反转控制原理图

2. 绘制如图 15-37 所示三相电机能耗制动控制原理图。

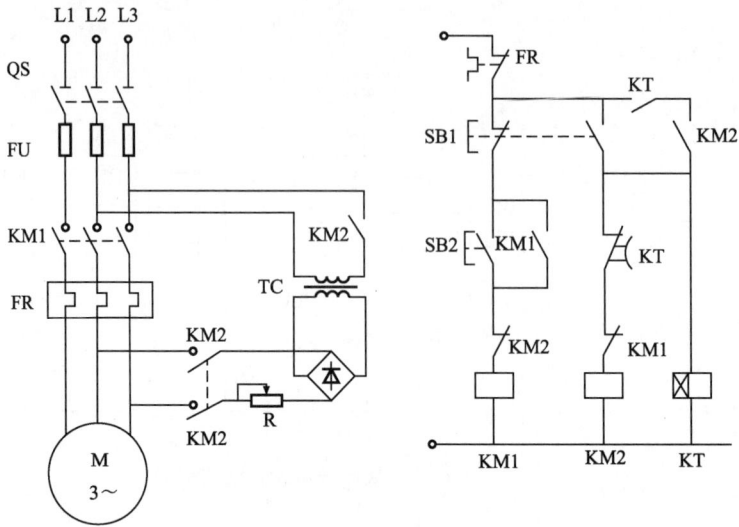

图 15-37　三相电机能耗制动控制原理图

3. 绘制如图 15-38 所示三相电机星—三角控制原理图。

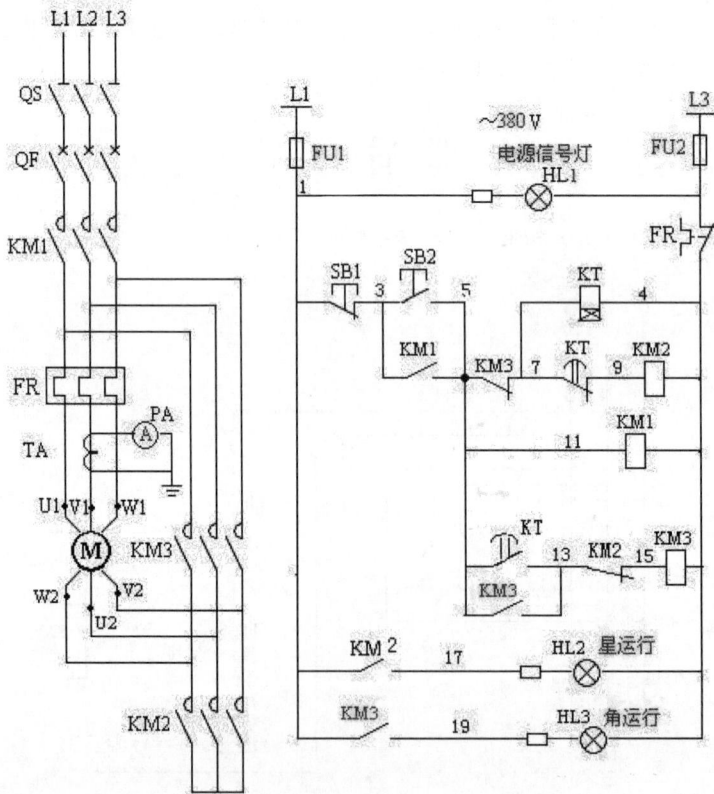

图 15-38　三相电机星—三角控制原理图

4. 绘制如图 15-39 所示两台电动机顺序控制原理图。

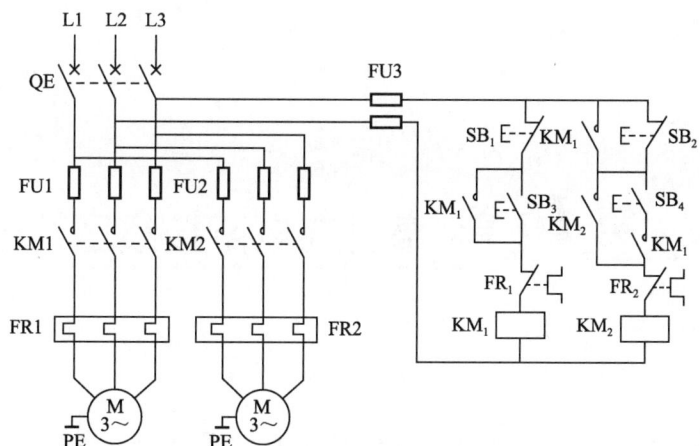

图 15-39　两台电动机顺序控制原理图

5. 绘制如图 15-40 所示电动机频敏变阻器降压启动控制原理图。

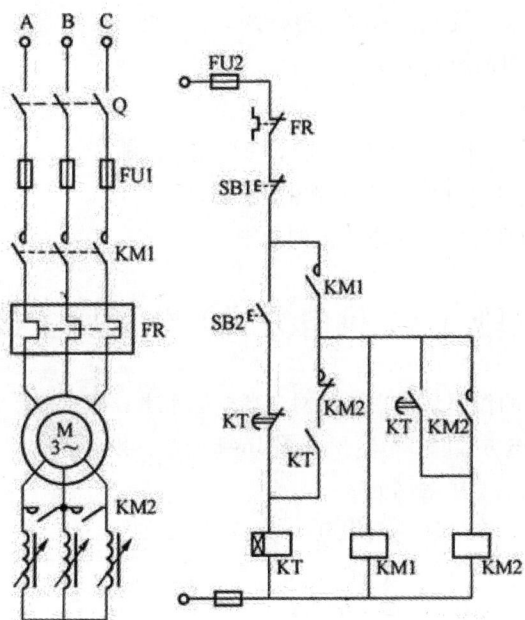

图 15-40　电动机频敏变阻器降压启动控制原理图

第16章 牵引变电所接线图绘制

牵引变电所接线图包括一次主接线图和二次接线图。其中，一次接线图是由断路器、隔离开关、互感器、避雷器、牵引变压器、母线和电缆等高压一次设备，按照一定的顺序连接起来用于表示接受和分配电能的电路。二次接线图是牵引变电所低压、弱电设备按照一定顺序相互连接，对一次设备进行控制、保护、监察和测量的电路。正确识读与绘制一次主接线图和二次接线图是牵引变电所值班员必须掌握的技能。本章主要介绍牵引变电所主接线图、二次接线图和电流互感器在电力系统中连接方式图的绘制方法。

学习目标

- 掌握复线区段（AT 供电方式）分区所主接线图的绘制。
- 掌握牵引变电所三段式电流保护原理图的绘制。
- 掌握互感器在电力系统中连接方式图的绘制。

16.1 复线区段（AT 供电方式）分区所主接线图的绘制

电气化铁路中分区所的作用是提高接触网末端电压水平、减少能耗，以及必要时实现越区供电。复线区段采用 AT 供电方式时，分区所如图 16-1 所示。该分区所同侧的上、下接触网并联运行。相邻两牵引变电所供电的接触网分区在网上用分相绝缘器断开后，在分区所内用电动隔离开关 QS1，QS2，将两侧接触网上行与上行，下行与下行间隔离。平时 QS1，QS2 断开，只有在越区供电时，QS1，QS2 才闭合。左侧上行进线及右侧下行进线上各接一台单相所用电变压器。其余两回进线上各接一台单相电压互感器供测量、保护及重合闸时检查电压用。相邻两牵引变电所上、下行 T，F 线上各接一台避雷器和自耦变压器。同一侧两台自耦变压器中心抽头引出的 N 线经一台接地放电保护装置接地。

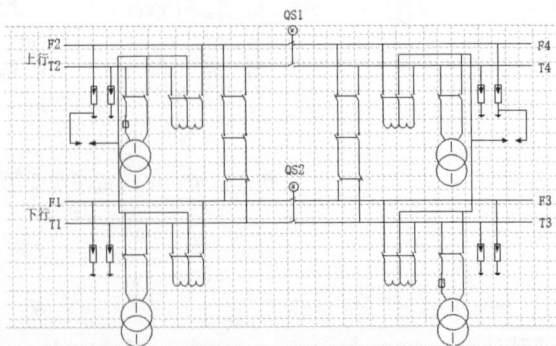

图 16-1 复线区段（AT 供电方式）分区所主接线图

首先配置绘图环境，在形状窗口绘制四组普通隔离开关、三联隔离开关、两组动隔离开关、两组断路器、八组避雷器、两组放电间隙、两台电压互感器、两台单相变压器、四台自耦变压器、两个熔断器，然后对这些元件进行排列，最后连线，添加注释文字。

操作步骤

① 打开 Visio 2010，以"基本电气图"为模板，建立新文件，双击该模板，进入如图 16-2 所示绘图界面，然后选择"文件" | "保存"命令，将新文件命名为"复线区段（AT 供电方式）分区所主接线图"并保存，如图 16-3 所示。

图 16-2　绘图界面

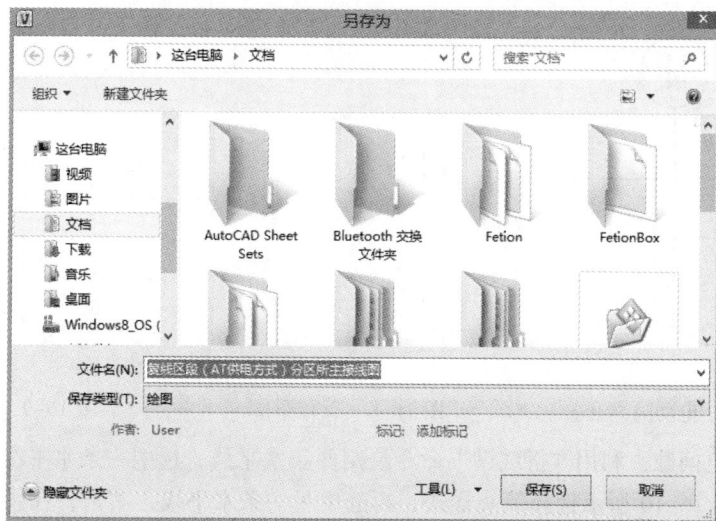

图 16-3　"另存为"对话框

② 绘制普通隔离开关。调出"开关和继电器"元件库，在"开关和继电器"元件库中选择"隔离开关元件"，将其拖到绘图界面中，选中隔离开关元件，按住 Ctrl 键，当鼠标指针右上方出现"+"时，单击拖动鼠标左键，这样就复制了一个隔离开关元件。选中两个隔离开关元件，将鼠标放置在如图 16-4 中箭头所指的小圆上，单击，将两个隔离开关元件顺时针旋转 90°。再利用"折线图"命令，绘制一条竖直线，如图 16-5 所示，就是普通隔离开关。

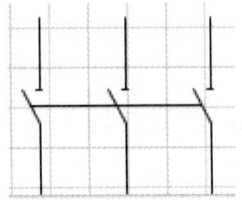

③ 按照步骤②的操作顺序，绘制三联隔离开关，如图 16-6 所示。

④ 绘制电动隔离开关。按照步骤②的操作方法，先绘制出普通隔离开关，利用"椭圆"命令绘制一个直径为 3 mm 的圆，然后利用"文本"命令，在直径为 3 mm 的圆中输入字母 M，利用"折线图"命令，绘制一条竖直线，得到如图 16-7 所示的电动隔离开关。

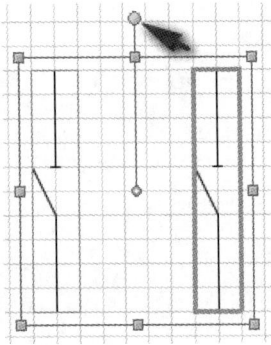

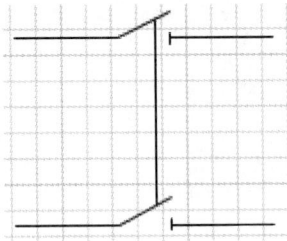

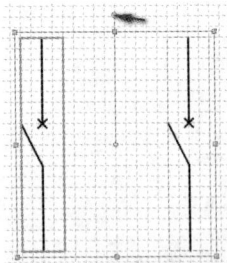

图 16-4　旋转图形　　　图 16-5　普通隔离开关　　　图 16-6　三联隔离开关

⑤ 绘制断路器。在"开关和继电器"元件库中选择"断路器元件"，将其拖到绘图界面中，选中断路器元件，按住 Ctrl 键，当鼠标指针右上方出现"+"时，单击拖动鼠标左键，这样就复制了一个断路器元件。选中两个断路器元件，将鼠标放置在如图 16-8 中箭头所指的小圆上，单击，将两个断路器元件顺时针旋转 90°。再利用"折线图"命令，绘制一条竖直线，如图 16-9 所示，得到断路器图形符号。

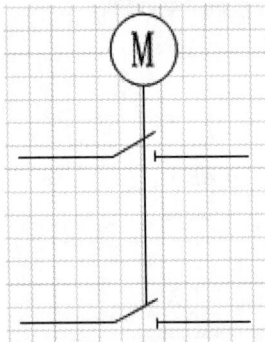

图 16-7　电动隔离开关　　　图 16-8　旋转图形　　　图 16-9　断路器

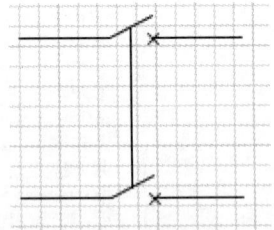

⑥ 绘制放电间隙。利用"折线图"命令绘制两条水平线，选中一条水平线，右击，在弹出的列表中，按图 16-10 所示选择箭头样式，再选中另一条水平线，右击，在弹出的列表中，按图 16-11 所示选择箭头样式，这样得到如图 16-12 所示的放电间隙。

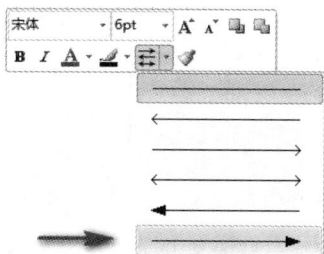

图 16-10　选择箭头样式　　　　　图 16-11　选择箭头样式

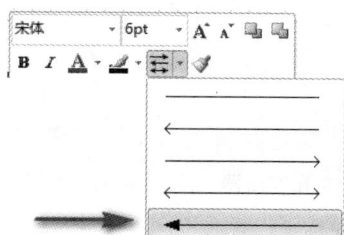

⑦ 绘制避雷器。利用"矩形"命令，绘制一矩形框，按照步骤⑤的方法，绘制一水平箭头，将其放置在矩形框的左端，调用"基本项"库中的接地元件，将其放置在矩形框的右端，得到如图 16-13 所示的避雷器。

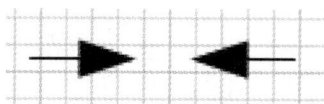

图 16-12　放电间隙　　　　　　　图 16-13　避雷器

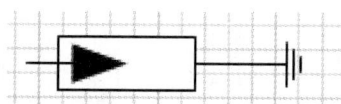

⑧ 绘制单相变压器。按照图 16-14 所示的方法，调出"变压器和绕组"元件库，然后将"变压器 2"元件放置在绘图区，利用"折线图"命令，绘制两条水平线，放置在合适位置，得到如图 16-15 所示的单相变压器。

图 16-14　调出"变压器和绕组"元件库

⑨ 绘制电压互感器。按照步骤⑧绘制如图 16-16 所示的电压互感器。

⑩ 绘制自耦变压器。在"变压器和绕组"元件库中选择"电感器"元件，利用"折线图"命令，在电感器终点绘制一竖直线，得到如图 16-17 所示的自耦变压器。

⑪ 绘制熔断器。利用"矩形"和"折线图"命令，绘制如图 16-18 所示的熔断器。

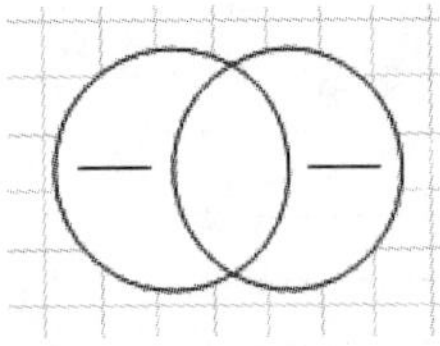

图 16-15 单相变压器 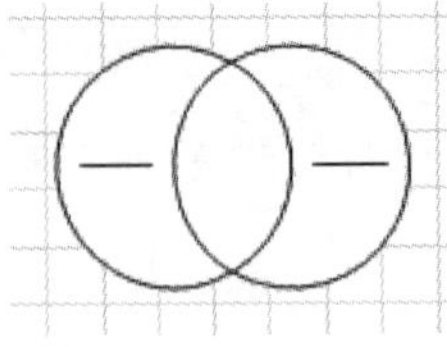　　图 16-16 电压互感器 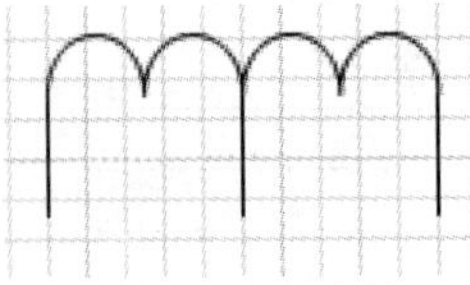　　图 16-17 自耦变压器 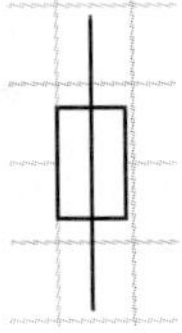　　图 16-18 熔断器

⑫ 利用"复制"命令，复制三组普通隔离开关、三组三联隔离开关、一组动隔离开关、一组断路器、七组避雷器、一组放电间隙、一台电压互感器、一台单相变压器、三台自耦变压器、一个熔断器，并按照如图 16-19 所示布置元件。

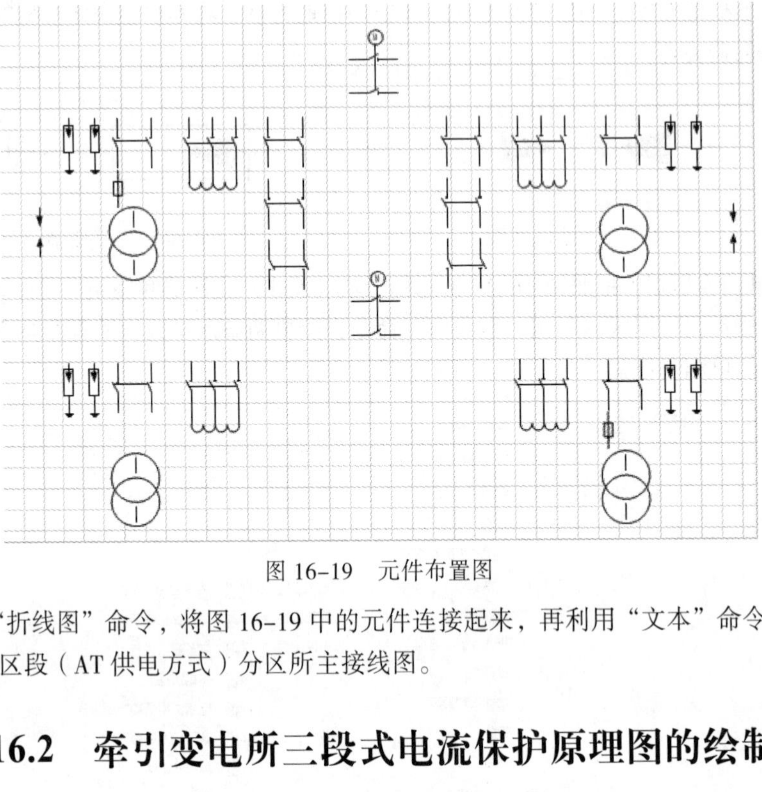

图 16-19　元件布置图

⑬ 利用"折线图"命令，将图 16-19 中的元件连接起来，再利用"文本"命令，添加注释符号，得到复线区段（AT 供电方式）分区所主接线图。

16.2　牵引变电所三段式电流保护原理图的绘制

电流速度保护不能保护线路全长，限时电流速断能保护线路全长，但不能作为下一段线路全长的后备保护。因此，还要采用过电流保护作为本线路和下一段线路全长的后备保护。由电流速断保护、限时电流速断保护和定时限过电流保护相配合共同构成的保护，叫做三段式电流保护。

首先配置绘图环境，在形状窗口绘制三组过电流继电器、三组信号继电器、两组时间继电器、一组中间继电器、一组跳闸线圈、一台电流互感器、一台断路器的主触点和辅助触点，然后对这些元件进行排列，最后连线并添加注释文字。

操作步骤

① 打开 Visio 2010，以"基本电气图"为模板，建立新文件，双击该模板，进入如图 16-20 所示绘图界面，然后选择"文件"|"保存"命令，将新文件命名为"牵引变电所三段式电流保护原理图"并保存，如图 16-21 所示。

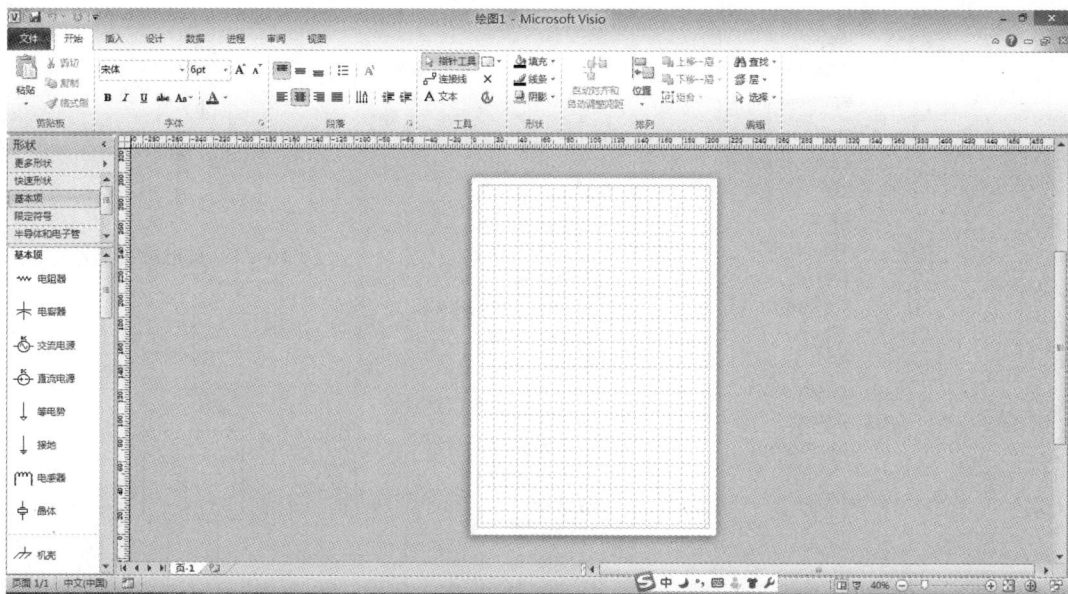

图 16-20　绘图界面

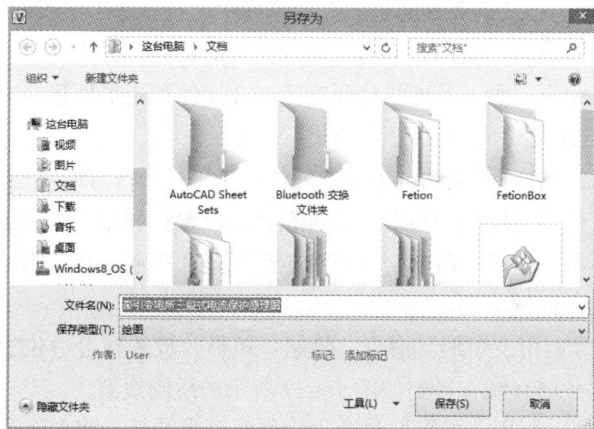

图 16-21　"另存为"对话框

② 绘制过电流继电器。按照图 16-22 的方法调出"开关和继电器"元件库，然后将"闭合触点"元件放置在绘图区，利用"矩形"命令，绘制一矩形，放置在合适位置。利用"折线图"命令，在矩形的下边画两条竖直线。利用"文本"命令，在矩形框中添加"I>"文本，利用"折线图"命令，画一条虚线将闭合触点和矩形框连在一起，得到如图 16-23 所示的过电流继电器。

③ 绘制信号继电器。在"开关和继电器"元件库中，选择 "闭合触点"元件，将其放置在绘图区，利用"矩形"命令，绘制一矩形，放置在合适位置。利用"折线图"命令，在矩形框中上部绘制三角形，在闭合触点元件上部绘制三角形，画一条虚线将闭合触点和矩形框连在一起，在矩形的下边画两条竖直线，得到如图 16-24 所示的信号继电器。

图 16-22   调出"开关和继电器"元件库

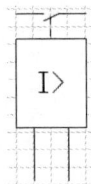

图 16-23   过电流继电器

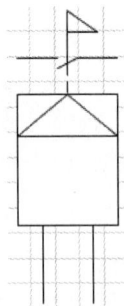

图 16-24   信号继电器

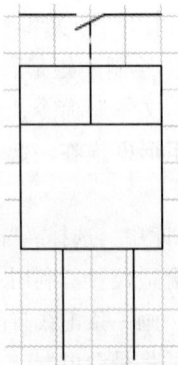

④ 绘制时间继电器。在"开关和继电器"元件库中，选择 "延时闭合 2"元件，将其放置在绘图区，利用"矩形"命令，绘制一矩形，放置在合适位置。利用"折线图"命令，在矩形框中上部绘制两个对顶三角形，画一条虚线将延时闭合 2 元件和矩形框连在一起，在矩形的下边画两条竖直线，得到如图 16-25 所示的时间继电器。

⑤ 绘制中间继电器。在"开关和继电器"元件库中，选择 "闭合触点"元件，将其放置在绘图区，利用"矩形"命令，绘制一矩形，放置在合适位置。利用"折线图"命令，在矩形框中上部绘制两个小矩形，画一条虚线将闭合触点和矩形框连在一起，在矩形的下边画两条竖直线，得到如图 16-26 所示的中间继电器。

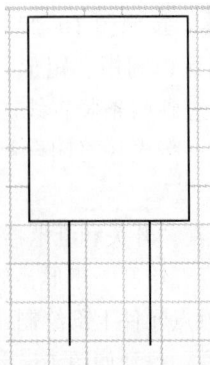

⑥ 绘制跳闸线圈。利用"矩形"命令，绘制一矩形，放置在合适位置。利用"折线图"命令，在矩形的下边画两条竖直线，得到如图 16-27 所示的跳闸线圈。

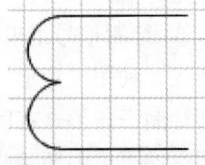

⑦ 绘制电流互感器。利用"弧形"命令，绘制两个半圆弧，将两个半圆弧上下连在一起，利用"折线图"命令，绘制两条水平线，放在如图 16-28 所示的位置，得到电流互感器。

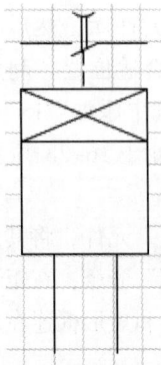

图 16-25   信号继电器   图 16-26   中间继电器   图 16-27   跳闸线圈   图 16-28   电流互感器

⑧ 绘制断路器的主触点和辅助触点。在"开关和继电器"元件库中选择"断路器元件"，将其拖到绘图界面中，选中断路器元件，按住 Ctrl 键，当鼠标指针右上方出现"+"时，单击拖动，这样就复制了一个断路器元件。利用"折线图"命令，绘制水平实线，单击选中此水平实线，再右击，在弹出的快捷菜单中选择"格式"｜"线条"命令，弹出"线条"对话框，在"虚线类型"中选择第 2 种线型，如图 16-29 所示，单击"确定"按钮，将水平实线变成水平虚线，得到断路器的主触点和辅助触点，如图 16-30 所示。

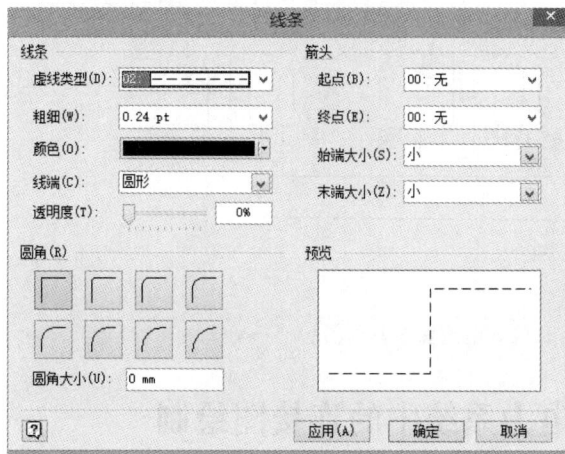

图 16-29　"线条"对话框

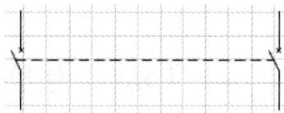

图 16-30　断路器主触点和辅助触点

⑨ 利用"复制"命令，复制两组电流继电器、两组信号继电器、一组时间继电器、然后将上述步骤所画的元件按照图 16-31 所示布置。

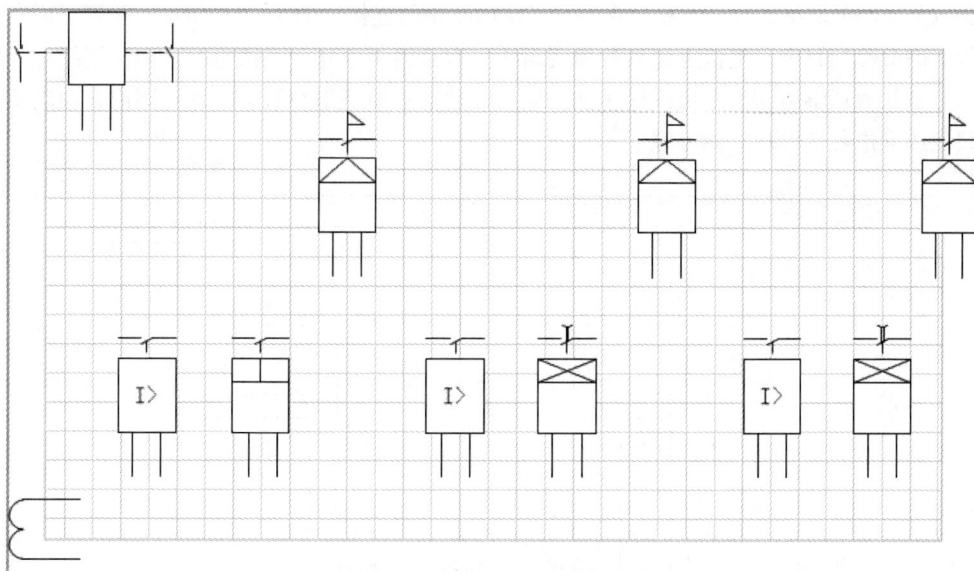

图 16-31　元件布置图

⑩ 利用"折线图"命令将图 16-31 中的元件连接起来，再利用"文本"命令，添加注释符号，调用"基本项"元件库中的接地元件，将电流互感器二次侧接地，得到如图 16-32 所示三段式电流保护原理图。

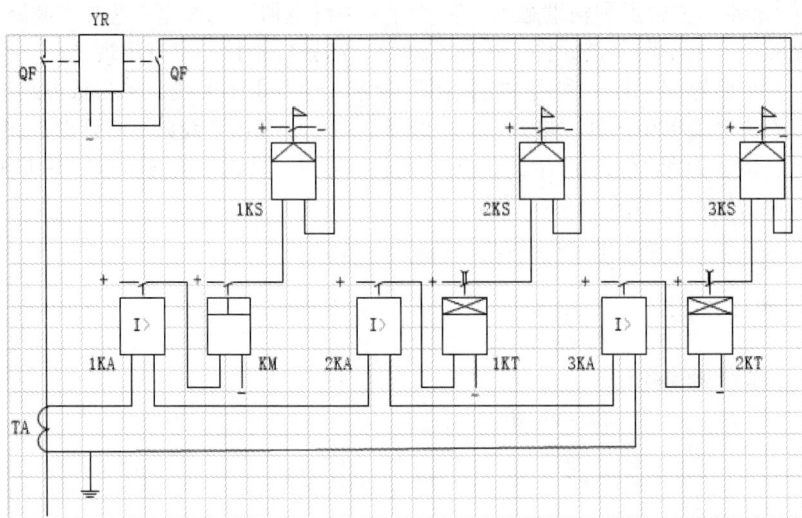

图 16-32 三段式电流保护原理图

16.3 互感器在电力系统中的连接图绘制

　　互感器包括电流互感器和电压互感器，它将一次回路的高电压和大电流，按比例变为适用于仪表和继电器的低电压和小电流，用以分别向测量仪表和继电器的电压线圈、电流线圈提供电信号，以便正确反映一次系统的运行和故障状态，是电力系统中一次系统（主电路）和二次系统（测量保护电路）间的联络元件。互感器在一、二次回路中的连接如图 16-33 所示。互感器用在各种电压等级的交流回路中。电流互感器的原绕组（一次绕组）串联于一次电路，而副绕组（二次绕组）与测量仪表或继电器的电流线圈串联。电压互感器的原绕组并联于一次电路内，而副绕组与测量仪表或继电器的电压线圈并联。

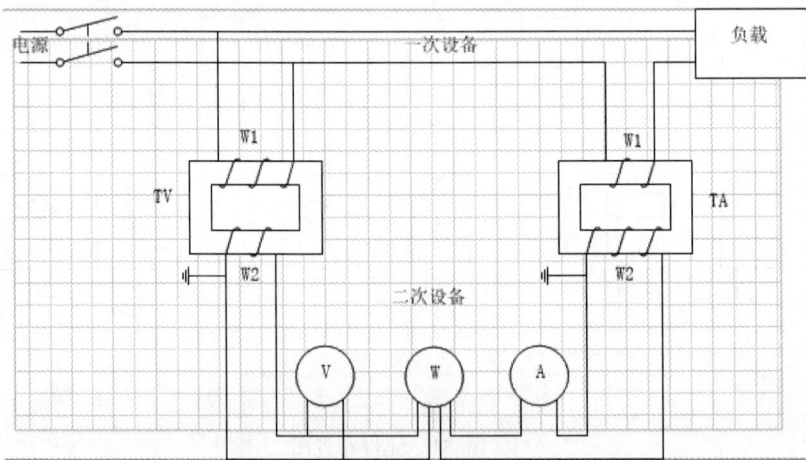

图 16-33 互感器在电力系统的连接图

　　首先配置绘图环境，其次绘制双极刀开关、电压互感器、电流互感器、电压表、电流表、功率表，最后进行连线并添加文字注释。

⛓️**操作步骤**

① 打开 Visio 2010，以"基本电气图"为模板，建立新文件，双击该模板，进入如图 16-34 所示绘图界面，然后选择"文件"｜"保存"命令，将新文件命名为"互感器在电力系统的连接图"并保存，如图 16-35 所示。

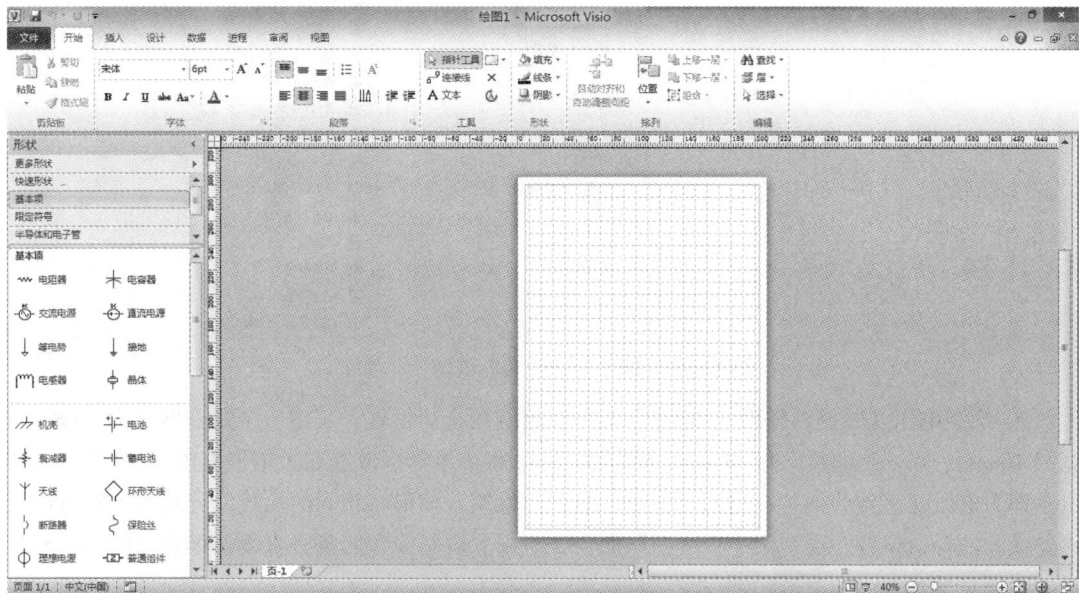

图 16-34　绘图界面

图 16-35　"另存为"对话框

② 绘制双极刀开关。按照图 16-36 所示操作方法，调出"开关和继电器"元件库，然后在"开关和继电器"元件库中，将 DPST 元件拖入到绘图区，如图 16-37 所示即为双极刀开关。

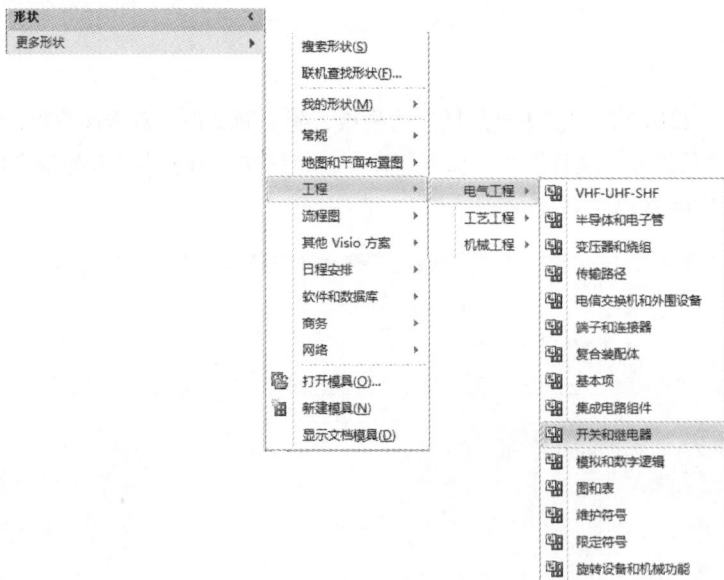

图 16-36　调出"开关和继电器"元件库

③ 绘制电压互感器。利用 "矩形"命令，绘制两个矩形框，其中一个矩形框长为 20 mm、宽为 10 mm；另一个矩形长为 30 mm、宽为 20 mm。将小矩形框放置在大矩形框内部，如图 16-38 所示即为电压互感器的铁芯。利用"弧形"命令，绘制八段形状相同的弧线，分别放置在电压互感器铁芯的合适位置，再利用"折线图"命令，绘制五段斜线和四条竖直线，得到如图 16-39 所示的电压互感器。

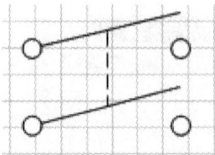

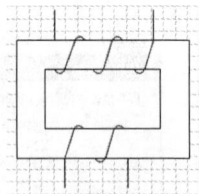

图 16-37　双极刀开关　　　　图 16-38　电压互感器铁芯　　　　图 16-39　电压互感器

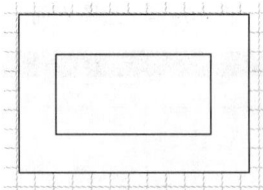

④ 绘制电流互感器。利用"复制"命令，将步骤③绘制的电压互感器进行复制，选中复制的电压互感器，将鼠标放置在如图 16-40 中箭头所指的小圆上单击，将复制的电压互感器顺时针旋转 180°，得到如图 16-41 所示的电流互感器。

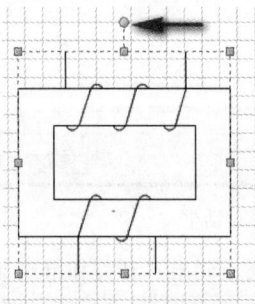

图 16-40　旋转图形　　　　　　图 16-41　电流互感器

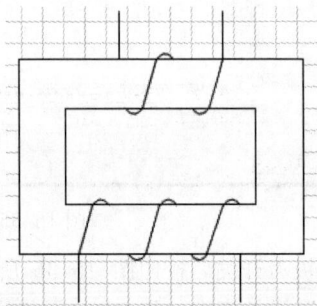

⑤ 绘制电流表、电压表和功率表。利用"椭圆"命令，绘制 3 个直径为 13 mm 的圆，利用"文本"命令，在 3 个圆中分别添加字母 A、V、W，再利用工具栏中"折线图"命令，绘制 6 条竖直线，分别放置在如图 16-42 所示的位置，得到电流表、电压表和功率表。

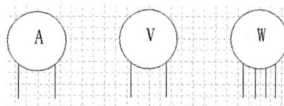

图 16-42　电压表、电流表和功率表

⑥ 将双极刀开关、电压互感器、电流互感器、电流表、电压表、功率表放置在如图 16-43 所示的位置，利用"矩形"命令，绘制一长为 25 mm、宽为 15 mm 的矩形。

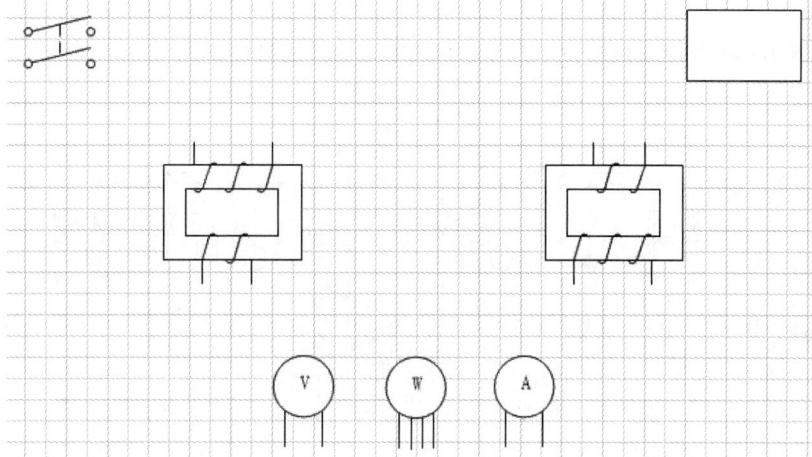

图 16-43　元件布置图

⑦ 利用"折线图"命令，将步骤⑥中的元件连接在一起，利用"文本"命令，添加相应的注释，在"基本项"元件库中，选中"接地"元件，将电压互感器和电流互感器的二次绕组接地，得到如图 16-44 所示的互感器在电力系统的连接图。

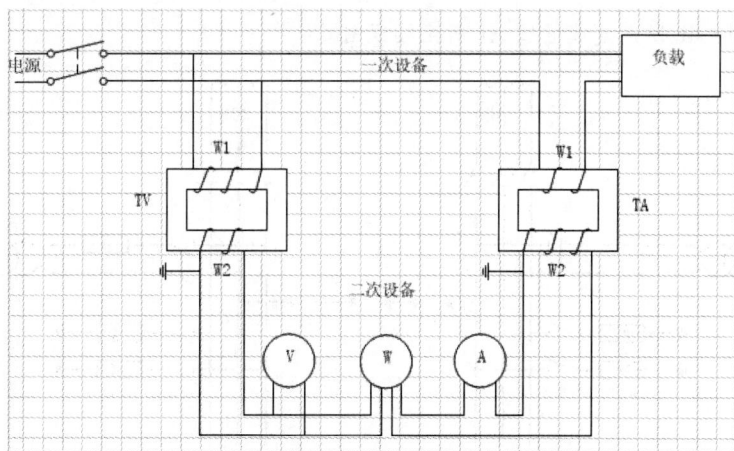

图 16-44　互感器在电力系统的连接图

本 章 小 结

本章主要介绍了复线区段（AT 供电方式）分区所主接线图、引变电所三段式电流保护原理图、互感器在电力系统中连接方式图绘制时常用的基本步骤、方法、技巧。读者可根据课后练习强化绘制牵引变电所一次接线图和二次接线图操作方法，达到举一反三、熟能生巧的效果。

课 后 习 题

1. 绘制图 16-45 所示复线区段 AT 供电方式下分区所主接线图。

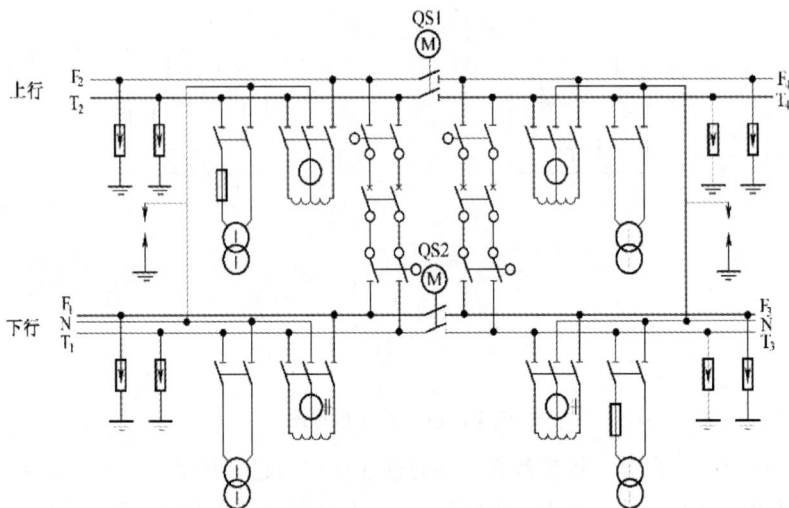

图 16-45　复线区段 AT 供电方式下分区所主接线图

2. 绘制图 16-46 所示复线区段 AT 所主接线图。

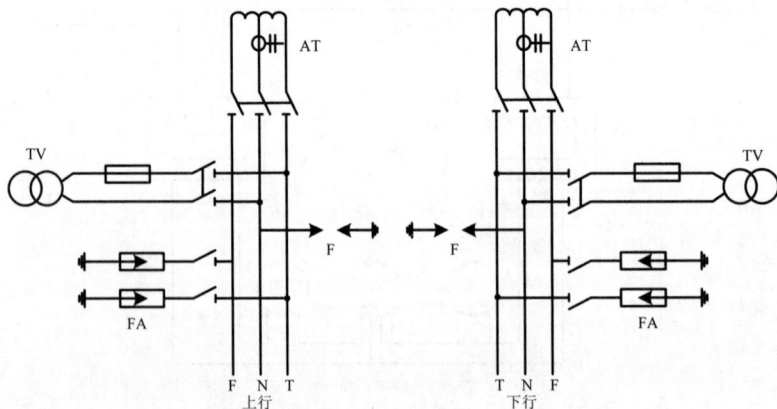

图 16-46　复线区段 AT 所主接线图

3. 绘制图 16-47 所示某牵引变电所主接线图。

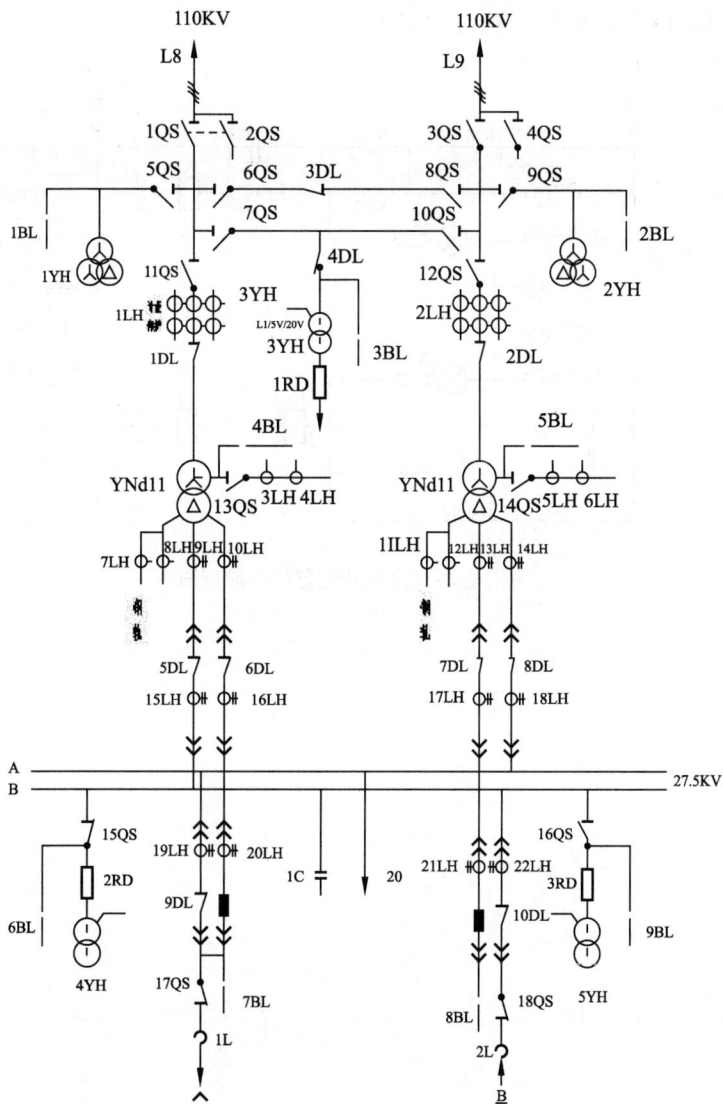

图 16-47　某牵引变电所主接线图

4. 绘制图 16-48 所示零序 III 段电流保护原理图。

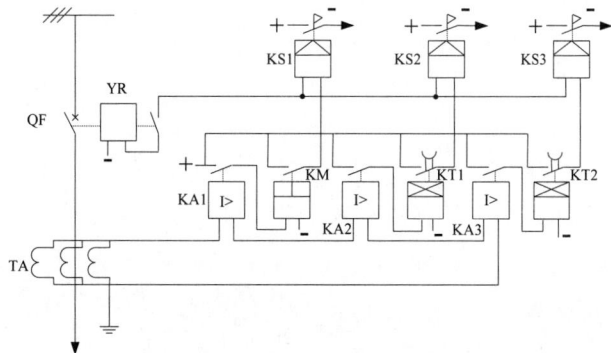

图 16-48　零序 III 段电流保护原理图

5. 绘制图 16-49 所示高压断路器控制原理图。

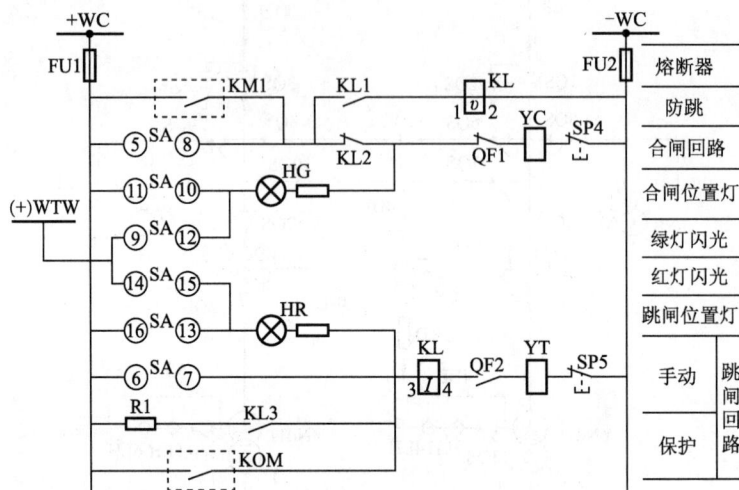

图 16-49 高压断路器控制原理图

参 考 文 献

[1] 杨继萍，吴军希，孙岩. Visio 2010 图形设计从新手到高手[M]. 北京:清华大学出版社，2011.

[2] 杨继萍，吴华. Visio 2010 图形设计标准教程[M]. 北京：清华大学出版社，2012.

[3] 梁波，王宪生. AutoCAD 2008 电气设计[M]. 北京：清华大学出版社，2007.

[4] 刘新东，谢龙汉. AutoCAD 2010 电气工程设计[M]. 北京：清华大学出版社，2011.

[5] 代明莉. 车站工作组织[M]. 四川:西南交通大学出版社，2015.

[6] 铁道部劳动和卫生司，铁道部运输局.高速铁路接触网维修岗位[M]. 北京：中国铁道出版社，2012.

[7] 曹阳. 电力内外线[M]. 成都：西南交通大学出版社，2015.

[8] 孙森洋. 铁路供电继电保护原理及应用[M]. 成都：西南交通大学出版社，2015.

[9] 郭艳红，于红. 牵引供变电技术[M]. 成都：西南交通大学出版社，2015.

[10] 许鹥. 电机与电气控制技术[M]. 北京：机械工业出版社，2015.

[11] 吕国泰，白明友. 电子技术[M]. 北京：高等教育出版社，2008.

[12] 铁道部电化工程局. 铁路信号图形符号：TB/T 1122—1992[S]. 北京:技术标准出版社，1992.

[13] 中国人民共和国铁道部. 铁路信号产品电路图绘制方法：TB/T 2079—1989[S]. 北京：中国铁道出版社，1989.

[14] 国家铁路局. 铁路工程制图标准：TB/T 10058—2015[S]. 北京：中国铁道出版社，2015.

[15] 中国人民共和国铁道部. 铁路信号产品接线图绘制方法：TB/T 2080—1989[S]. 北京:中国铁道出版社，1989.